Georg Peter

Analytische Ästhetik

Eine Untersuchung zu Nelson Goodman und zur literarischen Parodie

DEUTSCHE BIBLIOTHEK DER WISSENSCHAFTEN
German Library of Sciences

PHILOSOPHISCHE ANALYSE / PHILOSOPHICAL ANALYSIS
Herausgegeben von / Edited by
Herbert Hochberg • Rafael Hüntelmann • Christian Kanzian
Richard Schantz • Erwin Tegtmeier

Band 5 / Volume 5

Georg Peter

Analytische Ästhetik

Eine Untersuchung zu Nelson Goodman
und zur literarischen Paradie

DR. HÄNSEL-HOHENHAUSEN AG

EGELSBACH * FRANKFURT A.M. * MÜNCHEN * NEW YORK

Georg Peter

Analytische Ästhetik

Eine Untersuchung zu Nelson Goodmann und zur literarischen Parodie

DR. HÄNSEL-HOHENHAUSEN AG

EGELSBACH * FRANKFURT A.M. * MÜNCHEN * NEW YORK

Die Deutsche Bibliothek – CIP-Einheitsaufnahme
Peter, Georg:
Analytische Ästhetik : eine Untersuchung zu Nelson Goodman und zur literarischen Parodie / Georg Peter. - Egelsbach ; Frankfurt am Main ; München ; New York : Hänsel-Hohenhausen, 2002
(Deutsche Bibliothek der Wissenschaften ; Bd. 5)
Zugl.: Frankfurt (Main), Univ., Diss., 2000

ISBN 3-8267-0024-4

Deutsche Bibliothek der Wissenschaften / German Library of Sciences
Grosser Hirschgraben 15, D-60311 Frankfurt a.M.
Tel. (+49)-69-13377-177 Fax (+49)-69-13377-175
http://www.deutsche-bibliothek-der-wissenschaften.de
http://www.german-library.com

ISBN 3-8267-0024-4

2002

Printed in Germany.

Inhaltsverzeichnis

0. Vorwort

Eine beliebte Darstellungsweise der Wissenschaften und ihrer Geschichte bedient sich der Rede von Paradigmen. Paradigmen sind einzelne Fragekomplexe, die in ihrem Fortgang durch andere Fragekomplexe ersetzt werden. So sind etwa für das ontologische Paradigma in der Philosophie Fragen nach dem Wesen der Dinge und der Struktur des Seins maßgeblich. Für das mentalistische Paradigma ist das Bewußtsein des erkennenden Subjekts der zentrale Gegenstand und für das linguistische die Sprache.

Diese Überlegungen gehen zurück auf Richard Toulmins Buch *The Philosophy of Science* von 1953 und den 1962 erschienenen Aufsatz von Thomas Kuhn über "Die Struktur wissenschaftlicher Revolutionen"[1]. Letzterer erschien pikanterweise in der 'Enzyklopädie der vereinheitlichten Wissenschaften' (*Encyclopedia of Unified Science*). Dort vertritt Kuhn die Auffassung, daß die Physiker von Zeit zu Zeit die Struktur ihrer Wissenschaft einfach abbauen und auf neuen Grundlagen wieder aufbauen. Auf diesem neuen Fundament entstehen neue Paradigmen, die mit den vorhergehenden logisch-analytisch nicht verbunden sind.
Dieses Erklärungsmuster um die Paradigmen bricht mit dem naiven Glauben an eine lineare Entwicklung des Wissens, in der es uns stetig gelingt, immer mehr und genaueres über die Welt zu erfahren im Prozeß einer steten Annäherung an eine so verstandene 'objektive Realität'. Es zeigt die Geschichte der Wissenschaft als eine diskontinuierliche, in der Grundannahmen und Fragestellungen nur soweit beibehalten werden, wie es gelingt, bestimmte Erkenntnisziele zu verfolgen. Zeigen sich die Theorien als ungeeignet oder ändern sich die Erkenntnisinteressen und Ziele, werden sie verworfen und durch erfolgversprechendere ersetzt.

Es sind Zweifel erlaubt, ob diese Darstellungsweise trotz großer Evidenzen nicht zu sehr schematisierend verfährt und die Brüche zwischen den Paradigmen wirklich so sauber sind. Gerade bezogen auf die Geisteswissenschaften vernachlässigt sie eine innerdisziplinäre Heterogenität und den Austausch mit benachbarten Disziplinen. Das würde bedeuten, die Rede von der Paradigmenfolge 'pluralistischer' zu fassen, in einem zeitlichen Nacheinander wie auch in einem Nebeneinander. Sicherlich ist es

1 Thomas S. Kuhn, *Die Struktur wissenschaftlicher Revolutionen*, Frankfurt am Main 1967.

richtig, daß Problemkomplexe und ihre Darstellungsweisen von Zeit zu Zeit komplett verworfen werden. Neue Ansätze ergeben sich dabei auch schon mal in Auseinandersetzung mit anderen Disziplinen, die es dann erlauben, aus neuer Perspektive alte Probleme zu betrachten, manchmal unter grundsätzlich anderen Voraussetzungen. Grenzen, Widersprüchlichkeiten und Ineffizienzen des alten Vokabulars werden umgangen, und es bietet sich die Möglichkeit, einem modifizierten oder neuen Erkenntnisinteresse nachzugehen.

Weiterhin ist es möglich, in geänderter oder von Kollegen geborgter Form abgelegte Fragestellungen wieder aufzunehmen und dafür mit eher konventionellen, aber unfruchtbar und problematisch erscheinenden Zugangsweisen zu brechen. Im Rahmen dieser Arbeit betrifft dies ganz konkret neben der Symboltheorie die momentan starke Diskussion um die Kognitionswissenschaften. Mittlerweile zeichnen sich hier über die Ursprungsdisziplin hinaus zahlreiche Querverweise ab zu den verschiedenen Bereichen der Psychologie, der Soziologie, Philosophie und Linguistik. Unter geänderten Grundannahmen, mit einer anderen Zugangsweise, lassen sich so bekannte Probleme umgehen und Gegenstandsbereiche um neue Aspekte bereichern. Die Kognitionswissenschaften versprechen einen grundlegenden Wahrnehmungs- und Interpretationsbegriff, aus dessen Übertragung auf andere Wissenschaftsbereiche sich neue Zugangsweisen ergeben könnten. Der Anspruch dieser Wissenschaften, so wie ihn einer ihrer Gründerväter formuliert, ist hoch: "Die Kognitive Psychologie will die grundlegenden Mechanismen des menschlichen Denkens begreifen,"[2] und sie versteht sich in diesem Zusammenhang als Basiswissenschaft für alle Sozialwissenschaften.

Auch wenn dieser Anspruch sehr weitgehend und diskussionswürdig erscheint, ist nicht zu übersehen, daß die Kognitionswissenschaften momentan einen Boom haben. Von dort finden wahrnehmungs- und erkenntnistheoretische Konzepte Eingang sowohl in linguistische als auch in philosophische-soziologische Bereiche. Ob sie die hohen Ansprüche und Erwartungen erfüllen können, wie sie auch einmal mit der generativen Grammatik oder der Sprechakttheorie verbunden waren, bleibt weniger abzuwarten, als vielmehr durchzutesten. Anschließen läßt sich in diesem Zusammenhang an den konstruktiven Schemainterpretationis-

2 John R. Anderson, *Kognitive Psychologie*, Heidelberg, Berlin, Oxford, 1996², S. 3ff.

mus von Hans Lenk, der ausgehend von einem kognitionstheoretischen Ansatz versucht hat, eine allgemeine Interpretationstheorie zu formulieren als Brückenschlag auch zwischen Geistes- und Naturwissenschaften.

Das eigentliche theoretische Zentrum dieser Arbeit liegt in einem anderen Bereich. Schon aufgrund des sogenannten *linguistic turn* und der Hinwendung zu allgemeinen Fragen der Sprachbedeutung und Interpretation sind (sprach-)analytische Konzepte von Interesse für die Literaturwissenschaften. Dies betrifft insbesondere den Bereich der analytischen Ästhetik, der hierzulande bisher kaum und tendenziell oberflächlich rezipiert wurde. Nelson Goodmans Konzept einer allgemeinen Symboltheorie gilt in diesem Bereich als eine der interessantesten Arbeiten, die in weiten Bereichen der Kunsttheorie für Aufsehen gesorgt haben.

Die Symboltheorie von Goodman sowie seine Philosophie bilden den Ausgangspunkt dieser Arbeit. Dies betrifft nicht nur den Inhalt, sondern ist auch für die Konzeption leitend. In seiner Philosophie findet sich gleichfalls das pragmatistische Selbstverständnis wieder aus dieser Darstellungsweise der Wissenschaftsgeschichte als einer diskontinuierlichen Abfolge von Paradigmen wieder, das auch diese Arbeit auszeichnet. So entfällt die Idee einer Letztbegründung wie einer Fundierung einer Wissenschaft in einer anderen. Das Ziel der Arbeit kann es nicht sein, eine Übereinstimmung der Literaturwissenschaft mit der 'begründenden' Hilfswissenschaft zu erzeugen, sondern zu sehen, inwiefern solche theoretischen Konzeptionen hilfreich für die Problemstellungen in den Literaturwissenschaften ist. Das heißt, den Maßstab bildet nicht irgendein festes Fundament, sondern ganz pragmatisch der Erfolg bei dem Erreichen bestimmter literaturwissenschaftlicher Erkenntnisinteressen und anderer Ziele. Die analytische Ästhetik hat sich dabei im Hinblick auf die Literaturwissenschaft und ihre Gegenstände zu bewähren.

Vermittelt kann dies auch das Selbstverständnis der Literaturwissenschaften berühren, gerade wenn sich ein solcher Ansatz im Umgang mit der Literatur bewährt. Nur betrifft dies nicht das Bild einer *prima philosophia*, die einen prinzipiellen Begründungsanspruch für alle Wissenschaften hat, sondern ist Teil eines Verständnisses der Philosophie als Begriffsanalyse.

Mit dieser Arbeit ist ein wissenschaftliches Selbstverständnis verbunden, wie es sich in dem Credo Richard Rortys zum Pragmatismus widerspiegelt:

> Für uns Pragmatisten ist die Vorstellung eines Etwas, wovon ein gegebener Text eigentlich handelt und das durch strenge Me-

> thoden zu enthüllen wäre, ebenso schädlich wie die aristotelische, es gebe etwas, das eine Substanz eigentlich und ihrem innersten Wesen nach ist – gegenüber ihren scheinhaften oder akzidentiellen Relationen. Der Gedanke, ein Kommentator könne entdecken, was ein Text eigentlich vollbringt – zum Beispiel, daß er eigentlich eine Ideologie entmystifiziert oder die hierarchischen Gegensätze der westlichen Metaphysik dekonstruiert, statt bloß für diese Zwecke brauchbar zu sein –, ist für uns Pragmatisten bloß ein weiterer Okkultismus: ein weiterer Anspruch, den Kode geknackt und dabei herausgefunden zu haben, was eigentlich geschieht [..].[3]

Auf diesem Hintergrund relativieren sich beispielsweise auch die hohen begründungstheoretischen Ansprüche der Kognitionswissenschaften, die nur soweit von Interesse sein können, wie sie bei bestimmten literaturwissenschaftlichen Problemstellungen oder "Zwecken" hilfreich sind. Ihre Funktion besteht weniger in einer Grundlegung als in einer Klärung von Begrifflichkeiten, die sich in Auseinandersetzung mit dem eigentlichen Gegenstand zu bewähren haben.

Ein häufiger zu beobachtendes Problem ergibt sich aus solchen Arbeiten, wenn das Verhältnis zwischen Hilfs- und Hauptwissenschaft sich verkehrt und die Literaturwissenschaft zu einem bloßen Anwendungsfall der hinzugezogenen Theorie wird, d.h. nur mehr zur Verifikation eines bestimmten Sprach- oder auch Gesellschaftsverständnisses dient. In einem solchen Fall tendiert der interpretierte oder analysierte Text dazu, einzig ein Beleg für die Richtigkeit der begründenden Theorie zu sein. Statt unter Hinzuziehung einer weiteren Zugangsweise zu einem differenzierteren oder vielschichtigerem Verständnis eines Textes zu gelangen, wird dieser auf einen theoretischen Zugriff eingeschränkt.

Die vorliegende Arbeit versucht sich eben diesem Problem zu stellen, indem sie die Verwendbarkeit eines sprachphilosophischen Ansatzes für oder innerhalb der Literaturwissenschaften untersucht, gerade auch in einer breiteren Auseinandersetzung mit ihrem Gegenstand.

Vermieden werden sollen Fehler, wie sie sich etwa in den frühen Rezeptionen der Sprechakttheorie oder der generativen Grammatik gezeigt haben. In der Rücksicht konnten die Adaptionen die in sie gesteckten

3 R. Rorty, "Der Fortschritt des Pragmatisten", *Merkur 12*, 1993, S. 1033.

Erwartungen schon aus argumentationslogischen Gründen nicht erfüllen, da beispielsweise ein Text keine Satzäußerung zwischen zwei Sprechern ist oder sich mit Gewinn auf solche reduzieren läßt, und es sich bei einer Chomsky-Grammatik eigentlich um eine rein syntaktische Theorie handelt, die arbeitsteilig Fragen der Wortbedeutung außen vor läßt. Als eine Konsequenz hieraus ergibt sich die Notwendigkeit einer systematischen Rekonstruktion der jeweiligen sprachanalytischen Bedeutungstheorie, durch die ihr Explikationsziel und ihre Reichweite ausgezeichnet werden.

In dem angelsächsischen Sprachraum, in dem die analytische Auseinandersetzung mit der Ästhetik eine gewisse Tradition hat, ist es zu einer breiten Rezeption der allgemeinen Symboltheorie Nelson Goodmans gekommen, die mit der verstärkten Aufnahme der analytischen Sprachphilosophie mittlerweile auch hierzulande auf Interesse gestoßen ist. Es zeigten sich aber immer wieder prinzipielle Probleme, die mit der Komplexität seiner Philosophie zusammenhängen. Dies ist ein weiterer Grund für eine in ihren Grundzügen möglichst genaue Rekonstruktion seiner Symboltheorie.

Da die Germanistik keine kanonische Wissenschaft ist, sollte und kann nur ein allgemeiner Anschluß an hermeneutische Positionen aufgezeigt werden. Hans Lenks Schemainterpretationismus bietet hier die Möglichkeit, konzeptionellen Schwächen der Symboltheorie Goodmans in Hinsicht auf eine Literaturtheorie zu begegnen. Sein konstruktiver Schemainterpretationismus als eine allgemeine Theorie des Verstehens und Interpretierens ergänzt die Symboltheorie um den fehlenden interpretativen bzw. hermeneutischen Aspekt.

Wie angedeutet kann die theoretische Anschlußfähigkeit dieser Konzeption zur Hermeneutik und damit weitergehend zur Literaturwissenschaft noch kein hinreichender Beleg dafür sein, daß eine analytische Ästhetik für die Germanistik von Interesse ist. Das Ziel der Arbeit – die Untersuchung der Verwendbarkeit der symboltheoretischen Theorie Nelson Goodmans für die Literaturwissenschaften – hat in der Auseinandersetzung mit der Literatur selbst zu erfolgen, in der sich die Vorzüge und Nachteile einer solchen Konzeption testen lassen.

Für die theoretischen Überlegungen werden in der zweiten Hälfte der Arbeit die Parodien von Robert Neumann den Testfall oder die "Probe", wie Goodman es nennt, bilden, an dem sich die Besonderheiten und

Qualitäten des Ansatzes zu erweisen haben. Im Unterschied zu einem Beleg, der auch bloß illustrativen Charakter haben kann, dient die Probe gegebenenfalls auch einer Korrektur, Erweiterung, Umstrukturierung oder der Aufgabe theoretischer Annahmen. Es besteht eher ein Wechselspiel, hier zwischen der Parodie und ihrer Beschreibung. Unter Verwendung des vorgestellten Vokabulars und seiner funktionalen Implikationen gilt es, die Vorteile gegenüber bisherigen Darstellungen der Parodie zu zeigen. Die Parodie erscheint mir geeignet, da sie trotz verschiedener neuerer Arbeiten immer noch als literarische Gattung gering geschätzt wird und ganz unterschiedlichen Definitionsversuchen untersteht. Auf der Grundlage dieses Ansatzes hat dann sowohl eine Begriffsklärung wie eine Funktionsbeschreibung der Parodie zu erfolgen. Das heißt, das Vokabular sowohl in Auseinandersetzung mit anderen Beschreibungen der Parodie zu testen als auch – was der wichtigere Punkt ist – in Auseinandersetzung mit den Parodien selbst.

Gegenstand sind hier die Parodien von Robert Neumann, dem es in besonderer Weise gelungen ist, die Möglichkeiten der Parodie als literarischer Form auszunutzen. In der Auseinandersetzung mit seinen Parodien und auch seinen theoretischen Überlegungen sollte eine Beschreibung der Parodie versucht werden, die das Besondere wie die besondere Qualität seiner Parodien zu fassen sucht.

I. Analytische Ästhetik: die Zeichentheorie Nelson Goodmans

1. Eine 'andere' Fragestellung

In der ersten Hälfte des zwanzigsten Jahrhunderts ist es in weiten Bereichen der Philosophie zu einer Hinwendung zu sprachorientierten Problemstellungen gekommen, die allgemein als *Linguistic Turn* etikettiert wird. Sie wurde zu der maßgeblichen Strömung in der zeitgenössischen Philosophie.

Eigen war dieser sich häufig auf Wittgenstein berufenden Richtung eingangs ein besonderer kritischer Gestus, mit dem sie konventionelle Fragestellungen gänzlich verwirft, und sie als sprachliche Unklarheiten oder auch Unsauberkeiten auszeichnet.[1] Zur Analyseebene dieser Philosophie wird die Sprache und die sprachliche Darstellung. Voraussetzung hierzu ist eine Skepsis bezüglich der abbildenden Kraft der Sprache. Der Zugriff auf die uns umgebende Welt verliert seine Unmittelbarkeit durch die Thematisierung der Sprache.

So lehnt Wittgenstein etwa eine Gegenstandstheorie[2] ab, in der die Bedeutung der Worte durch ihren Bezug auf Gegenstände in der Welt bestimmt ist. Die Gegenstandstheorie besagt, daß die Wörter Bedeutung haben, indem sie sich auf Gegenstände beziehen; ihre Bedeutung ist die der Gegenstände, und ihre Funktion besteht darin, diese korrekt zu benennen. Eher metaphorisch gesprochen liegt die Bedeutung dann in der Welt und nicht in der Sprache. Im Gegensatz dazu ist für Wittgenstein nicht nur die Welt und ihre Gegenstände über die Sprachverwendung[3]

1 Vgl. Rudolf Carnap, "Überwindung der Metaphysik durch logische Analyse der Sprache", in: *Erkenntnis*, Band 1 (1930), S. 219-241, und Moritz Schlick, "Die Wende in der Philosophie", op.cit., S. 4-9.

2 Eike von Savigny hat den dankenswerten Versuch unternommen, die nur implizierte Position, gegen die sich Wittgenstein in *Philosophische Untersuchungen* wendet, herauszuarbeiten. In: ders., *Die Philosophie der normalen Sprache*, Kapitel 1 Die Gegentheorie, Frankfurt am Main 19932, S. 15ff.

3 Eine solche Zusammenfassung kann nur unter großen Vorbehalten angesichts der überbordenden und auch kontroversen Diskurssituation geschehen. Bezogen auf das Verhältnis von Sprache und Welt etwa ist es keineswegs ausgemacht, daß Wittgensteins Überlegungen zu einer Art Begriffsrelativismus führen müssen, in der die Verknüpfung zwischen den Sätzen und den 'Tatsachen' hinter ihrer Verwendung in den Sprachspielen zurücktritt. So haben Merrill und Jaako Hintikka in ihrer hervorragenden Studie die Position vertreten, daß durch Sprachspiele die Referenz geregelt ist, wodurch die Bedeutung nicht einfach im Gebrauch aufgehen kann. Vgl. M. u. J.

gegeben. Auch das Verstehen, Meinen und das Fremdpsychische sind keine unmittelbar geistigen Tätigkeiten, oder wie im Falle der eigenen Schmerzen 'privat'. Stets ist es die regelgeleitete Sprachverwendung, die dazwischen tritt und der sich das philosophische Interesse zuwendet. Es ist die Verwendung von Sätzen in Sprachspielen innerhalb einer gemeinschaftlichen Praxis oder Lebensform: "[...] in der Sprache stimmen die Menschen überein. Dies ist keine Übereinstimmung der Meinungen, sondern der Lebensform."[4] Und es gilt für die Spätphilosophie Wittgensteins – wenn auch unter geänderten Bedingungen – das gleiche wie schon für den Tractatus: "Alle Philosophie ist 'Sprachkritik'".[5]

Aus der erkenntnistheoretischen Frage Kants 'Was kann ich wissen?' wird die sprachkritische Frage 'Was kann ich verstehen?'. Und mit Bezug auf den Begriff des Sprachspiels wird die Frage nach der Bedeutung eines Wortes zu der nach seiner Verwendung. Philosophische Problemstellungen sehen in der Folge ihren zentralen Bezugspunkt nicht im Erkenntnisvermögen des Menschen, sondern in den sprachlichen Begrifflichkeiten.

Diese kurze Skizze einiger Aspekte der Sprachphilosophie Wittgensteins dient dazu, den Zugang der analytischen Philosophie zur Kunst aufzuzeigen. Sicherlich orientieren sich nicht alle analytischen Philosophen explizit an Wittgenstein, aber es erklärt sich so ganz gut, weshalb in der Auseinandersetzung mit der Ästhetik sich einige Fragen in der gewählten Form stellen. So fand das beschriebene (sprach-)aufklärerische Moment nach einiger Zeit auch seine Übertragung auf den traditionellen Bereich der Ästhetik und der Kunstphilosophie, wo sie im angelsächsischen Raum kurze Zeit diskussionsbestimmend war:

> Eine analytische Philosophie der Kunst hat sich erst um die Mitte des 20. Jahrhunderts herausgebildet. Sie entstand aus einer Auseinandersetzung mit einer anderen Art von Kunstphilosophie, die zuvor dominierend war, und ihre Geschichte ist die Geschichte einer Familienfehde. Sie beginnt mit geräuschvollen Kriegserklärungen und endet schließlich mit einer kleinlauten Kapitulation.[6]

Hintikka, *Untersuchungen zu Wittgenstein*, Frankfurt am Main 1990, S. 273ff.

4 Ludwig Wittgenstein, "Philosophische Untersuchungen", in: ders., *Tractatus logico-philosophicus*, Werkausgabe Bd. 1, Frankfurt am Main 1984, S. 356.

5 Ders., Satz 4.0031, ibid., S. 26.

6 Karlheinz Lüdeking, *Analytische Philosophie der Kunst*, Frankfurt am Main 1988, S. 9.

Ganz ähnlich wie Wittgenstein in seinen *Philosophischen Untersuchungen* wendet sich die analytische Philosophie der Kunst gegen eine traditionelle Theorie. Dabei ging es nach Karl Heinz Lüdeking nicht um eine differenzierte Auseinandersetzung mit den kritisierten Positionen oder gar eine kontroverse Diskussion anhand von Kunstwerken, sondern um den Nachweis eines *petitio principii*: Bei der zentralen Frage 'Was ist Kunst?' werde vorausgesetzt, daß allen Werken – mindestens – eine Eigensschaft gemeinsam ist, aufgrund derer sie als Kunstwerk bezeichnet werden, ganz im Sinne des traditionellen *unum nomen unum nominatum*. Das Besondere der Kunst bestünde eben in dem Besitz dieser besonderen Eigenschaft. Vereinfacht gesagt wendet sich die analytische Kritik gegen einen essentialistischen Wesensbegriff der Kunst.

Wittgensteins Ausführungen zum Begriff des Sprachspiels werden nun einfach dazu benutzt, zu zeigen, daß es keine eindeutige Bestimmung geben kann, und die Kunsttheorie – welche im einzelnen auch immer – einem grundlegenden Irrtum aufsitzt. Dieser muß in ihren eigenen Begrifflichkeiten liegen, d.h. in dem sprachlichen Zugriff und nicht in den bezeichneten Gegenständen. Die Analyse geht folgerichtig dahin, nach der Verwendung des Wortes 'Kunst' zu fragen, und nicht etwa nach den Kunstwerken. So ist für Paul Ziff die Frage nach der Definition von Kunst die nach der Verwendung des Begriffes in der Alltagsprache:

> Zu den Hauptproblemen der Ästhetik gehörte stets die Aufgabe, für den Begriff des Kunstwerkes eine Definition (oder eine Analyse oder Erklärung oder Erläuterung) zu geben. [...] Aber was ich hier untersuchen möchte, ist nicht das Problem, sondern warum es so schwierig ist. Ich hoffe, daß ich so klarmachen kann, was in eine solche Definition alles eingeht, und was ein Kunsttheoretiker tun muß (ob er das nun weiß oder nicht), wenn er seine Definition, was ein Kunstwerk ist, rechtfertigen will.[7]

Die Fragestellung bewegt sich auf einer metatheoretischen Ebene, insofern sie einzig die ästhetische Theorie und nicht die ästhetischen Gegenstände betrifft. Gesucht sind die Eigenschaften, die einem Gegenstand zukommen, wenn er (zu recht) ein Kunstwerk genannt wird. Das Ergebnis dieses Vorgehens ist in gewisser Weise von Wittgenstein dann bereits vor-

7 Paul Ziff, "Was es heißt zu definieren, was ein Kunstwerk ist", in: *Theorien der Kunst*, hg. von D. Henrich und W. Iser, Frankfurt am Main 1992, S. 524.

gegeben wie auch vorweggenommen: Statt eines einzigen Merkmals gebe es eine größere Anzahl, Ziff bestimmt derer sieben[8], von denen immer einige bei einem Kunstwerk gefunden werden können. Als ein Merkmal gilt im Falle eines Bildes, daß der Maler es ausstellen wollte, es eine ausgearbeitete und komplexe Struktur hat oder schlicht 'ein gutes Gemälde' ist. Es müssen aber keineswegs alle Eigenschaften bei einem Kunstwerk vorkommen:

> Etwas würde dann ein Kunstwerk in dem neu definierten Sinn des Wortes sein, wenn es eine Teilmenge der Menge charakteristischer Eigenschaften von Bildern oder eine Teilmenge der Menge charakteristischer Eigenschaften von Gedichten besäße, und so fort. [...] Es ist für die Zwecke dieser Abhandlung nicht nötig, die Definition weiter auszuarbeiten.[9]

Diese Art der Definition findet sich auch in Wittgensteins Beschreibung von Spielen. Es gibt unterschiedliche Spiele wie Schach und Halma, die über ein Netz von Ähnlichkeiten verfügen. Sie haben nicht alle dasselbe Merkmal, sondern sind dem ein oder anderen in der ein oder anderen Weise ähnlich. Besitzt etwas genügend Merkmale, wird es zu der Familie der Spiele gerechnet. Wittgenstein nutzt eben diese Metapher der Familie in ihrer umgangssprachlichen Bedeutung, um mit ihr auch den logischen Terminus der 'Klassen' anders zu fassen. In der Umgangsprache gehört dann etwas nicht nur zu einer Klasse, wenn es – wie in der Logik – eine Eigenschaft mit den anderen Elementen teilt, sondern auch, wenn ein Netz von Ähnlichkeiten und Verwandtschaften besteht:

> 67. Ich kann diese Ähnlichkeit nicht besser charakterisieren als durch das Wort 'Familienähnlichkeit'; denn so übergreifen und kreuzen sich die verschiedenen Ähnlichkeiten, die zwischen den Gliedern einer Familie bestehen: Wuchs, Gesichtszüge, Augenfarbe, Gang, Temperament, etc. etc. - Und ich werde sagen: die 'Spiele' bilden eine Familie.[10]

Für die Zuordnung eines Gegenstandes zu den Kunstwerken bedeutet dies, daß eine Menge von Merkmalen gibt, von denen einige bei einem Kunstwerk vorhanden sein müssen. Weitergedacht ergeben sich bei der

8 Paul Ziff, "Was es heißt zu definieren, was ein Kunstwerk ist", op.cit., S. 527f.

9 Ibid., S. 535.

10 L. Wittgenstein,"Philosophische Untersuchungen", op.cit., S. 278.

Übertragung auf die gewählte Frage 'Was ist Kunst' mindestens zwei Probleme. So ist zum einen jeder, der sich mit ästhetischen Diskursen beschäftigt hat, wohl fähig, die Liste der Merkmale fast beliebig zu verlängern. Daß dies legitim ist, hat seinen logisch-analytischen Grund darin, daß die Merkmale nicht notwendig *und* hinreichend sind. Aus keinem einzelnen Merkmal kann auf das Vorliegen eines Kunstwerkes geschlossen werden und keines muß notwendigerweise vorhanden sein. Umgekehrt bedeutet dies, daß eine geschlossene Definition nicht möglich ist, und die traditionelle Kunsttheorie einem prinzipiellen sprachlichen Fehler aufsitzt: Es kann keine sinnvolle Antwort auf die Frage geben, was ein Kunstwerk 'ist'. Die Frage nach dem Eigentlichen oder Wesentlichen eines Kunstwerkes gehört nach der analytischen Kritik verworfen.

Die Argumentation von Ziff gegen die Möglichkeit einer geschlossen Definition des Kunstwerkes bezieht sich auf Morris Weitz. Letzterer hatte in seinem vieldiskutierten Aufsatz *The Role of Theory in Aesthetics*[11] von 1956 im Unterschied zu seiner früheren Position gegen die Möglichkeit einer Wesensbestimmung der Kunst argumentiert. Er stützt sich dabei explizit auf die in dieser Zeit erstmals erschienenen *Philosophischen Untersuchungen* Wittgensteins. Entsprechend verschiebt sich die Fragestellung der traditionellen Kunsttheorien: "Das Problem, mit dem wir beginnen müssen, ist nicht 'Was ist Kunst?', sondern 'Was für ein Begriff ist Kunst'?"[12]

Morris Weitz übernimmt aber nur einige Überlegungen oder Passagen von Wittgenstein. Seine Absicht ist es, entgegen der konventionellen Prämisse zu zeigen, daß es gemeinsame Eigenschaften für die Definierbarkeit von Kunst geben müsse und daß die Liste der Eigenschaften sich nicht abschließen läßt, mit der Konsequenz daß der Kunstbegriff 'offen' ist. Der Schluß, den er daraus zieht, lautet, daß es keine geschlossene Definition geben kann, da es eine begrenzte Anzahl allen gemeinsamer Eigenschaften nicht gibt. So logisch zwingend ist das aber gar nicht, wie sich anhand der weitergehenden Überlegungen von Paul Ziff zeigen läßt.

Gibt es eine Liste von hinreichenden Merkmalen oder Charakteristika, könnte es auch sein, daß mehrere von ihnen zusammengenommen not-

11 Morris Weitz, "The Role of Theory in Aesthetics", in: *The Journal of Aesthetics and Art Criticism* 15 (1956-57) S. 23-35.

12 Morris, "The Role of Theory in Aesthetics", op.cit. Übersetzung zitiert nach Karlheinz Lüdeking, *Analytische Philosophie der Kunst*, op.cit., S. 56.

wendig *und* hinreichend sind. Gäbe es eine Menge von Eigenschaften, die zum Beispiel klassizistischen und bürgerlichen Dramen zukommt, könnte es nicht ausgeschlossen werden, daß durch drei oder vier Merkmale eine geschlossene Definition erreicht werden könnte, die zweifelsfrei das Vorliegen eines Kunstwerkes anzeigen. Ein Merkmal könnte die Einheit von Handlung, Raum und Zeit sein, wodurch das Drama als klassizistisches ausgezeichnet wäre. Sicherlich gibt es auch andere Merkmale, die es mit dem bürgerlichen Drama teilt, aber dieses besondere Merkmal könnte zusammen mit anderen eine geschlossene Definition zulassen. Daraus folgt, daß man einzig aus der Beobachtung, daß es keine notwendigen *und* hinreichenden Eigenschaften von Kunstwerken gibt, nicht auf die Unmöglichkeit einer geschlossenen und damit auch eindeutigen Definition von Kunstwerken schließen kann.

Paul Ziff räumt nun auch diese Möglichkeit aus, da man nicht die Anzahl von Eigenschaften festlegen kann, die für eine Definition notwendig sind. Wenn es nicht ein Kanon von Eigenschaften ist, aufgrund dessen wir einem Gegenstand den Status eines Kunstwerkes zusprechen, was ist es dann? Für Ziff ist es die Ähnlichkeit mit einem paradigmatischen Fall. Wir lernen durch die Konfrontation mit einem Kunstwerk, den Begriff zu verwenden, und beziehen ihn weiterhin auf jeden ähnlichen Gegenstand. Nur kann für die Bestimmung der Ähnlichkeit keine Regel angegeben werden. Als Konsequenz ist es jedem anheimgestellt, aufgrund seines persönlichen Empfindens etwas für ein Kunstwerk zu halten oder nicht. Kunst wird zu einer Geschmacksfrage und zwar in einer recht naiven Form. Auch aus analytischer Sicht muß eine solche Antwort höchst unbefriedigend sein, da sie in ihrer Kurzform nicht mehr besagt, als daß x ein Kunstwerk ist, weil es für eines gehalten wird. Auch wenn die Kritik an 'essentialistischen' Theorien der Kunst – wo und wie auch immer diese vertreten wurden – zwingend und richtig ist, kann sie keinerlei Alternativen bieten.

Aus der Kritik an einem essentialistischen Kunstbegriff wurden unterschiedliche Konsequenzen gezogen. Eine der radikalsten Lösungen wird von William Kennick vertreten.[13] Er zählt den Kunstbegriff einfach zu den Wahrnehmungsbegriffen, so wie die Farbbezeichnung 'rot' zum Bei-

13 William Kennick, "Definition and Theory in Ästhetics", in: *Art and Philosophy*, Hrsg. ders., New York 1964, S. 86ff.

spiel. Wir können einen solchen Begriff verwenden, ohne über eine explizite Theorie über ihn zu verfügen. Genauso, wie man als kompetenter Sprecher einen solchen Begriff richtig gebrauchen kann, erlernt man auch die Verwendung des Wortes 'Kunst'. Auf einer naiven, alltagssprachlichen Ebene ist das eventuell auch plausibel, insofern – wie auch bei 'rot' – die Bezeichnung meist korrekt, eine theoretische Begründung aber nur selten oder gar nicht vorhanden ist. Mit der Zuordnung geht Kennick aber noch einen Schritt weiter: Für die Verwendung von Wahrnehmungsbegriffen wird offensichtlich keine Begründung gebraucht. Übertragen auf die Ästhetik bedeutet dies, daß die Versuche einer 'Wesensbestimmung'[14] der Kunst nur einem Scheinproblem aufsitzen. Somit gibt es auch überhaupt keinen Grund für eine theoretische Auseinandersetzung. Eingestanden ist auch, daß es bei Grenzfällen zu Unstimmigkeiten kommen kann und auch häufig kommt; aber die Grenze von Rot zu Rosa oder Orange ist ebenfalls unscharf. Andererseits erstaunt es aber, die Komplexität von Kunstwerken mit der Einfachheit von Farbwahrnehmungen zu vergleichen.

Rückblickend fällt das Fazit zu der an Wittgenstein und der *ordinary language philosophy* orientierten Auseinandersetzung mit der Kunst gemessen an ihrem Selbstanspruch ernüchternd aus. Das plötzliche Ende des analytischen Interesses an der Kunst erklärt sich nach K.H. Lüdeking aus der sehr eng gefaßten Problemstellung, die nicht in der Lage war, entsprechende Konsequenzen zu ziehen und Alternativen zu bieten:

> Sie scheitern letztendlich deshalb, weil sie immer wieder vor der Erkenntnis des (für sie traumatischen) Umstandes zurückschaudern, daß die einzigen Kriterien, die die Anwendung des Kunstbegriffs auf konkrete Fälle leiten können, evaluative Kriterien sind, über die in einer generellen Theorie nichts festzustellen ist.

14 Wie bereits mehrfach angedeutet, ist nicht immer klar, auf welche Positionen sich bezogen wird. In dem angesprochenen Bereich der analytischen Ästhetik ist es nur selten eine Auseinandersetzung mit konkreten Gegenpositionen. Auch dies ist nolens volens von Wittgenstein übernommen, bei dem es gleichfalls einiger Mühe bedarf, die theoretische Position, gegen die er sich wendet, zu rekonstruieren. Interessieren sollen aber hier die Konsequenzen einer sehr strikten und prinzipiellen Kritik mehr als die Frage, welche ästhetischen Konzeptionen in welchem Maße betroffen sind.

> [...] Da aber die Idee eines klassifikatorischen Kunstbegriffes im Grunde alles ist, was die analytische Philosophie der Kunst zu bieten hat, ist es nicht verwunderlich, daß sich am Ende die deprimierende Konsequenz ergibt, daß eine vollkommene Rehabilitierung der traditionellen Theorie unumgänglich erscheint.[15]

Aus der Sicht einer Hermeneutik und Literaturwissenschaft, die – sei es auch nur in einem weiten Sinn – an Schleiermacher, Dilthey, Heidegger oder Gadamer orientiert ist, stellt sich bei dem Versuch, solche Überlegungen einzuschätzen, sicherlich ein gewisses Befremden ein. Seinen Anfang nimmt dies schon bei der für die sprachanalytische Ästhetik so zentralen Frage 'Was ist Kunst?'. Die Einfachheit der Frage hat durchaus Methode und entspricht den Beispielsätzen Wittgensteins. Anhand einfachster Sätze wie 'ich habe Schmerzen' gelang es in den *Philosophischen Untersuchungen*, grundlegende Probleme in der Philosophie und Bedeutungstheorie zu formulieren und mit jenem Satz die weitreichende Diskussion um eine Privatsprache und das Verhältnis von Sprecher und Sprachgemeinschaft einzuleiten. Nur erklärt dies nicht, warum es im Falle der Kunst genau diese bewußt einfache Frage sein muß.

Über den Grund können hier nur Vermutungen angestellt werden, die wohl auch mit der dem Selbstverständnis der angelsächsischen Kunst- und Literaturtheorie zusammenhängen. Eine hierzulande übliche Trennung von Literaturwissenschaft und Literaturkritik läßt sich dort in dieser Weise sicherlich nicht wiederfinden. Ob ein Werk dem Kanon der (hohen) Kunst zugesprochen werden kann und für ästhetisch bedeutsam gehalten werden soll, ist im Rahmen der üblichen Arbeitsteilung zumindest für die zeitgenössische Kunst von der Literaturkritik zu entscheiden. Fragen nach dem Verständnis, der Interpretation bzw. Bedeutung und vor allem der Art und Weise der Darstellung und die geschichtliche Einordnung gehören zu dem Aufgabenbereich der neueren Literaturwissenschaft. Demgegenüber sind Fragen der Wertung meist sekundär, da sie erst auf dem Hintergrund mehr oder weniger komplexer Theorien über ästhetische Bedeutung oder Darstellungsweisen erfolgen. Im Vordergrund steht die Textauslegung bzw -konstitution und Fragen nach einer nicht explizit wertenden Zuordnung zu Stilrichtungen, Textsorten, Genres, Schulen etc. und deren Beschreibung.

15 K. Lüdeking, *Analytische Philosophie der Kunst*, op. cit., S. 208f.

Ein weiterer Schwachpunkt der Kritikführung betrifft die Prämisse, daß 'Kunst' dem Bereich der Alltagsprache zugehörig ist. Sicherlich kommt der Begriff dort vor, aber das tun Worte wie Wasserstoff, neurotisch und Funkuhr auch, unscharf und zuweilen widersprüchlich in ihrer Verwendung und einer genauen Definition in der Alltagsprache meist nicht zugänglich. Daraus den Schluß zu ziehen, es gebe keine eindeutige und akzeptable Definition etwa von 'neurotisch', ist nicht zulässig. Die Begründung für eine korrekte Bezeichnung erfolgt in einem speziellen Diskurs, dessen Argumente und Regeln durch seine jeweilige theoretische Ausrichtung bestimmt sind. Der Beitrag der *ordinary language philosophy* kann daher nur gering sein, da sie unmittelbar zumindest keine Möglichkeit für eine inhaltliche Auseinandersetzung mit Kunsttheorien bietet. Mit Blick auf die theoretisierenden Auseinandersetzungen etwa in der Literatur oder der Malerei zeigt es sich unmittelbar, daß es sehr wohl ein Verständnis der Regeln für die Verwendung des Kunstbegriffes gibt, unabhängig davon daß die Diskussion darüber in Grenzbereichen kontrovers geführt wird.

Bemerkenswert ist die Unwilligkeit gegenüber einer historisierenden Fassung des Kunstbegriffes. Schließlich erweitert sich das Kunstverständnis nicht nur um hinzukommende Darstellungs- und entsprechende Rezeptionsformen. Genauso geht auch der Zugang oder das Verständnis für ältere Werke und Darstellungen manchmal verloren und bedarf einer literaturgeschichtlichen Rekonstruktion. Nimmt man Wittgensteins Bild von dem Faden auf, der durch das lückenlose Übergreifen der einzelnen Fasern zusammenhält,[16] kann dies für das Kunstverständnis der Literaturwissenschaft durchaus zutreffend sein. Es sind verschiedene Merkmale, die das Kunstverständnis in einer Zeit bestimmen. Ältere reichen noch heran, neuere werden in ästhetisch-kritischen Diskursen eingewoben, andere enden einfach oder werden gekappt. Wenn es allerdings um die Bestimmung der einzelnen Fasern geht und darum, weshalb eine Faser bedeutsamer ist als eine andere, versagt die analytische Theorie der Ästhetik.

16 "Wenn aber einer sagen wollte: 'Also ist allen diesen Gebilden etwas gemeinsam - nämlich die Disjunktion aller dieser Gemeinsamkeiten'- so würde ich antworten: hier spielst du nur mit einem Wort. Ebenso könnte man sagen: es läuft Etwas durch den ganzen Faden, - nämlich das lückenlose Übergreifen dieser Fasern." L. Wittgenstein, *Tractatus logico-philosophicus*, op.cit., S. 278.

Aufgrund der Fragestellung von Morris Weitz 'Was für ein Begriff ist Kunst' wurde sich schon im Ansatz auf eine metatheoretischen Ebene beschränkt, in der über kunstwissenschaftliche Begrifflichkeiten und nicht über Kunstwerke geredet wurde.

Nicht Fragen des Verständnisses einzelner Werke und ihrer Konstitution wurden verhandelt, sondern ein allgemeines Reden-über Kunst. Die Ausrichtung der analytischen Theorie der Kunst scheint gegenüber derjenigen der Literaturwissenschaften zu verschieden zu sein. Anders gesagt ist sie nicht eine ästhetische Theorie – über ästhetische Gebilde –, sondern eine Theorie der Ästhetik. *Aisthesis*, verstanden als sinnliches Erkennen, betrifft Fragen des Verstehens oder der Erkenntnis gerade in ihrem Unterschied zu anderen Formen des Verstehens oder Interpretierens.

Auch wenn es nicht gelungen ist, der Kunsttheorie neue Wege aufzuzeigen, haben die Arbeiten von Paul Ziff und Morris Weitz doch zu einer Problematisierung des Grundbegriffes 'Kunstwerk' beigetragen. So kann es keine einfachen, geschlossenen Definitionen für Kunstwerke geben. Ihre Bestimmung hat sich wohl auch mit evaluierenden und sich geschichtlich verändernden Aspekten auseinanderzusetzen. Auch wenn der Begriff des Kunstwerkes kein allgemeinsprachlicher Begriff sein sollte, bietet sich für eine analytisch orientierte Ästhetik die Möglichkeit, weiter auf der metatheoretischen Ebene zu verbleiben, wenn auch nicht in der Form der *ordinary language philosophie*. Handelt es sich um einen Fachbegriff, besteht die Aufgabe der sprachanalytischen Philosophie in einem Theorienvergleich als einer 'Meta-Ästhetik' beziehungsweise in einer Begriffskritik, wie von M.C. Rose dargestellt:

> Meta-Ästhetik [...] vergleicht, kontrastiert und bewertet die verschiedenen Methoden der Ausarbeitung, Einschätzung und Verteidigung ästhetischer Theorien. Und sie untersucht die facettenreichen Beziehungen zwischen ästhetischer Theorie und außerästhetischen Untersuchungsfeldern [...].[17]

In einem anderen Argumentationsstrang kann sich die Sprachanalyse direkt auf die sprachliche Verfaßtheit der Kunstwerke – so sie denn eine haben – beziehen. Nelson Goodmans Symboltheorie zum Beispiel ist so angelegt, daß sie dieser Einschränkung nicht einmal bedarf, weil sie neben

17 M.C. Rose, "Nature as aesthetic object. An essay in meta-aesthetics", in: *British Journal of Aesthetics* 16 (1976), S. 3. Übersetzung nach Jörg Zimmermann.

den sprachlichen Darstellungen gleichfalls bildliche und auch darstellende Künste umfaßt. Seine Symboltheorie setzt sich dabei direkt mit den verschiedenen Weisen auseinander, in denen Kunstwerke bedeutsam sein können. Ausgehend von diesen Überlegungen nähert er sich auch wieder der Frage nach dem, was die Kunst – insbesondere gegenüber anderen Darstellungsweisen – auszeichnet.

Gegenüber dieser frühen Tradition der Analytischen Ästhetik ist Goodmans Symboltheorie einer anderen Fragestellung verpflichtet. Den Ausgangspunkt bilden hier nicht mehr die Rede über Kunstwerke, sondern die Bestimmung der Bedeutsamkeit und Eigenheit verschiedener Formen der Symbolisierung. Es sind damit wieder die Kunstwerke und ihre Bedeutung, die in das Zentrum des Interesses rücken.

Trotzdem läßt sich Goodmans Symboltheorie im Anschluß an sprachanalytische Positionen darstellen, bei der – ähnlich wie bei Wittgenstein – Fragen der Sprachbedeutung und -verwendung, auch in ihrer sozialen Verankerung, die Fragen nach dem Wesen oder der eigentlichen Verfaßtheit der Dinge ablöst. Mit seiner Symboltheorie haben sich die Fragestellungen verschoben. Gegenstand der Theorie ist nicht mehr das Reden über Kunstwerke, sondern die Bedeutung der Kunstwerke selbst. Sie umfaßt nicht nur Fragen der Bedeutungskonstitution von Kunstwerken und was diese gegenüber anderen Formen der Darstellung auszeichnet, sondern gleichfalls Fragen, die die erkenntnistheoretische Ebene betreffen:

> Ich neige zu der Ansicht, daß viele der zur Zeit entscheidenden Probleme der Ästhetik Probleme der allgemeinen Erkenntnistheorie sind und daß viele der traditionellen Begriffe und Fragestellungen der Ästhetik zusammen mit unserer Gewohnheit, an die Künste isoliert von anderen Sachverhalten zu denken, allmählich veralten.[18]

Seine nominalistische wie pragmatistische Philosophie bietet gleichzeitig die Grundlage für eine Begriffskritik in der Ästhetik, wie sie von Rose für eine 'Metaästhetik' gefordert wurde.

Kennzeichnend gegenüber der frühen Analytischen Ästhetik bleibt, daß hier wieder traditionale Fragestellungen der Ästhetik aufgenommen werden als denen nach der Besonderheit und Bedeutung der *aisthesis*, der

18 N. Goodman, *Vom Denken und anderen Dingen*, Frankfurt am Main 1987, S. 37.

besonderen Weise der Bedeutungsvermittlung, die Kunstwerke wie auch andere Formen der ästhetischen Erfahrung erlauben.

Die Symboltheorie von Goodman ist nicht in Auseinandersetzung mit Wittgenstein entstanden, sondern hat ihren Ursprung in seinen eigenen Arbeiten zur Wissenschaftstheorie. Mit Bezug auf diese Arbeiten sollten sich die Grundzüge seiner Philosophie beschreiben lassen, in denen sie sich von der beschriebenen unfruchtbaren Zugangsweise unterscheidet. Nelson Goodmans allgemeine Zeichentheorie steht eindeutig nicht in der Tradition dieser frühen an Wittgenstein orientierten analytischen Theorie der Kunst. Sie bildet einen neuen Ausgangspunkt für die sprachanalytische Auseinandersetzung mit der Kunst und dem Ästhetischen, in der sich die Fehler früherer Diskussionen vermeiden lassen.

2. Zu Nelson Goodman in allgemeiner Absicht

Wirklichkeit ist nicht,
Wirklichkeit will gesucht
und gewonnen sein.
Paul Celan

Die angelsächsische analytische Philosophie stand – und steht manchmal noch – in dem Ruf, in einem sehr abgelegenen Bereich der Philosophie sehr spezielle Probleme zu verhandeln, die hauptsächlich die Wissenschaftstheorie und die Logik bestreffen. Anschlußfähige wissenschaftliche Disziplinen sind in der Tat eher, aber keineswegs ausschließlich in der Mathematik oder manchmal auch der Psychologie zu sehen. Im Unterschied dazu ist man es auf dem 'alten Kontinent' eher gewohnt, die Philosophie im Verbund mit anderen Geisteswissenschaften, Geschichts-, Kunst- oder Gesellschaftswissenschaften zu sehen. Die relevanten und aktuellen Fragestellungen sind dann jeweils in einer Weise angenähert, die im besten Fall gegenseitigen Austausch erlaubt.

Entsprechend gering war hierzulande das Interesse seitens der Literatur- und Kunstwissenschaften an der analytischen Philosophie, die scheinbar wenig zu den aktuellen Debatten beizutragen hatte. Dies mag in vielen Fällen durchaus seine Berechtigung und Richtigkeit haben, übersieht aber, daß sich die Aktivitäten der analytischen Philosophie keineswegs auf ihren engen (sprach-)analytischen Bereich beschränken. Es ist erst in den letzten Jahren verstärkt zu einer Rezeption sprachanalytisch orientierter Arbeiten in den geisteswissenschaftlich orientierten Fachwissenschaften gekommen. Augenscheinlich bestehen die Gründe beiderseits in einer zunehmenden Orientierung an Fragestellungen, welche die Sprache und das Sprachvermögen sowie grundlegende Probleme der Interpretation betreffen.

Es ist sicherlich mehr als nur Höflichkeit, wenn Donald Davidson in seiner Rede anläßlich der Verleihung des Hegel-Preises[1] darauf hinweist,

1 "Diese Verleihung des Hegelpreises möchte ich als Ehrung eines fruchtbaren Dialogs deuten zwischen zwei philosophischen Methoden und Einstellungen, die eine Zeit-

daß sich die 'beiden Traditionen' wieder aufeinander zubewegen, und es beispielsweise Berührungspunkte seiner Philosophie mit der von Hans-Georg Gadamer gibt.

Für Nelson Goodman und seine Arbeit umfaßt sein unmittelbarer Wirkungsbereich die Erkenntnistheorie, Wissenschaftstheorie, Zeichen- oder Symboltheorie und die Ästhetik. Und in allen Bereichen gelang es ihm, für hochinteressante Diskussionen zu sorgen. Auch aus seinem theoretischen Selbstverständnis heraus ist sein Engagement auf Interdisziplinarität ausgerichtet und – was gerne angemahnt wird – die Beziehung zwischen philosophischer Reflexion und ihrem Gegenstand in der 'Praxis'.

So leitete Goodman von 1967-71 das '*Project Zero*' an der Graduate School of Education in Harvard. Auf interdisziplinärer Basis wurde dort Grundlagenforschung im Bereich der Kunstpädagogik und Kunstvermittlung betrieben. Bemerkenswert ist, wie bei dem Pragmatisten John Dewey, die gesuchte Nähe der Philosophie zur Pädagogik und Didaktik, bei der sich das Interesse an der Philosophie nicht auf deren eigenen innerakademischen Bereich beschränkt, sondern seinen Relevanzen und Handlungskonsequenzen für andere Bereiche der Gesellschaft folgt.

> Das oberste Ziel des Projekts Zero ist die Förderung der Künste durch eine bessere Ausbildung von Künstlern, Publikum und Management. Im Vergleich zur Ausbildung auf anderen Gebieten ist die künstlerische Ausbildung spärlich, sporadisch und chaotisch. [...] Wir haben nach solchen Prinzipien gesucht, indem wir die Prozesse und menschlichen Fähigkeiten untersuchten, die an der Produktion und am Verstehen einer oder mehrerer Künste beteiligt sind.[2]

lang getrennt, ja sogar feindselig erschienen. Was wir dabei erleben, ist freilich nichts weiter als ein neuerliches Miteinander von Traditionen, die ein gemeinsames Erbe teilen." Donald Davidson, "Dialektik und Dialog". Rede anläßlich der Verleihung des Hegel-Preises 1992, in: ders. und Hans Friedrich Fulda, *Dialektik und Dialog*, Frankfurt am Main 1993, S. 7.

2 N. Goodman, *Vom Denken und anderen Dingen*, op.cit., S. 215.
Ein kleiner Überblick über die Aktivitäten des Projektes Zero findet sich in: "Kunst und Theorie", op.cit., Kap. IV, S. 158-208. Anders als etwa in der Architektur oder der Musik ist es im Gegensatz zu Amerika hierzulande in den Geisteswissenschaften wenig üblich, literarisches Schreiben zu fördern oder gar zu lehren. Allenfalls werden verschämt Kurse in 'kreativem Schreiben' angeboten. Auf der anderen, der kommerziellen Seite, findet auch keine kunstbezogene Ausbildung statt, die nicht nur bei

So galt eine der Untersuchungen dem Rhythmus in der Musik, seiner organisierenden Kraft und seiner Bedeutung für die menschliche Entwicklung. Kognitive Psychologie, Linguistik und philosophische Erkenntnis- und Symboltheorie überschneiden sich bei der Untersuchung eines komplexen Gegenstandsbereiches. Kennzeichnend ist die Aufhebung starrer Grenzziehungen, beispielsweise zwischen Verstand und Gefühl oder Kunst und Wissenschaft, allerdings ohne die Spezifität der verschiedenen Bereiche zu bestreiten. Es wurden auch zeitweise Künstler eingeladen, explizit nicht um diese 'zur Schau zu stellen', sondern um unter dem programmatischen Titel 'Kunst im Werden' (später: 'Learning from Performers') einen Einblick in die Entscheidungs- und Entstehungsprozesse, die die Genese eines Kunstwerkes begleiten, zu erhalten. Auch wurden mehrwöchige Kurse in Kunstmanagement zusammen mit der Harvard Business School angeboten.

Sicherlich wäre es überzogen, von einer geradlinigen Entwicklung in der Philosophie Nelson Goodmans zu sprechen, die zwangsläufig in der kunstbezogenen Ausbildung von Galeristen endet. Vielmehr ist darin eine mögliche Anwendung seines grundlagenorientierten Philosophierens neben anderen zu sehen. Trotzdem bleibt die Frage bestehen, in welcher Beziehung die wissenschafts- und symboltheoretischen Überlegungen zu dem umfassenden Komplex der Kunst und des Ästhetischen stehen. Schließlich muß es einen engeren, perspektivischen Zugang geben, der aus der Sicht des Philosophen eine Beschreibung und damit auch ein bestimmtes Verständnis des Ästhetischen erlaubt. Besonderes Interesse gilt dabei mit Blick auf das Projekt Zero der stets herausgestellten Nähe von Ästhetik oder Kunst zur Wissenschaft.[3]

Galeristen und Buchhändlern sondern auch im Bereich der modernen Medien wie Fernsehen, Rundfunk u.ä. zuweilen vermißt wird. Es wirkt immer noch eine Teilung zwischen Wissenschaft, Kunst und Vermarktung, die für die Kunst als vermutlich schwächsten Part sicherlich nicht immer von Vorteil ist. Forderungen, diese Trennungen zu überwinden, sind häufig zu hören, kommen aber meist nur von der Seite, die sich über Probleme bei der Vermarktung differenzierter und voraussetzungsvoller Darstellungs- und Wahrnehmungsweisen beschwert.

3 Ganz sicher sind Ästhetik und Kunst nicht synonym. Aber in diesem engeren Zusammenhang soll unter Kunst erst einmal nicht mehr verstanden werden, als ein Bereich, der durch die Prominenz besonderer ästhetischer Sichtweisen ausgezeichnet ist. Ästhetische Wahrnehmung ist ganz offensichtlich nicht auf den Bereich der Kunst beschränkt.

Besser als durch das Etikett des Pragmatisten ist Goodman durch jenes des *Nominalisten* gekennzeichnet, da dies dem Kern seiner philosophischen Argumentation entspricht, der in der Entwicklung einer nominalistischen Wissenschafts- und Zeichentheorie liegt. Der Nominalismus ist in der philosophischen Erkenntnistheorie keine grundlegend neue Position, aber eine grundlegende, so wie sein Gegenpart, der Platonismus oder später der Realismus. Zumeist wird er auf den Franziskaner Wilhelm von Ockham zurückgeführt.[4] Gewonnen aus der kritischen Auseinandersetzung mit dem Thomismus (Thomas von Aquin) und dem Skotismus (Duns Scotus) ist er eine der Grundpositionen im einsetzenden Universalienstreit des vierzehnten Jahrhunderts. Einfach gesagt geht es um die Frage, ob den Allgemeinbegriffen etwas in den Gegenständen entspricht, wie es von den Realisten und anderen behauptet wurde, oder ob sie bloße gedankliche Produkte sind.

Für den Nominalisten sind Begriffe Vorstellungsprodukte für die Dinge, die sie Bezeichnen, aber nicht ihr idealer Inbegriff. So ist beispielsweise der Rauch für Ockham ein 'natürliches Zeichen', das zwar in einer Ähnlichkeitsbeziehung zu dem Feuer steht, aber eben nicht das Feuer 'ist': Der Allgemeinbegriff ist nicht identisch mit dem (Besonderen), das er bezeichnet. *'Nomen non est in res, sed in mente'* ist eine seiner lateinischen Formeln, in der die Grundüberzeugung des Nominalismus deutlich wird. Die Begriffe werden nicht über die (richtige) Anschauung in den Dingen gefunden, sondern sind von dem Geist oder dem Verstand erzeugt und werden von dort übertragen. In dieser Formulierung zeigt sich etwa auch der Neukantianismus als eine Weiterführung des frühen Nominalismus. Die Begriffsbildung ist von der unmittelbaren Wahrnehmung oder Erfah-

4 Andere Quellen (s.u.) führen Roscelin von Compiègne (11. Jhr.) als ersten radikalen Vertreter eines Nominalismus und bezeichnen W.v. Ockham als Konzeptualisten. Der Grund hierfür liegt meines Erachtens in der jeweiligen Position des Autoren, der unterschiedliche Differenzierungen für notwendig hält, was aber zu keinen hier relevanten Widersprüchen führt. Es sind sowieso mit dem Universalienstreit eine Vielzahl verschiedener Positionen mit entsprechend vielen Etikettierungen verbunden, was die Zuordnung doch erschwert. So liegt der 'interne Realismus' von Hilary Putnam dem Nominalismus Nelson Goodmans weitaus näher als andere Positionen und auch als der Name vermuten läßt.
Vgl.: 'Nominalismus', in: Alexander Ulfig, *Lexikon der philosophischen Begriffe*, Eltville 1993, S. 292, und: *Philosophisches Wörterbuch*, hg. von Walter Brugger, Freiburg 1976, S. 270f.

rung der Gegenstände abgelöst und kann selbst zum Gegenstand der Philosophie werden. Das philosophische Interesse gilt dann nicht so sehr der Welt, sondern den Voraussetzungen, unter denen sie verstehend angeeignet wird. Die Wahrnehmung der Welt steht unter einem Apriori, das durch die Philosophie näher zu bestimmen ist. Wenn die Begriffe von dem Verstand erzeugt sind, stellt sich folgerichtig die Frage, wie beziehungsweise unter welchen Bedingungen sie dann erzeugt werden, und was das für unser Verständnis der Welt bedeutet.

Entsprechend sind Bezugnahme auf eben 'die Welt' Voraussetzungen des Verstehens oder Interpretierens und somit die Wahrheit bzw. Verifikation Problemfelder des (neuen) Nominalismus, die für sein Verständnis in Goodmans Arbeiten zumindest umrißhaft zu rekonstruieren sind. In seinem philosophischen Werk gibt es mindestens drei Schwerpunkte, die alle ein hohes Maß an Eigenständigkeit haben, aber auch aufeinander verweisen. Deshalb ist es für sein Verständnis nicht nötig, eine Gesamtrekonstruktion zu versuchen, was auch mit einem erheblichen Aufwand verbunden wäre. Trotzdem, und das zeigen auch die zahlreichen Selbstverweise, ist deren Kenntnis mehr als hilfreich, da hier grundlegende Fragestellungen verhandelt sind, die auch die späteren Ausführungen begleiten. Ohne deren Kenntnis übersieht man häufig die argumentative Kraft seiner Überlegungen und kann auch deren Konsequenzen schlechter einschätzen. Seine Bücher und Aufsätze haben zu sehr umfangreichen und vielfältigen Diskussionen geführt, was eine umfassende *und* angemessene Darstellung als ein mutiges Unternehmen erscheinen läßt, das hier gewiß nicht gewagt werden soll. Vielmehr werde ich mich auf eine kurze, perspektivische Übersicht beschränken und später Querverweise dort anstellen, wo sie mir notwendig erscheinen.

Goodmans erste größere Veröffentlichung war *The Structure of Appearance*[5] im Jahre 1951. Der Schwerpunkt lag hier noch im Bereich einer phänomenalistischen Systematik. In einer Auseinandersetzung mit Rudolf Carnaps *Der logische Aufbau der Welt*[6] versucht er eine Theorie der Erscheinungswelt zu entwerfen. Ziel der Arbeit ist eine Rekonstruktion wissenschaftlicher Begriffe mit Hilfe der modernen Logik und zwar in

5 Von Goodmans Hauptwerk liegt nach wie vor keine Übersetzung vor: ders., *The Structure of Appearance*, Doordrecht 1977³.

6 Rudolf Carnap, *Der logische Aufbau der Welt* (1928), Frankfurt am Main 1974.

umfassend systematisierender Absicht. Das meint nichts anderes als den Entwurf einer eigenen Wissenschaftstheorie. Sollen die Probleme vermieden werden, die Carnap selbst von seinem Entwurf abrücken ließen, ist dies nach Wolfgang Stegmüller notwendigerweise mit einer eigenen – nominalistischen – Logik als Kern der Theorie verbunden.[7] Entsprechend umfangreich und aufwendig ist das Unternehmen gestaltet, das in Deutschland im Unterschied zu den angelsächsischen Ländern kaum rezipiert wurde.

Später gab es verschiedene Äußerungen von Goodman, die nahelegen, daß der Anspruch einer umfassenden nominalistischen Wissenschaftstheorie zu relativieren ist. In einigen Bereichen der Mathematik, die sehr wohl 'funktionieren', gibt es eingestandenermaßen keine Möglichkeit einer nominalistischen Reformulierung: "Not all of mathematics can be instantly dealt with by a nominalistic philosophy, but neither can all the behavior of materials be instantly dealt with by modern chemistry."[8] Nun ist es keineswegs so, daß die Arbeit mit diesem Anspruch und seiner Einlösung stehen und fallen würde. Die hier aufwendig entwickelten Argumente bilden die Grundlage für die Ausarbeitung einer nominalistischen Position, die auch in anderen Zusammenhängen zum Tragen kommt. So enthält *The Structure of Appearance* neben der breiten Auseinandersetzung mit Carnap auch einen separaten Abschnitt über das Verhältnis von Physikalismus und Phänomenalismus sowie einen Abschnitt über das Universalienproblem. Eben jenes ist das Thema der zweiten größeren Veröffentlichung von Goodman, *Fact, Fiction, and Forecast.*[9] Es besteht aus zwei Teilen, deren erster – *Das Problem der irrealen Bedingungssätze* – noch vor dem Erscheinungsdatum der 'Structures' datiert. Das Induktionsproblem als ein Teil oder eine bestimmte Fassung des Universalienproblems ist für Goodman offensichtlich schon länger von Interesse gewesen. Es wird im

7 Ich möchte an dieser Stelle aus naheliegenden Gründen auf eine Darstellung der hochkomplexen Argumentation und der in ihr verhandelten Probleme verzichten. Auch in der Sekundärliteratur weicht man diesbezüglich meist aus. Zu nominalistischen Logiken siehe: Wolfgang Stegmüller, *Hauptströmungen der Gegenwartsphilosophie*, Band II, Stuttgart, S. 195-203.

8 N. Goodman, *Problems and Projects*, Cambridge Mass. 1972, S. 154.
Goodman antwortet explizit auf die Frage nach dem Verhältnis von Mathematik und Nominalismus in: ders., "A World of Individuals", op.cit., S. 168ff.

9 Ders., *Fact, Fiction, and Forecast (1954)*, Cambridge 1976³.

weiteren der zentrale Bezugspunkt in der philosophischen Diskussion um den Nominalismus und das Problem der Induktionssätze bilden; demgegenüber tritt *The Structure of Appearance* mit seinem sehr komplexen Argumentationsaufbau in den Hintergrund.

Warum dem Induktionsproblem überhaupt so eine große Bedeutung zukommt, läßt sich in etwa folgendermaßen skizzieren:

Die *Induktion* sucht aus beobachteten Einzelfällen ein allgemeines Gesetz zu finden, das auch für die nichtbeobachteten Einzelfälle gilt. Anders gesagt geht es um die Bedingungen, unter denen Gesetze erstellt werden können. Umgekehrt verhält es sich mit der *Deduktion*, bei der von dem Allgemeinen auf das weniger Allgemeine oder Besondere geschlossen wird. Unter den Begriff der Deduktion fallen dann Probleme der Anwendung von Gesetzen und Hypothesen, der Stringenz und Widerspruchsfreiheit der Argumentation. Diskussionsgegenstand ist die Induktion in der Wissenschaftstheorie, da die hinreichenden und notwendigen Bedingungen, unter denen Aussagen und Gesetz betrachtet werden, eindeutig auszuzeichnen sind.

> Doch ob man nun wahre und falsche Aussagen oder gültige und ungültige Regeln unterscheiden möchte, Aufgabe ist die Auffindung der notwendigen und hinreichenden Bedingungen, unter denen die Verknüpfung von Vorder- und Nachsatz im irrealen Bedingungssatz zutrifft.[10]

Wie u.a. Wittgenstein angemerkt hat, läßt sich in der Wissenschaft nicht sicherstellen, ob eine Induktion auch in der Zukunft noch funktioniert oder Erfolg hat; man vermutet es eben aufgrund der Beobachtungen und Informationen, über die man zu dem entsprechenden Zeitpunkt verfügt. Auch ob der Vorgang die stets anzunehmende einfachste Form haben muß, läßt sich nicht beweisen. Wittgenstein spitzt es dann noch zu und erkennt dies nicht mehr als philosophisches Problem an, weil es sich nicht innerhalb einer operativen Logik lösen läßt: "Dieser Vorgang hat aber keine logische, sondern nur eine psychologische Begründung."[11] Es besteht nach Wittgenstein wohl so etwas wie eine Neigung wenn nicht Hoff-

10 N. Goodman, *Tatsache, Fiktion, Voraussage,* op.cit., S. 55.

11 "Der Vorgang der Induktion besteht darin, daß wir das einfachste Gesetz annehmen, das mit unseren Erfahrungen in Einklang zu bringen ist." Sätze 6.363 und 6.3631 aus: L. Wittgenstein, *Tractatus logico-philosophicus*, op.cit., S. 81.

nung, zu glauben, daß eine bestimmte Regelmäßigkeit in ihrer Einfachheit bestehen bleibt.

Auch wenn diese Formulierung mit der Überweisung zur Psychologie zu sarkastisch erscheinen mag, bleibt zu erklären, weshalb die Hypothesen eine bestimmte Form haben und wie es um ihre Beständigkeit, Gewißheit oder Wahrheit bestellt ist.

Goodman nähert sich diesem Problem, indem er die Fragestellung ändert: Mit Blick auf die Zukunft kann das Problem der Induktion nicht gelöst werden. Also, so der Vorschlag, wendet man sich den Bedingungen und Umständen zu, unter denen die Induktion entstanden ist. Seine Kritik wendet sich dabei gegen die implizite *tabula rasa* Annahme, die besagt, daß bisher keine anderen Hypothesen akzeptiert worden sind: Hypothesen würden einzig aus dem Erfahrungsmaterial gewonnen und sind auch an diesem zu verifizieren. Induktionen würden demnach voraussetzungslos und unabhängig von anderen wissenschaftlichen Aussagen erstellt. Aufgrund dieser impliziten Annahme ist es erst einmal nicht sonderlich naheliegend, nach den Bedingungen zu fragen.

Anhand eines einfachen Beispielsatzes versucht Goodman nachzuweisen, daß das Aufstellen von Gesetzen nicht voraussetzungslos sein kann. Ohne im einzelnen darauf einzugehen, warum sich das Problem nicht umgehen läßt und in dieser Form so zwingend ist, sei hier einfach nur die Pointe referiert:

Goodman führt das Prädikat 'grot' ein,[12] das auf alle Dinge zutrifft, die bis zu einem bestimmten Zeitpunkt *t* untersucht worden sind, wenn sie grün sind, und auf alle später untersuchten Dinge, wenn sie rot sind. Die Einführung eines solchen Prädikates ist legitim, wenn auch sicherlich ungewöhnlich. Wird nun ein Smaragd untersucht, kommt ihm die Prädikation grün und natürlich auch 'grot' zu. Da Gesetze der Voraussage dienen, erhält man die für spätere Betrachtung von Smaragden ebenfalls grün und 'grot'. Aufgrund der oben eingeführten Bedingung für Dinge, die nach einem bestimmten Zeitpunkt *t* untersucht wurden, gilt für die 'groten' Smaragde, daß sie rot sind. Beide Aussagen sind gleich gut zu bestätigen, sowohl diejenige, die besagt, daß Smaragde grün sind und sein werden, als auch diejenige, die besagt, daß sie rot sein werden (weil sie 'grot' sind).

12 N. Goodman, *Tatsache, Fiktion, Voraussage*, Frankfurt am Main 1988, Kap. 3.4 "Das neue Rätsel der Induktion", S. 97ff.

Ebenso kann mit Rubinen verfahren werden, denen er neben rot das Prädikat 'rün' zuordnet. Definiert wird 'rün' ähnlich wie 'grot': bis zum Zeitpunkt *t* rot und später grün. Nun läßt sich einfach beweisen, daß Smaragde rot sein werden und Rubine grün, wie man es gewohnt ist, oder auch das Gegenteil. Für die Farbe der Smaragde oder der Rubine folgt daraus Beliebiges.

Heraus kommt das, was Goodman zurückhaltend 'das neue Rätsel der Induktion' nennt oder von anderen als das *Goodman-Paradoxon* bezeichnet wird. Die *tabula rasa* Annahme eines voraussetzungslosen Vorgehens hat hier ihre Schwierigkeiten, da sie gezwungen wäre 'rün' wie rot anzuerkennen. Entsprechend stellt sich für eine Wissenschaftstheorie die Frage nach einer zusätzlichen Bedingung, die die Eliminierung solcher Prädikate wie 'grot' und 'rün' erlaubt. Die Frage, ob wir ein bestimmtes Prädikat akzeptieren und ihm den Vorzug vor einem anderen geben, kann intern, nur aus der Beobachtung und ihrer induktiven Projektion, nicht entschieden werden. Es bedarf nach Goodman eines weiteren Kriteriums. Weitergedacht betrifft dies nicht nur die in dem Beispiel diskutierten nicht projezierbaren Prädikate, sondern auch alle diejenigen Fälle, in denen sich für ein bestimmtes Prädikat statt für ein mögliches anderes entschieden wird, also im Prinzip die ganze wissenschaftliche Praxis. Wissenschaftliche Begriffsbildung ist und muß daher voraussetzungsvoll sein.

Um zu verdeutlichen, welcher Art diese Bedingung ist, anhand der gewisse Prädikate ausgeschlossen werden, wird ein allgemeinsprachliches Beispiel benutzt: Versucht man den Ausdruck 'Baum' zu definieren, wird man aus bereits bekannten Worten einen Ausdruck bilden, der auf diese Gegenstände zutrifft, die allgemeinsprachlich Bäume genannt werden, und auf andere eben nicht zutrifft. Ein solcher Ausdruck könne dazu genutzt werden, 'Fälle zu entscheiden, die im bisherigen Sprachgebrauch noch nicht entschieden sind'. Und genau darum geht es in der Wissenschaft auch, zu beschreiben, was bisher nicht oder nicht genau genug beschrieben werden konnte. Das bisherige Vorgehen und die bisherigen Begriffe bestimmen so auch die weitere Hypothesenbildung: sie sind "verankert" (Goodman) in der wissenschaftlichen Praxis.

Ein Prädikat wie 'grot', obwohl zulässig, erscheint auf dem Hintergrund der bisherigen Wahrnehmung der Welt und der Art und Weise, in der sie beschrieben wurde, nicht sinnvoll. Es wird nicht gebildet und dann verworfen, sondern erst gar nicht in Betracht gezogen.

Das Verhältnis zwischen der – bisherigen – Praxis der Bezeichnung und dem zu Bezeichnenden ist aber nicht einseitig, so daß nur beschrieben würde, was mit dem bisherigen Vorgehen im Einklang steht. Umgekehrt kommt es natürlich auch zu einer Änderung es bisherigen Sprachgebrauchs, der gleichfalls erweitert und damit auch verändert worden ist.

> Das genannte Wechselspiel zwischen Induktionsregeln und einzelnen induktiven Schlüssen ist einfach ein Beispiel für diese charakteristische gegenseitige Anpassung zwischen Definition und Sprachgebrauch, in der der *Gebrauch* [Herv. G.P.] die Definition vorzeichnet, die ihrerseits Erweiterungen des Gebrauchs anleitet.[13]

Entfernt erinnert dies an eine dialektische Figur oder den hermeneutischen Zirkel, aber mit dem Unterschied, daß es einen ideellen Fixpunkt welcher Art auch immer für Goodman nicht gibt. Es ist keine Optimierung der Methode *in toto* in ihrer Erfassung der (ganzen) Erscheinungswelt. Es gibt keine zentrale Perspektive und kein Abbild der einen Realität, das mit wissenschaftlichen Mitteln erzeugt werden könnte, sondern ein gegenseitiges Verweisspiel von Praxis und den gewonnenen Standards:

> Worüber wir nach Goodmans wie vielleicht auch nach Wittgensteins Ansicht verfügen, sind Praktiken, die richtig oder verkehrt sind, je nachdem, wie sie mit unseren Standards übereinstimmen. Und unsere Standards sind richtig oder verkehrt, je nachdem, wie sie mit unseren Praktiken übereinstimmen. Dies ist ein Zirkel, oder besser eine Spirale, aber eine, die Goodman, wie Dewey auch, als gut erachtet.[14]

Damit handelt es sich ganz eindeutig um ein pragmatisches Konzept, bei dem Erkenntnis und (soziales) Handeln aufeinander bezogen sind. Der 'Grund der Erkenntnis' liegt dabei nicht in der Beschaffenheit der Welt, sondern in unserem erfolgreichen (Sprach-)Handeln aufgrund veränderlicher Standards.

Unabhängig von dem 'neuen Rätsel der Induktion' und der anschließenden lebhaften Debatte ist das *Prinzip der Verankerung* in der Wissenschaftsgemeinde so nicht aufgenommen worden. Die Gründe dafür lie-

13 N. Goodman, *Tatsache, Fiktion, Voraussage*, Frankfurt am Main 1988, S. 89.

14 Hilary Putnam in seinem Vorwort zu N. Goodman, *Tatsache, Fiktion, Voraussage*, Frankfurt am Main 1988, S. III.

gen neben seiner Unhandlichkeit vermutlich darin, daß die Argumentation keine genauere Bestimmung des "Prinzips der Verankerung" selbst erlaubt. Notwendig wäre nach Goodmans Argumentation eine die Interpretations-Praxis beschreibende Wissenschaftssoziologie als Metatheorie der unvollständigen Induktion. Die dort verankerten Begriffe und Standards müßten in ihrer Bedeutung für das Bilden von induktiven Schlüssen beschreiben werden. In diesem Fall liegen die Bestimmung des Problems und seine Lösung weit auseinander.[15] Goodman hat meines Wissen auch nicht versucht, dieses Prinzip der Verankerung weiter zu präzisieren, was mit der Richtung seiner Erkenntnisinteresses zusammenhängen dürfte.

Für diese Arbeit, die sich auf die ästhetischen Aspekte von Goodman Philosophie konzentriert, sind die wissenschaftstheoretischen Überlegungen von mehr als bloß illustrativem Interesse. Die Verankerung der induktiven Schlüsse in der vorgängigen Praxis einer Gemeinschaft bildet den pragmatischen Kern seiner Wahrheits- und Bedeutungstheorie und – wie zu zeigen sein wird – auch eine Anschlußmöglichkeit für hermeneutische Positionen. Dies betrifft nicht nur die 'harten' Wissenschaften, sondern auch den Status von Kunstwerken und ihrer Bedeutung, die der Auseinandersetzung mit ihr zukommen kann.

> Was hat Goodman wirklich gezeigt? [...] Hypothesen werden in einer Art und Weise geordnet, die sich in seinem Modell im Laufe der kulturellen und wissenschaftlichen Geschichte verändert. Selbst die Prinzipien, die Goodman gebraucht, um Hypothesen im Lichte vergangener induktiver Praxis zu ordnen, zum Beispiel das Prinzip der 'Verankerung', sind seiner Ansicht nach nicht immanent, sondern man gewinnt sie durch die philosophische Reflexion auf die Praxis unserer Gemeinschaft.[16]

15 Das Problem der Verankerung nicht nur von Begriffen in einer vorgängigen Interpretationspraxis ist unter dem Stichwort der 'Lebenswelt' als einem Fundament der Wissenschaft aus einer 'anderen' philosophischen Tradition heraus diskutiert worden und gehört auch zu den zentralen Aufgaben der Wissenschaftstheorie des Erlanger Konstruktivismus. Vgl. hierzu u.a. die Aufsätze von Peter Janich, "Die Rationalität der Naturwissenschaften" und Paul Janssen, "Lebenswelt, Wissen und Wissenschaft – Möglichkeiten ihrer Konstellation". Beide Texte in: G. Preyer, G. Peter, A. Ulfig, *Protosoziologie im Kontext. "Lebenswelt" und "System" in Philosophie und Soziologie*, ibid., S. 133-150 u. 184-201.

16 Hilary Putnam in seinem Vorwort zu N. Goodmans *Tatsache, Fiktion, Voraussage*,

In gewisser Weise ähnelt dies Positionen, die in der Historismusdebatte vertreten worden sind. In beiden Fällen geht es um die Abhängigkeit der Erkenntnis von der bisherigen Praxis beziehungsweise von der Tradition.[17] Hier ist natürlich ein weiter Bogen gespannt zwischen der Existentialontologie Heideggers und der Symboltheorie Goodmans. Was aber auffallen sollte, ist eine gewisse Ähnlichkeit in den Grundüberzeugungen über die Bedeutung der vorgängigen Bedingungen des Verstehens. Bleibt dieser kontrastive Rahmen, zeigt sich allerdings ein Unterschied in der Richtung des Erkenntnisinteresses. Bei Heidegger und Gadamer ist das hermeneutische Vorgehen auf die Tradition und seine Bedeutung für das Selbst- oder Textverständnis ausgerichtet. Wie sich später in der Auseinandersetzung mit der Symboltheorie von N. Goodman zeigen wird, gilt sein Interesse nicht den Vorbedingungen und ihrer vorbestimmenden Kraft, sondern den Möglichkeiten bzw. Weisen der Veränderung eingespielter Darstellungs- und Wahrnehmungsweisen. Die genaue Analyse der 'Verankerung' von Begrifflichkeiten und damit der Bedeutung in der sozialen Praxis ist nicht Gegenstand seiner Untersuchungen. Wie der spätere Buchtitel anzeigt, sind es die *Weisen der Welterzeugung*, das heißt, die Möglichkeiten mit Symbolen neue oder andere Wahrnehmungsweisen zu erzeugen, auf die sein analytisches Vorgehen ausgerichtet ist, nicht die Bedingungen, unter denen sie entstanden sind. Neben zahlreichen Vorteilen ist dies für literaturwissenschaftliche Interessen auch mit Problemen verbunden. Für eine Texthermeneutik sind Fragen der Interpretationsbedingungen und der Rekonstruktion von Zeichenssystemen zentral. So wird entsprechend zu untersuchen sein, inwieweit für die Symboltheorie von Goodman eine interpretationistische Umdeutung zulässig ist.

Ein bekanntes Folgeproblem des Relativismus wie auch des Nominalismus ist, wie unter anderen Hilary Putnam in *Vernunft, Wahrheit und Geschichte*[18] angemerkt, die Unterscheidung von richtigen und von falschen Beschreibungen. Verhalten sich die Tatsachen im Rahmen einer Kohä-

Frankfurt am Main 1988, S. II. Vgl. "Heutzutage glaubt praktisch niemand mehr, daß es eine reine formale wissenschaftliche Methode gibt." Ders., *Vernunft, Wahrheit und Geschichte*, Frankfurt am Main 1990, S. 170.

17 Vgl. Hans Joas, *Pragmatismus und Gesellschaftstheorie*, Frankfurt am Main 1992, ("Der verdeckte Pragmatismus von Scheler und Heidegger") S. 125.

18 H. Putnam, *Vernunft Wahrheit und Geschichte*, op.cit., S. 112.

renztheorie der Wahrheit gemäß mehrerer axiomatischer (Symbol-)Systeme, gibt es kein weiteres Kriterium, einem den Vorzug zu geben, und es sind alle Beschreibungsweisen – das heißt alle möglichen – anzuerkennen.

Goodman bietet eine originelle Antwort auf die Frage, wie mit konfligierenden Wahrheiten umzugehen sei. Sie seien einfach in verschiedenen Welten gültig: "Versionen, die nicht in derselben Welt Anwendung finden, widerstreiten einander nicht mehr, Kontradiktion wird durch Trennung vermieden."[19] Bei genauer Betrachtung ist die Argumentation noch nicht vollständig, da nur geklärt ist, wie es sein kann, daß es mehrere wahre Versionen gibt. Statt mehrerer Versionen in einer Welt haben wir jetzt verschiedene Welten mit ihren eigenen, wahren Versionen. In einem konkreten Entscheidungsfall ist dadurch aber noch keineswegs geklärt, welche Weltsicht anzuwenden ist. Zwar ist es klar, daß es verschiedene Betrachtungsperspektiven geben kann, die alle wahr sind. Nur scheint es beliebig zu sein, welche man übernimmt.

Anders, als zu vermuten wäre, ist das keine sophistische Konstruktion eines bloß logisch möglichen Spezialproblems, wie Goodmans Beispiel zeigt. Die Frage ist: bewegt sich die Erde? Man ist geneigt zu sagen, daß sie dies sehr wohl macht und zwar um die Sonne. Diese Überlegung macht sich in dem Beispiel ein Soldat zunutze, der einem Gefangenen droht, ihn zu erschießen, wenn er sich bewege. Daraufhin erschießt er ihn mit der obigen Begründung, daß sich die Erde bewege und mit ihr der Gefangene. So unangemessen und 'falsch' diese Eulenspiegelei erscheinen mag, so schwierig ist es, dagegen zu argumentieren. Die Behauptung als solche ist innerhalb eines Bezugrahmens wahr. Aber intuitiv wäre wahrscheinlich niemand bereit, eine solche Begründung anzuerkennen. Diese Version findet in dem Zusammenhang normalerweise keinerlei Anwendung. Die Erde bewegt sich und mit ihr der Gefangene, das ist wahr. Zu behaupten, daß sich *deshalb* der Gefangene bewegt habe, ist aber nicht richtig.

Um zwischen Versionen entscheiden zu können, reicht 'Wahrheit' nicht aus: "Brauchbarer ist ein Vorgehen, das im alltäglichen Leben üblich ist

19 N. Goodman, *Vom Denken und anderen Dingen*, Frankfurt am Main 1987, S. 53. "Wenn es also eine tatsächliche Welt gibt, gibt es viele. Denn es gibt konfligierende wahre Versionen, und sie können nicht in der selben Welt wahr sein. [...] Indem wir widerstreitende Versionen verschiedenen Welten zuschreiben, schließen wir die Zusammensetzung dieser Totalitäten zu einer einzigen aus." Ibid., S. 54.

und von der modernen Wissenschaft auf eine beeindruckende Weise gutgeheißen wurde, nämlich wohlüberlegter Wechsel."[20] Beide Versionen sind wahr, aber wir würden in dem Beispiel nur eine der Interpretation zugrunde legen. Wie das Beispiel des Soldaten zeigt, ist die Entscheidung für einen Wechsel offensichtlich nicht beliebig. Es muß irgendwelche Gründe oder Kriterien für die Richtigkeit eines Bezugrahmens geben. Das Zutreffen einzelner Aussagen genügt nicht, und Wahrheit kann nicht der einzige Aspekt sein, unter dem wir die Richtigkeit einer Interpretation entscheiden.

> Daher geht die Vorstellung, daß Wahrheit einfach nur die Spezies der Richtigkeit ist, die Aussagen zukommt, aus vielen Gründen über Bord. An ihre Stelle tritt die Erkenntnis, daß Wahrheit – zusammen mit anderen wie Relevanz, Wirkung und Brauchbarkeit – nur einer unter den Faktoren ist, die manchmal Einfluß auf die Richtigkeit des Gesagten haben. Wahrheit ist gelegentlich ein Bestandteil der Richtigkeit.[21]

Richtigkeit ist gegenüber der Wahrheit[22] der umfassendere Begriff. Ein einfacher, aussagenbezogener Wahrheitsbegriff kann bei einer pluralistischen Grundeinstellung nicht genügen. An anderer Stelle spricht Goodman von dem *Passen* einer Darstellung, Wahrnehmungsweise oder Aussagen zu einer bestimmten – sozialen – Praxis und zu ihrem Gegenstand:

> Statt zu versuchen, die Richtigkeit von Beschreibungen oder Darstellungen unter den Begriff der Wahrheit zu subsumieren,

20 N. Goodman, *Vom Denken und anderen Dingen*, Frankfurt am Main 1987, S. 55. Dies ist eine Anspielung auf die Beschreibung des Lichtes als Teilchen und als Welle, was sich kategorisch ausschließt. Etwas ist in der klassischen Physik ein Teilchen oder eine Welle, aber nicht beides zugleich. Eine einheitliche Beschreibung 'der Realität' – und sei es auch nur der physikalistischen – erscheint ausgeschlossen. Für den Nominalisten Goodman ist dies nicht weiter dramatisch, da ja alle relevanten Größen Energie, Impuls, Wellenlänge, Position etc., bestimmt werden können: nur nicht auf einmal! Es bedarf eines Wechselns zwischen beiden Beschreibungen, je nachdem, was zu bestimmen ist.

21 N. Goodman, Catherine Z. Elgin; *Revisionen: Philosophie und andere Künste und Wissenschaften*, Frankfurt am Main 1993, S. 206f.

22 Goodmans Wahrheitsbegriff selbst ist noch einmal auf eine ganz sophistische Weise dargestellt in dem Aufsatz 'Truth about Jones', dessen Rekonstruktion hier zu weit führen würde. Vgl.: ders., *Vom Denken und anderen Dingen*, op.cit., Kap. III-7 "Über Wahrheit über", S. 145ff.

> sollten wir nach meiner Meinung lieber die Wahrheit zusammen mit ihren unter den allgemeinen Begriff der Richtigkeit des Passens subsumieren.[23]

Fragen nach der Wahrheit einer Theorie, aber auch nach der Wahrheit oder Bedeutung eines Kunstwerkes werden dann abgelöst durch die nach ihrer Richtigkeit und ihres Passens in einem umfassenden, pragmatischen Sinn. Darstellungen, mithin alle Repräsentationen sind bedeutsam, insofern sie Standards der Richtigkeit und der kognitiven Wirksamkeit genügen, was nach Goodman Wahrheit mit einschließen kann, aber nicht unbedingt muß. Insbesondere in der Auseinandersetzung mit Kunstwerken ergeben sich dadurch geänderte Zugangsmöglichkeiten zur Beschreibung ihrer Bedeutsamkeit. Ohne einen realistischen Theoriekern stellt sich die Frage nach ihrer Bedeutung nicht mehr im Rahmen einer wie auch immer gefaßten Abbildfähigkeit. Mit einem solchen Ansatz trennt sich die Ästhetik endgültig von einem weitesgehend platonischen Gedanken, in dem die Kunst die Aufdeckung eines verborgenen Eigentlichen hinter dem Scheinhaften leistet. Statt dessen hat sich die symboltheoretische Analyse von Kunstwerken dann im weiteren an den Begriffen des Passens und der Richtigkeit zu orientieren haben.

Auch um sich gegenüber einem naiv verstandenen Relativismus abzusetzen, gibt Goodman sich und seiner Philosophie das Etikett des Irrealismus, das seinen erweiterten Wahrheitsbegriff und das geänderte analytische Interesse zum Ausdruck bringt:

> Irrealismus behauptet nicht, daß alles oder überhaupt etwas irreal ist, sondern sieht, daß die Welt sich in Versionen auflöst und Versionen Welten erzeugen, er findet, daß Ontologie im Verschwinden ist, und forscht nach dem, was eine Version zu einer richtigen und eine Welt zu einer solide gebauten macht.[24]

Aus einer nominalistischen Perspektive ist die Hoffnung auf eine feste Grundlage der Erkenntnis verschwunden. Statt einer einzigen Welt gibt es nur noch Welten und Weltversionen, wobei das Erschaffen dieser Welten stets ein Umschaffen ist. In den Blickpunkt tritt das Verhältnis verschiedener Symbolsysteme zueinander auch oder gerade in der Beschreibung von Neuem.

23 N. Goodman, *Weisen der Welterzeugung*, op.cit., S. 161.
24 Ders., *Vom Denken und anderen Dingen*, op.cit., S. 51.

Im Anschluß an diese Position ergeben sich "Fragen, wie Welten erzeugt, getestet und erkannt werden."[25] Und eben diese drei Fragen nach dem Erzeugen, Testen und Erkennen werden auch im Zentrum der weiteren Argumentation stehen:

Um zu beschreiben, wie Welten erzeugt werden, bedarf es einer Rekonstruktion der allgemeinen Symboltheorie Goodmans. Die verschiedenen Weisen, in denen überhaupt auf etwas Bezug genommen werden kann, sind zu unterscheiden, um im Anschluß an allgemeine Charakteristika von Symbolsystemen die Besonderheiten ästhetischer Darstellungen herauszuarbeiten.

Weiterhin ist zu untersuchen, was es heißt, ein Symbolsystem und insbesondere ein Kunstwerk zu *testen*, d.h. herauszufinden, wie und warum es bedeutsam ist und wofür es denn ein Test oder eine Probe ist und was damit 'bewiesen' oder gezeigt werden kann.

Wie 'Welten' bzw. Symbolsysteme oder Zeichenstrukturen erkannt oder interpretiert werden, ist ein eindeutig hermeneutisches Problem. Ob auf der Grundlage der vorgestellten allgemeinen Symboltheorie sich diesem Problem begegnen läßt, ist für diese auf die Literaturwissenschaft ausgerichtete Arbeit von zentralem Interesse und wird die theoretische Rekonstruktion abschließen. Besondere Beachtung verdient dabei die vorgängige interpretatorische Praxis oder anders gesagt, die Bedingungen, unter denen Symbolsysteme erzeugt und auch interpretiert werden. Versteht man unter dem 'Erkennen einer Welt(version)' die Identifizierung eines Symbolsystems – oder einfacher: seine Interpretation –, so folgt daraus, daß die Bedingungen auszuzeichnen sind, unter denen etwas als ein besonderes Kunstwerk identifiziert werden kann.

25 N. Goodman, *Weisen der Welterzeugung*, op.cit., S. 19.

3. Zeichenbedeutung: Sprachliche und nichtsprachliche Denotation

Wie der Untertitel von Nelson Goodmans Hauptwerk zur Kunsttheorie anzeigt, handelt es sich um den *Entwurf einer Symboltheorie* und zwar nicht um eine ganz spezifische für die Kunst, die Wissenschaft oder die Alltagsprache, sondern um eine allgemeine. Im vorhinein ist dadurch schon deutlich, daß für ihn der Bereich des Ästhetischen ein integraler Bestandteil einer Symbol- und damit auch einer Bedeutungstheorie sein muß. Ohne die häufig als marginal betrachteten Weisen der Symbolisierung in den Kunstwerken ist für ihn eine solche Theorie unvollständig, und strikte Trennungen zwischen Philosophie, Kunst und anderen Wissenschaften sind dann nicht mehr zu erwarten. Symbolisierung ist damit grundlegend für jede Art des Bedeutens, und eine allgemeine Symboltheorie bietet die Grundlage, Gemeinsamkeiten wie Unterschiede in den verschiedenen Künsten und Wissenschaften zu beschreiben.

Bei seinem Entwurf einer allgemeinen Symboltheorie in *Sprachen der Kunst* geht Goodman so vor, daß er erst verschiedene Weisen der Bezugnahme unterscheidet, sich dann Fragen der Authentizität zuwendet und damit einen eigenen Werkbegriff entwickelt, um sich Problemen der besonderen Notation in den Künsten zuzuwenden. Die Abhandlung endet mit mehreren Ausführungen zu den kognitiven Aspekten der Kunst, ihrer Identifikation sowie ihrem Verhältnis zu den Wissenschaften. An dieser Stelle wird die Symboltheorie den Schwerpunkt in einem engeren Sinn ausmachen, d.h. die verschiedenen Bezugnahmeweisen und Aspekte der Zeichenbedeutung. Besonderes Gewicht liegt dabei auf den pragmatischen Aspekten, die die Richtigkeit und das *Passen* eines Symbolsystems betreffen. Spezifische Notationsprobleme in der Musik oder auch für den Tanz sollten demgegenüber zurückgestellt werden. Vorzugsweise erfolgt die Rekonstruktion in Hinsicht auf die kognitiven und pragmatischen Aspekte verschiedener Symbolisierungen, ihrer Bedeutung für unsere Weltwahrnehmung und ihrer Abhängigkeit von Rahmenbedingungen.

Einfach gesagt ist ein Zeichen etwas, das für etwas anderes steht, es bei den verschiedensten nicht nur sprachlichen Gelegenheiten repräsentiert, oder, anders gesagt, sich auf etwas bezieht. Eine Semantik ist dann die Auseinandersetzung mit "vielfältigen Beziehungen zwischen einem Ausdruck oder einem anderen Zeichen bzw. Symbol und dem, worauf es sich bezieht, nicht aber damit, wie solche Beziehungen entstehen."[1] Genau dies unterscheidet die Symboltheorie von einer Interpretationstheorie, die ihre Aufgabe eben in der Frage hat, wie die Zeichen – für einen Interpreten – zu ihrer Bedeutung kommen. Es wird Teil meiner Argumentation sein, zu zeigen, daß dies kein prinzipieller Unterschied sein *muß*. Aufgrund der literaturwissenschaftlichen Orientierung dieser Arbeit ist die Darstellung auch auf Fragen der Interpretation und der Identifikation ästhetischer Zeichen ausgerichtet.

Die grundlegende Form des Bezeichnens ist die Denotation:

> Denotation schließt Benennung, Prädikation, Erzählung, Beschreibung, Darlegung, ebenso Porträtierung und jede pikturale Repräsentation ein – tatsächlich jegliche Etikettierung, jegliche Anwendung eines Symbols irgendeiner Art auf einen Gegenstand, ein Ereignis oder einen anderen seiner Einzelfälle.[2]

Es sind nicht nur einzelne Zeichen, sondern auch umfassendere Darstellungen und Bilder, anhand derer sich auf etwas bezogen werden kann. Von der Denotation ist dabei die Bezugnahme als der allgemeinere Begriff zu unterscheiden. Es gibt andere Beziehungen zwischen Zeichen, die sich nicht als ein Denotieren beschreiben lassen wie die Exemplifikation oder der Ausdruck. Trotzdem ist sie für Goodman die wichtigste Funktion der Zeichen, von der aus er auch die Kritik gegen andere Symboltheorien führt.

Zeichen funktionieren, einfach gesagt, indem sie sich auf etwas beziehen. 'Tisch' bezieht sich auf einen Gegenstand und repräsentiert diesen

1 N. Goodman, *Vom Denken und anderen Dingen*, op.cit., S. 86.
So wird vorausgesetzt, daß der Interpretierende nicht nur weiß, daß es sich überhaupt um ein Zeichen handelt, sondern auch um welches, was für eine ästhetische Zeicheninterpretation m.E. so nicht einfach angenommen werden kann, da sich ästhetische Zeichen meist erst im Verstehensvollzug konstituieren. Aus diesem Grund hat eine an Goodman orientierte Interpretationstheorie schon hier ihre systematischen Beschränkungen, die es anhand der Arbeiten von Arthur C. Danto, M. Seel und Hans Lenk zu diskutieren gilt.

2 N. Goodman, Catherine Z. Elgin; *Revisionen: Philosophie und andere Künste und Wissenschaften*, Frankfurt am Main 1993, S. 52. Da mir an keiner chronologischen Rekonstruktion der Symboltheorie Goodmans gelegen ist, werde ich mich an den jeweils letzten Überlegungen orientieren, aber auch ältere Quellen verwenden, so sie denn differenzierter oder aus einem anderen Grund angemessener sind.

bei den verschiedensten sprachlichen Gelegenheiten. Ereignisse, Gefühle, Farben, Zustände und mehr können Gegenstand der Denotation sein. Was ein Zeichen ist, muß sehr weitgehend verstanden werden und ist keineswegs auf sprachliche Symbole und Zeichen beschränkt, sondern umfaßt auch pikturale Repräsentationen. Goodman spricht statt von Zeichen deshalb allgemeiner von einem 'label' bzw. einem Etikett. Daß der verschiedene Arten von Etiketten umfassende Begriff der Denotation grundlegend sein kann, zeigt Goodman, indem er nachweist, daß verschiedene prinzipielle Unterscheidungen zwischen bildlichen und sprachlichen Symbolen oder Etiketten nicht zwingend sind.

So werden in der Zeichentheorie meist Abbildungen, Repräsentation und sprachliche Symbole unterschieden. Während die Beziehung zwischen einem sprachlichen Zeichen und dem Bezeichneten, wie etwa bei deSaussure[3], konventionell ist, soll es die Ähnlichkeit der Repräsentation oder des ikonischen Zeichens sein, durch die seine Referenz festgelegt und bestimmt ist. Goodman argumentiert nun dahingehend, daß Ähnlichkeit kein relevantes Kriterium für die Repräsentation sein kann. Im Ergebnis führt dies zu einer Annäherung der verschiedenen Symbole, da es Ziel seiner Symboltheorie ist, diese verschiedenen Formen von Zeichen wie Repräsentationen, ikonische und sprachliche Zeichen durch eine allgemeine Theorie darzustellen. Seine nominalistsche Position legt es nahe, gegen eine einfache oder sogar empirische Übereinstimmung zwischen der Repräsentation bzw. dem ikonischen Zeichen und dem Bezeichneten als Grund der Referenz zu argumentieren. Sowenig, wie die Begriffe bloß die Dinge wiedergeben, ist die bloße Ähnlichkeit zwischen der Repräsentation und ihrem Gegenstand der Grund für ihre Bezugnahme. Es gibt keine einfache Analogie zwischen dem sprachlichen Zeichen und seinem Gegenstand wie auch zwischen der (bildlichen) Repräsentation und dem, was es darstellt.

Betrachtet man die Verwendungsweise von 'ähnlich', zeigt sie sich sehr voraussetzungsvoll. Ähnlichkeit meint gewöhnlich nicht den gemeinsa-

3 "Das Band, welches das Bezeichnet mit der Bezeichnung verknüpft, ist beliebig; und da wir unter Zeichen das durch die assoziative Verbindung einer Bezeichnung mit einem Zeichen verbundenen Ganzen verstehen, so könne wir dafür auch einfacher sagen: das sprachliche Zeichen ist beliebig." Ferdinand deSaussure, *Grundlagen der allgemeinen Sprachwissenschaft*, Berlin 1967, S. 79.

men Besitz einer genau zu bestimmenden Eigenschaft. Wenn sich zwei Gesichter ähnlich sind, gibt es selten ein spezifisches Merkmal wie die Haarfarbe; eher sind es einige wichtige Merkmale, die beide gemeinsam haben. Wichtig oder relevant können diese Merkmale sein, weil sie für die Mitglieder einer bestimmten Familie[4] kennzeichnend sind. So mag die Form der Nase interessieren, für die Zugehörigkeit zu einer anderen Familie aber vielleicht die Position der Ohren. Aber auch für die Ähnlichkeit der Familienmitglieder untereinander gilt, daß sie keineswegs ein bestimmtes Merkmal teilen müssen. Was wir als wichtig oder relevant für die Ähnlichkeit zweier Dinge erachten hängt von der Situation, unseren Interessen und dem soziokulturellen Hintergrund ab. "But we must beware of supposing that similarity constitutes any firm, invariant criterion of realism; for similarity is relative, variable, cultur-dependent."[5] Dieses Bild einer Familie oder die Metapher ist natürlich noch keine hinreichende Erklärung für die Irrelevanz der Ähnlichkeit bei der pikturalen Denotation oder Repräsentation. Einer der Gründe liegt darin, daß Ähnlichkeit symmetrisch ist: jemand ähnelt so sehr seinem Bruder wie dieser ihm. Für die Repräsentation des Herzogs von Wellington durch sein Portrait trifft dies aber nicht zu. Das Bild steht für den Herzog, aber der Herzog nicht für das Bild.[6] Ein anderes Bild von einem anderen Adeligen hat mit dem Wellington-Portrait wahrscheinlich weit mehr gemeinsam als mit dem Abgebildeten. Stil, Farben, Abmessungen, Rahmen und Material könnten bei beiden Bildern gleich sein. Wir würden aber nicht zögern, zu sagen, daß eines der Bilder den Herzog von Wellington repräsentiert und nicht das andere Bild. Zahlreiche Merkmale sind einfach nicht relevant und

4 Die Nähe zu Wittgenstein ist durchaus beabsichtigt. Hatte die analytische Theorie der Kunst, wie ich sie in der Einleitung vorgestellt habe, Wittgensteins Begriff der Ähnlichkeit zu ihrem zentralen Argument gegen die Kunsttheorie gemacht, deutet sich hier bereits an, daß dies überhaupt nicht als eine prinzipielle Grenze angesehen werden muß, sondern den Ausgangspunkt für eine sprachpragmatische Fassung der Aufgabenstellung bilden kann.

5 N. Goodman, "Seven Strictures on Similarity", in: ders., *Problems and Projects*, Cambridge Mass. 1972, S. 438.

6 Vgl. ders., *Sprachen der Kunst*, Frankfurt am Main 1994, S. 15ff. An dieser Stelle ist editorisch anzumerken, daß die Zitate damit der von Goodman überarbeiteten zweiten Auflage von 1976 folgen. Die wichtigsten Änderungen betreffen u.a. die Definition der später erwähnten "Dichte" und damit Bereiche, die in diesem Zusammenhang von eher untergeordnetem Interesse sind.

werden auch nicht beachtet. Ähnlichkeit kann nicht einfach beobachtet werden, sondern schließt ein Wissen um die wichtigen Aspekte ein. Sie ist interpretationsgebunden oder, wie Hans Lenk es nennt, interpretationsimprägniert,[7] d.h. was wahrgenommen wird, hängt von dem interpretatorischen Zugriff ab. Für bildliche Repräsentation gilt dasselbe wie auch für die Formen sprachlicher Bezugnahme, womit beide im Rahmen einer allgemeinen Symbol- oder Interpretationstheorie beschrieben werden können.

> Denn Ähnlichkeit hängt erheblich von der Konvention und Kultur ab, so daß, ob und in welchem Ausmaß ein Symbol 'ikonisch' ist oder seinen Gegenstand getreu abbildet, variieren kann, ohne daß sich an dem Symbol oder dem, was es denotiert, etwas ändert.[8]

Für die Repräsentation bedeutet dies, daß sie nicht über das Kriterium der Ähnlichkeit bestimmt werden kann: "Die Abbildtheorie der Repräsentation wird also schon zu Beginn durch ihr Unvermögen behindert, zu spezifizieren, was kopiert werden soll."[9]

Aus dieser Argumentation folgt, daß der Bezug auf einen Gegenstand – damit auch Gefühle, Farben, Zustände etc. – immer nur unter bestimmten relevanten Aspekten oder einer bestimmten Perspektive erfolgt. Repräsentiert wird nicht der Gegenstand als solcher, in Form einer platonischen Idealität, sondern er wird '*repräsentiert-als*' etwas. Die bildliche wie die sprachliche Darstellung ist nach Goodman, der sich dabei explizit auf Ernst Gombrich bezieht, perspektivisch. Es gibt keine 'reine' Bezugnahme oder Wahrnehmung, die nicht schon ihren Gegenstand auf verschiedene Weisen strukturieren, klassifizieren und ordnen würde, so wenig wie es bei der Betrachtung von Bildern ein "unschuldiges Auge" (Gombrich) gibt, ohne die Kenntnis relevanter Merkmale und Zusammenhänge.[10]

7 Vgl. Hans Lenk, *Interpretationskonstrukte. Zur Kritik der interpretatorischen Vernunft*, Frankfurt am Main 1993, S. 52ff.

8 N. Goodman, *Vom Denken und anderen Dingen*, op.cit., S. 89.

9 Ders., *Sprachen der Kunst*, op.cit., S. 20.

10 Goodman scheint dieser Punkt sehr wichtig zu sein, da er ihn mehrmals aufnimmt und in *Weisen der Welterzeugung* auf die Strukturierung selbst einfacher Formen der Wahrnehmung hin erweitert. So interpretiert das Auge zwei hintereinander aufleuchtende Punkte als Bewegung: op.cit., S. 92ff.

Der Begriff der Ähnlichkeit betrifft aber nicht nur die Auseinandersetzung mit bildlichen und ikonischen Repräsentationen. So ist er auch in den Theoriediskussionen um die Metapher von Bedeutung und betrifft auch Allegorien oder 'bildhafte' Vergleiche. Gleiches gilt für die Parodie, die durch Ähnlichkeit mit ihrer Vorlage verbunden ist. Es kann davon ausgegangen werden, daß diese Ähnlichkeit in jedem Fall zu spezifizieren ist vor dem Hintergrund relevanter Merkmale und interpretatorischer Zugangsweisen.

Für Zeichentheorien, die Bedeutung als Bezugnahme auf einen Gegenstand definieren, gibt es ein Problem, wenn die Referenzobjekte nicht zugänglich sind. Anders gefragt: Was oder welchen Gegenstand repräsentiert ein Wort wie 'Einhorn'? Bestände die Bedeutung eines Zeichens einfach in der Wiedergabe bzw. Repräsentation ihres Gegenstandes, könnte der Ausdruck Einhorn eigentlich gar keine Bedeutung haben. Es handelt sich um eine Nulldenotation, da keine Entität auszumachen ist, auf die sich bezogen werden kann. Daraus folgt aber nicht, daß nichts repräsentiert würde oder der Begriff keine Bedeutung hat: Einhörner lassen sich beispielsweise sehr gut von gleichfalls fiktiven Kentauren unterscheiden.[11]

Es gibt keine Entität, die als Einhorn bezeichnet würde, aber es gibt Beschreibungen und Bilder, auf die sich mit dem Terminus bezogen werden kann. Goodman nennt sie *Soundso-Beschreibungen* oder im Falle pikturaler Repräsentation *Soundso-Bilder*. Daraus folgt, daß sich unser Verständnis von Fiktionen aus unserer Bezeichnungspraxis ergibt. Es sind die Begriffe und sonstigen Repräsentationen in ihrer bisherigen Verwendungsweise, die unser Verständnis vom fiktionalen Begriffen und Beschreibungen bestimmen. Aus ihnen setzten sich die Soundso-Beschreibungen und die Soundso-Bilder zusammen. Neben der Fiktionalität kann so auch dem bekannten Problem der gleichen Referenz unterschiedlicher Begriffe begegnet werden wie im Falle von Freges Morgen- und Abendstern. Auch die fiktionalen Etiketten haben ja alle dieselbe Denotation oder können – genauer gesagt – nicht aufgrund ihrer Extension unterschieden werden. Entsprechend muß es für die Begriffe zwei verschiedene Bereiche der Extension geben, eine auf ihren Gegenstand und eine auf seine bisherigen Beschreibungen:

11 Vgl.: N. Goodman, *Vom Denken und anderen Dingen*, op.cit., S. 93f.

> Der Bedeutungsunterschied zwischen zwei extensional äquivalenten Ausdrücken läuft auf einen Unterschied zwischen ihren sekundären Extensionen hinaus – das heißt auf die Extensionen paralleler Zusammensetzungen aus diesen Ausdrücken.[12]

Die Unterscheidung zwischen einer primären und sekundären Extension[13] genügt nominalistischen wie auch extensionalistischen Anforderungen. Der Abend- und der Morgenstern in dem bekannten Beispiel von Frege, die beide auf denselben Gegenstand referieren, stellen kein Problem mehr dar, da sich beide Begriffe nun bloß in ihrer sekundären Extension unterscheiden würden. Zwar beziehen sie sich auf dieselbe Entität, aber nicht jede Beschreibung des Morgensterns (ist zur Zeit *x* an dem Ort *y* zu sehen) ist auch eine des Abendsterns. Welche Bedeutung einem Zeichen oder, in der Terminologie Goodmans, einem Etikett zukommt, hängt nicht allein von seiner Referenz ab, sondern auch von seinen Beschreibungen,die in einem bestimmten Schema liegen. Die bisherige Sprach- und Bezeichnungspraxis kann genauso Gegenstand der Bezugnahme sein, wie der eigentliche Gegenstand. Nominalistisch gesehen dürfte eine saubere Unterscheidung beider Extensionen ohnehin schwierig sein. Der Gegenstand der Denotation ist für Nominalisten nicht unmittelbar zugängig, sondern stets durch den interpretatorischen Zugriff konstituiert. Und die sekundäre Extension besteht zwar aus bisherigen Interpretationen oder Beschreibungen, aber sie liegt als ein Quasi-Gegenstand vor.

Hier findet sich in der Symboltheorie von Goodman, die keine Weiterentwicklung seiner wissenschaftstheoretischen Überlegungen sein soll, eine Übereinstimmung mit dem bereits vorgestellten 'Prinzip der Verankerung'. Wie ein Gegenstand gesehen oder verstanden wird, hängt von der Verankerung der beschreibenden Termini in der Sprache ab. Nur findet sich dieser Gedanke hier in einer verstärkten Form wieder, da die Beschreibung auch ohne einen Gegenstand auskommen kann. Genauer gesagt können Gegenstände einzig aus den vorhandenen Beschreibungsweisen heraus fiktiv erzeugt werden.

In dem *Interpretationskonstruktionismus* von Hans Lenk findet sich das Problem der fiktionalen Termini ganz ähnlich dargestellt. Im Unterschied

12 Vgl.: N. Goodman, *Vom Denken und anderen Dingen*, op.cit., S. 113.

13 Vgl. ders., "On Likeness of Meaning", in: ders., *Problems and Projects*, Cambridge Mass. 1972, S. 227.

zu Goodmans Zeichentheorie arbeitet er mit einem sechsstufigen Modell der Interpretation[14], bei dem die *Stufe 3* (oder höher) ziemlich genau das beschreibt, was Goodman als sekundäre Extension bezeichnet, die einfach Teil der Interpretationspraxis ist:

> Die Bezugsobjekte 'nichtreferierender' Termini dürfen nicht als Gegenstände in einem engeren Sinn aufgefaßt werden, sondern, wie erwähnt, als höherstufige Interpretationskonstrukte, und das heißt hier: als etwas rein sprachlich (und somit sozial) Eingeführtes, das nur in Abhängigkeit von einer bestimmten Sprache und Kultur 'existiert'.[15]

In dem Schemainterpretationismus von Lenk erfolgt die Differenzierung aufgrund der höheren Abstraktion oder Reflexivität der einzelnen Ebenen. Die ersten beiden Stufen bestehen aus der "praktisch unveränderlichen produktiven Urinterpretation", die zur kognitiven Grundausstattung des Menschen gehören, und der "habituellen Form- und Schemakategorialisierung", in der auch etwa Muster der Identifikation erlernt werden. Die dritte Stufe nun ist durch kulturell tradierte, sozial etablierte und übernommene konventionelle Begriffsbildung bestimmt.

Auf dem Hintergrund dieser Überlegungen läßt sich die Denotation als eine Funktion der Interpretationspraxis fassen, wie es Günter Abel, der Lenks Stufenmodell aufgenommen hat, mit Bezug auf Goodman vorschlägt:

> Der interpretationistischen Auffassung zufolge kann die Referenz eines Zeichens als eine Funktion der durch eine eingespielte Interpretations-Praxis geregelten (nicht: reglementierten) Zeichenverwendung als eine Funktion der Interpretation$_1$-cum-Interpretation$_{2+3}$-Praxis konzipiert werden.[16]

14 Vgl. Hans Lenk, *Interpretationskonstrukte. Zur Kritik der interpretatorischen Vernunft*, Frankfurt am Main 1993, S. 56; und die erweiterte Fassung in: ders., *Schemaspiele. Über Schemainterpretationen und Interpretationskonstrukte*, Frankfurt am Main 1995, S. 103. Eine ausführlichere Diskussion des Stufenmodells erfolgt bei der Einführung des Schemabegriffes in Kap. II.2.

15 H. Lenk. u. Renate Dürr, "Referenz und Bedeutung in interpretatorischer Sicht", in: Josef Simon (Hrsg.), *Distanz im Verstehen. Zeichen und Interpretation II*, Frankfurt am Main 1995, S. 127.

16 Günter Abel, *Interpretationswelten. Gegenwartsphilosophie jenseits von Essentialismus und Relativismus*, Frankfurt am Main 1995, S. 300.

Die sekundäre Extension kann nicht als nebensächlicher oder uneigentlicher Teil der Zeichenbedeutung ansehen werden, erst recht nicht im Hinblick auf die moderne (Medien)gesellschaft. Wir sind häufig gezwungen, über Ereignisse oder Dinge zu reden und zu urteilen, die unmittelbar niemals Teil unserer Erfahrung waren, sondern einzig über Fremdinterpretationen zugänglich sind.[17] Hieraus ergibt sich für den Einzelnen das Problem, über die Richtigkeit einer Interpretation nur durch ein Abwägen, Angleichen und Kontrastieren mit anderen Interpretationen entscheiden zu können. Es findet ein mehrdimensionales Ein*passen* der verschiedenen Interpretationen statt, wobei wir uns auf Ereignisse meist wie auf Entitäten beziehen und nicht wie auf die Beschreibungen, die wir bloß von ihnen besitzen. Der Soziologe Niklas Luhmann räumt diesem Aspekt eine sehr weitgehende Bedeutung zu: "Was wir über unsere Gesellschaft, ja über die Welt, in der wir leben, wissen, wissen wir durch die Massenmedien. Dies gilt nicht nur für unsere Kenntnis der Gesellschaft und der Geschichte, sondern auch der Natur."[18] Auch wenn dieser Standpunkt in seiner Pauschalität zu weitgehend sein sollte, so bleibt doch die Überlegung bestehen, daß viele 'Gegenstände' der Rede einzig vermittelt über andere Interpretationen gegeben sind und sich Bedeutung eher als ein Geflecht bzw. als ein Verflechten der aktuellen Interpretation mit anderen gegebenen Interpretationen darstellt. Goodmans Unterscheidung einer primären und einer sekundären Extension wird damit den solchen Anforderungen an eine Bedeutungstheorie gerecht, indem sie nicht von einer bloßen oder einfachen Objektreferenz ausgeht, sondern von einer Referenz auf eine vielfach verschränkte Interpretationspraxis.

Eher noch als bei den anderen Formen der Denotation ist bei dem *Zitat* deutlich, daß Bedeutung – wenn auch nicht ausschließlich – als eineBeziehung von Interpretationsweisen zueinander rekonstruierbar ist. Aus dieser Sicht ist ein Zitat ein fremder Textteil, der in seiner neuen Umgebung bedeutsam ist, insofern er auf den Text verweist, aus dem er stammt. Die Worte haben nicht die Bedeutung, die sie innerhalb ihres momenta-

17 Die Auseinandersetzung mit sekundären Interpretationen würde seitens des Interpreten dann weitergehend eine "bewußte Einordnungsinterpretation" (Stufe 4) eine "begründende Rechtfertigungsinterpretation" (Stufe 5) oder eine "erkenntnistheoretische Metainterpretation" (Stufe 6) erfordern.

18 Niklas Luhmann, *Die Realität der Massenmedien*, Opladen 1996[2], S. 7.

nen Symbolsystems haben könnten, sondern jene, die sie in ihrem ursprünglichen Kontext haben. Ein Zitat denotiert keinen anderen Gegenstand als den Satz, den es (im Falle des wörtlichen Zitates) enthält. Goethe zu zitieren hieße dann, die entsprechenden Worte so zu verwenden, mit der Bedeutung, wie Goethe sie an entsprechender Stelle verwendet hat. Man bezieht sich also auf einen Satz, d.h. man denotiert ihn, der irgendwo anders steht oder gesagt worden ist. Für das Vorliegen einer solchen Bezugnahme via Zitat müssen nach Goodman drei Bedingungen erfüllt sein:

> (a) Das Enthalten(sein) des Zitierten oder einer Replik oder Paraphrase des Zitierten, und *(b)* die Bezugnahme auf das Zitierte – durch Benennung oder Prädikation des Zitierten. [...] *(c)* Die Ersetzung des denotierten und enthaltenen Ausdrucks durch irgendeinen anderen Ausdruck der Sprache ergibt einen Ausdruck, der den ersetzten Ausdruck denotiert.[19]

Die erste Bedingung erscheint selbstverständlich, wobei allerdings zu fragen ist, wie ungenau eine Paraphrase sein darf, um noch als Zitat dienen zu können. So dürfte der Unterschied etwa zwischen einem indirekten Zitat und einer Beschreibung fließend sein. Weiterhin muß natürlich deutlich sein, daß sich mit dem Satz auf das Zitierte auch bezogen wird: zwei Personen, die den selben Satz sagen, zitieren sich nur äußerst selten. Die letzte, umständlich wirkende Bedingung dient dazu, Sonderfälle auszuschließen, die keine Zitate sind, aber den ersten beiden Bedingungen genügen.[20]

Das analytische Verständnis des Zitates deckt sich damit nicht ganz mit dem alltagssprachlichen. Analytisch gesehen wird nur das zitiert, was als Paraphrase oder Replik enthalten ist. Das Zitat denotiert einen bestimmten Satz oder einen Ausdruck, den es enthält. Umgangssprachlich zitiert man aber auch (den frühen) Goethe, ein Theaterstück oder ein Gedicht. Der Vorteil dieser Redeweise liegt darin, daß angezeigt wird, im welchem Kontext oder Symbolsystem der zitierte Satz steht, d.h. ob er mit Bezug auf ein einzelnes Werk oder die Person des Dichters verstanden werden soll. Referenztheoretisch gesehen ist die alltagssprachliche Redeweise ungenau, da das Zitat nicht für den Dichter steht; interpretationistisch betrachtet ist sie informativ, da sie den Kontext auszeichnet, aus dem das

19 N. Goodman, *Weisen der Welterzeugung*, op.cit., S. 64.
20 Siehe hierzu: Ibid., S. 65.

Zitat stammt. Auch wird scheinbar in der Alltagssprache wie in der Kunst auf die zweite Bedingung, die explizite Benennung oder Prädikation des Zitierten, häufig verzichtet. Es unterliegt dem interpretativen Vermögen des Rezipienten, das Zitat als solches zu erkennen. Aber insofern diese Bezugnahme im Werk angelegt ist oder vorausgesetzt werden kann, ist die Bedingung erfüllt und es handelt sich um ein Zitat.

Gerade im wissenschaftlichen Bereich erwartet man von einem Zitat darüber hinaus, daß es eine gewisse Relevanz besitzt, indem es beispielsweise die Argumentation des zitierten Textes widerspiegelt. Gleiches gilt für literarische Zitate, die typisch oder charakteristisch sein sollten. In beiden Fällen besteht die Güte eines Zitates darin, daß es ein repräsentativer Teil eines Textes ist. Goodmans Definition nimmt auf solche Aspekte keine Rücksicht. Aber die Frage war ja nicht, was ein gutes Zitat ausmacht, sondern nur was die Bedingungen für das Vorliegen eines Zitates sind. Gerade in der Auseinandersetzung mit der Bedeutung des Zitates für die Parodie müssen solche Überlegungen aber wieder aufgenommen werden. Statt die Beziehung zwischen Texten auf einfache Bezugnahmeweisen zu reduzieren, wird es dann darauf ankommen, die komplexen Verweise differenzierend zu analysieren.

Leitend bei dieser Analyse der Parodie sollten neben dem Zitat die zentralen Überlegungen zur Fikionalität und zur Ähnlichkeit sein. Demnach entsteht Bedeutung, wenn sie referenztheoretisch beschrieben wird, (auch) durch Bezugnahme auf andere Symbolsysteme oder Interpretationsweisen. Ähnlichkeit, sei es von Bildern, Personen oder Texten, ist nicht 'objektiv' gegeben, sondern schließt immer ein Wissen um Strukturen und Relevanzen mit ein. Verdeckt wird dies häufig, da wir selbst von fiktionalen Gebilden wie von Entitäten sprechen. Eine Bedeutungsanalyse hat als unmittelbare Konsequenz daraus nicht nur zu beschreiben, *wie* Symbolsysteme aufeinander bezogen werden, sondern auch, welche dies sind.

4. Von der Probe zum passenden Etikett: Exemplifikation und Ausdruck

Die bisherigen Formen der Beziehung zwischen Zeichen und Bezeichnetem waren nicht weiter ungewöhnlich: Es gibt ein Symbol oder ein anderes Zeichen, das sich auf einen Gegenstand, einen Zustand oder ein Ereignis bezieht und dies aufgrund oder innerhalb einer gelingenden Praxis. Nach Goodman umfaßt das aber nicht alle Formen der Beziehung zwischen Zeichen und Referendum:

> Eine äußerst wichtige, aber häufig übersehene Form nichtdenotationaler Bezugnahme ist die Exemplifikation: die Bezugnahme mittels einer Probe auf ein Merkmal der Probe. [...] Die Exemplifikation, die alles andere als eine Spielart der Denotation ist, verläuft also in der entgegengesetzten Richtung – nicht vom Etikett zu dem, auf das das Etikett zutrifft, sondern von etwas, auf das das Etikett zutrifft zurück zum Etikett (oder zu dem mit dem Etikett verknüpften Merkmal). Exemplifikation behandelt in der Tat Denotation, durch Umkehrung, kann jedoch nicht mit der Konversen der Denotation gleichgesetzt werden.[1]

Bei der Exemplifikation läuft die Bezugnahme nun umgekehrt, von dem Bezeichneten zum Zeichen oder besser: von der Probe zum Etikett. Etwas verweist damit auf ein Symbol oder Zeichen, welches dies selbst bezeichnet. Damit kann ein Gegenstand oder eine Probe alle Etiketten exemplifizieren, die den Gegenstand denotieren oder bezeichnen. Die Probe *zeigt*, was sie beschreibt. Sie ist ein beispielhaftes oder exemplarisches Zeigen im Unterschied zu einem expliziten Sagen bei der Denotation. Alles, was man umgangssprachlich als dargestellt oder zum Ausdruck gebracht bezeichnet, fällt unter die Exemplifikation. Es sind besondere Eigenschaften, die an einem 'Gegenstand' bzw. einer Probe herausgestellt werden. Schematisch stellt sich der Unterschied folgendermaßen dar:

Denotation:	Etikett	→	Probe
Exemplifikation:	Probe	→	Etikett

1 N. Goodman, *Vom Denken und anderen Dingen*, Frankfurt am Main 1987, S. 91.

So kann ein Gebäude Größe oder ein Bild Reichtum exemplifizieren, weil es eines seiner Eigenschaften ist. Ein Bild exemplifiziert Reichtum, wenn dies zu seinen Ausdrucksqualitäten gehört; ein sehr teures Bild kann durchaus Elend exemplifizieren. Das Versmaß eines Gedichtes kann Getragenheit oder Schnelligkeit als eines seiner Eigenschaften exemplifizieren. Danto hat drauf hingewiesen, daß die Exemplifikation Platons *Mimesis* als einer besonderen Form der Nachahmung und des Beispielgebens ähnelt.[2]

An dem Beispiel der Selbstbezugnahme, obwohl ein nicht ganz einfacher Spezialfall, läßt sich dies weiter veranschaulichen: So kann 'Wort' sich selbst exemplifizieren *und* denotieren, da es die Eigenschaft, ein Wort zu sein, selbst besitzt. Ähnlich wie mit 'Wort' verhält es sich mit 'kurz'. 'Lang' hingegen exemplifiziert sich selbst offensichtlich nicht (wohl aber 'kurz'), sowenig wie 'einsilbig'; beiden fehlt die entsprechende Eigenschaft. Zur Sprachregelung ist zu sagen, daß Goodman vorzugsweise nicht von Zeichen und Bezeichnetem oder Signifikat und Signifikant spricht, sondern von Etikett (label) und Probe (sample). Vermieden werden soll jeder Anklang an ein Abbilden oder ein Bezeichnen von etwas Vorgegebenem.

In einem Aufsatz von Franz Koppe zur Exemplifikation gibt es ein Mißverständnis, das allerdings durch einige Formulierungen von Goodman nahe gelegt wird, wenn auch nicht durch die Konzeption. So erkennt Koppe in der Exemplifikation eine doppelte Bezugnahme:

> Diese exemplifizierende Exponierung nimmt auf das entsprechende Prädikat bezug, das seinerseits (in rückläufiger Richtung) die exponierte Objekteigenschaft denotiert. Dies im Unterschied zur Bezugnahme in nur einer Richtung, vom Zeichen zum Bezeichneten, auf die sich zumal wissenschaftliche Zeichensysteme tunlichst beschränken.[3]

Wenn eine Probe ein Etikett exemplifiziert, das dieses denotiert, impliziert dies aber keine doppelte Bezugnahme. Vielmehr handelt es sich um

2 "Tatsächlich entspricht die Exemplifikation ziemlich genau dem, was Platon unter Mimesis verstand; sein bestes Beispiel dafür war der Fall, in dem ein Dramatiker die Rede einsetzt, um Rede darzustellen, [...]" A.C. Danto, *Die Verklärung des Gewöhnlichen*, op.cit., S. 289.

3 Franz Koppe, "Kunst als entäußerte Weise, die Welt zu sehen. Zu Nelson Goodman und Arthur C. Danto in weiterführender Absicht", in: ders. (Hrsg.), *Perspektiven der Kunstphilosophie*, Frankfurt am Main 1991, S. 82.

eine Umkehrung der – denotativen – Bezugnahme oder "einen Unterschied in der Richtung", wie es Goodman bereits im Titel der einleitenden Kapitel zur Exemplifikation nennt.[4] Es ist eine (einfache) Bezugnahme, wenn auch nicht auf einen Gegenstand, so doch auf ein Etikett dieses Gegenstandes. Koppe liest hier bereits Dantos *Aboutness*[5] der Kunstwerke in die Exemplifikation hinein, da bei einer doppelten Bezugnahme Kunstwerke sich stets auf sich selbst beziehen würden, wie dies Danto behauptet und von Koppe in seine Argumentation übernommen wird. Für Goodman ist die Selbstreferenz aber ausdrücklich ein Sonderfall. In meinem Beispiel der Selbstreferenz wäre eine Denotation und eine Exemplifikation vorhanden. Dies ist allerdings auch nicht die von Koppe intendierte Selbstreflexivität des Kunstwerkes, sondern nur das zufällige Zusammentreffen zweier Bezugnahmeweisen.

Schwerwiegender sind die argumentationslogischen Argumente, die die Lesart von Koppe nicht zulassen. Zum einen würde es sich dann um eine Bezugnahmekette – in der Terminologie Goodmans – handeln, da es sich um eine Denotation und um eine Exemplifikation handelt. Dies ist zwar möglich und gerade im Bereich der Kunst keineswegs ungewöhnlich,[6] nur handelt es sich bei der Exemplifikation um eine der grundlegenden und damit einfachen Bezugnahmeweisen. Vor diesem Hintergrund ist die Exemplifikation sauber von der Denotation zu unterscheiden. So kann die Exemplifikation nicht durch die Denotation ersetzt werden, wodurch sie erst eine eigene Form der Bezugnahme ist. Sie ist keine einfache Umkehrung der Bezugnahme, bei der ein Gegenstand eines seiner Etikette repräsentiert.

Der Grund liegt darin, daß eine Probe alle Etiketten, die sie denotieren, exemplifizieren *kann*. Tatsächlich sind es aber nur einige wenige Merkmale und nicht alle möglichen, die bedeutsam sind.[7] Um ein Merkmal zu

4 N. Goodman, *Sprachen der Kunst*, op.cit., S. 57ff.

5 Ausgehend von Platons *Mimesis* versucht Danto die Bedeutsamkeit der Kunst über ihren in besonderer Weise selbstbezüglichen Darstellungscharakter zu fassen, den er *Aboutness* nennt.

6 So kann eine Kirche architektonisch Segelboote exemplifizieren, diese Befreiung von der Erde, was wiederum Spiritualität exemplifiziert. Über eine dreigliedrige Kette repräsentiert diese Kirche dann Spiritualität. Vgl.: N. Goodman und C. Elgin, *Revisionen. Philosophie und andere Künste und Wissenschaften*, Frankfurt am Main 1993, S. 62.

7 "Wie ich betont habe, fällt die Exemplifikation nicht mit der Konversen der Deno-

exemplifizieren, reicht es nicht aus, daß es einer Probe zukommt. Eine wissenschaftliche Probe wie ein Bild oder ein Gedicht haben eine unendliche Anzahl von Eigenschaften, aber relevant oder wirksam sind nur einige wenige. Diese Merkmale müssen in besonderer Weise exponiert sein: "Exemplifikation ist nicht bloßer Besitz eines Merkmals, sondern erfordert auch die Bezugnahme auf dieses Merkmal, diese Bezugnahme unterscheidet exemplifizierte von bloß besessenen Eigenschaften."[8] Diese Bezugnahme auf das Dargestellte oder Repräsentierte, der Goodman nicht weiter nachgeht, ist, wie sich in der Diskussion um das Ästhetische und die Besonderheit von Kunstwerken zeigen wird, ein zentraler Punkt der Kritik. An dieser Stelle sei nur anzumerken, daß Goodman diese Bedingung für das Vorliegen einer Exemplifikation nur auszeichnet, nicht aber beschreibt, wie sie entsteht.

Ein Gegenstand ist eine Probe für etwas, indem er als solche interpretiert wird. Das heißt, es müssen bestimmte Eigenschaften an ihm wahrgenommen werden, die aus ihm eine ganz bestimmte Probe machen. Dies unterscheidet ihn aber noch nicht von dem Gegenstand einer Denotation, wo auch bestimmte Merkmale an einem Gegenstand ausgezeichnet werden, die ihn entweder als Haustier, Nahrungsmittel oder Kaninchen erkennen lassen. Nur ist es bei der Exemplifikation umgekehrt so, daß sich nicht auf seine Merkmale bezogen wird, sondern der Gegenstand sich anhand seiner Merkmale auf etwas bezieht. Anders gesagt ist ein Gegenstand, der etwas exemplifiziert, ein Symbol und prinzipiell gilt: "Alles, was als Probe dient, funktioniert als ein Symbol, indem es Eigenschaften exemplifiziert, deren Probe es ist."[9] Eine Probe ist immer eine Probe *für* etwas, sei es eine Theorie, ein bestimmtes Gefühl oder eine einzelne Eigenschaft: Sie zeigt etwas bestimmtes und nicht nur sich selbst. Damit bedarf sie immer auch der Interpretation in einem bestimmten Sinn; sie hat etwas, worauf sie bezogen ist, und ist – nach Goodman – folglich ein Symbol.

Goodman erläutert, was es heißt, eine Probe (sample) zu nehmen bzw. eine zu sein, mit Hilfe zweier netter – an die Geschichten vom Eulenspie-

tation zusammen, sondern mit einer eigenen Unterklasse dieser Konversen: der Unterklasse, die aus den Fällen besteht, in denen das, was denotiert wird oder besitzt, als eine Probe sich auf das rückbezieht, was denotiert oder besessen wird." N. Goodman, *Vom Denken und anderen Dingen*, op.cit., S. 122.

8 Ibid., S. 92.

9 N. Goodman und C. Elgin, *Revisionen*, op.cit., S. 36.

gel erinnernde – Beispiele:[10] Eine Dame bestellt in einem Stoffladen anhand eines Musterbuches Stoff zum Beziehen von einigen Polsterstühlen und einem Sofa. Sie betont noch extra, daß der Stoff genauso zu sein habe, wie die Probe. Einen Tag später erhält sie hunderte quadratischer Stoffstückchen mit Zickzackrand. Ihrer Beschwerde entgegnet man, daß sie darauf bestanden habe, daß die Stoff genauso wie die Vorlage zu sein habe.

Einige Zeit später bestellt sie in der Bäckerei Napfkuchen, wie einer in der Auslage war, für fünfzig Personen. Geliefert bekommt die Dame einen einzigen, riesigen Kuchen, der, wie gewünscht, für die alle Gäste ausreicht, in einem Lastwagen angeliefert. Die Bäckerin, Frau des Schneiders, wollte einer erwarteten Beschwerde zuvorkommen und lieferte deshalb die Bestellung unbedingt in einem Stück.

In beiden Fällen besitzt die jeweilige Probe ähnliche Eigenschaften. War in dem ersten Fall die Farbe und die Textur relevant, die Größe aber nicht, verhielt es sich mit dem Kuchen als Probe umgekehrt. Die Größe des Kuchens war eines der Merkmale, die er als Probe in diesem Zusammenhang exemplifiziert. Er besitzt aber auch Eigenschaften, die keinerlei Beachtung finden, wie sein Alter o.ä. Wenn der Kuchen nun eine Probe sein soll, muß klar sein, wofür er eine Probe ist, d.h. worauf er sich exemplifizierend bezieht und anhand welcher Eigenschaften. Es handelt sich hier um ein beispielhaftes *Zeigen* im Unterschied zu einem expliziten *Sagen* bei der Denotation. Aus interpretationstheoretischer Sicht stellt sich daraus die Frage, welche Eigenschaften relevant sind, bzw. wofür der Gegenstand ein Beispiel ist. In dem meisten Fällen wissen wir bereits vorher, was ein Zeichen ist. Aber woher weiß man, in welcher Hinsicht ein Gegenstand als eine Probe fungiert und nur bestimmte seiner Eigenschaften exemplifiziert?

Diesem sehr komplexen Problem kann man sich erst einmal anhand ganz grundsätzlicher und einfacher Überlegungen nähern, die es dann zu differenzieren gilt. So ist ein Symbol meist schon a priori als solches bekannt. Und Bedeutung kommt diesen Zeichen dadurch zu, daß sie in einem Symbolsystem durch wechselseitige Beziehungen eingebunden sind und sich auf etwas beziehen.

Die Antwort auf die Frage, welche Eigenschaften an einem Gegenstand bei der Exemplifikation relevant sind, lautet dann ganz ähnlich. "Ist Besitz

10 Vgl.: N. Goodman, *Weisen der Welterzeugung*, op.cit., S. 83ff.

intrinsisch, so ist Bezugnahme es nicht; und welche Eigenschaften eines Symbolsystems nun gerade exemplifiziert werden, hängt davon ab, welches besondere Symbolsystem in Kraft ist."[11] Und mit dem jeweiligen Symbolsystem sind auch die Relevanzen vorgegeben, wie die Größe in dem einen oder die Textur in dem anderen Fall. Nur: Woher weiß ich, welches Symbolsystem 'in Kraft' oder gültig ist?

Der Ansatz zu einer Antwort ergibt sich bereits aus den Ausführungen zum Induktionsproblem. Dort war das Aufstellen wissenschaftlicher Hypothesen beschrieben als verankert in der bisherigen Interpretationspraxis. Bereits verwendete Begriffe und Zusammenhänge, die sich in unserer Praxis bewährt haben, werden auch auf die neue Situation angewendet. Neues ergibt sich dabei aus der variierenden und erweiterten Anwendung von Altem.

Auch bei der Probe kommt der *Praxis* eine zentrale Stellung zu, was eine bestimmte Kompetenz (Übung) auf Seiten des Interpreten mit einschließt: "[U]nd zwar muß man gut geübt darin sein, an einer Probe die Eigenschaften, auf die es ankommt zu erfassen, als auch darin zu bestimmten, ob die Eigenart projizierbar ist."[12] Dieser Praxisbegriff verweist sowohl auf eine vorgängige soziale Interpretationspraxis als auch auf den Vorgang des aktuellen Interpretierens als eines Handelns. An anderer Stelle spricht Goodman ganz eindeutig von einer erworbenen Kompetenz, wie sie bei der Interpretation von Bildern zum Tragen kommt.[13] Die Interpretation eines Gegenstandes als Probe kann aber auch auf unser bisheriges Vorgehen rückwirken. Sind Eigenschaften nicht projizierbar, zwingt uns beispielsweise eine Probe zu einer Revision einer Theorie, kommt es zu einer Änderung der Praxis. Ähnlich dem hermeneutischen Zirkel kann es eine Wechselbeziehung zwischen der Probe und der Praxis im Prozeß der Interpretation kommen: "Wenn die Ergebnisse von zu recht gemachten Projektionen falsch sind [...], können sie eine Änderung des-

11 N. Goodman, *Sprachen der Kunst*, op.cit., S. 60

12 Ders., *Weisen der Welterzeugung*, op.cit, S. 164.

13 "Und ein solches Wissen [um relevante Merkmale, G.P.] ist keine angeborene Begabung, sondern eine komplexe Konstellation erworbener Fähigkeiten". N. Goodman und C. Elgin, *Revisionen. Philosophie und andere Künste und Wissenschaften*, Frankfurt am Main 1993, S. 153. Fragen der interpretativen Kompetenz werde ich mich insbesondere in dem Kapitel über Ästhetische Kompetenz und Literatur(Soziologie) zuwenden.

sen erfordern, was eine gute Praxis ausmacht."[14] Es geht in den Worten Goodmans weniger um 'die Wahrheit' als um ein Passen und Anpassen von Proben und Praxis unter dem Gesichtspunkt der Richtigkeit. Interpretieren einer Probe bedeutet, diese in einen Interpretationszusammenhang einzuordnen. Die leitenden Aspekte der 'Richtigkeit' dürften aber gleichfalls ein – normativer – Teil unseres sowohl situativen als allgemein sozialen Handelns sein.

Der bloße Verweis auf eine sozial verankerte Interpretationspraxis erscheint aber unbefriedigend, zumal ihr eine solch große Bedeutung zukommt. Zumindest ist damit ein Zugang aufgezeigt worden, den Goodman innerhalb eines symboltheoretischen Konzeptes nicht nutzen kann. Wenn man eine differenziertere Beschreibung darüber haben will, weshalb ein Gegenstand als eine Probe fungieren kann, ist in der Folge der Argumentation eine Beschreibung der Interpretationspraxis und der relevanten Interpretationsweisen vorzunehmen.

Im weiteren wird dies das zentrale Problem bei der Exemplifikation und später dann auch bei den Kunstwerken sein: die Frage, weshalb eine Probe, ein Kunstwerk bzw. ein Text bestimmte Merkmale exemplifiziert, wann dies geschieht und, von einem hermeneutischen Blickwinkel aus, welche Eigenschaften dies im Einzelfall dann sind.

Mit der Exemplifikation ist aber noch eine weitere Besonderheit verbunden, die sie von anderen Bezugnahmeweisen unterscheidet. Die Exemplifikation ist der Gegenstand für die Bezeichnung und auch anstatt. Deshalb wirkt sie weniger greifbar-begrifflich und gleichzeitig unmittelbarer, weil sie 'ist' und zeigt, worauf sie sich bezieht. Dies führt aber eine interessante Konsequenz mit sich. Denn Wahrheit betrifft die Übereinstimmung einer Bezeichnung mit dem Bezeichneten und nicht das Umgekehrte: die Probe ist der Beweis für eine Theorie. Damit ist im Unterschied zu der Denotation die Exemplifikation nicht wahrheitsfähig. Es gilt, daß nur Aussagen – Denotationen in der Terminologie Goodmans – wahr oder falsch sein können. Moralische Urteile, Befehle, Aufforderungen – meines Erachtens auch Metaphern – sind gleichfalls nicht wahrheitsfähig, werden aber unter dem Aspekt ihrer *Richtigkeit* beurteilt, wie es meist auch schon in der Umgangssprache geschieht. Für die Exemplifikation bedeutet dies, daß sie nicht denotiert, auch wenn sie sich auf etwas

14 N. Goodman und C. Elgin, *Revisionen*, op.cit., S. 165.

bezieht. Es läßt sich nur ausmachen, ob sie sich auf etwas bezieht, bzw. ob es richtig ist, daß sie ein bestimmtes Etikett exemplifiziert. Was eine Exemplifikation zeigt, ist (deshalb) nicht wahr. Es verhält sich ähnlich wie mit einem Beispiel. Dies ist gelungen, geeignet oder ungeeignet, gut oder schlecht. Nur würde niemand von einem wahren Beispiel sprechen. Für Beispiele gilt, daß sie unter dem Gesichtspunkt ihrer Richtigkeit betrachtet werden.

Wichtig ist dieser Punkt, insofern er weitergehend ein zentrales Problem der Ästhetik betrifft, da für Goodman, wie später ausgeführt, die Exemplifikation eine der wichtigsten Bezugnahmeweisen von Kunstwerken ist. Was auch immer Kunstwerke/Proben zeigen oder zum Ausdruck bringen, dies hat mit Wahrheit unmittelbar nichts zu tun. Nur folgt daraus keineswegs, daß die Exemplifikation keine Bedeutung für unsere Wahrnehmung der Welt hat. Zwar ist dasjenige, was exemplifiziert wird, nicht wahr oder falsch, aber eine kognitive Funktion kommt ihm trotzdem zu.

Von der einfachen oder buchstäblichen Exemplifikation unterscheidet Goodman noch die metaphorische Exemplifikation. Eine Eigenschaft eines Werkes, das dieses exemplifiziert, kann diesem nicht nur wörtlich, sondern auch metaphorisch zukommen:

> Bezugnahme durch ein Bauwerk auf Eigenschaften, die es entweder buchstäblich oder metaphorisch besitzt, ist Exemplifikation, aber Exemplifikation metaphorisch besessener Eigenschaften nennen wir meist 'Ausdruck'. Um den Unterschied zu kennzeichnen, gebrauche ich normalerweise 'Exemplifikation' als Kürzel für 'buchstäbliche Exemplifikation' und reserviere 'Ausdruck' für die metaphorischen Fälle, obwohl in vielen Schriften 'Ausdruck' für beide Arten gebraucht wird.[15]

Mit dieser zusätzlichen Unterscheidung ist Goodman in der Lage, alle emotiven Ausdrucksleistungen zu beschreiben, wie sie im besonderen Maße Bildern und Musikstücken zukommen. Wenn beispielsweise ein Bild Traurigkeit zum Ausdruck bringt, denotiert dieses Etikett das Bild nicht wörtlich: "Was Traurigkeit ausdrückt, ist metaphorisch traurig. Und was metaphorisch traurig ist, ist tatsächlich, aber nicht buchstäblich traurig, das heißt, es gerät unter die Herrschaft irgendeiner übertragenen An-

15 N. Goodman, Catherine Z. Elgin; *Revisionen: Philosophie und andere Künste und Wissenschaften*, op.cit., S. 60.

wendung eines mit 'traurig' koextensiven Etiketts."[16] Anders gesagt, was immer wir anhand einer Metapher beschreiben, *kann* auch als 'Ausdruck' diese Metapher repräsentieren. Die metaphorische Übertragung erfolgt häufig über Wahrnehmungsbereiche hinweg, womit Bilder schon mal schreiend bunt oder schrill sein können. Synästhetische Beschreibungen oder Wahrnehmungen sind nicht ungewöhnlich und Teil unserer Alltagssprache.[17] Gerade Bilder und Musik werden häufig mit Hilfe synästhetischer Begriffe beschrieben.

An dieser Stelle möchte ich die Auseinandersetzung mit der metaphorischen Exemplifikation aussetzen, zumal sie ihre eigentliche Bedeutung in der Analyse von Bildern, Skulpturen und Bauwerken hat, und gegebenenfalls später in der Diskussion der Metapher wieder aufnehmen.

Zusammenfassend kann die Exemplifikation als das Herausstellen bestimmter Eigenschaften durch einen Gegenstand verstanden werden. Unter 'Eigenschaften' kann dabei jede Beschreibung dieses Gegenstandes verstanden werden, was auch metaphorische Beschreibungen mit einschließt. Unklar ist in diesem Zusammenhang, welche seiner Eigenschaften und möglichen Beschreibungen ein Gegenstand faktisch exemplifiziert und wie er dies macht. Zwar gehört dies nicht in einem engeren Sinn zu Goodmans Erkenntnisinteressen, aber gerade aus einer interpretationistischen oder hermeneutischen Sicht bleibt zu klären, wie bestimmte Eigenschaften eines Gegenstandes überhaupt so exponiert werden, daß sie nicht bloß besessen, sondern exemplifiziert werden. Ein Gegenstand ist kein Symbol, wenn er aber trotzdem zur Repräsentation fähig ist, bliebe zu untersuchen, unter welchen Bedingungen dies der Fall ist.

16 N. Goodman, *Sprachen der Kunst*, op.cit., S. 88.

17 Die Synästhesie ist (erneut) zu einem aktuellen Forschungsgebiet in der Neurologie geworden. Dort allerdings als ein seltenes Phänomen, das sich etwa nach den Untersuchungen von Richard E. Cytowic durch die Fähigkeit zum Hören von Farben und schmecken von Tönen äußert. Nach seiner Argumentation ist dies nicht als eine Einschränkung oder ein Schaden zu verstehen, sondern eher als eine besondere Befähigung. Auch im ästhetischen Rahmen ist es sicherlich eine Erweiterung der Wahrnehmung, die es erlaubt ganz unterschiedliche Erfahrungsweisen oder Interpretationsschemata zu nutzen. Siehe Richard E. Cytowic, *Farben hören, Töne schmecken – Die bizarre Welt der Sinne*, Berlin 1995.

5. Die Nebenbeschäftigung der Symbole: Ein bedeutungstheoretischer Exkurs zu Metapher und Wahrheit

Das Interesse an ästhetischen Fragestellungen hat in den letzten Jahren eine besondere Form angenommen. Ähnlich wie in anderen Bereichen der Philosophie ist es auch hier von eher allgemeinen Problemen zu einer oftmals arbeitsteiligen Differenzierung gekommen. Nun bedeutet das eben nicht, daß es nur noch wenige Arbeiten über Ästhetik und ihre Darstellungsweisen geben würde. Ganz im Gegenteil gibt es einen Punkt, den sich Hermeneutik, Sprachwissenschaft, Neostrukturalismus, Sprachphilosophie und zuweilen auch die Soziologie und Kulturanthropologie zu dem zentralen Ort ihrer Auseinandersetzung mit Ästhetischem gewählt haben. In der klassischen Rhetorik noch Ornat und ein Spezialfall der (Sprung)Tropen[1] ist sie in den letzten Jahren zum *pars pro toto* der Ästhetik geworden: die Metapher.

Eine Vielzahl von Problemen der klassischen Ästhetik, wie etwa das Verhältnis von ästhetischer und nichtästhetischer Bedeutung bzw. Erkenntnis oder auch ihre Besonderheit, werden bevorzugt an ihr diskutiert. Sie scheint übersichtlich und leicht handhabbar zu sein, während allgemeinere Aussagen über das Ästhetische und damit verbunden der Kunst an der Komplexität und Vielfältigkeit ihres Gegenstandes zu scheitern drohen, indem sie entweder wichtiges ausschließen oder zu ungenau sind. Zudem entzieht sich die zeitgenössische Kunst mehr noch als die vorhergehende einer vereinheitlichenden Beschreibung. Auf der anderen Seite entsteht bei der Diskussion über die Metapher die Gefahr, daß ein einzelnes Ausdrucks- und Darstellungsmittel in seiner Bedeutung überschätzt wird.

Entsprechend inflationär stieg und steigt noch die Zahl der Arbeiten zu diesem Thema.[2] Eine Auseinandersetzung mit der wissenschaftlichen Dis-

1 Vgl.: Heinrich Lausberg, *Elemente der literarischen Rhetorik*, München 1963, S. 6.

2 Eine Übersicht bieten die Bände: Jena Pierre van Nopen, *METAPHOR: A Bibliography of Post -1970 Publications*, Amsterdam 1985; und: ders. u. Edith Hols, *METAPHOR II: A Classified Bibliography of Publications 1985-1990*, Amsterdam 1990; sowie: W. Shibles, *Metaphor: An Bibliography and History Annotated*, Wisconsin 1971.

kussion im Ganzen scheint daher kaum angeraten, allenfalls eine argumentationslogische Verortung.

In der Diskussion um die Metapher und der Aufwertung ihrer kognitiven Relevanz gibt es zwei Ausrichtungen. Die eine zieht die Grenze zwischen ästhetisch-literarischen Texten und wissenschaftlichen von seiten der Wissenschaft ein, die andere von seiten der Literatur. Im Ergebnis führt dies zu einer Ästhetisierung der Wissenschaft, damit verbunden eine Erweiterung ihres Selbstverständnisses und eine Aufwertung ästhetisch-literarischer Darstellungsweisen für unser (kognitives) Verständnis der Welt. Die Spanne reicht von der dekonstruktivistischen Einebnung des Unterschiedes zwischen literarischen und wissenschaftlichen Texten, wie sie von Derrida vorgeführt wird, über Thomas S. Kuhn[83] bis in die Bereiche analytischer Philosophie. Hier soll aber im weiteren das Interesse seitens der analytischen Wissenschaften an der Metapher im Vordergrund stehen, d.h. ihre kognitiv-rationale Bedeutung für die Wissenschaft wie unsere Alltagswahrnehmung der Welt.

Expressive Momente, das Zeigen gegenüber dem Sagen, sind etwa nach Gottfried Gabriel ein integraler Bestandteil der Werke zahlreicher Philosophen wie zum Beispiel bei Wittgenstein.[4] Auch findet der kognitive Charakter der Metapher und ihre Leistungsfähigkeit für die Beschreibung von Sachverhalten immer mehr Beachtung. Insbesondere sei auf die Arbeiten von Michael Bradie hingewiesen und die Weiterentwicklung der Metapherntheorie von Stephen Pepper durch E.R. MacCormac. Bradie versucht in seinen Arbeiten aufzuzeigen, wie wissenschaftliche Innovation durch das Erstellen von Modellen mit Hilfe metaphorischer Übertragungen erfolgen kann und in einzelnen Fällen erfolgt ist.[5] Die Fähigkeit, anhand der Metapher etwa Analogien und Disanalogien bei der Interpretation von Neuem zu entwickeln, wird von Pepper wie MacCormac als

3 Thomas S. Kuhn, "Metaphor in Science", in: Andrew Ortony (ed.), *Metaphor and Thought*, Cambridge 1979, S. 409-419.

4 Ein Teil dieser Diskussion sowie der Aufsatz über Wittgenstein finden sich in: Gottfried Gabriel, Christian Schildknecht, *Literarische Formen der Philosophie*, Stuttgart 1990.

5 Vgl.: Michael Bradie, "Models and Metaphors in Science: The metaphorical Turn", in: *After the Received View, Developments in the Theory of Science, Protosociology Heft 12* (1998), S. 305-318. Ders.; "Models, Metaphors and Scientific Realism"; *Nature and System* 2 (1980); S. 3-20.

ein zentrales Moment im Erkenntnisprozeß beschrieben.[6] Metaphern sind kein Schmuck, auf den eine strenge Wissenschaft verzichten kann oder sogar sollte, sondern in den genannten Arbeiten eine bestimmte Art und Weise, unsere Wahrnehmung organisieren.

Goodmans Interesse an der Metapher ist einige Jahre älter als die oben erwähnten Arbeiten, zielt aber gleichfalls auf ihre kognitive Funktion ab:

> Neuerdings zeichnet sich in einer Reihe von Symposien ein zunehmendes Verständnis dafür ab, daß die Metapher sowohl wichtig als auch eigenartig ist – ihre Wichtigkeit eigenartig und ihre Eigenartigkeit wichtig – und daß ihre Stellung in einer allgemeinen Sprach- und Erkenntnistheorie der Untersuchung bedarf.[7]

Der Eigenart der Metapher versucht Goodman gerecht zu werden, indem er sie als eine eigene Form der Denotation zu fassen sucht. Das bedeutet, daß sie sich nicht auf andere Formen der Denotation zurückführen läßt. Und diese eigene Form der Denotation ist – so der allgemeine Tenor – wichtig aufgrund ihrer kreativen, organisierenden Kraft bei Wahrnehmungs- und Interpretationsprozessen. Daraus ergeben sich zwei Folgeprobleme: Zum einen muß gezeigt werden, warum die Metapher überhaupt eine eigenständige Weise der Bezugnahme ist. Und weiter ist zu fragen, welche Funktion der Metapher bei der Wahrnehmung der Welt bzw. ihrer Interpretation zukommt, d.h. worin ihre kognitive Funktion besteht.

Bei der Beschreibung der Metapher nicht nur aus sprachanalytischer Sicht zeigen sich Eigentümlichkeiten. Was als eines der ersten Dinge auffällt, ist, daß der metaphorische Ausdruck immer auch eine nichtmetaphorische Bedeutung hat, was umgekehrt keineswegs der Fall ist. Von vielen Begriffen läßt sich keine metaphorische Bedeutung angeben, aber von der Metapher stets auch eine buchstäbliche. Es handelt sich auch nicht einfach um eine Form von Ambiguität. Ein Begriff kann mehrere Bedeutungen haben, die aber nichts weiter miteinander zu tun haben: "Bei der Metapher dagegen wird ein Ausdruck mit einer durch Gewohnheit etablierten Extension anderswo unter dem Einfluß dieser Gewohnheit ange-

6 S.C. Pepper, *World Hypotheses,* Berkeley 1970. E.R. MacCormac, *A Cognitive Theory of Metaphor,* Cambridge Mass. / London 1985.

7 N. Goodman, *Vom Denken und anderen Dingen,* op.cit., S. 107f.

wandt; hier liegt sowohl Abweichen von als auch Achtung vor dem Vorhergehenden vor.[8] Die Funktion eines Zeichens als Metapher wäre demnach über seine nichtmetaphorische oder, nur der Einfachheit halber, 'buchstäbliche' Bedeutung zu analysieren.

Im Gegensatz zu Donald Davidson möchte Goodman aber die beiden Bedeutungsweisen unterschieden wissen. Der Grund liegt darin, daß ein Ausdruck für ihn metaphorisch wahr sein kann, obwohl er buchstäblich falsch ist. Metaphorische und nichtmetaphorische Bedeutung könnten dann nicht identisch sein. Genau genommen sind Metaphern wörtlich verstanden fast immer falsch oder unsinnig: 'Der See ist ein Saphir' kann metaphorisch richtig sein, ist aber buchstäblich falsch.[9] 'Der trübe See ist ein Saphir' wiederum ist nach Goodman sowohl metaphorisch wie buchstäblich falsch. Für beide Verwendungsweisen gilt, daß sie gänzlich unabhängig voneinander zutreffen.

Ein Problem liegt aber wie häufig in der Wahl der Beispiele. Während die Fürsprecher einer kognitiven Aufwertung der Metapher gerne sehr einfache wählen, nutzt die Gegenpartei vornehmlich aufwendige Beispiele. Die hier gewählten sind so einfach, daß sie sich sogar recht gut paraphrasieren ließen, obwohl dies in anderen Fällen eingestandenermaßen schwierig bis ausgeschlossen ist. Metaphern nähern sich im Verlaufe ihres Gebrauchs oft ohnehin der einfachen propositionalen Wahrheit und damit auch ihrer Paraphrasierbarkeit an, bis sie kaum mehr als solche wahrgenommen werden, wie dies auch Goodman beschreibt: "Seltsamerweise wird eine Metapher mit zunehmendem Verlust ihrer Kraft als Redefigur der buchstäblichen Wahrheit ähnlicher und nicht unähnlich."[10] Oder in der plastischeren weil metaphorischen Formulierung von Davidson: "Dead metaphors rise from grave as literal meanings!"[11] Deshalb ist bei der Verwendung einfacher Beispiele Vorsicht geboten, so daß nicht anhand einer bereits 'toten' Metapher für die Lebendigkeit und Eigenständigkeit ihrer Bedeutung argumentiert wird.

Goodman argumentiert an dieser Stelle symbolorientiert, insofern er sich auf unterschiedliche Denotationsweisen stützt. Dies ist allerdings

8 N. Goodman, *Sprachen der Kunst*, op.cit., S. 75.

9 Vgl. ders., *Vom Denken und anderen Dingen*, op.cit., S. 108ff.

10 Ders., *Sprachen der Kunst*, op.cit., S. 73.

11 Donald Davidson, "Reply to Oliver Scholz", in: Ralf Stoecker (ed.), *Reflecting Davidson*, op.cit. 1993, S. 172

nicht sein einziger Zugang und auch nicht der geeignetste. Da die Metapher als eine eigene Form der Denotation eingeführt wurde, kann er es sich leicht machen mit der Frage nach dem Gelingen einer metaphorischen Bezeichnung:

> Die Frage, warum Prädikate so und nicht anders metaphorisch zutreffen, ist fast gleichzusetzen mit der Frage, warum sie so und nicht anders buchstäblich zutreffen. Und wenn wir in keinem der beiden Fälle eine gute Antwort parat haben, dann vielleicht deshalb, weil keine echte Farbe vorliegt. Jedenfalls stellt die allgemeine Erklärung dessen [...] eine Aufgabe dar, die ich bereitwillig den Kosmologen überlasse.[12]

Dies trifft aber (noch) nicht ganz das Problem, insofern bei einer bloßen Unterscheidung der Dentotationsweisen nicht geklärt werden kann, welche Beziehung zwischen der buchstäblichen und der metaphorischen Verwendung eines Ausdruckes besteht. Es sind zwei verschiedene Weisen, Dinge zu bezeichnen, was aber noch nicht bedeuten muß, daß sie nichts miteinander zu tun haben.

Prinzipiell möchte ich Goodman zustimmen, allerdings ist auf ein Folgeproblem hinzuweisen, wie es sich in Diskussion dieser These zeigte. Über die Annahme einer eigenen metaphorischen Bedeutung von Zeichen ist es zwischen Goodman und seinem renommierten Kollegen Donald Davidson zu einer kleineren Kontroverse gekommen. Diese ist insofern interessant, als beide durchaus Übereinstimmungen in ihren philosophischen Positionen aufweisen. Für beide ist Wahrheit und Bedeutung abhängig von, beziehungsweise relativ zu dem angelegten Symbolsystem (Goodman) oder der Theorie (Davidson).

Für Goodman ergibt sich daraus das Problem, daß er sich hier zwei Wahrheitsbegriffe einhandelt, wenn er von einer buchstäblichen und einer metaphorischen Denotationsweise spricht. Wahrheit ist nun relativ zu *einem* Bezugssystem. Bei der Metapher handelt es sich aber um die Vermischung zweier Schemata. Und es ist Davidson darin zuzustimmen, daß das neue Schema nicht die Wahrheitsbedingungen für die Metapher enthält, sondern nur das buchstäbliche.[13] Kurz gesagt: Eine Metapher ist nur eine,

12 N. Goodman, *Sprachen der Kunst*, op.cit., S. 82.

13 Eine ausführlichere Diskussion des Wahrheitsproblems findet sich in G. Peter, "Zu Richtigkeit und Interpretation der Metapher: Kognitive Funktion und rekonstruktive

solange sie in ihrem neuen Bereich fremd ist. Und eben so lange kann sie auch nicht wahr sein. Für die Metapher können keine eigenen Wahrheitsbedingungen angegeben werden.

Auch Davidson unterscheidet beide Verwendungsweisen eines Ausdrucks, wenn er Bedeutung und Gebrauch voneinander trennt. Wahrheit und Bedeutung liegen bei ihm aber viel enger zusammen, als dies bei Goodman der Fall ist, der auch nicht wahrheitsfähige Bezeichnungsweisen wie Exemplifikation und Ausdruck benennt. Sätze und ihre Wörter müssen nach Davidson erst eine Bedeutung haben, um dann in ihrem Gebrauch eine Handlung oder eine andere Funktion vollziehen zu lassen. Wohl auch im Sinne seiner eigenen Bedeutungstheorie verfährt er mit der Metapher entsprechend rigide und erklärt sie zu einer Sache des Gebrauchs:

> Ich stütze mich auf die Unterscheidung zwischen dem, was die Wörter bedeuten, und dem, wozu sie gebraucht werden. Nach meiner Auffassung gehört die Metapher ausschließlich zum Bereich des Gebrauchs. Sie ist etwas, das durch die phantasievolle Verwendung von Wörtern und Sätzen erreicht wird, und ist völlig abhängig von den gewöhnlichen Bedeutungen dieser Wörter und daher von den gewöhnlichen Bedeutungen der Sätze, in denen sie enthalten sind.[14]

Es gibt für Davidson keine andere als die buchstäbliche Bedeutung. Auch für Goodman hängt die Bedeutung der Metapher von ihrer nichtmetaphorischen ab. Nur im Gegensatz zu Davidson argumentiert er für zwei unterschiedliche Bedeutungen:

> Davidson bestreitet, daß die metaphorischen und die buchstäblichen Anwendungen eines Ausdruckes sich voneinander unterscheiden können und daß eine Aussage, die als buchstäblich verstandene falsch ist, wahr sein kann, wenn man sie metaphorisch versteht; dies scheint mir eine grundlegende Unklarheit über die Metapher darzustellen.[15]

Schemainterpretation", in G. Preyer, M. Ulkan, A. Ulfig, *Intention – Bedeutung – Kommunikation. Kognitive und handlungstheoretische Grundlagen der Sprachtheorie*, Opladen 1997, S. 195-217.

14 Donald Davidson, "Was Metaphern bedeuten", in: ders., *Wahrheit und Bedeutung*, Frankfurt am Main 1990, S. 345.

15 N. Goodman, *Vom Denken und anderen Dingen*, op.cit., S. 112.

Im Gegensatz etwa auch zu Max Black ist Davidson der Ansicht, daß es keine Regeln für die Verwendung von Metaphern gibt. Sie stellen einen kreativen Akt dar, bei der Erstellung wie bei der Interpretation, der nicht regelgeleitet ist, wie die nichtmetaphorische Verwendung von Begriffen. Davidson kann damit keine Erklärung für die metaphorische Übertragung als der Beziehung zwischen dem wörtlichen und dem metaphorischen Sinn eines Ausdrucks gelingen. Allerdings war das auch nicht sein Ziel.[16] Vielmehr wollte er zeigen, daß die Rede von einer metaphorischen Wahrheit ist leer. In der Folge bestände die Funktion der Metapher zumindest nicht darin, wahre Aussagen über ihren Gegenstand zu machen.

Für die Diskussion der Metapher wäre es demnach notwendig, eine Beschreibung zu finden, die die Beziehung zwischen den beiden Verwendungsweisen des Ausdrucks erfaßt, ohne einen Wahrheitswert zuzuschreiben. Und mit Bezug auf Goodmans eigene Symbol- und Bedeutungstheorie bietet sich meines Erachtens eine vielversprechender Zugang, die Bedeutungsproblematik auf einer breiteren Basis als dem bloßen Zutreffen einer Bezeichnung zu analysieren. So vertritt Goodman wie ausgeführt kein einfaches Konzept propositionaler Wahrheit, sondern ein umfassenderes der Richtigkeit.[17] Als Vertreter einer Kohärenztheorie der Wahrheit kommt dem *Passen* zu einer Praxis und dem *Wirken* eine besondere Stellung zu. Für seinen Symbol- und Bedeutungsbegriff ist 'Wahrheit' ohnehin zu eng. Sein Vorschlag ist folgender: "Als Begriff, der Wahrheit an Reichweite übertrifft, ziehen Sie Richtigkeit in Erwägung."[18] Erst recht für eine pluralistisch ausgerichtete Theorie kann ein einfacher Wahrheitsbegriff nicht ausreichen, da er zum Beispiel nicht regeln kann, welches kohärente Begriffsschema zu wählen ist. Gibt es verschiedene

16 Donald Davidson, "Reply to Oliver Scholz", in Ralf Stoecker (ed.), Reflecting Davidson, Berlin 1993, S. 172.

17 "Daher geht die Vorstellung, daß Wahrheit einfach nur die Spezies der Richtigkeit ist, die Aussagen zukommt, aus vielen Gründe über Bord. An ihre Stelle tritt die Erkenntnis, daß Wahrheit – zusammen mit anderen wie Relevanz, Wirkung und Brauchbarkeit – nur einer unter den Faktoren ist, die manchmal Einfluß auf die Richtigkeit des Gesagten haben. Wahrheit ist gelegentlich ein Bestandteil der Richtigkeit." N. Goodman, *Vom Denken und anderen Dingen*, op.cit., S. 55.

18 N. Goodman und Catherine Elgin, *Revisionen: Philosophie und andere Künste und Wissenschaften*, op.cit., S. 205.

'Weisen der Welterzeugung', hängt es von der *richtigen* Wahl ab, welche Gültigkeit hat.

Begriffe oder Interpretationen sind richtig, insofern sie *passen*. Dieses Passen ist mehrdimensional zu verstehen: in Hinsicht auf den bezeichneten Gegenstand wie in Hinsicht auf die bisherige Interpretationspraxis. Die Verwendung der Begriffe ist in unserem bisherigen interpretatorischen Vorgehen verankert und damit unserer sozialen und einsozialisierten Weisen der Weltwahrnehmung:

> Außerdem stellt das Passen, wie wir bereits gesagt haben, kein bloßes Zusammenfügen von Elementen mit gleichem Status dar, sondern ein Einpassen eines jeden neuen Elements in einem bereits übernommenen Hintergrund, einen Apparat oder eine Struktur. Das Erzeugen des Passens kann in der Tat erforderlich machen, den Hintergrund zu modifizieren, altehrwürdige Übernahmen fallenzulassen oder zu revidieren; aber der Hintergrund gibt nicht so leicht nach wie neue Vorschläge.[19]

Für die Metapher ist dies nun ganz ähnlich. Auch hier sind es nur bestimmte Merkmale und Aspekte, die bei der metaphorischen Verwendung eines Ausdrucks wichtig sind. Diese zu finden und ihre Projezierbarkeit auf den neuen Gegenstand machen die Güte, Qualität und Funktionalität der Metapher aus: "Eine Metapher ist dann am durchschlagensten, wenn das transferierte Schema eine neue und bemerkenswerte Organisation und nicht eine bloße Neuetikettierung einer alten bewirkt."[20]

Folgt man meiner Argumentation, hat man einen Gegenstand, wahrgenommen anhand eines Interpretationsschemas, auf den sich ein Ausdruck aus einem anderen Schema bezieht. Pluralistisch betrachtet ist dies noch nicht weiter ungewöhnlich, da man sich auf dieselben Gegenstände ohnehin auf ganz unterschiedliche Weisen beziehen kann, ohne von einer Metapher sprechen zu wollen. Nur wird bei der Interpretation einer Metapher nicht das Schema einfach gewechselt und durch ein anderes ersetzt. Vielmehr kommt bei der Wahrnehmung ein weiteres Schema zur Anwendung. Ähnlich wie in der Interaktionstheorie von M. Black geht auch Goodman bei der Bestimmung der Metapher davon aus, daß es weniger

19 N. Goodman und Catherine Elgin, *Revisionen: Philosophie und andere Künste und Wissenschaften*, op.cit., S. 211.

20 N. Goodman, *Sprachen der Kunst*, op.cit., S. 83.

um ein einzelnes Etikett als um das mit ihm verbundene Schema geht. Nach einer seiner Definitionen liegt die eigentümliche Funktion des metaphorischen Zeichens nicht so sehr in der Bezeichnung eines eventuell neuen Gegenstandes, sondern in dem In-Beziehung-Setzen zweier Schemata:

> Ein Etikett, das zusammen mit andern ein Schema konstituiert, wird in der Tat aus der Heimatsphäre dieses Schemas herausgelöst und zur Sortierung und Organisierung einer fremden Sphäre verwendet. [...] Was sich hier ereignet, ist eine Übertragung eines Schemas, eine Wanderung von Konzepten, eine Veränderung von Kategorien.[21]

Ihre Funktion liegt darin, bekannte Interpretationsschemata für das Verständnis eines ganz anderen Bereichs und seiner Gegenstände zu nutzen. Und dies würde sich nicht so sehr auf der Ebene einzelner Etikette vollziehen, sondern eher auf der Schemaebene. Strukturierende Aspekte treten in den Vordergrund gegenüber einfachen Fragen des Bezeichnens. Weitergehend ist zu klären, wie die Metapher unsere bisherige Wahrnehmung verändert oder verändern kann. Für die Frage nach der Wahrheitsfähigkeit der Metapher ergeben sich vorher aber interessante Konsequenzen, wenn streng schemaorientiert argumentiert wird:

Versteht man die Metapher als ein In-Beziehung-Setzen zweier Schemata, entfällt das Wahrheitsproblem: Unmittelbar ist die Metapher nicht wahrheitsfähig, da sie keine Aussage *innerhalb* des relevanten bzw. momentan gültigen[22] Schemas ist. Da von einer Vielzahl unterschiedlicher Schemata oder – in der Terminologie Goodmans – Weisen der Welterzeugung auszugehen ist, sind nicht nur die wahren und die falschen zu unterscheiden, sondern auch die richtigen von den ungültigen, unangemessenen oder ungeeigneten. Für die Interpretation eines Gegenstandes oder Gegenstandsbereiches sind dann in einer Sprachgemeinschaft, abhängig von dem jeweiligen Kontext, bestimmte Schemata relevant und andere nicht.

21 N. Goodman, *Sprachen der Kunst*, op.cit., S. 77.

22 Max Black macht eine ähnliche Unterscheidung mit dem 'Primär-' und dem 'Sekundärgegenstand' der Metapher, wobei der Sekundärgegenstand als ein System aufzufassen sei. Demgegenüber ziehe ich eine durchgängig schemaorientierte Betrachtungsweise, die genauer zwischen System und Gegenständen differenziert vor. Max Black, "Mehr über die Metapher", in: A. Haverkamp, *Theorie der Metapher*, Darmstadt. 1983, S. 392.

Und für Goodman wie für Davidson sind es die Symbolsysteme, in denen die Wahrheitsbedingungen festgelegt sind. Im Falle der Metapher ist das buchstäbliche Schema das gültige, und da sie kein Teil des relevanten bzw. in diesem Moment gültigen Aussagensystems ist und sein darf, sind metaphorische Ausdrücke auch nicht wahrheitsfähig in einem engeren Sinn. Ihre Verwendung ist dort, in ihrem neuen Bereich, nicht geregelt, vielmehr importieren sie diese mit. Betrifft ihre Funktion aber das Schema selbst, ist dies keine Frage ihrer Wahrheit. Ein Begriffssystem selbst ist nicht wahr oder falsch, sondern nur einzelne Aussagen innerhalb. Die Gründe für die Akzeptanz eines Schemas und seine Anwendung liegen in einem – lebensweltlichen – Hintergrund wie im situativen Kontext, da es geeignet ist, bestimmte Ziele zu erreichen, bestimmten Zwecken, Normen und Werten zu genügen, ökonomisch zu sein und anderes mehr. Gleiches gilt dann auch für die anhand der Metapher veränderte Wahrnehmung:

> Die Metapher versetzt uns in die Lage, uns der organisierenden Kräfte eines Systems zu bedienen und gleichzeitig die Grenzen des Systems zu überschreiten. Etablierte Denkgewohnheiten leiten die Anwendung eines Schemas selbst dann, wenn die Sphäre, auf die es angewandt wird, neu ist. Richtigkeit der metaphorischen Kategorisierung hängt von Faktoren wie diesen ab: ob die durch die metaphorische Anwendung eines Schemas erzielte Ordnung brauchbar, aufschlußreich und informativ ist.[23]

Somit handelt es sich bei der Metapher um ein partielles *Einpassen* eines Schemas, was sowohl die Übernahme struktureller Aspekte als auch einzelner Etiketten (Prädikate) mit einschließen kann. Repräsentiert wird dieses Schema meist nur über ein einzelnes Etikett. Von diesem ist auf das Schema zu schließen, was eine hohes Maß an Konventionalisierung und damit Eindeutigkeit voraussetzt. Dies erklärt auch die häufige Verwendung einfacher Bilder, Phrasen und Wendungen als Metapher, da hier eine Kenntnis des zu übertragenden Schemas vorausgesetzt werden kann, was den Kommunikationserfolg sichert. Diese Position, die Metapher als die – teilweise – Übertragung eines Symbolsystems oder Schemas zu verstehen, stimmt in diesem zentralen Punkt mit der vielleicht bekanntesten Definition von Max Black überein: "Jede Metapher ist die Spitze eines unterge-

23 N. Goodman, Catherine Z. Elgin; *Revisionen*, op.cit. 1993, S. 32.

tauchten Modells."[24] Die Metapher ist die Repräsentation eines Schemas anhand eines charakteristischen Teiles, über dessen neue Referenz die Einarbeitung erfolgt:

> (2) Der Sekundärgegenstand ist nicht als ein einzelnes Ding, sondern als ein System aufzufassen. [...]
> (3) Die metaphorische Äußerung funktioniert, indem sie auf den Primärgegenstand eine Menge von 'assoziierten Implikationen' [associated implications'] 'projeziert', die im *Implikationszusammenhang* [implicative complex] enthalten sind und als Prädikate auf den Sekundärgegenstand anwendbar sind. [...]
> (4) Wer eine metaphorische Aussage macht, selegiert, betont, unterdrückt und organisiert Merkmale des Primärgegenstandes, indem er auf ihn Aussagen bezieht, die den Gliedern des Implikationszusammenhanges des Sekundärgegenstandes isomorph sind.[25]

Um auf die Frage zurückzukommen, weshalb ein Ausdruck metaphorisch einen Gegenstand bezeichnet, wäre die Antwort, daß die Um- oder Neuorganisation seiner neuen Umgebung brauchbar, aufschlußreich und informativ ist. Zwar wissen wir, welche Bedeutung einem Ausdruck buchstäblich zukommt, nur ist dadurch noch nicht geklärt, in welcher Hinsicht dies für seine metaphorische Verwendung relevant ist. Erst das Einpassen des neuen Ausdrucks in die bisherige Interpretationspraxis des Gegenstandes zeigt, was übernommen werden kann und was nicht. Die Metapher bewährt sich oder funktioniert, indem sie (neue) Zusammenhänge herstellt, Eigenschaften oder Dinge herausstellt, verdeckt, neue hinzufügt und anderes mehr. Dies findet sich in der Definition von Goodmans zeitweiliger Mitautorin Catherine Elgin wieder:

> The entire scheme need not, of course, be explicitly mapped onto the new realm. On the metaphorical as well as in the literal case semantic systems are systems of implicit alternatives. If we label a new social program a 'war on property' we introduce a novel network of terms for characterizing our responses to social conditions.[26]

24 Max Black, "Mehr über die Metapher", op.cit., S. 396.

25 Ibid., S. 392f.

26 Catherine Elgin, *With Reference to Reference*, Indianapolis 1983, S. 62.

Schemata, wie sie etwa Hans Lenk definiert[27], oder Symbolsysteme besitzen Variablen und eine flexible Struktur. Hier ist das Bild des Kristallsgitters, wie es noch deSaussure verwendet hat, zu starr. Wenn ein Symbolsystem die Beschreibung von Farben erlaubt, hat es eine Variable an eben dieser Stelle, die es erlaubt, verschiedene Farbbegriffe wie 'rot' oder 'grün' einzusetzen. Eine Variable liegt, wie der Name schon sagt, an jeder Stelle vor, an der eine Beschreibung sinnhaft auch anders sein könnte. Die Variabilität betrifft auch verschiedene Aspekte der Struktur, die hervorgehoben werden können, und neue Beziehungen, die durch die Metapher erzeugt werden können. Die Alltagsprache ist gegenüber solchen Veränderungen weit offener, als es wissenschaftliche Sprachen sind, in denen via Definition der Eindeutigkeit der Vorzug gegeben wird. Allgemein gilt, daß Metaphern aufgrund ihrer Fähigkeit, unsere Symbolsysteme und Interpretationen zu verändern, eine kognitive Funktion zukommt, da sie unsere Sichtweise der Welt verändern. Was unter kognitiver Funktion oder Wirksamkeit zu verstehen ist, und wie Symbolsysteme verändert werden können, wird dann auch das Thema des folgenden Kapitels sein.

Anzumerken ist, daß Goodman an der Metapher gern ihr kreatives Potential hervorhebt, insofern an ihr beobachtet werden kann, wie anhand bekannter und gewohnter Interpretationsschemata Neues erschlossen und dargestellt wird. Darüber sollte aber nicht aus dem Blick geraten, daß die Rede von der Kreativität der Metapher zu relativieren ist. Sicherlich führt sie zu Änderungen in einem bestimmten Interpretationsschema. Aber Dinge nach den stets selben Ordnungen, Hierarchien und Schemata zu betrachten, kann auch als regressiv empfunden werden und eben die Möglichkeit für Differenzierungen und die Erfahrung von Neuem und Anderen verstellen.[28] Vereinfachungen können Übersicht erzeugen und bestimmte Relevanzen hervorheben, sie können aber auch Aspekte einfach übersehen lassen. Metaphern besitzen eine besondere kognitive

27 "Kennzeichnend ist, daß Schemata Variablen aufweisen, die in verschiedenen Umgebungsaspekten hinsichtlich der jeweiligen oder unterschiedlichen Instantiierung des Schemas verbunden werden können." Hans Lenk, *Philosophie und Interpretation*, op.cit., S. 205.

28 Die diskussionsleitende Funktion der Metapher aufgrund des Ausblendens wie Hervorhebens bestimmter Aspekte haben Lakoff und Johnson anhand der Metapher 'Argument is war' diskutiert. George Lakoff, Mark Johnson; *Metaphors We Live By*, University of Chicago 1980, Kap 8.

Funktion und haben daher Einfluß auf unsere Wahrnehmung. Wie diese Funktion zu bewerten ist, kann nur im Einzelfall entschieden werden.

Für die Analyse der Metapher bietet Goodman weitergehend zwei Begriffe an, die der *Bezugnahmekette* und der *Bezugnahmedistanz*. Erstere ist als eine Art der Paraphrase zu verstehen, die eingestandenermaßen niemals vollständig sein kann und die Bedeutung der Metapher unterbestimmt läßt. Eine Bezugnahmekette liegt dann vor, wenn ein Zeichen ein weiteres denotiert, welches wiederum selbst denotiert. Eine solche Kette könnte bei dem Wappenvogel der Vereinigten Staaten vorliegen, dem Weißkopfseeadler.[29] Er kann für 'kühn und frei' stehen dieses Etikett exemplifizieren- und dieser Ausdruck wiederum denotiert das Land.

Ein weiterer Terminus ist die *Bezugnahmedistanz*, die wie in dem Beispiel mit dem Weiskopfseeadler zweistellig wäre, bzw. zwei Zwischenschritte umfaßt.

> Solche korrelativen Ketten müssen als schematische Konstruktionen verstanden werden und *keinesfalls als buchstäbliche Übersetzungen für Metaphern.* [...] Unsere korrelative Ketten sind bloß Kunstgriffe zur Berechnung der Bezugnahmedistanz.[30]

Sicherlich ist es immer schön, wenn sich etwas berechnen läßt, es verspricht Genauigkeit und Eindeutigkeit. Nur stellt sich die Frage, wofür die Kenntnis der Distanz nützlich sein soll. Die Metapher ist nicht mit der korrelativen Kette identisch. So ist auch erst einmal nicht einsichtig, inwiefern das Erstellen der Distanz hilfreich sein kann. Ohnehin ist Distanz bezogen auf die Interpretation relativ. Intuitiv erscheinen einige Metaphern häufig naheliegender als andere. Nur sagt das noch nicht, daß der Grund in der Länge der paraphrasierenden Kette von Denotationen liegt. Bekanntes ist naheliegend und Unbekanntes eben nicht. Ist man den langen Weg einer Übertragung gewohnt, erscheint er kurz; ungewohnte Metaphern, die vielleicht zudem nicht richtig 'funktionieren', erschließen sich hingegen nicht auf Anhieb. Ob bei der Paraphrase zwei, drei oder mehr Zwischenschritte notwendig sind, ist nicht das Maß (die Metapher selbst legt diese Schritte ohnehin nicht zurück). Die Distanz ist, quantitativ gesehen, für die Interpretation wohl von keiner sonderlichen Bedeutung.

29 Zur komplexen Bezugnahme und dem Beispiel vgl. N. Goodman, *Vom Denken und anderen Dingen*, op.cit., S. 95ff.

30 Ibid., S. 98.

Eine Bezugnahmekette verfehlt die eigentümliche Funktionsweise der Metapher. Diese besteht ja eben nicht in der Übertragung einzelner, womöglich geteilter Merkmale eines Schemas, deren Weg zurückverfolgt werden sollte, sondern in der teilweisen Übertragung eines Schemas. Entsprechend hat das Interesse verstärkt dem Schema zu gelten und weniger vereinzelten Merkmalen. Die Analyse der Metapher hat das Zusammenspiel zweier Schemata, des buchstäblichen und des durch die Metapher repräsentierten, zu ihrem Gegenstand. Die metaphorische Bedeutung entsteht aus dem Einpassen des metaphorischen Schemas unter dem Gesichtspunkt der Richtigkeit des so veränderten buchstäblichen Schemas. Offensichtlich liegt ein Interpretationsprozeß vor, bei dem übernommen wird, was in einem umfassenden Sinn als richtig empfunden wird. Es ist das Zusammenspiel zweier Schemata, bei dem die Bedeutung der Metapher in dem besteht, was sie in Bezug auf ihre neue Umgebung zeigt.

Argumentationslogisch wird mit der Metapher stärker noch als mit der Exemplifikation ein Übergang von einer zeichenorientierten zu einer das Symbolsystem betreffenden oder schemaorientierten Betrachtungsweise deutlich. Gegenstand sind nicht mehr nur einzelne Symbole in ihren jeweiligen Bereichen (realms) oder Gebieten. Mit der Metapher wird Bedeutung als Beziehung zwischen verschiedenen Weisen der Wahrnehmung beschrieben, in diesem Fall wie unter Anwendung bekannter Interpretationsmuster neue Wahrnehmungsweisen erzeugt werden können. Goodmans eigenes Forschungsinteresse hat sich dann gleichfalls von den Zeichen eher hin zu den Zeichensystemen bewegt, ohne daß dies eigens ausgezeichnet worden wäre. 'Weisen der Welterzeugung' stehen, wie schon der Titel seines Buches sagt, stärker im Vordergrund gegenüber der Unterscheidung verschiedener Weisen der Bezugnahme und Bedingungen für Notationen.

Mit der Wendung hin zu Zeichensystemen werden die Gründe für ihre Stabilität und Akzeptanz, sowie die Beziehungen der verschiedenen Wahrnehmungsweisen oder Schemata zueinander thematisch. Aus seiner nominalistischen Position heraus kann es nicht bloß die Genauigkeit der Abbildung oder die Übereinstimmung mit einer vorgefundenen Realität sein, die den Interpretationen Dauerhaftigkeit verleiht. So ist zu fragen, wie Schemata verändert werden können und auch welche Funktion der Kunst bei diesen Prozessen der Bedeutungskonstitution oder Interpretation zukommt.

In dem folgenden Abschnitt über das Kunstwerk als Probe ist der Gedanke weiter zu verfolgen, daß die Bedeutung des ästhetisch Wahrgenommenen in seinem Einfluß und seinem Bezug auf unsere – nicht unbedingt, aber meistens – anderen Weisen der Weltwahrnehmung liegt.

6. Ästhetische Bedeutung und kognitive Funktion: Das Kunstwerk als *Probe*

Für den Nominalisten Goodman muß aufgrund seiner Position die Frage nach der Veränderlichkeit von Symbolsystemen von zentralem Interesse sein. Wenn Interpretationen nicht dadurch geändert werden, daß man sie genauer an die objektive Beschaffenheit der Dingwelt anpaßt, und man nur über eine Vielzahl von Interpretationsweisen verfügt, werden Fragen nach der Beziehung dieser Symbolsysteme untereinander thematisch. Interpretationen, Theorien werden nicht voraussetzungslos erstellt, sondern aus und in Beziehung zu anderen Interpretationen: "Das uns bekannte Welterzeugen geht stets von bereits vorhandenen Welten aus; das Erschaffen ist ein Umschaffen."[1]

Bedeutungsfragen werden zu solchen nach der Beziehung – der Bezugnahme – verschiedener Symbolsysteme zueinander: "In Wirklichkeit beschäftige ich mich mehr mit Beziehungen zwischen Welten als damit, wie oder warum einzelne Welten aus anderen erzeugt werden."[2] Welten werden durch Symbolsysteme erzeugt, womit Kunstwerke einen ähnlichen Status wie Theorien haben. Beide bestehen aus Symbolen und gehören daher für Goodman auch zu den Dingen, mit deren Hilfe Welten erzeugt werden. Kunstwerken kommt damit gleichfalls eine kognitive Funktion zu, da sie ebenso Darstellungen oder Interpretationen sind, die in Beziehung zu anderen Weisen der Weltwahrnehmung stehen.

Übertragen auf die Kunst bedeutet dies, herauszufinden, wie sich ästhetische Werke auf ihre Gegenstände beziehen. Auffällig ist, daß der Begriff der Schönheit, wie zahlreiche andere traditionelle Begriffe der Ästhetik auch, hier keine Rolle spielt. Es ist ein kognitiver Ansatz, der die Bedeutung ästhetischer Werke für unsere nichtästhetischen Wahrnehmungsweisen der Welt untersucht. Die vorweggenommene Pointe besagt, "daß ästhetische Erfahrung kognitive Erfahrung ist, die sich durch die Dominanz bestimmter symbolischer Charakteristika auszeichnet und sich nach den Standards kognitiver Wirksamkeit beurteilen läßt."[3] Wirksamkeit hängt

1 N. Goodman, *Weisen der Welterzeugung*, op.cit., S. 19.

2 Ibid., S. 20.

3 Ibid., S. 241.

davon ab, inwiefern es gelingt, bestimmte Ziele zu erreichen, Neues zu erkennen, in Übereinstimmung mit Normen und Werten zu stehen und anderes mehr. Theorien sind wirksam, insofern es ihnen gelingt, eine andere und bessere Sichtweise der Welt zu erzeugen, beziehungsweise unsere bisherigen Interpretationsweisen einfach zu verändern. Unwirksam sind Theorien, die keinerlei Vereinfachung, Differenzierung, Erweiterung oder sonstiger Veränderung unserer Sichtweisen hervorruft. Weiterhin bedeutet dies, daß "ästhetische Erfahrung als eine Form des Verstehens"[4] und Interpretierens konzipiert wird. Je nach Standpunkt kann dies als eine Abwertung der Kunst gesehen werden, insofern Kunstwerke nicht zuerst nach der Güte ihres ästhetischen Ausdrucks betrachtet werden. Die Frage nach der Vortrefflichkeit des ästhetischen Ausdrucks tritt hinter der Frage danach, was und wie beispielsweise ein Kunstwerk etwas zeigt, zurück. Ästhetische Fragen sind in erster Linie Verstehensfragen und keine der Wertschätzung, wohl aber des Ausdrucks.

Wenn nun die kognitive Wirksamkeit eines Kunstwerkes oder einer anderen ästhetischen Wahrnehmung beschrieben werden soll, ist anzugeben, worin diese im einzelnen besteht. Goodman unterscheidet sieben verschiedene Weisen, auf die Symbolsysteme verändert werden können.[5] Sie bilden auch gleichzeitig die Weisen der Welterzeugung, insofern ein Erschaffen auch immer ein Umschaffen ist:

Komposition und *Dekomposition* als einem Zerlegen und Zusammenfügen von Symbolsystemen gehören zu den umfassendsten Strukturierungsmaßnahmen. Etiketten werden in eine bestimmte Beziehung zueinander gesetzt und komplexe Zusammenhänge erzeugt. Oder ein Ganzes kann in Teile zerlegt werden, als eine Form der Differenzierung. Verschiedene Etiketten können zu einer Person oder einem (neuen) Gegenstand zusammengesetzt werden. Wenn es notwendig erscheint, etwa wie bei dem bekannten Beipsiel mit den Eskimos, kann ein Wort wie Schnee in viele verschiedene Begriff zerlegt werden. Identifikationen bedürfen beispielsweise einer bestimmten Kompositionsweise, da immer nur aufgrund bestimmter geteilter Merkmale und Eigenschaften etwas als ein So-und-so identifiziert wird; das heißt, Identifikationen sind Kompositionen. Metaphern etwa können dazu verwendet werden, vorher nicht Zusammen-

4 N. Goodman, *Sprachen der Kunst*, op.cit., S. 240.

5 Vgl. ders., *Weisen der Welterzeugung*, op.cit., S. 20ff.

hängendes in Beziehung zueinander zu setzen, oder umgekehrt Differenzierungen einzuführen.

Gewichtung (*Relevance*) ist ein etwas schwieriger zu fassender Aspekt. In einer Aufführung wie in der Alltagssprache sind Akzentuierungen ganz einfach auszumachen, durch Anheben der Lautstärke oder gekonntes Pausieren. Als Eigenschaft eines Symbolsystems ist es schwieriger. Was etwa bei einer Theorie im Mittelpunkt steht, ist leichter zu erkennen als zu beschreiben. Konkurrierende Theorien unterscheiden sich häufig in der unterschiedlichen Gewichtung, die sie bestimmten Termini geben, während andere Aspekte der Beschreibung in den Hintergrund treten. Gewichtung spiegelt sich seltener in der syntaktisch/semantischen Konstruktion selbst wieder als in begleitenden Ausdrucksebenen bzw. Schemata, zu denen auch die Metapher gehört. Eine Metapher wie 'argument is war' spricht bestimmten Aspekten einer Diskussion, wie der Auseinandersetzung, dem Gegeneinander und dem Gewinnenwollen eine größere Relevanz zu als etwa den konsensorientierten und harmonisierenden. In der Kunst, egal ob Theater oder Malerei, sind Unterschiede in der Akzentuierung und der Stärke des Audrucks von ganz zentraler Bedeutung.

Ordnung ist eigentlich ein Begriff, der aus der Logik stammt und Ableitungsverhältnisse bezeichnet. Hier – auch in Bezug auf die Alltagssprache – ist er allerdings weiter zu fassen und eher als ein Organisieren zu verstehen als dem Strukturieren von Elementen nach anderen Prinzipien oder halt Ordnungen. Metaphern nutzen dies häufig, insofern sie feste Ordnungsschemata für die Neustrukturierung eines Gegenstandsbereiches nutzen, beispielsweise räumliche Ordnungen für die Zeit: "das Leben dreht sich im Kreis", "das Leben ist ein langer ruhiger Fluß".

Tilgungen und *Ergänzungen* gehören sicherlich zu den naheliegenden Weisen der Veränderung von Symbolsystemen. Getilgt wird, was nicht als relevant erscheint, wodurch man Übersicht gewinnt. Ergänzungen wiederum können eine differenziertere und damit angemessenere Wahrnehmung und Beurteilung ermöglichen, womit die Stärke des einen die Schwäche des anderen ist und vice versa. Goodman möchte diese beiden Aspekte allerdings in einer Weise verstanden wissen, die ästhetisch-stilistische Ausdrucksweisen mit einschließt. So sind gerade Bilder, Skizzen und Karikaturen dadurch gekennzeichnet, daß sie sich auf wenige Aspekte des Dargestellten beschränken. In diesem Sinne ist es zutreffend, daß Kunst (auch) die des Weglassens ist. Als Beispiel für die Ergänzung fügt Goodman eine bestimmte Form der Wahrnehmung an.[6] Hier wird das Aufleuchten zweier Punkte als eine Bewegung gedeutet. Informationen werden aufgefüllt, indem man ein bestimmtes Interpretationsschema anlegt und gleichzeitig weitere – nicht gesehene – Punkte hinzufügt. Ähnliches gilt für skizzenhafte Zeichnungen, aus deren knapper Strichführung komplexe Darstellungen erschlossen werden. Ergänzt wird, was 'angedeutet' wurde.

Deformation wirkt zumindest in seiner deutschen Übersetzung als ein eher wertender Begriff für die Umgestaltung von Symbolsystemen. Gemeint sind Korrekturen oder Verzerrungen, je nach Standpunkt, wie sie etwa ein Statistiker vornimmt, wenn er die Kurve zwischen verschiedenen Meßpunkten begradigt. Der Karikaturist wie der Parodist neigen zu Überzeichnungen, indem sie bestimmte Eigenschaften in ihrer Beziehung verstärken. Die Deformation führt keine neuen Ordnungen oder Kompositionen ein, sondern sie bedient sich der bereits bestehenden. Ein wenig ähnelt sie damit der Gewichtung, indem sie bestimmte Eigenschaften hervorhebt und dadurch auch aus irrelevanten Eigenschaften relevante machen kann.

Dies sind nach Goodman die verschiedenen Aspekte, unter denen Symbolsysteme verändert oder aus bisherigen neue 'Welten'[7] erzeugt werden. Auch wenn mit der Liste kein Anspruch auf Vollständigkeit verbunden ist, kann so genauer bestimmt werden, worin sich die kognitive Wirksamkeit der ästhetischen Erfahrung widerspiegelt, nämlich in einer Umstrukturierung unter den genannten Aspekten. In einem weiteren Schritt ist der Frage nachzugehen, wie etwa ein Kunstwerk solche Änderungen bewirken kann.

Was Kunstwerke machen, läßt sich dann folgendermaßen formulieren: Kunstwerke bieten "anhand eines Beispiels eine neue Weise des Sehens an, eine neue Weise, unsere Erfahrung zu organisieren."[8] Angesichts dessen, daß Goodman in seinen Überlegungen häufig von abstrakten Werken wie denen Mondrians ausgeht, ist dieses Zitat gleichfalls entsprechend abstrakt

6 N. Goodman, *Weisen der Welterzeugung*, op.cit., S. 29. Dieser Aspekt ist in Hinsicht meines später eingeführten Schemabegriffes von Interesse.

7 Welten sind für Goodman symbolisch erzeugt und auch nur über Symbolsysteme gegeben. Deshalb verwendet er beide Ausdrücke häufig synonym und spricht auch von Versionen von Welten, statt von verschiedenen Interpretationen, wo mitklingen würde, daß es hinter den Versionen eine eigentliche Welt gibt.

8 N. Goodman, *Weisen der Welterzeugung*, op.cit., S. 167.

zu lesen. Kunstwerke zeigen nicht einfach eine neue, bessere oder schönere Welt. Dies würde die Mittelbarkeit der ästhetischen Erfahrung einziehen. Vielmehr ist die Rede von einem Beispiel im Sinne einer Exemplifikation oder Probe zu verstehen. Kunstwerke bieten eine Probe für ihren Gegenstand an, indem ihre Struktur und ihre Eigenschaften auf diesen übertragen werden: "Erfolgreiche Werke verändern die Wahrnehmung und verwandeln ihre Gegenstände, indem sie uns dazu bewegen, Aspekte, Gegenstände und Ordnungen zu beachten, die wir vorher unterschätzt oder übersehen haben."[9] Kunstwerke sind auf andere Wahrnehmungs- und Interpretationsweisen bezogen. Sie sind ein Testfall, an dem es – probierend – aufzufinden gilt, was ihn bedeutsam macht. Es ergibt sich eine Korrespondenz zwischen der Probe und ihrem Gegenstand in der Form eines Ein- oder Anpassens. Ähnlich dem hermeneutischen Zirkel erweitert sich die Interpretation der Probe in ihrem Bezug auf den Gegenstand und der kognitiven Wirkung, die sie dort erzielt:

> Mit anderen Worten, die Richtigkeit der Komposition, der Farbe, der Harmonie, also die Repräsentativität eines Werkes als Probe solcher Eigenarten wird durch das Ausmaß getestet, in dem es uns gelingt, herauszufinden und weiter anzuwenden, was exemplifiziert wird. Was als Erfolg zählt, wenn wir Einklang erreichen, hängt davon ab, wie wir angesichts neuer Begegnungen und neuer Vorschläge fortlaufend unsere Gewohnheiten ändern und uns andere projezierbare Arten aneignen.[10]

Von der Argumentationslogik her rückt mit der Aussage, daß Kunstwerke eine Art Probe sind, die Exemplifikation in das Zentrum, stärker noch, als Goodman selbst dies auszeichnet.[11] Sicherlich ist sie nicht die einzige Bezugnahmeweise von Kunstwerken. Aber eben sie ist der symboltheoretische Modus des Probe-Seins: Kunstwerke sind Proben, insofern sie exemplifizieren, d.h. etwas zum Ausdruck bringen. Sie beziehen sich auf ihren Gegenstand, indem bestimmte Merkmalsstrukturen an ihnen exponiert

9 N. Goodman und C. Elgin, *Revisionen*, op.cit., S. 36.

10 N. Goodman, *Weisen der Welterzeugung*, op.cit., S. 166.

11 Diese Einschätzung teile ich mit Martin Seel: "Es ist nicht schwer, immanent zu zeigen, daß der Begriff der Exemplifikation (und enger noch, der metaphorischen Exemplifikation) für Goodmans Überlegungen von vornherein grundlegend ist – auch wenn Goodman selbst das anders sieht." Martin Seel, *Die Kunst der Entzweiung*, Frankfurt 1986, S. 356f..

in Erscheinung treten, die auf die Wahrnehmung ihres Gegenstandes zu übertragen sind.

Als vermutlich kleinste Probe oder kleinstes ästhetisch wirksames Schema könnte man die Alliteration sehen: Zwei Worte werden semantisch einzig aufgrund ihrer Anlaute angenähert. Die 'wallenden Walküren' Wagners exemplifizieren eine größere Nähe oder Verbundenheit beider Worte. Gleich anlautende Worte zeigen sich näher und verbundnener. Die Form strukturiert den Inhalt mit, womit Formfragen (auch) Bedeutungsfragen sind. Hier ist es offensichtlich, wie in besonderer Weise Bedeutungsebenen aufeinander bezogen werden können, die einen völlig unterschiedlichen Ursprung haben. Ein einfaches Klangmuster dient zu einer semantischen Gewichtung, indem sie die Beziehung zwischen den Worten verstärkt, und ist auf diese Weis auch kognitiv bedeutsam, indem es etwas über den Gegenstand sagt.

Sehr komplexe 'Proben' finden sich etwa in James Joyce *Ulysses*, wo eine Metaerzählung den ganzen Roman allegorisch strukturiert. Die Bedeutung des Romans ergibt sich aus der Korrespondenz zwischen der exemplifizierten Odyssee und der vordergründigen Erzählung eines Tagesablaufs im Leben des kleinbürgerlichen Harold Bloom. Es ist nicht bloß das Gezeigte, sondern das, was sich aus der Probe (dem Gezeigten) und dem, worauf sie sich bezieht, ergibt. In diesem Falle dient die jahrelange Irrfahrt eines antiken Helden, der zu seiner treuen Ehefrau zurückkehrt, als Testfall für einen Mann, der bloß einen Tag durch Dublin läuft, um zu seiner Ehefrau zurückzukehren, die ausführlich Gedanken über seine Unzulänglichkeiten und ihre Untreue nachgeht. Das Exemplifizierte ist hier in seinem Kontrast wie auch in seiner Übereinstimmung mit seinem Gegenstand, dem Tag im Leben Harold Blooms, zu sehen. Genau dies bildet die allegoretische Grundstruktur und die zentrale Perspektive des Romans.

Es gibt auch recht verschachtelte Formen des Zeigens wie in dem folgenden kleinen grotesken Gedicht von Christian Morgenstern:

Das Huhn
In einer Bahnhofshalle, nicht für es gebaut,
geht ein Huhn
hin und her ...
Wo, wo ist der Stationsvorsteh'r?

Wird dem Huhn
man nichts tun?
Hoffen wir es! Sagen wir es laut:
daß ihm unsre Sympathie gehört,
selbst an dieser Stätte, wo es – 'stört'![12]

Was Morgenstern über den 'mißglückten' Versbau exemplifiziert ist genau das, was in der letzten Zeile steht: nämlich daß das Huhn an dieser Stelle stört. 'An dieser Stelle' meint, darin liegt das Groteske, nicht die Bahnhofshalle, sondern die entsprechende Stelle im Gedicht, an der durch das Huhn Aufbau und Struktur gestört sind. Über die Form zeigt oder exemplifiziert sich diese Störung. Es ist eine Art Beleg – oder eine Probe, um den Begriff schon anzuwenden –, für die letzte Zeile, die auch nur so 'sinnvoll' verstanden werden kann.

Exemplifikationen sind weder in Art, Größe noch in ihrer Anzahl begrenzt. Selbst einfache Gedichte haben in ihrem ästhetischen Ausdruck mehrere exemplifikatorische Ebenen oder Schemata über ihr Versmaß, ihre Metaphorik, Reimstellung usw. In Romanen gibt es zahlreiche Exemplifikationen, wobei man sich bei der literaturwissenschaftlichen Interpretation auf die je nach Erkenntnisinteresse oder Problemfassung relevanten beschränkt.

Die Exemplifikation gehört nun zu den nichtdenotationalen Bezugnahmeweisen. Unter anderem sind diese dadurch ausgezeichnet, daß sie nicht wahrheitsfähig sind. Als Konsequenz ergibt sich für den Status von Kunstwerken, daß sie gleichfalls nicht wahrheitsfähig sind. Was immer Kunstwerke zeigen, kann nicht unter dem Gesichtspunkt ihrer Wahrheit betrachtet werden. Goodman zieht, wie ausgeführt, ohnehin den Begriff der Richtigkeit und des Passens vor. Damit kommt dem Passen in seiner Vielschichtigkeit gerade in der Konfrontation mit Kunstwerken eine zentrale Rolle zu:

> Kurz gesagt, die Wahrheit von Aussagen und die Richtigkeit von Beschreibungen, Darstellungen, Exemplifikationen, Ausdrücken – der Komposition, der Zeichnung, der Diktion, des Rhythmus – ist also vor allem eine Sache des Passens: Passen auf das, worauf in der einem oder anderen Weise Bezug genommen

12 Christian Morgenstern, *Alle Galgenlieder*, Zürich 1981, S. 83.

wird, oder Passen auf andere Wiedergaben, auf Arten und Weisen der Organisation.[13]

Die Exemplifikation paßt auf ihren Gegenstand, aber nicht oder nicht nur in einer besonderen Weise der Wiederspiegelung. Sie erweitert, bereichert oder konzentriert unsere Wahrnehmung. Es können Akzente gesetzt werden, Relevanzen geändert, neue Beziehungen aufgezeigt oder alte verstärkt werden. Kunstwerke sind nicht wahrheitsfähig, wie es Aussagen sind. Sie können nur zeigen, wie es eine Probe oder ein Beispiel machen. Was sie allerdings zeigen, d.h. worauf sie sich beziehen, kann eine wahre oder richtige Sichtweise der Welt sein. Nur folgt daraus, daß sie als Probe auf eine Sichtweise bezogen ist, weder die Wahrheit noch die Falschheit des Dargestellten. Ein Kunstwerk kann eine wahre oder zu bejahende Sichtweise exemplifizieren oder zeigen, indem sie sich auf diese in ihrer besonderen Weise bezieht, aber es kann nicht zeigen, *daß* diese Sichtweise wahr ist. Die Wahrheit wie die Richtigkeit der exemplifizierten Sichtweise erweist sich – emphatisch gesprochen – nicht am Kunstwerk, sondern an der Welt, resp. unserem gelingenden Handeln in der Welt. Was Kunstwerke zeigen kann auch fürchterlich, schrecklich oder ungerecht sein. Wie auch eine wissenschaftliche Probe kann sie zeigen, daß bisherige Darstellungen und Interpretationen fehlerhaft und unangemessen sind, ohne deshalb eine richtigere Sichtweise auch nur anzudeuten, wie die Probe manchmal nur die Fehlerhaftigkeit ihrer Theorie aufzeigt. Gerade moderne Kunst macht davon Gebrauch, wenn sie versucht konventionelle Sichtweisen aufzubrechen, ohne sie durch eine andere zu ersetzen. Oder genauer: ohne sie durch eine andere als die gebrochene zu ersetzen.[14] Auch in der modernen Literatur finden sich allenthalben Beispiele für die Spannung zwischen der Probe und ihrem Gegenstand, die sich meist im Werk selbst austrägt. Kafkas symbolisch aufgeladene Werke lassen an den bemerkenswertesten Stellen häufig kein glattes Einlesen des Exemplifizierten in den Text zu, wobei eben das Unauflösbare und manchmal Paradoxe zu einem Charakteristikum seiner Literatur wird.

13 N. Goodman, *Weisen der Welterzeugung*, op. cit., S. 167.

14 Dieser Aspekt läßt sich aber auch zu einer "richtigen Sichtweise" erheben, insofern sie die Gebrochenheit und die Widersprüchlichkeit von Sichtweisen zu einem Merkmal eben der Moderne macht. Auf einer Metaebene wäre dann allerdings das Erschreckende erklärt und damit aufgehoben.

Analytisch abstrakt gesehen kann das ästhetische Wahrenehmen als die versuchsweise Übertragung eines Schemas auf ein anderes verstanden werden unter dem Gesichtspunkt der Richtigkeit:

> Der Entwurf eines Mondrian ist richtig, wenn er auf ein beim Sehen der Welt wirksames Muster projizierbar ist. [...] Die Richtigkeit der Komposition unterscheidet sich von der Richtigkeit der Darstellung oder der Beschreibung nicht so sehr ihrem Wesen nach oder in den Maßstäben als vielmehr im Typus der Symbolisierung und im Modus der Bezugnahme, die daran beteiligt sind.[15]

Kunstwerke wie auch andere ästhetische Darstellungen sind auf Symbolsysteme oder Interpretationen bezogen. Sie leiten eine andere, verkürzte, erweiterte, umstrukturierte Wahrnehmung an durch die Korrespondenz zweier Schemata. Die Übereinstimmung wie der Unterschied beider ist dabei als ein Einpassen unter dem Gesichtspunkt der Richtigkeit zu verstehen, wobei es an ihnen probierend herauszufinden gilt, was sie bedeutsam macht. Ziel der ästhetischen Wahrnehmung ist es, diese Bedeutsamkeit des Kunstwerkes in der Beziehung zu seinem Gegenstand ausfindig zu machen:

> Kunstwerke sind keine Musterstücke oder Stoffballen, sondern Proben aus dem Meer. Sie exemplifizieren buchstäblich oder metaphorisch Formen und Gefühle, Affinitäten und Kontraste, die in einer Welt zu suchen und in sie einzubauen ist.[16]

In dem Zusammenhang mit der kognitiven Wirksamkeit von Kunstwerken verwendet Goodman dann doch einmal einen wertenden Begriff, wenn er von einer ästhetischen Vortrefflichkeit spricht:

> Kurz, ästhetische Vortrefflichkeit hängt nicht nur davon ab, wie und wie gut, sondern auch davon, was ein Werk symbolisiert – von seinem Beitrag zur effektiven Organisation einer Welt.[17]

Bezogen beispielsweise auf sozialkritische Texte und Theaterstücke erklärt dies ihre Bedeutsamkeit, die manchmal weniger im ästhetisch formalen Bereich liegt, als in ihrem Beitrag für unsere Wahrnehmung der sozialen Umwelt. Sie eröffnen neue Sichtweisen, ohne selbst diese Sichtweise zu

15 N. Goodman, *Weisen der Welterzeugung*, op.cit., S. 166.

16 Ibid., S. 166.

17 Ders., *Vom Denken und anderen Dingen*, op.cit., S. 197.

sein, und es ist hier weniger erheblich, *wie* sie es tun, sondern *was* sie auf ihre Art zeigen. Vor allem sperrt sich der Begriff der ästhetischen Vortrefflichkeit auf eine sophistische Weise einer Trennung von Form und Inhalt, insofern die Qualität eines Werkes sich nicht auf formale Aspekte beschränkt, sondern die kognitive Funktion mit einschließt, die sich über die formalen Qualitäten realisiert. Die Kritik von Robert Nozick geht hier fehl,[18] der sagt, daß nach dieser Konzeption die Abfassung von Newtons Gesetzen in ungeschickter Reimform ästhetischen Wert hätte, weil sie kognitiv wirksam sind. Nur wird diese kognitive Funktion nicht über die ästhetische Form erreicht, die in diesem Fall bloßes Ornat wäre. Denn "ästhetischer Wert erfordert, daß etwas ästhetisch und kognitiv wirksam ist."[19] Die ästhetische Erfahrung ist damit integrativer Teil unserer Wahrnehmung der Welt und läßt sich in ihrer Bedeutung nicht von den anderen, nichtästhetischen Interpretationen trennen:

> Was ein Manet, Monet oder Cézanne für unser späteres Sehen der Welt bedeuten, ist für ihre Einschätzung genauso wichtig wie eine direkte Konfrontation. [...] Der absurde und peinliche Mythos von der ästhetischen Erfahrung als einer Insel kann zum alten Eisen geworfen werden.[20]

Über den Begriff einer kognitiven Wirksamkeit ergibt sich auch die Möglichkeit einen anderen Zugang zu der Wertungsproblematik von Kunstwerken zu finden: Ein Kunstwerk ist bedeutsam, insofern es uns etwas – als Kunstwerk – über die Welt mitteilt. Ästhetische Erfahrung ist damit immer auf andere Weisen der Welterfahrung gerichtet und in diesem Sinne auch keineswegs 'interesselos'. Der Bewertungsmaßstab bleibt allerdings auf den Aspekt des Kognitiven beschränkt. Damit kommen dem Kunstwerk ähnliche Bewertungskriterien zu wie wissenschaftlichen Theorien, was neben dem Nutzen des mittelbar Gezeigten auch die Prägnanz und den Grad der Differenzierung des Gezeigten mit einschließt. Kurz gesagt: einen Bewertungsmaßstab auch von Kunstwerken bildet ihre *Richtigkeit* in einem umfassenden Sinn. Richtig ist, was unsere Interpretationsweisen in irgendeiner Weise bereichert, vereinfacht, verbessert, in Über-

18 Robert Nozick, "Goodman, Nelson, on Merit, Aesthetic", in *Journal of Philosophy* 69 (1972), S. 783-785.

19 N. Goodman, *Vom Denken und anderen Dingen*, op.cit., S. 197.

20 Ders., Sprachen der Kunst, op.cit., S. 239.

einstimmung mit Normen, Werten steht und uns Erkenntnis- und Handlungszielen näher bringt.

Intendiert ist mit Sicherheit nicht, ästhetische Wertschätzung auf ihre kognitive Wirksamkeit zu beschränken, sondern die Betrachtung von Kunstwerken um diesen Aspekt zu bereichern. Goodman würde vermutlich erst gar nicht versuchen, eine Diskussion um die ästhetische Qualität von Kunstwerken über diese Begriffe statt der gewohnten anzustrengen. Wie im folgenden Kapitel ausgeführt, ist es keineswegs seine Absicht, zu definieren, was ein Kunstwerk ist, und schon gar nicht, was ein gelungenes im Unterschied zu einem weniger gelungenen Kunstwerk ist.

Trotzdem bleibt hervorzuheben, daß sich so auch ein Zugang zur Wertungsproblematik ergibt, der explizit die Bedeutung ästhetischer Wahrnehmung betrifft. Dem Zusammenhang von kognitiver wie symboltheoretischer Funktion und der Qualität des Kunstwerkes wird in der konkreten Auseinandersetzung mit der Parodie weiter nachzugehen sein. Dort ist zu eruieren, inwiefern sich innerhalb des Ansatzes auch Aussagen über die Qualität eines Textes machen lassen.

Weiterhin gilt es sich dagegen zu versichern, daß dieser Fokus auf die kognitive Wirksamkeit nicht zu einer unzulässigen Engführung des Begriffes des Kunstwerkes auf nur ganz bestimmte Werke führt. Wie ausgeführt gilt sein Interesse dem kognitiven Gehalt und damit dem kreativen und schöpferischem Moment in der Kunst. Sein Ziel ist eine Aufwertung der Kunst respektive der ästhetischen Wahrnehmung gegenüber den Wissenschaften in ihrer Bedeutung für die "Erzeugung von Welten", d.h. für unsere Interpretationsweisen. Dies gelingt unter anderem dadurch, daß er die Relevanz des Wahrheitsbegriffes für die Wissenschaft nivelliert.[21] Für beide Bereiche gilt, daß sie unter dem Aspekt ihrer kognitiven Wirksamkeit zu beurteilen sind. Als ein Einwand gegen diesen starken Fokus auf der Kreativität von Kunst und ästhetischer Erfahrung läßt sich feststellen, daß wir keineswegs jede ästhetische Darstellung als

21 "Entgegen der weitverbreiten Doktrin spielt Wahrheit an sich in der Wissenschaft eine geringe Rolle. [...] Wahrheit ist nicht hinreichend; sie ist höchstens eine notwendige Bedingung. Aber selbst das räumt zuviel ein; die vornehmsten wissenschaftlichen Gesetze sind selten ganz wahr." Man denke nur an Einsteins Relativitätstheorie. N. Goodman, *Sprachen der Kunst*, op.cit., S. 241. Zum Verhältnis von Wissenschaft und Wahrheit siehe auch: ders., "Science and Simplicity", in: S. Morgenbesser (Hrsg.), *Philosophy of Science Today*, New York 1967, S. 68-78.

kreativ und bereichernd empfinden. Nicht jede ästhetische Konfrontation führt zu einem Einstellungswandel und einer Änderung unserer Sicht der Dinge. Wir mögen diese Forderung gegenüber der hohen Kunst erheben, aber schon der Kitsch widerspricht dem, indem er – wenn auch auf ästhetische Weise bedeutsam – zu keiner Bereicherung unserer Wahrnehmung taugt. Trotzdem besteht auch hier eine kognitive Funktion, wie ich in dem Kapitel zur ästhetischen Kompetenz kurz ausführen werde.

Martin Seel geht an ähnlicher Stelle, trotz einer gewissen Affinität zu Goodman, von dem umgekehrten Gedanken aus. In seiner zentralen These in *Die Kunst der Entzweiung*[22] insistiert Martin Seel zurecht darauf, daß sich das ästhetische Verstehen zuvorderst als eine Beglaubigung von Sichtweisen vollzieht. Geht man von einem Ursprung der Kunst im Sakralen aus, gewinnt dies zusätzliche Evidenz, da hier die kognitive Funktion der Kunstwerke ganz in Übereinstimmung mit dem religiösen Weltbild als seiner Affirmation liegt.

Allerdings ergeben sich Probleme, wenn Seel die Bedeutung der Kunst näher zu fassen sucht, ohne mit einem einfachen Wahrheitsbegriff operieren zu wollen: "Die hervorragenden Werke sind nicht begrifflich wahr, sie sind gelungen. Als hervorragend gelungene aber geben sie einer als angemessen erfahrenen Sichtweise Ausdruck – und darin sind sie ästhetisch 'wahr'."[23] In gewisser Weise ist sein Ansatz immer noch einer romantisch-klassischen Vermengung des Wahren, Schönen und Guten in der ästhetischen Erfahrung verpflichtet: Die Angemessenheit der Sichtweise betrifft Aspekte des Sollens wie des Seins und die Gelungenheit jene des Schönen, die alle zusammen am Kunstwerk aufscheinen. Für Seel ist die Funktion der Kunst in seiner eigenen Terminologie immer noch 'überbietungstheoretisch' formuliert, insofern in der ästhetischen Erfahrung lebensweltliche Sinnzusammenhänge erfahrbar werden, die einer theoretisierenden Reflexion entzogen sind: "Das gelungene Kunstwerk vermittelt eine nichttheoretische Erkenntnis von Erfahrungszusammenhängen, die gerade auch ein hochreflektiert theoretisches Erkennen unhintergehbar fundieren."[24] Die Konsequenzen sind ein unklarer Wahrheits- und Er-

22 Martin Seel, *Die Kunst der Entzweiung*, Frankfurt 1986.
23 Ibid., S. 305.
24 Ibid., S. 307.

kenntnisbegriff, die sozusagen extra für die ästhetische Bedeutung eingeführt wurden.

Weiterhin ist sein Ansatz aufgrund dieser Konzeption auf das Schöne beschränkt, wie dies bereits Christoph Menke in einer Kritik angemerkt hat. Das Häßliche, Erschreckende und Verstörende, das gerade in der Kunst der Moderne häufig auftritt, kann so nicht erfaßt werden, da es mit Sicherheit keine 'angemessene Sichtweise' widerspiegelt. Diese einzelne Stelle mag als Beleg für meine These nicht ausreichen, sie zeigt aber eine Einschränkung gegenüber dem Ansatz von Goodman, der eine solche Beschränkung nicht hat. Kognitiv wirksam kann auch das Schreckliche oder das Verstörende sein, insofern es bestimmte eingefahrene Interpretationsweisen aufbricht. Eine gelungene Probe kann auf eine überraschende Weise eine Fehlinterpretation oder eine Unangemessenheit in der Darstellung anzeigen, was ihren Wert und ihre Bedeutung keineswegs schmälert.

Umgekehrt bleibt aber trotz der Einwände zu fragen, ob es in Goodmans Konzept möglich ist, ästhetisches Verstehen als eine Beglaubigung von Sichtweisen zu beschreiben. Reformuliert man dies mit Hilfe seiner Terminologie ergibt sich allerdings ein etwas anderes Bild. Natürlich kann die Probe in Übereinstimmung mit ihrem Gegenstand stehen, dies ist schließlich auch das Ziel wissenschaftlicher Verifikationen. Es würde dann keine Anpassung oder Veränderung des Dargestellten erfolgen, sondern nur eine Art Bestätigung oder Übereinstimmung zwischen der Probe und dem, vorauf sie zu beziehen ist.

An Kunstwerken – und nicht nur dort – können komplexe Wahrnehmungsweisen erfahren werden, wodurch sie immer ein affirmatives Moment für diese haben. Was wir positiv erfahren, d.h. was sich in der Erfahrung, sei es auch vermittelt, wiederfinden läßt, empfindet man als bestätigt. Das Dargestellte korrespondiert einer Sichtweise oder Einstellung gegenüber der Welt und bietet eine gelungene Probe in Übereinstimmung mit ihr. Charakteristisches dieser Einstellung findet sich im Kunstwerk oder dem ästhetischen Ausdruck wieder. Man denke beispielsweise an die Vereinnahmung Wagners durch das NS-Regime. Ob dies die einzige Lesart von Wagner ist, sei dahingestellt, aber es ist eine mögliche und diese korrespondiert in einzelnen exemplifizierten Merkmalen und Strukturen einem bestimmten Weltbild, dem gegenüber sie eine Funktion erfüllt hat. Ziel ist hier nicht die Modifikation, Erweiterung oder Bereicherung einer Sichtweise von Welt, sondern ihre bestätigende Erfahrung. Sie sind kognitiv wirksam, insofern sie unsere Wahrnehmung betreffen und sie sind gleichfalls durch diese gekennzeichnet.

Was Seel für gelungene und hervorragende Werke proklamiert, betrifft meines Erachtens einen Großteil aller Gegenstände, die kognitiv wirksam sind, indem sie als bestätigende oder affirmative Probe fungieren. Für herausragende Kunstwerke würde Goodman aber genau dies mit Sicherheit nicht behaupten, da diese Form der Beglaubigung einer Sichtweise durch die ästhetische Erfahrung genau das ist, was man ein Muster ohne Wert nennt: denn diese Probe ist – im Unterschied zur wissenschaftlichen – nicht wahrheitsfähig! Die Beglaubigung der Sichtweise ist nur eine scheinbare, und die kognitive Funktion des Ästhetischen wäre auf die Affirmation bereits vorliegender Sichtweisen beschränkt. Damit hätte die Kunst keinerlei aktiven Beitrag zu unseren Weisen der Weltwahrnehmung. Und eine Vielzahl der ästhetischen Gegenstände, gerade in der Werbung und der Unterhaltungsindustrie, führt sicherlich nicht zu einem Einstellungswandel. Trotzdem sollte auch in diesem Zusammenhang von einer kognitiven Funktion gesprochen werden, denn die Affirmation ist sehr wohl eine kognitive Funktion. Zwar zeigt diese Form der Bestätigung nicht Neues und leistet keinen Beitrag zu einem Umbau unserer 'Weltversionen', aber auch eine Stabilisierung, die eine Interpretationsweise gegen Einwände oder andere Gründe für eine Änderung stärkt, ist eine kognitive Funktion. Wie ich in einem späteren Kapitel zeigen werde, ergeben sich gerade über diese spezielle Funktion des Ästhetischen Anschlußmöglichkeiten etwa an die Kultursoziologie Pierre Bourdieus, die das Verhältnis von allgemeinen sozio-kulturellen Einstellungen und dem Ästhetischen betrifft.

Hervorzuheben bleiben die drei zentralen Begriffe für die Auseinandersetzung mit Kunstwerken: *kognitive Wirksamkeit*, *Bezugnahme* und das *Passen*. Die kognitive Wirksamkeit ergibt sich aus dem Einpassen eines exemplifizierten Schemas in seiner besonderen Weise der Bezugnahme auf seinen Gegenstand. Da der Gegenstand nur als Interpretation vorliegt beziehungsweise nur Etiketten und damit Interpretationen exemplifiziert werden können, handelt es sich hier um eine korrelative Beziehung zweier Schemata, des ästhetisch exemplifizierten und jenes, auf das es bezogen ist. In diesem Zusammenhang ist das folgende Zitat auch für die weitere Argumentation programmatisch:

> Wie ein Objekt oder ein Ereignis als Werk fungiert, erklärt, wie das, was so fungiert, durch bestimmte Modi der Bezugnahme zu einer Sicht – und zur Schöpfung – einer Welt beitragen kann.[25]

Für die Analyse von Kunstwerken wie auch alle anderen Gegenstände, Handlungen oder Ereignisse, die über einen ästhetischen Ausdruck verfügen, bedeutet dies, herauszufinden, wie sich ein Werk auf seinen Gegenstand – verstanden als eine Interpretation oder ein Schema – bezieht und welche Veränderungen er dort bewirkt. Diese Wirkung ist dabei prozeßhaft zu verstehen, als ein aktives Ein- und Anpassen unter dem Gesichtspunkt einer vielschichtigen Richtigkeit.

Die Besonderheit dieser Konzeption besteht dabei darin, keine verallgemeinernden Aussagen über die Bedeutung der Kunst zu machen (außer *daß* sie bedeutsam ist) , sondern den analytischen Rahmen bereit zu stellen, in dem einzelne Kunstwerke in ihrer jeweiligen Bedeutung erfaßt werden können. Gerade in Hinsicht auf verschiedene neuere ästhetische Theorien ist dies bemerkenswert, da diese meist nur auf ein bestimmtes Kunstverständnis oder einen bestimmten Kanon von Werken zugeschnitten erscheinen.

Es wird weiter zu überlegen sein, ob und inwiefern sie beispielsweise historisierenden Aspekten der Kunstrezeption gerecht werden kann. Wenn ein Ansatz einerseits allgemein genug ist, verschiedene Formen der ästhetischen Erfahrung zu erfassen, stellt sich zwangsläufig die Frage, ob er umgekehrt in der Lage, die Besonderheit etwa einer besonderen Kunstform oder eines einzelnen Werkes zu erfassen. Dies ist dann auch das Thema des folgenden Kapitels, wie sich ein solcher Ansatz zu einer der zentralen Fragen ästhetischer Theorie – was ist Kunst? – verhält.

25 N. Goodman, *Weisen der Welterzeugung*, op.cit., S. 239.

7. 'Wann' oder doch 'Was ist Kunst?'

Wie beispielsweise die Arbeiten von Arthur Danto sind auch die von Goodman durch ein besonderes Interesse sowie eine große Sensibilität für die zeitgenössische Kunst, insbesondere die Malerei, ausgezeichnet. Die moderne Kunst opponiert seit den zwanziger Jahren dieses Jahrhunderts an zwei markanten Punkten gegen das vorhergehende Rezeptionsverständnis: Die Kunstwerke brauchen keinen klar auszumachenden Gegenstand, den sie auf besondere Weise zur Darstellung bringen, und sie thematisieren die Unterscheidung zwischen ästhetischen und nichtästhetischen Gegenständen. Dieser Hinwendung der Kunst auch in ihrem Selbstverständnis zu 'trivialen' Gegenständen entspricht eine Bewegung in nichtkünstlerischen Bereichen der Gesellschaft hin zu einer Ästhetisierung ihrer Gegenstände, in denen Ausdrucksqualitäten etwa gegenüber einer Funktionalität an Bedeutung gewinnen.[1] In der Folge verschwimmen feste Grenzen zwischen der Kunst und anderen gesellschaftlichen Bereichen.

Trotzdem bleibt die Frage nach dem Wesen der Kunst, ihrem 'ontologischen Status' oder ihrer Andersheit in weiten Bereichen der Ästhetik von ganz zentralem Interesse. Während die Kunst eine Annäherung oder Durchdringung beider Bereiche zu ihrem Thema hat, scheint der überwiegende Teil der (philosophischen) Theoretiker – mit wenigen Ausnahmen – statt nach dem Verbindenden eher auf der Suche nach einer klaren Unterscheidung zu sein, die es erlaubt, die Rede von der Besonderheit der Kunst(werke) beizubehalten.

Eben die Identifizierung von Kunstwerken war auch ein zentrales Problem der analytischen Ästhetik der Kunst. Wie in dem einleitenden Kapitel. I.1 über *Eine andere analytische Fragestellung* ausgeführt, ging es in zahlreichen Auseinandersetzungen um ein Kriterium, anhand dessen das Vor-

1 Bedingungen hierfür liegen in einer prosperierenden Gesellschaft, die ihren Mitgliedern verstärkt die Möglichkeit bietet, Dinge wie Autos oder Kleidung nicht mehr allein unter dem Gesichtspunkt ihrer zweckgebundenen Funktionalität herzustellen und auszuwählen. Weiterhin ist ein entsprechendes Bildungsniveau mit Sinn für ästhetische Ausdrucksqualitäten notwendig, und ein sich der Alltagswelt öffnendes Selbstverständnis der Kunst, das einen Austausch zwischen beiden Bereichen erlaubt.

liegen eines ästhetischen Gegenstandes oder Kunstwerkes zweifelsfrei entschieden werden kann. Von Goodman, der für eine Aufwertung der kognitiven Aspekte der Kunst gegenüber den Wissenschaften argumentiert, ist kein Interesse an einer streng kategorialen Trennung zu erwarten. Die Frage bleibt aber, was ein Kunstwerk als solches auszeichnet, selbst wenn dies nicht der Besitz einer ganz bestimmten oder einer Menge von Eigenschaften sein kann. Mit Blick auf die Werke von Duchamps, Warhol, Brillo oder auch nur den Skulpturen von Picasso – mal aus Spielzeugautos, mal aus Fahrradlenker und -sattel zusammengesetzt[2] – die ihren ästetischen Reiz eben daraus beziehen, daß ein Kunstwerk ist, was eben noch ein alltäglicher Gebrauchsgegenstand war und auch wieder einer werden könnte, erscheint es ausgeschlossen, unverrückbare oder gar materiale Eigenschaften eines Kunstwerkes finden zu wollen. Dieser möglichen Aufwertung von Alltagsgegenständen zu Kunstwerken oder 'der Verklärung des Gewöhnlichen', wie A.C. Danto es nennt, begegnet Goodman mit einer Änderung der Fragestellung:

> Im Zweifelsfall ist die wirkliche Frage nicht: 'Welche Objekte sind (permanent) Kunstwerke?', sondern: 'Wann ist ein Objekt ein Kunstwerk?' – oder kürzer, wie in meiner Kapitelübersicht, 'Wann ist Kunst?'.[3]

Kunstwerke sind demnach Gegenstände, denen, sei es auch nur zeitweilig, eine Interpretation zukommt, die für Kunstwerke typisch ist. Sie sind daher ausgezeichnet durch die besondere Art und Weise, in der sie wahrgenommen werden. Und diese verschiedenen Wahrnehmungsweisen – jedes Kunstwerk wird ja anders wahrgenommen oder interpretiert – lassen sich nach Goodman charakterisieren. Interpretationen von Kunstwerken konstituieren Symbolsysteme, für die bestimmte Eigenschaften und Bezugnahmeweisen typisch sind. Goodman spricht in diesem Zusammen-

2 "Eines Tages nehme ich den Sattel und die Lenkstange und setze sie aufeinander, ich mache einen Stierkopf. Sehr gut. Was ich aber sofort danach hätte tun sollen: den Stierkopf wegwerfen. Ihn auf die Straße, in den Rinnstein irgendwohin werfen, aber wegwerfen. Dann käme ein Arbeiter vorbei, läse ihn auf und fände, daß man aus dem Stierkopf vielleicht einen Fahrradsattel und eine Lenkstange machen könnte. Und er tut es... Wundervoll wäre das gewesen. Es ist die Gabe der Verwandlung." Pablo Picasso über seine Skulptur 'Stierschädel'. Zitiert nach: Ingo Walter, *Picasso*, Köln 1986, S. 48.

3 N. Goodman, *Weisen der Welterzeugung*, op.cit., S. 87.

hang auch nicht von ästhetischen Kriterien, sondern von Symptomen, die ein Kunstwerk vermuten lassen. Von diesen fünf[4] Charakteristika betreffen die ersten drei Besonderheiten der jeweiligen Notationssysteme und die beiden anderen besondere Symbolisierungsweisen. Im einzelnen sind dies *syntaktische* und *semantische Dichte*, *relative Fülle*, *Exemplifikation* sowie *multiple und komplexe Bezugnahme.*

Syntaktisch dicht sind Notations- oder Symbolsysteme, in denen nur minimale Differenzen zwischen den Etiketten vorliegen oder es zwischen zwei Etiketten stets ein drittes geben könnte. Dies ist der Fall bei einem skalenlosen Thermometer im Unterschied zu einem digitalen, das immer nur Veränderungen in zehntel-Graden angibt.

Semantische Dichte liegt vor, wenn es unterschiedliche Symbole für Gegenstände innerhalb eines Begriffsschemas gibt, die nur minimal differieren. 'Becher', 'Tasse' oder 'Trinkglas' überschneiden sich in ihrer Referenz; d.h. sie sind nicht distinkt oder bedeutungstheoretisch sauber voneinander unterschieden. Ein Gegenstand 'ist' nicht einfach A oder B, sondern kann mal unter die eine oder unter die andere Bezeichnung fallen, was eine Reichhaltigkeit im Ausdruck impliziert. Für literarische Texte gilt, daß sie stets semantisch dicht sind. Wie in der Alltagssprache sind die Bedeutungen nicht sauber gegeneinander abgesetzt, wodurch Unschärfen in der Bedeutung Teil unserer Sprachpraxis sind.

Exemplifikation ist für Goodman eines der wichtigsten Merkmale des Ästhetischen. Insofern das Kunstwerk eine Probe für unsere Sichtweisen von Welt ist, ist Exemplifikation ein zentraler Modus von Kunstwerken. Dargestelltes und zum Ausdruck gebrachtes hat sicherlich in der Kunst eine weitaus größere Bedeutung als das (unmittelbar) Ausgesagte. Das Zeigen steht gegenüber dem Sagen im Vordergrund.

Relative Fülle betrifft hauptsächlich Bilder und exemplifizierende Symbole. Gemeint ist die Signifikanz zahlreicher Aspekte eines Symbols, so etwa Veränderungen der Dicke einer Linie in dem bekannten Beispiel mit der Zeichnung von Hokusai. Betrachtet man das Gebilde als ein Elek-

4 Die erste Fassung der Symptome unterschied nur vier Merkmale, die später um die 'multiple und komplexe Bezugnahme' erweitert wurden. Vgl. hierzu: N. Goodman, *Sprachen der Kunst*, op.cit., S. 232ff, und ders., *Weisen der Welterzeugung*, op.cit., S. 88ff. Die "Symptome des Ästhetischen" wurden erneut dargestellt in: ders., *Vom Denken und anderen Dingen*, op.cit., S. 192-196.

trokardiogramm ist die veränderliche Dicke der Linienführung unerheblich. Für seine ästhetische Wahrnehmung hingegen sind kleinste Veränderungen relevant. Fülle betrifft die Reichhaltigkeit der Interpretation, die sich nicht auf wenige Aspekte des Gegenstandes beschränken läßt.

Multiple und komplexe Bezugnahme ist der relativen Fülle ähnlich, insofern beide die Komplexität von ästhetischen Darstellungen betreffen. *Multiple Bezugnahme* liegt vor, wenn das Symbol mehrere Funktionen erfüllt, d.h. in einer besonderen Weise doppel- oder mehrdeutig ist. So kann 'Wilhelm' nicht nur die Hauptperson einer langen Einzelbiographie bezeichnen, sondern innerhalb eines allegoretischen Rahmens oder Erzählschemas gleichzeitig einen Archetyp des bürgerlichen Menschen exemplifizieren. Ein Symbol kann innerhalb verschiedener Zusammenhänge auf unterschiedliche Weise bedeutsam sein, es kann in verschiedene Schemata eingebettet sein und dort unterschiedliche Funkionen erfüllen. Eine *komplexe Bezugnahme* liegt vor, "wenn zum Beispiel eine Kirche Segelboote repräsentiert und Segelboote Befreiung von der Erde exemplifiziert, Befreiung von der Erde wiederum Spiritualität exemplifiziert, dann nimmt die Kirche über eine dreigliedrige Kette auf Spiritualität Bezug."[5] Komplexe Bezugnahme zeichnet auch das Symbol aus, wie es literaturwissenschaftlich verstanden wird. Die mehrstufigen Beziehungen sind dabei in hohem Maße konventionalisiert, d.h. sie müssen dem Interpreten bereits als Symbol bekannt sein und können meist nicht textlich erschlossen werden.

Die analytische Leistungsfähigkeit dieser fünf Merkmale ist eher gering einzuschätzen, wie eine einfache Betrachtung zeigt. So haben Goodmans 'Symptome des Ästhetischen' eigentlich alle Schwächen, die schon in der frühen analytischen Diskussion der Kunst herausgestellt wurden. Sie sind weder notwendig noch hinreichend für das Vorliegen eines Kunstwerkes, was er aber keineswegs übersehen hat:

> Im Allgemeinen ist ein Symptom weder eine notwendige noch eine hinreichende Bedingung, sondern vielmehr ein Merkmal, von dem wir glauben, daß es die Anwesenheit einer bestimmten Krankheit oder eines anderen auffälligen Zustandes wahrscheinlicher werden läßt.[6]

5 N. Goodman und C. Elgin, *Revisionen*, op.cit., S. 62.

6 N. Goodman, *Vom Denken und anderen Dingen*, op.cit., S. 192.

Aufgrund dieses Zitates wie auch argumentationslogischer Überlegungen ist daher die Deutung von Franz Koppe abzulehnen, der Goodman unterstellt, doch eine notwendige wie hinreichende Definition darüber vorgelegt zu haben, was ein Kunstwerk ist.[7] Goodman ist hier eindeutig:

> I have not suggested, that any one of the symbolic properties I list is necessary to the aesthetic – that is, present in every work of art or aesthetic experience, nor on the other hand that one of them is sufficient – that is such that whatever has the property is aesthetic.[8]

Auch ohne die Kenntnis dieser Stelle muß diese Kritik wie die Unterstellung einer falschen Fragestellung wirken. Koppe wie auch Morris Weitz[9], auf den er sich bezieht, verpassen die bereits im Titel angedeutete Pointe, die darin besteht, sich eben nicht der für weite Bereiche der Ästhetik so wichtigen Fragestellung nach dem Wesen oder Eigentümlichen der Kunstwerke einzulassen: "Wenn der Versuch, die Frage 'Was ist Kunst?' zu beantworten, meist mit Enttäuschung und Verwirrung enden, dann ist vielleicht – wie so oft in der Philosophie – die Frage falsch gestellt."[10]

Über den begrenzten Nutzen der Symptome selbst für eine vergleichsweise unaufwendigere Identifizierung statt einer Definition von Kunstwerken ist sich Goodman durchaus im klaren. So ist der Umfang der Liste zugegebenermaßen vorläufig und könnte gegebenenfalls erweitert werden. Auch stellen sie nicht die Grundlage einer Bewertung ästhetischer Werke dar: "Die Symptome des Ästhetischen sind keine Wert-Zeichen; und eine Charakterisierung des Ästhetischen erfordert weder eine Defi-

7 "Nicht, wie gesagt, im Sinne einer Definition, , sondern eben als 'Symptome', die (wie es ebenso vorsichtig heißt: 'wahrscheinlich' oder 'vielleicht') gemeinsam ein hinreichendes Merkmal von Kunst ausmachen, während zumindest je eines davon (gleichgültig welches) wohl als eine notwendige Bedingung gelten dürfte." Franz Koppe, "Kunst als entäußerte Weise, die Welt zu sehen. Zu Nelson Goodman und Arthur C. Danto in weiterführender Absicht", in: ders. (Hrsg.), *Perspektiven der Kunstphilosophie*, Frankfurt am Main 1991, S. 83. Koppes Belegstelle bei Goodman ist entweder falsch angegeben oder für seine Argumentation untauglich.

8 N. Goodman, "Further Notes: Reply to Morris Weitz", in: ders., *Problems and Projects*, Cambridge Mass. 1972, S. 133f.

9 Moris Weitz, "Professor Goodman on the Aesthetic", in *Journal of Aesthetics and Art Criticism* 26 (1971), S. 485ff.

10 N. Goodman, *Weisen der Welterzeugung*, op.cit., S. 76.

nition ästhetischer Vortrefflichkeit, noch liefert sie eine."[11] Für eine literaturwissenschaftliche Auseinandersetzung mit Kunst sind die ersten beiden Symptome des Ästhetischen, semantische und syntaktische Dichte, dann auch recht ungeeignet, wie Goodman freimütig einräumt: "Sie scheinen als Zeichen des Ästhetischen wenig erfolgversprechend zu sein, da zum Beispiel kein Text, ob literarisch oder nicht, syntaktisch dicht ist, während alle semantisch dicht sind."[12]

Es ist zu fragen, was wir durch eine solche Definition gewinnen würden, selbst wenn die Symptome notwendig und hinreichend wären. Die Erklärungskraft wäre ausgesprochen niedrig, da die bloße Feststellung, daß ein Gegenstand vieldeutig ist, über Ausdruck und eine komplexe Darstellungskraft verfügt, keine weiteren Schlüsse erlaubt. Denn durch das Vorliegen der Symptome ist noch nichts über die Bedeutung des jeweiligen Gegenstandes oder Kunstwerkes gesagt, nur über die verschiedenen Arten und Weisen, in denen er bedeutsam ist. Es ist seine Bedeutungstheorie, über die eine Analyse der Kunstwerke zu erfolgen hat, wie ich sie im vorhergehenden Kapitel vorgestellt habe.

Interessanterweise hat sich ein Großteil der Kritiker eben mit diesen wenigen Seiten auseinandergesetzt, auf denen Goodman sich mit der Frage nach der Identifizierung von Kunstwerken auseinandersetzt. Über diese Frage wird meist auch das Verhältnis von Kunst und Rationalität thematisiert. Auch Goodmans Kritiker wählen diesen geradezu traditionalen Zugang, um seinen Beitrag zur Identifizierung und Kunstwerken und der Beschreibung ihrer Besonderheit gegenüber anderen Formen der Wahrnehmung oder Erkenntnis zu diskutieren. Dies zeigt die Kraft einer ganz zentralen Fragestellung in der Ästhetik als philosophischer Disziplin, die die Bedeutung des Ästhetischen am Paradefall der Kunst als einen Gegensatz zur Rationalität bestimmt.[13] Eine Eigenständigkeit des Ästhetischen gegenüber der praktischen und der theoretischen Vernunft kann prinzipiell auf zwei verschiedene Weisen beschrieben werden. Ästhetik kann sich

11 N. Goodman, *Sprachen der Kunst*, op.cit., S. 235.

12 Ders., *Vom Denken und anderen Dingen*, op.cit., S. 194.

13 Bedenken gegenüber einer Verbindung von Rationalität und Ästhetik hat Ursula Wolf formuliert, wenn sie auch an einem gemeinsamen Interesse von Kunst und Philosophie an einer Idee des Guten Lebens festhält. Vgl.: U. Wolf, "Kunst, Philosophie und die Frage nach dem guten Leben", in: F. Koppe (Hrsg.), *Perspektiven der Kunstphilosophie: Texte und Diskussionen*, Frankfurt am Main 1991, S. 109-132.

entweder jeder beschreibenden Theorie entziehen oder diese übersteigen, indem zentrale Begriffe in einer besonderen Weise ästhetisch zur Erfahrung gelangen. Übernimmt man diese schematisierende Unterscheidung in Entzugs- und Überbietungstheoretiker, wie sie von Martin Seel vorgeschlagen wurde,[14] so lassen sich Nietzsche, Bataille, Valery, Iser und Bubner dabei eher zu den entzugsästhetischen Theoretikern rechnen, die dadurch ausgezeichnet sind, daß sich die ästhetische Wahrnehmung einfach dem herkömmlichen oder kognitiven Weltverständnis entzieht. Für die Entzugstheoretiker bildet der Bereich des Ästhetischen das Refugium der menschlichen Erkenntniskräfte, welches rationalen Zugangsweisen verschlossen ist, aber aufgrund seiner Bedeutsamkeit dem Wesen des Menschen zugehörig. Die Angabe einer explizierbaren ästhetischen Bedeutung und Eigengesetzlichkeit erscheint ausgeschlossen. Von Jaques Derrida ließe sich hier allerdings sagen, daß er eben die Eigengesetzlichkeit des Entzugs zum Prinzip gemacht hat, wobei die Dissemination der Differánce als die Entzugbewegung der Bedeutung nicht auf Kunstwerke beschränkt ist, sondern universalen oder allgegenwärtigen Anspruch erhebt.

Im Unterschied dazu liegt für Überbietungstheoretiker wie Heidegger, Adorno und Gadamer die Bedeutung des Ästhetischen darin, daß umfassende Konzepte von Wahrheit und Erkenntnis erfahrend eingeholt werden können. Ästhetisches bietet die Möglichkeit eines emphatischen Erkennens des 'Wahren' oder Eigentlichen, das der normalen Erfahrung oder Erkenntnis so nicht zugänglich ist. Für die Überbietungstheoretiker unter den Philosophen ist die Erfahrung des Ästhetischen auf das Wesentliche jenseits oder über einer verkürzenden und beschränkten rationalen Erkenntnis gerichtet. In beiden Fällen steht die ästhetische Erfahrung der Rationalität unversöhnlich gegenüber: "Das Ästhetische wird zum Anderen der Vernunft: sei es gegen ihr Gesetz, sei es, gegen eine verkehrte Rationalität, auf ihr eigentliches Gesetz gerichtet."[15]

Bei aller Vorsicht gegenüber dieser etwas holzschnittartigen Darstellung zeigt sie eine Ausrichtung an einer Fragestellung, die sich ganz auffallend bei einigen Kritikern Goodmans wiederfinden läßt. Immer noch besteht

14 Eine Definition des Entzugsästhetischen und des Überbietungsästhetischen finden sich ausgeführt bei: Martin Seel, *Die Kunst der Entzweiung*, op.cit., S. 45ff.

15 Ibid., S. 46.

meines Erachtens ein übergroßes Interesse daran, gerade der Kunst einen außerordentlichen Status zuweisen zu wollen, was bei der konkreten Bedeutungsbestimmung wenig hilfreich ist. Goodmans Konzept sperrt sich aber einer Einordnung in diese Dichotomie von Ästhetischem und Rationalem und zwar schon in seiner Anlage, wodurch sich dieser Zugang einiger Kritiker als ungeeignet erweist.

Als eine Fehlinterpretation erweist sich meines Erachtens auch die Unterstellung Koppes eines "idealen Symbolsystems" bei Goodman, demgegenüber sich das Ästhetische als eine defizitäre und damit weniger rationale Form der Darstellung zeigt: "Methodischer Bezugspunkt für die gesuchte Unterscheidung ist das Modell eines quasi idealen Symbolsystems [...]. Kunst ist demgegenüber bestimmt durch *Abweichung* von diesem quasi idealen Zeichencharakter: durch das Fehlen von Kriterien der Notationalität."[16] Damit wäre dem Ästhetischen ein Moment des Entzugs und des nicht Bezeichneten oder Bezeichenbaren eigen, wie es eher an die Philosophie Derridas erinnert, als an eine Bedeutungstheorie, wie sie Goodman entwickelt. Schon die Auseinandersetzung mit dem verschiedenen Notationssystemen in *Sprachen der Kunst* zeigte eben dies, daß es keine solche Trennlinie zwischen Kunst und Wissenschaft oder anderen Bereichen geben kann. Noten beispielsweise stehen in einem hochentwickelten Standardnotationssystem, wie es nicht allen Wissenschaften eigen ist. Notationskriterien dienen der Analyse von Symbolsystemen und nicht ihrer Wertung. Nicht zu übersehen ist auch, daß mit dieser Idealisierung eine starke Trivialisierung einhergeht: Daß Kunstwerke viel- und mehrdeutig sind, über einen Ausdruck verfügen und nicht den (Notationalitäts-) Bedingungen für logische Kalküle genügen, ist sicherlich wenig überraschend.

Ohnehin ist Goodman Nominalist, was bedeutet, daß es kein ideales Symbolsystem geben kann, sondern nur eines, das besser geeignet ist, bestimmte Ziele zu erreichen, in Übereinstimmung mit Zielen, Werten, Normen zu stehen usw.: das heißt, sie sind besser geeignet, erfolgreich zu handeln. Und welches dazu taugt, ist eben situationsabhängig. Digitale Systeme beispielsweise sind eindeutiger oder trennschärfer, da sie immer eine genaue Zuordnung erlauben, im einfachsten Fall 1 oder 0. Analoge

16 Franz Koppe, "Kunst als entäußerte Weise, die Welt zu sehen. Zu Nelson Goodman und Arthur C. Danto in weiterführender Absicht", op. cit., S. 81.

Systeme wiederum können genauer sein, da zwischen zwei Werten immer ein weiterer liegen kann, mit dem Nachteil fehlender Eindeutigkeit.

Ähnlich verhält es sich mit der Rezeption von Wolfgang Iser, die (auch) durch eine unzulässige Verallgemeinerung gekennzeichnet ist. Iser behauptet eine Parallelität in dem Vorgehen von John Dewey und Goodman.[17] In seiner Aufnahme eines hegelianischen Motivs trifft es für Dewey sicherlich zu, daß er das Machen einer 'Erfahrung als solcher' als Eigentümlichkeit des Ästhetischen ansieht. Es ist keine spezifische Erfahrung von etwas, sondern – quasi überhöht – die Erfahrung um ihrer selbst willen, die ästhetischen Genuß bereitet:

> Ein Gegenstand ist vorwiegend und in besonderer Weise ästhetisch, er vermittelt den typischen Genuß einer ästhetischen Perzeption, wenn die Faktoren, die alles, was eine Erfahrung ausmacht, bestimmen, hoch über die Schwelle der Erfahrung gehoben und um ihrer selbst willen manifest werden.[18]

Dies steht, wie ausgeführt, diametral zu dem Selbstanspruch von Goodman, der gegen eine kategorische Trennung von Kunst und Wissenschaft argumentiert, was ja von einigen Kritikern als zu weitgehend empfunden wurde. Zurecht betont daher auch Iser die behauptete Gleichrangigkeit von Kunstwerken und wissenschaftlichen Theorien, unterstellt unmittelbar anschließend aber einen überbietungstheoretischen Gestus bei Goodman. Kunstwerke seien ein Ort, an dem auf einer Meta-Ebene Erkenntnisprozesse selbst erfahrbar werden, ganz wie in dem Zitat von Dewey: "Ja es ließe sich geradezu von einer gesteigerten Bedeutsamkeit reden, da das Kunstwerk die Weltherstellung selbst zu exemplifizieren mag."[19] Nur ist dies aus den angeführten Belegstellen nicht ersichtlich und widerspricht ihnen, insofern eine Gleichrangigkeit bezüglich des kognitiven Bedeu-

17 Wolfgang Iser, *Das Imaginäre und das Fiktive. Perspektiven literarischer Anthropologie*, Frankfurt am Main 1993, S. 275ff.

18 John Dewey, *Kunst als Erfahrung*, Frankfurt am Main 1988, S. 71.

19 Wolfgang Iser, *Das Imaginäre und das Fiktive. Perspektiven literarischer Anthropologie*, op.cit., S. 276. Dies ist leicht gesagt, übersieht aber, daß hierfür das Kunstwerk sich auf die 'Weltherstellung als solche' beziehen müßte, was zumindest mit Goodmans Begriff der Exemplifikation schwierig erscheint. Darin, daß Interpretationsprozesse sich beobachten lassen, besteht kein Unterschied zwischen einer ästhetischen und nichtästhetischen *Probe*. Was Iser beschreibt, kann auf jeden Gegenstand einer Interpretation zutreffen, dem man sich verstehend nähert.

tung behauptet wurde. Es gäbe auch keinen vergleichbaren kognitiven Gehalt zwischen Theorien und Kunstwerken mehr aus dem einfachen Grund, daß sich Theorien auf Welten und Kunstwerke nur auf Weltherstellung als solcher beziehen würden, wenn Iser recht hat. Bei Goodman exemplifiziert ein Kunstwerk etwas Bestimmtes – ein Gefühl, eine Wahrnehmungsweise –, nach Iser wäre es die Weltherstellung im Allgemeinen.

In seiner Rezeption zeigen sich einige argumentationslogische Mißverständnisse und Umkehrungen, deren Rekonstruktion nicht ganz einfach ist. Den Ausgangspunkt für die überbietungstheoretische Lesart bildet eine Schlußfolgerung, die mir sehr problematisch erscheint: "Goodmans syntagmatisch organisierte Theorie der Weltherstellung operiert immer diesseits der Referenz"[20]. Dem ist uneingeschränkt zuzustimmen, da sich jenseits der Referenz nun mal auf nichts beziehen läßt. Nur ist nicht ersichtlich, wie Iser daraus im folgenden Satz den Schluß ziehen kann: "Das heißt aber nichts weniger, als daß für die Weltherstellung selbst eine Referenz gefunden werden muß, um ein solches Geschehen erschließbar zu machen. Das ist der Punkt, an dem für Goodman das Kunstwerk seine Signifikanz gewinnt."[21] Warum sich überhaupt auf das 'Weltherstellen als solchem' bezogen werden muß, anstatt bloß zu beschreiben, wie Symbole referieren und Symbolsysteme verändert werden können, ist gleichfalls nicht ersichtlich.[22] Das Weltherstellen als solches kann es für Goodman nicht geben, sondern nur verschiedene Weisen der Welterzeugung, von denen keine exklusiv Kunstwerken vorbehalten ist und die deshalb auch überall beobachtet werden können. Kunstwerke können so keinen exklusiven Beweischarakter haben.

Als Ergebnis erhält Iser eine Verdrehung, da er behauptet, daß Goodman das Kunstwerk als Erklärung oder Beweis für seine Theorie braucht, statt dem Umgekehrten, daß seine Referenztheorie die Analyse auch von

20 Wolfgang Iser, *Das Imaginäre und das Fiktive*, op.cit., S. 275.

21 Ibid.

22 Es handelt sich hier eindeutig um einen Kategorienfehler, wie er in der frühen analytischen Philosophie Ausgangspunkt heftiger, später standardisierter Attacken gegen idealistische Positionen war, wie sie in Carnaps Kritik an Heidegger erstmals vorgeführt wurde. Etwas herstellen und das Herstellen als solches sind logisch semantisch zwei ganz unterschiedliche Dinge. Diese Form der Kritik an einem Analytiker überrascht daher etwas. Vgl.: Rudolf Carnap, "Überwindung der Metaphysik durch logische Analyse der Sprache", ??.

Kunstwerken erlaubt. Weisen der Welterzeugung werden beschrieben und damit auch Kunstwerke, das heißt, die Theorie bezieht sich auf Kunstwerke wie auch auf andere Symbolsysteme. Das Kunstwerk bezieht sich aber nicht via Exemplifikation auf diese Theorie, zumindest nicht alle oder gar prinzipiell. Die 'Weltherstellung als solche' ist eine platonisch wirkende Idealisierung, die für Goodman von keinerlei Interesse sein kann. Vielmehr sind es die tatsächlichen Weltversionen – und nicht einmal die bloß möglichen[23] –, die Arten und Weisen, auf die wir sie erzeugen, sowie die Gründe für ihre Stabilität, die im Zentrum seiner Philosophie stehen.

Iser führt ohne genaueren Bezug auf die Argumentationslogik eine Idealisierung ein, die dem Konzept Goodmans seine zentrale Absicht nimmt: den Nachweis einer kognitiven Relevanz von Kunstwerken für unsere Wahrnehmung. Er weist dem Ästhetischen wieder einen exponierten Ort zu, jenseits jeder pragmatischen Bedeutung: "Wenn das Kunstwerk diesen Vorgang zu exemplifizieren vermag, so deshalb, weil es eine von Situationspragmatik entlastete Version verkörpert, deren Pragmatik in der Verdeutlichung des Herstellens liegt. Darauf bleibt das Kunstwerk allerdings auch eingeschränkt: [...]."[24] Damit befindet sich das Kunstwerk exakt dort, wo es die klassische Ästhetik häufig verortete und es aufgrund der vorgestellten Konzeption Goodmans nicht stehen kann: jenseits pragmatischer und kognitiver Relevanz oder Wirksamkeit, bezogen einzig auf eine jedweder Lebenspraxis enthobenen Erfahrung. Kunstwerke exemplifizieren und beziehen sich nach Iser nicht etwa auf ein jeweils Besonderes und je nach Kunstwerk Unterschiedliches, sondern auf das Herstellen als solches. Als *petitio principii* führt Iser eine Idealisierung ein und wirft Goodman exakt die Konsequenzen dieser Einführung vor, ohne auf grundsätzliche Konzeptionen und Positionen einzugehen.

Auch Arthur C. Danto und Martin Seel führen ihre Kritik ausgehend von der Diskussion um die Identifizierung von Kunstwerken und ihrer

23 Mit der Rede von bloß 'möglichen Welten' bezieht sich Goodman auf charakteristische Problemstellungen der Modallogik, in der die logischen Bedingungen für die Beschreibung (aller) möglichen Welten Gegenstand ist.

24 Wolfgang Iser, *Das Imaginäre und das Fiktive*, op.cit., S. 280. Nach Goodman müßte es heißen: Wenn ein Kunstwerk das Herstellen exemplifiziert, exemplifiziert es dies und (vermutlich) nichts anderes, was trivial ist. Iser will aber darauf hinaus, daß das Kunstwerk – als solches – *nur dies* exemplifizieren kann und nichts anderes, was mir nicht überzeugend erscheint.

Besonderheit. Danto setzt bei dem Symptom der relativen Fülle ein, wie es Goodman in seinem Vergleich eines Elektrokardiogramms mit einer Zeichnung Hokusais zeigt.[25] Sieht man die Linienführung des Bildes als ein Elektrokardiogramm, sind nur wenige Aspekte und Merkmale bedeutsam. Sieht man darin eine ästhetische Zeichnung des Fudschijama, sind es erstens andere und zweitens zahlreichere, wie die Breite der Linienführung, ihre Farbe und Intensität und so weiter. In beiden Fällen sind unterschiedliche Aspekte und Eigenschaften relevant. Danto fragt an dieser Stelle folgerichtig: "Relevant für was?"[26] Die Antwort wäre: relevant für seine Funktion als ästhetische Probe, bzw. relevant für seine Funktion als Elektrokardiogramm.

Danto will allerdings auf ein anderes Problem hinaus, das darin besteht, daß Goodman nicht genau sagen kann, welche Eigenschaften dies im Einzelnen sind. Für Goodman ist es, wie ich bereits in dem Einführungskapitel über seine Philosophie ausgeführt habe, von keinerlei Interesse, wie die Symbole überhaupt zu welchen werden. Er setzt bei der Frage an, wie sich Symbole auf ihren Gegenstand beziehen und nicht, wie sie welche werden. Wie Danto aber zu recht anmerkt, ist es schwierig, insbesondere in der modernen Kunst, "eine Entscheidung darüber zu treffen, welche Merkmale konstitutiv und welche kontingent sind".[27] Danto nimmt dies als Anlaß, um eine Antwort über seinen Begriff des Stils zu entwickeln, den ich an dieser Stelle nicht referieren möchte. Die Grundidee ist, daß wir über unser Verständnis des Stils als einem Modus ein Verständnis davon haben, was an einer Zeichnung als einem Diagramm oder einem Kunstwerk wichtig ist.[28] Sein Stilbegriff wird in der Entwicklung allerdings zunehmend abstrakter, sodaß er meines Erachtens keine konkretere Antwort auf die Frage erlaubt, woher wir wissen, was an einem bestimmten Gegenstand als Kunstwerk relevant ist und was nicht. Es bleibt auch dann

25 N. Goodman, *Sprachen der Kunst*, op.cit., S. 212ff.

26 A.C. Danto, *Die Verklärung des Gewöhnlichen*, op.cit., S. 216.

27 Ibid., S. 216.

28 Danto gibt seinem Stilbegriff später eine existentielle Zuspitzung, die auch Koppe hervorhebt als "Dantos existentielle Wendung gegenüber Goodman". Für die unmittelbare Identifizierung relevanter Merkmale eines Kunstwerkes erscheint er mir aber zu unspezifisch: "Stil ist die Art und Weise, wie der Mensch unter Absehung von allem Erlernten und Erworbenen ist." Ibid., S, 305. Siehe auch Franz Koppe, "Kunst als entäußerte Weise, die Welt zu sehen", op. cit., S. 339.

die Frage, woher wir über den entsprechenden Stil verfügen und wissen, welcher an dieser Stelle gültig ist. Ich werde mich hiermit in den nächsten Kapiteln aus einer etwas anderen Sicht auseinander setzen, nachdem ich der Relevanz dieser Kritik für das Konzept weiter nachgegangen bin.

Martin Seel schließt an diese Kritik an, und sieht in ihr ein prinzipielles Problem für die Identifizierung von Kunstwerken:

> Denn er [Goodman G.P.] vermag nicht zu sagen, wie die ästhetischen Gegenstände sich auf diejenigen ihrer Charaktere beziehen, die eine interpretative Wahrnehmung an ihnen entdeckt. Wenn aber das nicht gelingt, läßt sich auch die semiotische Eigenheit der ästhetischen Zeichen nicht erweisen.[29]

Dem ersten Satz ist völlig zuzustimmen, und Goodman würde dies vermutlich auch, da es ausdrücklich nicht Teil seines Erkenntnisinteresses ist. Nun hat er aber niemals versucht, eine in diesem Sinne starke semiotische Eigenheit auszuzeichnen, und eine Art schwacher Definition hat er sehr wohl gegeben. Warum er dies anders als referenztheoretisch tun *müßte*, ist mir nicht ersichtlich. Meines Erachtens gelingt es Seel nicht, die Konsequenzen aus seiner Feststellung richtig zu fassen, wenn er die fehlende pragmatische Dimension einklagt: "Goodman, so könnte man sagen, verwechselt das Exempel mit der Exemplifikation; er vernachlässigt die pragmatische Dimension des Beispielgebens, in der ein Beispielgegenstand die ihm verliehene signifikante Kraft gewinnt."[30] Dieses Problem zeigt sich in dieser sehr klaren Fassung als interpretatorisches, nicht als ein bedeutungstheoretisches, zumindest nicht aus der Sicht Goodmans. Dabei droht übersehen zu werden, daß die Exemplifikation auch auf etwas bezogen ist, demgegenüber sie ihre kognitive Wirksamkeit entfalten kann. Über den Begriff des Passens besteht dann sehr wohl Zugriff auf die pragmatische Dimension des Kunsterlebens. Das Anpassen einer Probe als dem Übertragen eines Schemas ist das interpretative Handeln, in dem sich die Bedeutung des Werkes realisiert und in dem auch die ästhetischen Zeichen manchmal erst entstehen.

Auch die Kritik von Seel orientiert sich zu stark an der Frage nach der Besonderheit der Kunst und zu wenig an ihrer Bedeutung. Dies mag für viele Theoretiker keinen Unterschied machen, da der besondere Status

29 Martin Seel, *Die Kunst der Entzweiung*, op.cit., S. 268.
30 Ibid., S. 270.

immer in seiner Beziehung zur Rationalität gesucht wird und damit auch Aussagen über ihre Bedeutung erlaubt. Für Goodman ist dies aber aufgrund seines Konzeptes anders, da den Ausgangspunkt seine allgemeine Symboltheorie bildet, dergegenüber die Frage nach der Identifizierung von Kunstwerken selbst in seiner Fassung marginal ist. In gewisser Weise ist selbst seine Frage, *wann* genau etwas ein Kunstwerk ist, für Goodman von untergeordnetem Interesse. Die Gründe hierfür liegen in der Systematik seines zeichentheoretischen Ansatzes. Es gibt für ihn verschiedene Weisen der Bezugnahme und keine davon ist exklusiv Kunstwerken vorbehalten. Kunstwerke können sich dann eben nur durch ein mehr oder weniger bestimmter zeichen- und referenztheoretischer Merkmale vermuten lassen. Und die Übergänge sind in der Theorie eben so weich, wie sie es auch bei den (ästhetischen) Gegenständen sein können.

Eine Symboltheorie wie die von Goodman hat den Vorteil, daß sie sich in ihrem analytischen Zugriff nicht auf den Bereich der Kunst beschränkt. Unter den beschriebenen Weisen der Symbolisierung oder Welterzeugung ist keine, die exklusiv Kunstwerken zukommt. Daß sich auf diese Art keine klare Trennlinie zwischen dem Bereich der Kunst und anderen Bereichen ziehen läßt, findet seine Entsprechung durchaus in der modernen Kunst wie in der modernen Mediengesellschaft. Ästhetische Darstellungs- oder Wahrnehmungsweisen sind in der omnipräsenten Werbung von Bedeutung, und Gebrauchsgegenstände wie Kleidung, Möbel oder Autos werden ganz selbstverständlich auch aufgrund ihrer Ausdrucks- oder Präsentationsqualitäten gekauft. Film- und Fernsehproduzenten sprechen sich fast schon reflexartig von dem Anspruch frei, Kunst schaffen zu wollen. Und es wäre offensichtlich ein Fehler, alles, was nicht explizit dem Bereich der Kunst zugeschrieben wird, deshalb nicht in Hinsicht auf das von ihm ästhetisch Bedeutete und seine kognitive Wirksamkeit hin zu betrachten: Auch ohne den künstlerischen Anspruch haben solche Produkte oder Produktionen eine kognitive Funktion.

Für die Beschreibung dessen, was über die unmittelbare Darstellung hinaus zum Ausdruck gebracht wurde, ist die Erhebung zum Kunstwerk nicht notwendig oder hilfreich: "The line between the aesthetic and the nonaesthetic tends to be lose its importance as more consequential bonds and boundaries cutting across it emerge."[31] Der gesellschaftlich-soziale

31 N. Goodman, "Further notes", in: ders., *Problems and Projects*, op.cit., 1972, S. 134.

Bereich der Kunst und der – auch – ästhetisch wahrgenommener Objekte sind keineswegs deckungsgleich, wie es das Schlagwort einer 'Ästhetisierung der Lebenswelt' angezeigt. Eine ästhetische Bedeutungstheorie kann sich daher nicht auf die Kunst und ausgewiesene Kunstwerke beschränken. In diesem Sinne ist auch der Unterschied zum Beispiel zwischen Kitsch und Kunst bedeutungstheoretisch unerheblich; für eine Kunsttheorie ist er es keineswegs. In beiden Fällen sind ästhetische Darstellungsformen wie die besondere Art der Exemplifikation, des Ausdrucks oder die Metaphorik relevant. Weitergehend betrifft dies auch Objekte, bei denen ihre ästhetische Wahrnehmung nicht im Vordergrund steht, sondern zu anderen Aspekten hinzukommt. In Übernahme seines wittgensteinianischen Gestus könnte man sagen, daß ein Großteil von Goodmans Kritikern auf dem Hintergrund der modernen Kunst und der modernen Mediengesellschaft immer noch die falsche Frage nach dem Besonderen der Kunst stellt, statt nach der Bedeutung des Ästhetischen – und damit auch der Kunst.

Was Goodman interessiert und was den Kern seiner Bedeutungstheorie bildet, ist die im vorhergehenden Kapitel ausgeführte kognitive Funktion und die verschiedenen Weisen, durch die sie sich realisiert: "Die Klassifikation eines Ganzen als ästhetisch oder nichtästhetisch gilt weniger als die Identifikation seiner ästhetischen und nichtästhetischen Aspekte."[32] Nur nebenbei bemerkt ist Goodman in diesem Sinne auch auf keinen engen Werkbegriff[33] angewiesen. Ziel seiner Argumentation ist es nicht, zu definieren, was ein Kunstwerk ist, sondern in welcher Weise es bedeutsam ist, insbesondere für unsere nichtästhetischen Wahrnehmungsweisen.

Trotzdem bleibt als ein zentraler Kritikpunkt, daß Goodman nicht zeigen kann, was exemplifiziert wird. Denkt man die Fragestellung von Goodman einmal weiter, ist zu erklären, warum etwas zu einer bestimm-

32 Nelson Goodman, *Sprachen der Kunst*, op.cit., S. 234.

33 Der Werkbegriff von Goodman, wie er in der Diskussion um Authentizität, Identität und Fälschung entwickelt wird, bedürfte eigentlich einer eigenen Darstellung. Notwendig hierzu wäre eine genaue Auseinandersetzung mit den unterschiedlichen Notationssystemen in Musik, Malerei und Tanz und ihren logisch-semantischen Konstitutionsbedingungen. Für meine literaturwissenschaftliche Fragestellung ist dies nur von untergeordnetem Interesse – zumal auch nur ein Notationssystem vorliegt – und wird nur ansatzweise in der Diskussion um Parodie, Fälschung und Original aufgenommen. Vgl. ibid., Kap. III. Kunst und Authentizität, S. 101ff.

ten Zeit als ein Kunstwerk gesehen wird und zu einer anderen Zeit die Symbole nicht in dieser Weise zu funktionieren scheinen.[34] Eine Antwort deutet sich allerdings aus seiner Formulierung an, daß, was exemplifiziert wird, davon abhängt, welches Symbolsystem gültig ist. Ob etwas in der Folge ein Kunstwerk ist, hinge gleichfalls davon ab, welches Symbolsystem gültig ist. Diese einfache Antwort ergibt sich bereits aus den Ausführungen zur Exemplifikation, die ja eine der zentralen Bedeutungsweisen von Kunstwerken ist.[35] Nur ist sie ähnlich unbefriedigend, wie die nach der Identifizierung der relevanten Merkmale einer Exemplifikation, da Goodman keinerlei Antworten auf interpretatorische Fragen in einem engeren Sinn geben kann.

An dieser Stelle unterscheiden sich eine Bedeutungs- und eine Interpretationstheorie. Während Goodman in der Lage ist, zu beschreiben, wie Kunstwerke bedeutsam sind, ist es ihm nicht möglich, auszuzeichnen, was genau – welche Eigenschaften, Ordnungen und Strukturen – exemplifiziert werden und wie wir diese identifizieren. Letzteres wäre Aufgabe einer Interpretationstheorie, die dann unter anderem zu untersuchen hätte, welche Symbolsysteme zur Anwendung kommen und wie wir die Merkmale einer Probe oder einer Exemplifikation interpretierend wahrnehmen.

Goodmans Übergang von einem eher symbol- zu einem symbolsystem- oder schemaorientierten Ansatz, wie er sich auch in meiner Rekonstruktion abzeichnen sollte, möchte ich nutzen, um direkt an einen schemainterpretationistischen Ansatz anzuschließen. Dort sollten sich auch die pragmatischen Aspekte seiner allgemeinen Symboltheorie aufnehmen lassen. Eben der konstruktive Schemainterpretationismus von Hans Lenk bietet eine ausgezeichnete Möglichkeit, diesem zentralen Kritikpunkt an Goodmans Konzept zu begegnen. Mit der Erweiterung um einen Schemainterpretationismus läßt sich dann auch der Anschluss an

34 "[E]benso wie ein Objekt zu gewissen Zeiten und unter bestimmten Umständen ein Symbol sein kann – zum Beispiel eine Probe –, so kann es sein, daß ein Objekt zu gewissen Zeiten ein Kunstwerk ist und zu anderen nicht." N. Goodman, *Weisen der Welterzeugung*, op.cit., S. 87.

35 "Ist Besitz intrinsisch, so ist Bezugnahme es nicht; und welche Eigenschaften eines Symbolsystems nun gerade exemplifiziert werden, hängt davon ab, welches besondere Symbolsystem in Kraft ist." Ders, *Sprachen der Kunst*, Frankfurt am Main 1994, S. 60.

hermeneutische und damit verbunden auch literaturwissenschaftliche Positionen aufzeigen, um so schon im Aufbau eine größere Verwendbarkeit dieses Konzeptes für die Verwendung in den Literaturwissenschaften anzulegen.

Ziel des folgenden Kapitels ist es damit einem zentralen Einwand zu begegnen, wie ihn ja bereits Seel und Danto formuliert hatten. Offen bleibt allerdings die Frage nach der Definition von Kunst und Kunstwerken. Hier muß die Argumentationsstrategie Goodmans reichen, dieser Frage zugunsten der Beschreibung der kognitiven Funktion ästhetischer Erfahrung auszuweichen. Eventuell ergeben sich aufgrund der schemainterpretationistischen Erweiterung Möglichkeiten, diese Frage in abgewandelter Form wieder aufzunehmen.[36]

36 Es ist zu diesem Aspekt ein Aufsatz in Vorbereitung, der Kunst als eine Institutionalisierung von Interpretationsschemata zu beschreiben versucht.

II. Schemainterpretation und die Identifizierbarkeit ästhetischer Zeichen

1. Schemainterpretationismus und Symboltheorie: Vom Symbol zum Schema

Kunstwerke sind keine Musterstücke oder Stoffballen, sondern Proben aus dem Meer.[1]

Im Laufe der rekonstruktiven Auseinandersetzung mit der Zeichen- und Bedeutungstheorie von Nelson Goodman hat es sich gezeigt, daß so etwas wie eine Verschiebung des analytischen Interesses stattgefunden hat. Waren es in *Sprachen der Kunst* noch die einzelnen Symbole, die in ihrer jeweils besonderen Art der Bezugnahme dargestellt wurden, treten spätestens mit *Weisen der Welterzeugung* Symbolsysteme und deren Beziehung zueinander in den Vordergrund. Goodmans eigenes Interesse besteht dann ausdrücklich darin, zu untersuchen, "wie Welten erzeugt, getestet und erkannt werden".[2] Erstaunlich ist der letzte Punkt, da, wie ausgeführt, gerade das Erkennen symbolisch erzeugter Welten ein Defizit seiner Konzeption ist, die nicht an interpretatorischen oder hermeneutischen Fragen ausgerichtet ist.

Am besten ausgearbeitet ist der Aspekt der Erzeugung von Symbolsystemen. Durch die verschiedenen Arten der Bezugnahme sind die unterschiedlichen Bezeichnungs- und Darstellungsweisen benannt. Der Ansatz wurde weit genug gefaßt, neben alltagsprachlichen und wissenschaftlichen Symbolsystemen auch Kunstwerke mit einzuschließen. Wie die bereits vorhandenen Weisen der Welterzeugung verändert werden können, wird anhand von *Gewichtung*, *Differenzierung*, *Erweiterung* und *Deformation* beschreibbar. Jedes Schaffen ist dabei vom nominalistischen Standpunkt aus als ein Umschaffen zu verstehen. Weisen der Welterzeugung entstehen nicht voraussetzungslos, sondern gründen in den vorhergehenden Darstellungsweisen. Auch ist die Wahl der Symbole in der Interpretationspraxis vorgezeichnet. Als eine besondere Art dieses Beschreibens von Neuem aus dem Bekannten heraus kann, wie gezeigt, die Metapher verstanden

1 N. Goodman, *Weisen der Welterzeugung*, Frankfurt am Main 1990, S. 166.
2 Ibid., S. 19.

werden. Sie bedient sich geläufiger Interpretationsmuster, um mit deren Hilfe zu einer neuen oder geänderten Darstellungsweise in einem anderen Gegenstandsbereich zu gelangen.

Symbolisch erzeugte Welten werden *getestet*. Dies umfaßt Fragen nach ihrer Wahrheit und weitergehend nach ihrer *Richtigkeit*. Kennzeichnend ist, daß die Wahrheit einer Aussage nicht das einzige und manchmal überhaupt kein Kriterium für die Akzeptanz einer Aussage ist. Liegen mehrere Symbolsysteme vor, die alle ansich und unabhängig voneinander wahr sind, muß entscheidbar sein, welche Wahrnehmungsweise faktisch gültig ist, und welches *wahr sein sollte*, d.h. welches die richtige Sichtweise auf dem Hintergrund bestimmter sozialer Werte, Normen und Handlungsziele ist. Die Richtigkeit eines Symbolsystems und seiner Aussagen bemißt sich daran, wie es gelingt, dieses Ein- und Anpassen in Bezug auf einen sozialen Hintergrund wie auch situative Erfordernisse, die verfolgten Ziele, gültige Standards, Werte und Normen usw. zu erreichen. Die Richtigkeit und Gültigkeit eines Symbolsystems als solches betrifft, einfach gesagt, seine rationale Akzeptierbarkeit.[3]

Wie allerdings 'Welten erkannt werden', blieb bisher eher im unklaren. Genau genommen müßte dies Fragen der Identifikation von Symbolsystemen betreffen, ihrer Rekonstruktion bzw. Interpretation. Es sind dies gewissermaßen die hermeneutischen Aspekte einer Symboltheorie, die hier in den Vordergrund treten. Solchen Fragen ist Goodman meist prinzipiell ausgewichen, wenn er schreibt, daß es ihn nicht interessiere, wie die Beziehungen zwischen einem Symbol und seinem Gegenstand entstehen.[4] Der Grund liegt darin, daß er zwei bedeutenden sprachphilosophischen Diskussionsbereichen und ihren spezifischen Problemstellungen ausweichen möchte: der Sprechakttheorie von Austin und Searle und der – immer noch oder auch wieder – aktuellen kausalen Referenztheorie:

> Weil ich mich also eher mit Strukturen als mit Ursprüngen befasse, berühre ich solche Themen wie Sprechakte oder soge-

3 Nicht alle Kriterien für die rationale Akzeptierbarkeit müssen Teil eines jeweiligen Hintergrundes sein. So sind nach Putnam instrumentelle Leistungsfähigkeit, Kohärenz, Komplettheit und funktionale Einfachheit nicht Teil eines sozialen und situativen Hintergrundes, sondern prinzipielle oder sogar "objektive" Kriterien der Akzeptanz. Vgl.: Hilary Putnam, *Vernunft, Wahrheit und Geschichte*, op.cit., S. 181ff.

4 Vgl.: N. Goodman, *Vom Denken und anderen Dingen*, op.cit., S. 86.

> nannte kausale Theorien der Bezugnahme nicht. Mein Gegenstand sind das Wesen und die Spielarten der Bezugnahme und zwar unabhängig davon, wie oder wann oder warum oder von wem diese Bezugnahme vorgenommen wird.[5]

Interessiert man sich für die Identifikation oder die Interpretation von Symbolsystemen, können aber solche Fragen nicht gänzlich umgangen werden. Mein Vorschlag geht nun dahin, an die Forschungsprobleme, wie sie von Goodman formuliert wurden, anzuschließen, d.h. genauer zu untersuchen, was eine Version der Welt zu einer stabilen macht und wie sie erkannt oder identifiziert werden kann. Wie sich in dem Vorhergehenden gezeigt hat, ist der Begriff des Hintergrundes und der vorgängigen Interpretationspraxis von zentraler Bedeutung. Besonders gilt das unter einer hermeneutisch-interpretatorischen Perspektive: Will man verstehen, weshalb eine bestimmte Interpretation angelegt wurde, ist es notwendig, einen beschreibenden Zugriff auf den Hintergrund zu haben.

Hintergrund und Lebenswelt sind zwei zentrale Begriffe für die sprachanalytische wie auch für die phänomenologische Philosophie und die Soziologie, für die es auch eine entsprechende Anzahl unterschiedlicher Lesarten gibt.[6] Wirkungsgeschichtlich geworden ist der Begriff der Lebenswelt durch die Phänomenologie Edmund Husserls und der sich anschließenden "Phänomenologischen Schule". Die von ihm eingeleitete Dekonstruktion des erkennenden – transzendentalen – Ichs hat sich in der Philosophie, Wissenschaftstheorie und Soziologie dieses Jahrhunderts in weitgehender Weise durchgesetzt. Dies gilt für die soziologische Systemtheorie von Niklas Luhmann oder Jürgen Habermas wie für den "Erlanger Konstruktivismus". Heidegger und damit auch Hans-Georg Gadamer haben das Konzept der Lebenswelt abwandelnd aufgenommen, wie es sich bei Gadamer etwa in dem 'Horizont des Verstehens' wiederfindet.

Im Bereich der sprachanalytischen Philosophie geht Wittgenstein von ähnlichen Überlegungen aus, wenn er in seinen *Philosophischen Untersuchungen* den (begründungstheoretischen) Grund der Sprachbedeutung in

5 N. Goodman, *Vom Denken und anderen Dingen*, op.cit., S. 86.

6 Vgl. hierzu: G. Preyer, G. Peter, A. Ulfig, "Einleitung: 'Lebenswelt' und 'System' in Philosophie und Soziologie", in: dies. (Hrsg.), *Protosoziologie im Kontext.* Lebenswelt *und* System *in Philosophie und Soziologie*, Würzburg 1996, S. 10ff.

einer bestimmten, sozialen Weise zu Leben sieht: "[...] in der Sprache stimmen die Menschen überein. Dies ist keine Übereinstimmung der Meinungen, sondern der Lebensform."[7] Obwohl der Begriff der Lebensform bei Wittgenstein nur an etwa fünf Stellen vorkommt, wurde er für die nachfolgende Diskussion von zentraler Bedeutung. Dies liegt insbesondere an der Verknüpfung von 'Lebensform' und 'Sprachspiel': "Das Wort 'Sprach*spiel*' soll hier hervorheben, daß das Sprechen der Sprache ein Teil ist einer Tätigkeit, oder einer Lebensform."[8] Nach John F.M. Hunter wäre dies die erste der vier möglichen Lesarten. Neben dem "Language-Game Account" unterscheidet er in seinem fast schon klassischen Aufsatz *Forms of Life in Wittgenstein's Philosophical Investigations*[9] noch drei andere Lesarten: "The Behavior-Package View", "The Cultural-Historical View" und "The Natural-Historical Theory, or the 'Organic Account'". Er selbst vertritt die letzte Position, die in einer biologistisch-naturalistischen Interpretation unter Leben eine Art allgemeiner Konstitution des Menschen versteht. Mit dieser Unterscheidung sind auch wichtigsten Zugangsweisen ausgezeichnet, unter denen sich eine Auseinandersetzung mit den Vorbedingungen des Verstehens abzeichnet: eine allgemein-verhaltensorientierte, wie sie Gegenstand der Soziologie und Sozialpsychologie wäre, eine sprachspielorientierte im Rahmen einer Sprachphilosophie oder Linguistik, weiterhin eine biologistisch-anthropologische sowie ein kulturhistorische Sicht.

Eben diese kulturhistorische Sichtweise kennzeichnet die Auseinandersetzung mit den vorgängigen Bedingungen des Verstehens und der Interpretation, wie sie in der sich auf Heidegger und Gadamer stützenden Hermeneutik geführt wird. Ziel einer existentialontologischen Hermeneutik ist die Explikation der Lebenswelt oder des Horizontes als der Grundlage des Verstehens: "Phänomenologie des Daseins ist Hermeneutik"[10]. Genau genommen spricht Heidegger in "Sein und Zeit" auch nicht von Lebenswelt, sondern von dem "In-der-Welt-sein" als der

7 L. Wittgenstein, *Tractatus-logico-philosophicus*, op.cit., § 241 (S. 356).

8 Ibid., §23 (S. 250).

9 Hunter, J.F.M., "Forms of Life in Wittgenstein's Philosophical Investigations", in: E.D. Klemke (Hrsg.), *Essays on Wittgenstein*, Illinois 1971. Der Standpunkt wurde überarbeitet in: ders., "The moltley Forms of Life in the later Wittgenstein", in: G. Preyer/G. Peter/A. Ulfig (Hrsg.), *Protosoziologie im Kontext,* op.cit., S. 228-240.

10 M. Heidegger, *Sein und Zeit*, Tübingen 1972, S. 37.

"Grundverfassung des Daseins".[11] Im Unterscheid zu Husserl und seiner transzendentalen Reduktion wird die Lebenswelt bei Heidegger niemals überschritten. Sie bleibt die Grundlage des Verstehens. In einer Weiterführung dieses Ansatzes durch Hans Georg Gadamer betrifft die Allgemeinheit des hermeneutischen Problems auch die 'methodisch exakten Wissenschaften'.[12] Hierin kann man – wenn auch unter Vorbehalten – durchaus eine Übereinstimmung mit Nelson Goodman und seinem *Prinzip der Verankerung* sehen, was besagt, daß die wissenschaftliche Induktion nicht voraussetzungslos sein kann.

Wie sich auf die Vorurteilsstruktur des Verstehens und damit auf die Lebenswelt nach Heidegger und Gadamer bezogen werden kann, was, falls überhaupt, "entdeckt" werden kann, soll hier nicht weiter verfolgt werden. Das Verhältnis von Lebenswelt, Reflexion und Sprache ist ein Thema für sich, wie Alexander Ulfig in seiner Arbeit gezeigt hat.[13] Es sollte aber zumindest angedeutet werden, inwiefern die verschiedenen philosophischen Ausrichtungen sich ähneln in dem Versuch einer Analyse oder Darstellung der Vorbedingungen des Verstehens.

Mein Vorschlag geht nun dahin, die Lebenswelt oder den Horizont des Sprachverstehens und der Interpretation im Rahmen einer sprachanalytischen Vorgehensweise zu thematisieren. Anhand schemainterpretationistischer Konzepte, wie sie von Hans Lenk und auch Günter Abel vertreten werden, scheint es mir möglich zu sein, die wichtigsten Ergebnisse oder Überzeugungen der 'philosophischen Hermeneutik' aufzunehmen und sie gegebenenfalls umzuinterpretieren. Die Notwendigkeit einer Auseinandersetzung mit dem analytischen Begriff des Hintergrundes oder dem phänomenologischen der Lebenswelt beziehungsweise des Horizontes ergibt sich dabei nicht so sehr aus ihrer allgemeinen Bedeutung innerhalb der zeitgenössischen Philosophie und Soziologie. Vielmehr versuche ich auf diese Weise den Problemen zu begegnen, die in der Auseinandersetzung mit der Symboltheorie Goodmans herausgearbeitet wurden. So ver-

11 "Analysieren wir das Dasein, dann analysieren wir sein In-der-Welt-sein, das heißt wir analysieren die Lebenswelt." G. Brand, *Die Lebenswelt. Eine Philosophie des konkreten Apriori*, Berlin 1971, S. 118.

12 Vgl. Kap. 3c "Der universale Aspekt der Hermeneutik", in: H.G. Gadamer, *Wahrheit und Methode. Grundzüge einer philosophischen Hermeneutik*, Tübingen 1990[6], S. 478ff.

13 Alexander Ulfig, *Lebenswelt, Reflexion und Sprache. Zur reflexiven Thematisierung der Lebenswelt in Phänomenologie, Existenzialontologie und Diskurstheorie*, Würzburg 1997.

weist Goodman bei Fragen nach der Bedeutung von Zeichen häufig auf den gesellschaftlichen Hintergrund und der in ihm verankerten jeweiligen Interpretationspraxis, wobei er deren Beschreibung aber kategorisch ausklammert. Ihn interessiert ausdrücklich nicht die Frage, wie Symbole zu ihrer Bedeutung gelangen, "sondern die vielfältigen Beziehungen zwischen einem Ausdruck oder einem anderen Zeichen bzw. Symbol und dem, worauf es sich bezieht, nicht aber damit, wie solche Beziehungen entstehen."[14] Die Probleme, die sich hieraus nicht nur für eine hermeneutisch orientierte Zugangsweise, sondern auch für seine Beschreibung der Exemplifikation und der Metapher ergeben, sind in den vorangegangenen Kapiteln ausgearbeitet worden.

Mit Lenk teilt er unter anderem die Ansicht, daß die Auswahl von Begriffen oder Kategorien von unserer bisherigen Bezeichnungs- oder Interpretationspraxis abhängt. In seiner Diskussion des Induktionsproblems führte er das "Prinzip der Verankerung" ein, um zu erklären, weshalb bestimmte Begriffe bei der Beschreibung – gewissermaßen apriori[15] – verwendet werden. Goodmans Zeichentheorie bietet aber keine Möglichkeit, dieses Prinzip zu beschreiben; er kann nur für dessen Annahme argumentieren. Was ihn interessiert, sind die Möglichkeiten, aus bekannten 'Weisen der Welterzeugung' neue zu erzeugen, d.h. die bedeutungstheoretische Beziehung unterschiedlicher Symbolsysteme zueinander zu beschreiben. Schon die Beschreibung dessen, was aus einer Version eine stabile macht, gelingt nur ungenügend, da dies erfordern würde, alle gültigen Normen, Werte und Standards zu beschreiben, mit denen eine Version in Übereinstimmung steht und über die sie legitimiert ist.

Hieraus ergibt sich die Notwendigkeit, einen (sprach-)analytischen Zugang zu finden, der sich so weit wie möglich mit der nominalistischen Symboltheorie Goodmans in Einklang bringen läßt. Eine der ersten Anforderungen besteht in einer Ähnlichkeit der Terminologie, sowie der erkenntnistheoretischen Grundüberzeugungen. In einem ersten Schritt gilt es, den Begriff des Symbolsystems durch den konstruktionistischen Be-

14 N. Goodman, *Vom Denken und anderen Dingen*, op.cit., S. 86.

15 Natürlich sind diese Begriffe nicht jeder Erfahrung vorgängig, wie man grob kantisch meinen könnte, sondern nur der anstehenden. Erfahrungen werden mit Hilfe von Begriffen gemacht, die nicht unmittelbar aus diesem Kontext gewonnen werden, sondern aufgrund früherer Erfahrungen an diesen neuen Bereich herangetragen werden.

griff des Schemas zu ersetzen. Weiterhin erlaubt der konstruktive Schemainterpretationismus eine hermeneutisch-interpretative Perspektive, da die Frage, wie die Symbole zu ihrer Bedeutung kommen, innerhalb der Literaturwissenschaft von zentralem Interesse ist. Auch die Frage nach der Stabilität von Versionen kann besser bzw. weitergehender als eine interpretative Stabilisierung von Schemata diskutiert werden. Ziel ist es, einen Interpretationsbegriff zu finden oder zu übernehmen, der umfassend genug ist, um zu der allgemeinen Symboltheorie von Goodman kompatibel zu sein. Er muß weit genug sein, um sowohl picturale, umgangssprachliche wie künstlerische als auch wissenschaftliche Interpretationen zu erfassen.

2. Der konstruktive Schemainterpretationismus von Hans Lenk

Mit seinem Hauptwerk *Interpretationskonstrukte* versucht Hans Lenk einen Brückenschlag zwischen 'extern naturwissenschaftlicher' und 'intern bedeutungslogischer Erfassung', was nichts anderes meint als eine Annäherung von Geistes- und Naturwissenschaften. Gemeinsamer Nenner von beiden Positionen ist der letztlich anthropologisch ausgerichtete Begriff der *Schemainterpretation*. Lenk geht davon aus, daß jede Form der Wahrnehmung "interpretationsgeleitet" oder vorzugsweise "interpretationsimprägniert" ist. Damit wird der Begriff der Interpretation grundlegend für alle weiteren Fragestellungen. "Kurz: Der Mensch ist nicht nur das handelnde, sondern das interpretierend handelnde Wesen."[1]

Argumentativ verankert ist dieser konstruktive Schemainterpretationismus nicht so sehr über die Phänomenologie Husserls, wie über die Kognitionspsychologie von David E. Rumelhart. Für jenen besteht der Prozeß der Interpretation in dem Aktivieren von kognitiven Konstrukten oder Mustern. Schemata stabilisieren sich im Prozeß ihrer Anwendung. Diese Stabilisierung der Wahrnehmungsschemata ereignet sich bereits auf neuronaler Ebene. Ein Ereignis führt zu bestimmten synaptischen Reizen, die bei einer erneuten Wahrnehmung dann wieder ausgelöst werden. Sie ist Grundbedingung für die Identifikation und das Wiedererkennen und betrifft bereits einfache Formen der Gestalterkennung. Die Sinnesreize werden selegiert, geordnet, um so Komplexität abzubauen: "Kognitive Schemata können ebenso wie die Wahrnehmungsschemata als selektiv aktivitätsstabilisierte Einschwingungsprozesse bzw. als Oszillationsgestalten von Neuronen-Ensembles verstanden werden."[2] Es handelt sich um das strukturierende Zusammensetzen von Informationen durch Konformierung. Im Unterschied zu einem radikalen Konstruktivismus soll dies so verstanden werden, daß die Stabilisierung nicht in Abgeschlossenheit des kognitiven Systems von jeder Umweltinteraktion stattfindet; der traditionellen Dichotomie von 'ererbt' und 'erlernt' zieht Lenk die neuere

1 Hans Lenk, *Interpretationskonstrukte. Zur Kritik der interpretatorischen Vernunft*, Frankfurt am Main 1993, S. 17

2 Ibid., S. 442.

Bezeichnung einer "interaktiven Selbstorganisation" aus der kognitiven Psychologie vor. Mit dem fast zum Modewort avancierten Begriff der "Chunks" (etwa: Brocken) verhält es sich ähnlich wie mit dem des Schemas. Er dient dazu, eine spezifische Fähigkeit der Mustererkennung und Problemlösung zu beschreiben. Bei der Erläuterung dieser Chunks trifft man als Beispiel meist auf das Experiment mit den Schachspielern, deren Intelligenz und Spielstärke analysiert werden sollte.[3] Ein gravierender Unterschied zwischen stärkeren und schwächeren Spielern zeigte sich, wenn beide Gruppen aufgefordert wurden, die Positionen einiger Schachfiguren nachzustellen, die sie nur kurz gesehen hatten. Die stärkeren Spieler zeigten sich weit überlegen, was sich aber sofort änderte, als die Stellung der Figuren gänzlich zufällig war und Stellungen entstanden, wie sie nicht innerhalb eines Schachspieles vorkommen können (Könige nebeneinander, etc). Offensichtlich erinnerten die Experten keine einzelnen Figuren, sondern komplexe Muster, die sie sich aufgrund ihrer Spielpraxis angeeignet hatten. War keine schema- oder musterorientierte Interpretation möglich, gab es auch keine signifikanten Vorteile mehr. Es ist die größere interpretative Kompetenz, die auch zu besseren Problemlösungsstrategien und damit Spielgewinnen führt: "Experten scheinen in der Lage zu sein, sowohl mehr Muster als auch größere Muster zu erinnern."[4]

Ein Schema ist damit einfach eine Art und Weise oder ein bestimmtes Muster, um Informationen zu verbinden und in Beziehung zueinander zu setzen. Oder umgekehrt: Jede Art der Beziehung zwischen Wahrnehmungen oder Zeichen ist ein Schema.

Wir besitzen keine einfachen, rohen Informationen oder Daten, sondern Strukturierungsschemata, die es uns erlauben, etwas als etwas wahrzunehmen und gegebenenfalls in bestimmte komplexere Zusammenhänge einzuordnen. Man denke nur an die bekannten Eselsbrücken: Informationen, deren Struktur uns nicht eingängig ist, weil wir das entsprechende

3 Vgl.: J.R. Anderson, *Kognitive Psychologie*, Heidelberg 19962, S. 288ff.

4 Ibid., S. 290ff. In neueren Arbeiten scheint sich zu bestätigen, daß die Anzahl der Chunks, die man sich für ein Expertentum aneignen muß, in ganz verschiedenen Disziplinen etwa gleich ist – eine der genannten Zahlen ist 50.000 – , wie auch die Zeit, die für ihre Aneignung gebraucht wird. Auch bei sogenannten Genies könne diese Spanne nachgewiesen werden, die aber schon mal in geschönten Biographien eingezogen wurde.

Schema nicht beherrschen, lassen sich erst memorieren, wenn man sie in irgendeine gänzlich beliebige Anordnung bringt. Dieses Schema braucht nicht 'sinnvoll' zu sein, aber es ist funktional. Ohne diese Schematisierung würden wir die entsprechenden Informationen wieder verlieren.

Dieses neben Rumelhart auf den Psychologen David Hebb zurückgehende Modell der Synapsenverstärkung wird von Lenk auch für den Bereich höherstufiger Interpretationen übernommen bis hin zu seiner Diskussion von Wittgenstein II und dessen Sprachspiel- und Regelbegriffes. Dahinter steht die Idee, daß der Mensch durch ein bestimmtes Interpretationshandeln ausgezeichnet ist, das sich sowohl in einfachen Formen der visuellen Gestaltwahrnehmung wie auch im Bereich gemeinsamer sozial-kultureller Interpretation wiederfinden läßt. Je weiter sich von den grundlegenden Interpretationen entfernt wird, desto stärker tritt der Aspekt des interaktiven[5] Sicheinspielens von Interpretationskonstrukten in den Vordergrund. Zusammenfassend ergibt sich ein Interpretationsbegriff, der sich als ein Stabilisationsprozeß zwischen einem Muster und seinem Gegenstand charakterisieren läßt, bei dem es zu entsprechenden Anpassungen kommt:

> Interpretieren ist nach Rumelhart also das Auslösen oder Auswählen von Schemata (kognitiven Konstrukten) und deren versuchsweise Anwendung auf Sinnesdaten, auf (Folgen von) Wahrnehmungserlebnisse(n) und abstraktere(n) inhaltliche(n) Datengegebenheiten sowie die sukzessiv rückkoppelnde Überprüfung der Stimmigkeit bei der Anwendung des jeweiligen Konstrukts.[6]

Dieser Interpretationsbegriff ist einem Zeichenbegriff vorgängig und damit auch nicht von Zeichen abhängig, wie es die Symboltheorie Goodmans ist:"Es zeigt sich somit, daß Interpretieren grundlegender ist als das fundierende Unterstellen eines Zeichencharakters, daß Zeichen und Aus-

5 'Interaktiv' ist hier in einem sehr weitgehenden Sinn zu verstehen und meint das variierende Anpassen eines Schemas an und in einer besonderen Situation. Dies kann schon die Interpretation oder Wahrnehmung einfacher Dinge betreffen, insofern sie nicht genau unserem bisherigen Schema und damit unserer Erfahrung entsprechen. Interaktiv meint aber auch das aktive Anpassen der Interpretationen zweieroder mehrerer Personen.

6 Hans Lenk, *Philosophie und Interpretation. Vorlesungen zur Entwicklung konstruktionistischer Interpretationsansätze*, Frankfurt am Main 1993, S. 204

drücke ihre Funktion als Zeichen erst in entsprechenden Kontexten und Prozessen des Interpretierens gewinnen."[7] Und genau dieses prädestiniert den Schemainterpretationismus schon im Ansatz zu einer interpretationistischen Erweiterung der Symboltheorie Goodmans.

Zur Darstellung der verschiedenen Formen des Interpretierens lassen sich die Schemata nun nach ihrem Abstraktionsgrad in einem Stufenmodell unterscheiden bzw. stratifizieren.[8] In einer stufenweisen Anordnung bilden die praktisch unveränderlichen, wohl biologischen Urinterpretationen die unterste Ebene. Hier finden sich so grundlegende Unterscheidungen wie Hell-Dunkel und auf bestimmte Formen der Raumorientierung, die – zumindest bezogen auf den Einzelnen – unveränderlich sind. Die zweite Stufe besteht aus den gewohnheits und gleichförmigkeitsbildenden Musterinterpretationen. Hierunter fallen etwa das Erlernen bestimmter Farben und anderer distinkter Wahrnehmungen, die als "vorsprachliche Begriffsbildung" bezeichnet werden.

Sozial etablierte und kulturell tradierte Schemata finden sich auf der nächsten Ebene. Es sind übernommene und von Regeln umgrenzte Muster, die über Lern- und Lehrsituationen angeeignet wurden. Es ist das Einüben meist sprachlicher Muster im Rahmen einer Sozialisation, die eine Ähnlichkeit in der Interpretation auf einer noch nicht reflexiven Stufe erreichen soll. Im Unterschied hierzu handelt es sich auf der vierten Stufe um bewußt klassifizierende und beschreibende Einordnungsinterpretationen. Bei Einordnungsinterpretationen beziehen wir uns auf eine vorhergehende Interpretation, die unter eine nähere Beschreibung oder eine Artenbildung gefaßt wird. Entsprechend besteht die nächsthöhere Abstraktion – die Stufe 5 – in den Rechtfertigungen, mit denen wir uns auf die Einordnungsinterpretationen beziehen. Argumentative Sinnstiftung ist Teil dieser Rechtfertigungsinterpretationen. Und auf der letzten Stufe, der sechsten, beziehen wir uns auf unsere Rechtfertigungen in einer erkenntnistheoretischen oder methodologischen Metainterpretation. Thematisch werden hier die Standards, Normen oder Regeln bis hin zu den Theorien, anhand derer wir rechtfertigen und unser Vorgehen interpretieren.

7 Hans Lenk, *Schemaspiele: Über Schemainterpretationen und Interpretationskonstrukte*, Frankfurt am Main 1995, S. 162.

8 Ibid., S. 103ff.

Zusammenfassend läßt sich sagen: "Generell stellen Schemata also das Wissen und dessen Verarbeitungsstrukturen auf allen Abstraktionsebenen von der Wahrnehmungsordnung bis zur theoretischen Vereinheitlichung dar."[9] Schemata sind dabei keine abstrakten oder irgendwie reinen Formen des Erkennens. Sie sind emotionsbesetzt, dienen bestimmten Motiven und Zielen und genügen Normen. Umgekehrt lassen sich all diese Aspekte als Interpretationskonstrukte verstehen und rekonstruieren, wie dies Lenk auch ausführt.[10]'Kognitiv' heißt hier weder emotionslos noch wertfrei. Auch Emotionen sind nichts Unmittelbares, sondern an eine bestimmte Interpretation etwa einer Situation gebunden, in der wir etwas als etwas Bestimmtes wahrnehmen. Emotionen sind gebunden an oder auch eingebunden in Wahrnehmungs- und Interpretationsmustern: "erst die Kognition ergibt die spezifisch identifizierende Emotion."[11] Emotionen sind auch kulturell gebunden und stehen in Beziehung zu Werten und Normen. Interpretationen sind werthaltig und emotiv besetzt, wenn auch nicht alle in dem selben Maße.

Hierin stimmt der Schemainterpretationismus in auffälliger Weise mit der Objektbeziehungstherapie Otto Kernbergs, einem der führenden Psychoanalytiker, überein. Kernberg bestimmt Affekte als biologisch vorgegebene und kulturell geformte Instinktstrukturen. Objektbeziehungen sind nichts anderes als eingespielte und im hohen Maße affektbesetzte Interpretationsschemata, wie sie sich in Beziehung zu wichtigen Personen gebildet haben. Diese werden in anderen Situationen – unbewußt – ausgelöst oder verwendet, wodurch es zu Fehlinterpretationen und Leidenserfahrungen kommt.[12] Werte, Emotionen und Kognitionen haben nichts ausschließendes, sondern sind unterschiedliche und meist interdependente Aspekte unserer Interpretationen.

Der Begriff des Schemas darf, wie schon der Hinweis auf seine rückkoppelnde Anwendung in der Interpretation anzeigt, nicht zu statisch

9 Hans Lenk, *Schemaspiele,* op.cit., S.63.

10 Ders., *Interpretationskonstrukte*, op.cit., S. 351ff.

11 Ders., *Von Deutungen zu Wertungen*, Frankfurt am Main 1994, S. 145.

12 Kurz gesagt erfolgt die Heilung – so sie denn nach Jahren eintritt – durch die reflexive Einholung des Interpretationsschemas oder, etwas genauer, durch positive Integration dieser Schemata in die Persönlichkeitsstruktur. Otto F. Kernberg, *Wut und Haß. Über die Bedeutung von Aggression bei Persönlichkeitsstörungen und sexuellen Perversionen*, Stuttgart 1997, S. 15.

gedacht werden. Hier besteht ein deutlicher Unterschied etwa zu dem frühen Strukturalismus von Ferdinand deSaussure. Für die Beschreibung der Sprachbedeutung als die gegenseitige Beziehung der Worte stand das Bild des Kristallgitters Pate, das sich durch Invarianz, größtmögliche Stabilität und Eindeutigkeit der Beziehungen auszeichnet, beziehungsweise diese Eigenschaften exemplifiziert.[13] Demgegenüber ist das Schema durch stärkere Flexibilität in der interpretativen Anwendung charakterisiert sowie durch Variablen, die erst in der Anwendung ausgefüllt werden:

> Kennzeichnend ist, daß Schemata Variablen aufweisen, die in verschiedenen Umgebungsaspekten hinsichtlich der jeweiligen oder unterschiedlichen Instantiierung des Schemas verbunden werden können.[14]

J.R. Anderson spricht in diesem Zusammenhang von einem *Slot.*[15] Einen Slot kann man sich als eine Kategorie vorstellen, die durch einen entsprechenden Wert oder Attribut ausgefüllt werden kann. So kann es in einem Interpretationsschema für Lyrik den Slot "Versform" geben, der durch ganz unterschiedliche Werte ausgefüllt werden kann. In diesem Beispiel kann er sogar den Wert 0 annehmen, insofern es sich um moderne Lyrik handelt. Ob Slots besetzt sind oder besetzt sein müssen, hängt von der Wichtigkeit des Merkmals ab. Notwendige und hinreichende Merkmalsklassen müssen selbstverständlich besetzt sein, in den anderen Fällen ist es häufig situativ zu entscheiden, ob sich etwas so weit mit einem Schema in Übereinstimmung bringen läßt, daß es positiv bestimmt wird. Auf die Lyrik bezogen heißt dies, daß ein bestimmtes oder festes Versmaß nicht notwendigerweise vorhanden sein muß, allerdings unter der Einschränkung, daß es sich eher um moderne Lyrik handelt.

13 Vgl. Ferdinand deSaussure, *Grundfragen der allgemeinen Sprachwissenschaft*, Berlin 1967², S. 132ff.

14 H. Lenk, *Philosophie und Interpretation.*, op.cit., S. 205. Wenn Lenk schreibt, daß ein Schema Variablen enthalte, so steht sein Schemabegriff zwischen dem des Symbolsystems und dem des Symbolschemas, wie er von Goodman unterschieden wird. Vereinfacht gesagt ist für Goodman ein Schema eine Art und Weise, Symbole anzuordnen, was insbesondere ihre Syntax betrifft. Ein Symbolsystem wäre dann ein Schema samt seinen Symbolen.

15 "In Schemata ist kategoriales Wissen in Form einer Struktur von Leerstellen repräsentiert; solche Leerstellen nennt man in diesem Zusammenhang auch Slots." J.R. Anderson, *Kognitive Psychologie*, Heidelberg 1996², S. 150.

Weiterhin gibt es innerhalb eines Schemas Standardwerte – sogenannte *Default-Werte*, die gewissermaßen 'der Erfahrung entsprechen' und immer verwendet werden, solange keine andere Information vorliegt: Sie komplettieren das Interpretierte durch das zu Erwartende, was bei einer Erinnerung dazu führen kann, daß das zu Erwartende der Erinnerung zugeschrieben wird. Der offenkundige Vorteil ist, daß ein Interpret – aufgrund erworbener Kompetenzen oder der Lebenserfahrung – aus nur wenigen Informationen weitreichende Schlüsse ziehen kann, um erfolgreich zu handeln. In der Kunst findet sich diese Komplettierung des Interpretationsschemas in der Andeutung wieder, aber auch überall dort, wo uns eine knappe Darstellung eine komplexe Wahrnehmung oder Interpretation erlaubt. Für Goodman ist dies als "relative Fülle" ein Symptom des Ästhetischen, ähnlich dem Sprichwort, daß Kunst die des Weglassens ist.

Kurz anführen möchte ich einige Arbeiten und Experimente, die direkt aus einer Umsetzung dieser Erkenntnisse der kognitiven Psychologie für die Interpretation von Texten entstanden sind. Bereits 1932 hatte F. C. Bartlett[16] seine englischen Probanden eine recht exotische Erzählung aus einem fremden Kulturkreis lesen lassen. Als sie nacherzählt werden sollte, nahmen mit zunehmenden zeitlichen Abstand zum Lesen die Verzerrungen zu und es wurden auch Informationen hinzuerfunden, was noch nicht weiter erstaunlich ist. Bei genauerer Betrachtung zeigte sich, daß die Nacherzählung, je später sie erfolgte, desto stärker in Übereinstimmung mit Stereotypen der eigenen Kultur gebracht wurde. Diese Schemata sorgten auch auch für die Inferenzen oder 'Ausschmückungen', indem die Erinnerung durch Teile des Schemas komplettiert wurde. Was keinem Schema zugeordnet werden konnte, wurde auch kaum behalten. Erinnert werden kann nur, was mit einem Muster in Übereinstimmung gebracht wird, wobei die Erinnerung noch um sogenannte Defaultwerte erweitert oder komplettiert wird. Für die Probanden lassen sich diese Komplettierungen, einmal gemacht, rückbezüglich nicht mehr von dem tatsächlich Gehörten oder Erfahrenen unterscheiden.

Ein fortgeschrittenes Modell des Textverstehens haben Kintsch und van Dijk entwickelt. Den Kern bildet auch hier der Prozeß des Verstehens und Erinnerns, wobei das Modell bereits oberhalb der Ebene einfacher syn-

16 Wiederabdruck in: F.C Bartlett, *Remembering: A Study in Experimental and Social Psychology*, New York 1967.

taktischer und semantischer Analysen einsetzt.[17] Der Grundgedanke ist, daß Propositionen zu größeren Einheiten zusammengesetzt werden (müssen), da wir nur eine bestimmte Anzahl einzelner Propositionen im Gedächtnis behalten können. Übersteigt die Anzahl vereinzelter Propositionen im Prozeß des Textverstehens die Zahl fünf, gehen diese verloren. Es kann nur behalten oder verstanden werden, was in größere Zusammenhänge eingebaut worden ist. Die Schemainterpretation dient auch hier dem Komplexitätsabbau.

Aber bereits diese Arbeiten haben den Nachteil, daß sie für literaturwissenschaftliche Belange zu allgemein sind, zu stark strukturell-syntaktisch verfahren und wenig Sinn für ästhetisch-formale Aspekte zeigen. Größtenteils stehen sie in Zusammenhang mit lerntheoretischen Ansätzen, die prinzipielle Fragen der Rezeption und Strukturierung von Texten betreffen oder auch der maschinellen Texterfassung, und verfolgen damit ohnehin andere Fragestellungen als die Literaturwissenschaft.[18]

Bemerkenswert bleiben aber die ähnliche Grundzüge im Verständnis des Interpretierens zwischen diesen Arbeiten und dem konstruktiven Schemainterpretationismus. Beide gehen von einem notwendigen Strukturieren im Prozeß der Interpretation aus. Auch für Goodman gibt es keine *brute facts*, sondern Tatsachen sind stets theoriegeladen, d.h. eingebunden in sinnstiftende Darstellungen oder Interpretationen: "Entdeckungen werden nur dann zu verfügbarem Wissen, wenn man sie in zugänglicher Form aufbewahrt."[19] Ohnehin ergeben sich für die Symboltheorie Nelson Goodmans starke Anschlüsse zu dem Konzept eines konstruktiven Schemainterpretationismus, insbesondere für den Begriff des Passens einerseits und zu dem der Instantiierung von Schemata andererseits. Liest man das Passen prozeßhaft als ein Anpassen vollzieht sich das Interpretieren in beiden Fällen zwischen den verfügbaren Schemata, dem Gegenstand und den situativen Erfordernissen und Erkenntnisinteressen. Es ist ein "Passen auf das, worauf in der einen oder anderen Weise Bezug genommen wird, oder Passen auf andere Wiedergaben, auf Arten und Weisen der Organisation."[20] Oder in den Worten Lenks:

17 Siehe auch: J.R. Anderson, *Kognitive Psychologie*, op.cit., S. 405ff.

18 Für Literaturhinweise siehe: J.R. Anderson, *Kognitive Psychologie*, op.cit., S. 408.

19 N. Goodman, *Sprachen der Kunst*, op.cit., S. 239.

20 Ders., *Weisen der Welterzeugung*, op.cit., S. 167.

> In allen Fällen handelt es sich um in Verfahren oder durch Verfahren zu instantiierende Strukturierungen, die Variationen, Kontrollen und Passung, Verzweigung und Weiterentwicklung sowie Beurteilung über Angemessenheit bzw. negativenfalls eine Verwerfung oder Ersetzung durch ein anderes Konstrukt umfassen.[21]

Interpretieren und das 'Erzeugen von Welten' sind sich hier sehr ähnlich. Es sind Prozesse eines Umbaus bisheriger Interpretationsweisen im Rahmen eines mehrdimensionalen Anpassungsprozesses an Erkenntnisziele, soziale und situative Erfordernisse und natürlich dem Gegenstand, der gleichfalls eine Interpretation sein kann. Gerade für die ästhetische Erfahrung formuliert Goodman ihre Bedeutung als einen aktiven Interpretationsprozeß, der in dem In-Beziehung-Setzen verschiedener Schemata besteht als einem Verfahren konstruktiver Suche, in dem sich die aktuellen Schemata realisieren. Statt in einem interesselosen Wohlgefallen besteht das Ziel darin, aus anderen Schemata auf unterschiedliche Weisen eine kognitiv wirksame Interpretation zu konstruieren:

> Einführung und Modifikation von Motiven, Abstraktion und Ausarbeitung von Strukturen, Differenzierung von und Wechselbeziehungen zwischen Transformationsmodi, dies alles sind Verfahren konstruktiver Suche; und die auf sie anwendbaren Maßstäbe sind nicht die passiven Vergnügens, sondern die kognitiver Wirksamkeit: Feinheit der Unterscheidung, Integrationskraft und ein ausgewogenes Verhältnis von Erkennen und Entdecken.[22]

Für Lenk ist die Herausarbeitung des Konstruktcharakters ein zentrales Anliegen, da sich hier Kerngedanken seines Schemainterpretationismus wiederfinden lassen. Darin besteht eine wichtige Übereinstimmung mit der Symboltheorie, wobei Lenks Interpretationsbegriff differenzierter ist:

> Stets wurde in unseren Entwurf der Konstruktcharakter der Interpretation betont. Es handelt sich um ein interpretatives Erfassen, um aktive Entwürfe, Vorgriffe, die uns entweder im Sinne absichtlichen oder zweckgerichteten Handelns oder zuin-

21 Hans Lenk, *Philosophie und Interpretation*, op.cit., S. 205.

22 N. Goodman, *Sprachen der Kunst*, op.cit., S. 239f.

> dest als habitualisiertes implizietes, u.U. ritualisiertes Tun zu verstehen ist.[23]

Bezieht man das Gesagte auf die Exemplifikation als der wohl wichtigsten Form der Bezugnahme für die Kunst und das Ästhetische, so läßt auch sie sich als eine Form interpretierenden Handelns definieren, bei dem bestimmte Muster erzeugt/gefunden und auf ihren Gegenstand übertragen werden. Welches Etikett auch immer exemplifiziert ist, muß als solches bereits vorliegen, wie dies Günther Abel zu recht heraushebt.

> Exemplifikation kann nun als die Referenzfunktion, die sie ist, deshalb als eine Interpretationsfunktion beschrieben werden, weil in ihr eine eingespielte Interpretations-Praxis immer schon vorausgesetzt und in Anspruch genommen ist.[24]

Für das Exemplifizierte bedeutet dies, daß es eher gefunden als erzeugt wird. Es sind Etikette oder Symbole als Teil eines Symbolsystems exemplifiziert, und diese müssen der Exemplifikation vorausliegen. Zugespitzt könnte man sagen, daß die Exemplifikation eine Bezugnahme auf eine bestehende Interpretationspraxis ist. Sie bezieht sich auf eine bereits bestehende Weise, Dinge zu bezeichnen, womit es sich um das In-Beziehung-Setzen zweier Schemata handelt. Allerdings besteht für die Exemplifikation nicht nur eine Strukturiertheit hinsichtlich ihres Gegenstandes, sondern auch hinsichtlich ihrer selbst. Was etwa an einem Kunstwerke exemplifiziert wird, unterliegt gleichfalls einem konstruktiven Interpretationismus. Was an einem Kunstwerk relevant ist – welche seiner Eigenschaften auch exemplifiziert sind –, ist das Ergebnis eines voraussetzungsvollen Interpretationsprozesses.

Mit der Frage nach diesen Voraussetzungen des Interpretationsprozesses komme ich wieder zu dem Ausgangspunkt dieser Überlegungen zurück. Versteht man diesen Hintergrund als den Ort der sozialen Verankerung (Goodman), so läßt sich sagen, daß Lenk mit seinem Begriff des Schemas mehrere Lesarten der Thematisierung, die J.F. Hunter aufführt, abdecken kann, auch wenn sein Ebenenmodell andere Ziele verfolgt: Durch die psychologische Verankerung des Schemabegriffs mit Bezug auf Rumelhart, die sich bis zu der Diskussion um Neuronenassemblies erstreckt, kann er sowohl eine biologische als auch eine behavioristische Kompo-

23 H. Lenk, *Interpretationskonstrukte*, op.cit., S. 275.

24 Günther Abel, *Interpretationswelten*, op.cit., S. 301.

nente der Sprachverankerung erfassen.[25] In seiner Stratifizierung verschiedener Interpretationsebenen finden sich in den höherstufigen Schemata Entsprechungen zu dem 'Sprachspiel' und dem 'kulturell historisierenden' Aspekt, wodurch sein Konzept eines Schemainterpretationismus als grundlegender und wie auch weiterführender verstanden werden kann:

> Insgesamt kann das Konzept der Schemainterpretationen bzw. der Schemaspiele als eine fruchtbare Erweiterung und auch zugleich als tiefere Fundierung des Wittgensteinschen gebrauchstheoretisch-funktionalistischen Ansatzes zur Verwendung zur Verwendung von Zeichen, Bedeutungserschließungen, Repräsentationen äußerer und mentaler Art sowie aller symbolischen Tätigkeiten aufgefaßt werden.[26]

Hans Lenk schließt mit seinem Schemainterpretationismus ausdrücklich an Wittgenstein an. Obwohl er sich auch verschiedentlich mit der Phänomenologie Husserls auseinandersetzt, gibt er dem Begriff der Lebensform und des Sprachspiels den Vorzug vor dem der Lebenswelt. Aus verschiedenen Gründen, die hier nicht im einzelnen ausgeführt werden sollen, scheint mir Wittgensteins Ansatz für Lenk interessanter zu sein, da er für die verschiedenen Aspekte seines Schemabegriffs offen ist. In diesem Sinne wäre es auch möglich, an einen soziologischen Begriff der Lebenswelt anzuschließen, wie er beispielsweise von J. Habermas in der systemtheoretischen Komponente seiner Gesellschaftstheorie verwendet wird:

> Wenn wir nun die bewußtseinsphilosophischen Grundbegriffe, in denen Husserl die Lebensweltproblematik behandelt, aufgeben, können wir uns die Lebenswelt durch einen kulturell überlieferten und sprachlich organisierten Vorrat an Deutungsmustern repräsentiert denken.[27]

25 Vgl. "Schemainterpretation und Neuronenassemblies", in: H. Lenk, *Schemaspiele*, op.cit., S. 36-72.

26 Hans Lenk, *Schemaspiele*, op.cit., S. 250

27 J. Habermas, *Theorie des kommunikativen Handelns Band 2. Zur Kritik der funktionalistischen Vernunft*, Frankfurt am Main 1981, S. 189. Für Habermas ist die sprachliche Verfaßtheit der Lebenswelt insofern wichtig, als sie dadurch unmittelbarer einer reflexiven (diskursiven) Thematisierung zugänglich ist. Kulturell eingespielte Interpretationsweisen, wie etwa in der Kunst, die nicht explizit sprachlich sind, bedürften erst einer sprachlichen Aneignung, bevor sie thematisiert werden können. Wei-

Es ist diese Definition der Lebenswelt als einem "kulturell überlieferten und sprachlich Vorrat an Deutungsmustern", der ich in Hinsicht auf einen Schemainterpretationismus den Vorzug geben möchte. Goodmans Prinzip der Verankerung gründet dann gleichfalls in einer Lebenswelt, verstanden als die Menge der zur Verfügung stehenden Interpretationsschemata und Begriffe, aus der heraus wir neue Welten erzeugen oder Schemata konstruieren.

Der Aspekt des Hintergrundes sowie des Konstruktcharakters des Verstehens finden sich auch in der Hermeneutik wieder. In dieser für die Literaturwissenschaft so bedeutenden Teildisziplin oder Verfahrensweise lassen sich nicht bloß Parallelen aufzeigen, sondern es sollte versucht werden, anhand des ganz allgemeinen Interpretationsbegriff Lenks die jeweils spezifischeren in der Hermeneutik zu fassen. In diesem Zusammenhang läßt sich dann auch die Beziehung zur Literaturwissenschaft konkretisieren.

terhin ist anzumerken, daß zum Beispiel für Searle der 'Hintergrund' – als Synonym für Lebenswelt – des Sprachverstehens keineswegs rein sprachlich ist, sondern unter anderen auch psychologische Aspekte umfaßt. Ob die kulturelle Organisation und Überlieferung einzig rein sprachlich geschehen kann, ist zu bezweifeln. Sicherlich ist sie aber weitgehend auf Symbol- und Notationssysteme angewiesen, zu denen auch Tanz, Musik und weitergehend auch bildliche Darstellungen gehören. Ihre Bedeutung ist gegenüber den explizit sprachlichen Deutungsmustern sicherlich im Ganzen betrachtet gering. Aber einfacher und sinnvoller ist es, alle diese Darstellungs- und Interpretationsweisen unter den Begriff des Schemas zusammenzufassen.

3. Hermeneutik und Schemainterpretation

Der Begriff der Interpretation ist für die Sprachphilosophie wie für die Literaturwissenschaften grundlegend. Allerdings wird er ganz unterschiedlich verwendet, weshalb es an dieser Stelle ratsam erscheint, vorab eine grobe Unterscheigung der verschiedenen Verwendungsweisen vorzunehmen.

Der Begriff der Interpretation, wie ich ihn mit Bezug auf Hans Lenk eingeführt habe, ist sicherlich ein anderer als der in der – literaturwissenschaftlichen – Aufforderung, ein Gedicht zu interpretieren. Es handelt sich dort nicht bloß um die Aufforderung, das Gedicht zu lesen in der Absicht, es zu verstehen. Vielmehr wird Auskunft über die Interpretation selbst verlangt. Aufgezeigt werden sollen beispielsweise die relevanten ästhetischen Strukturen eines Textes, sein Aufbau, seine Beziehung zu anderen Texten des Autors, zur Zeitgeschichte usw. Bezogen auf Lenks hierarchisches Interpretationsmodell handelt es sich bei der literaturwissenschaftlichen Interpretation um eine Meta-Interpretation, in der die Gegenstandsinterpretation der vorhergehenden Stufe thematisch wird. Sie kann alle Aspekte des Verstehens umfassen, wie den Hintergrund, den Kontext, Aufbau, Inhalt, den Prozeß der Interpretation als ästhetischer Erfahrung, den Vergleich mit ähnlichen Texten und anderes mehr. Ordnet man die literaturwissenschaftliche Interpretation in Lenks Ebenen-Modell ein, so ist sie der Ebene 5 und damit den erklärenden, (theoretisch) rechtfertigenden und begründenden Interpretationen zuzurechnen, eher noch als den klassifizierenden, beschreibenden und subsumierenden Interpretationen auf der vierten Ebene.[1] Die nächste und letzte Ebene würde entsprechend die erkenntnistheoretische oder methodenbezogene Reflexion der literaturwissenschaftlichen Methoden umfassen, also das, was in dieser Arbeit geschieht.

Die literaturwissenschaftliche (Meta-)Interpretation besteht meist aus einer aufzeigenden Paraphrase ästhetisch relevanter Stellen. Ist ein Kunstwerk durch das bedeutsam, was es (metaphorisch) exemplifiziert, besteht

1 Vgl.: Hans Lenk, *Schemaspiele*, op.cit., S. 103. Insofern die literaturwissenschaftliche Interpretation auch einer Kategorisierung dienen kann, etwa wenn sie Gedichte einer bestimmten Epoche zuordnet, stellt dies nur eine Gewichtung dar.

die Aufgabe dieser Interpretation darin, das Exemplifizierte zu denotieren: aus dem Gezeigten ein Gesagtes zu machen. Wie weitgehend diese Paraphrase ist, hängt – wie bei der Angabe von Bedeutung überhaupt – von unterschiedlichen pragmatischen Gründen ab.[2] Für die oft angeführte Unendlichkeit der Interpretation bedeutet dies, daß sie dort aufhört, wo auch das Erkenntnisinteresse endet. Wir interpretieren einen Roman oder ein Gedicht beispielsweise, um es in einen bestimmten Zusammenhang einzuordnen, und hören auf, wenn uns dies gelungen ist (oder unmöglich erscheint). Jede Alltagsinterpretation wäre ohne pragmatische Einschränkungen endlos und würde in einer Entscheidungs- und Handlungsunfähigkeit münden, wie sich – nebenbei bemerkt – auch jeder Witz durch Nachfragen zerstören läßt. Es ist ein meist lebensweltliches Wissen um Relevanzen, daß die Interpretation wie ihr Ende steuert.

Diese knappe Beschreibung der literaturwissenschaftlichen Interpretation als Meta-Interpretation im Sinne Lenks ist meines Erachtens durchaus ausreichend und geeignet, da sie alle verschiedenen Formen literaturwissenschaftlichen Interpretierens umfaßt. Dem gegenüber stellt der *Kommentar* eine Einschränkung dar, insofern hier der Schwerpunkt auf den Vorbedingungen des Verstehens liegt: dem Kontext und dem Hintergrund. Seine Hauptaufgabe ist es, die Rezeption zu erleichtern und den Text in größere Zusammenhänge einzuordnen, mithin einen Teil der interpretativen Kompetenz bereitzustellen.

Die *Auslegung* wiederum richtet ihr Interesse im Sinne Goodmans auf den Gegenstand eines Kunstwerkes. Fungiert ein literarischer Text als Probe, so beschreibt die Auslegung die Sichtweise, für die er eine geeignete Probe ist, sein kann oder sein soll. In dem einfachen Beispiel religiöser Allegorien besteht die Arbeit des Auslegenden darin, die konkrete Lebenssituation zu finden, auf welche die Allegorie zu beziehen ist und in der sie handlungsleitend wirken soll. Kontrolliert wird die Vielzahl der möglichen interpretativen Auslegungen mit ihren so legitimierten Handlungskonsequenzen meist durch eine Elite, was für Konformität und Sta-

2 Dies betrifft allerdings nur natürliche Sprachen. Es ist nicht einmal eine abschließende Definition oder Beschreibung des Wortes 'Baum' möglich, wie es schon jedes Kind korrekt und sinnvoll verwendet. In der Sprache der Botanik oder Biologie gelingt dies, aber auch nur für diese restringierte, nicht natürliche Sprache. Dabei handelt es sich nicht um eine Definition des Alltagsbegriffes, auch wenn beide die selbe Extension haben.

bilität der Weltwahrnehmung wie des sozialen Handelns sorgt und damit verbunden auch ihrer identitätsstiftenden Funktion. Auch das, was man den höheren oder tieferen Sinn – je nach Orientierung – einer religiösen Textstelle nennt, betrifft häufig das Gezeigte und zum Ausdruck gebrachte, weniger das explizit Gesagte. Ein Großteil der religiös-mythologischen Texte ist auf eine solche Auslegung angewiesen.[3]

Die *Kritik* eines literarischen Textes ist gleichfalls eine Meta-Interpretation, muß aber keineswegs wissenschaftlicher Art sein. Ziel der Kritik ist es, die Übereinstimmung mit Normen, Werten und Standards auszuloten, wobei a priori meist nicht festgelegt ist, welche relevant sind. Erst in der Lektüre selbst zeigen sich – nach momentanem Kunstverständnis – häufig die Aspekte, die für die Beurteilung des Textes maßgeblich sind.

Diese Überlegungen sind allgemein gehalten und sollen auch nur eine grobe Begriffsunterscheidung bieten. Notwendig ist dies auch mit Blick auf die angelsächsische analytische Ästhetik. Wenn dort das Verhältnis zur Literaturwissenschaft diskutiert wird, steht häufig ein eher kritikorientiertes Verständnis im Vordergrund. Demgegenüber steht die Literaturwissenschaft hierzulande in einer anderen geisteswissenschaftlichen Tradition.

Diese geisteswissenschaftliche Interpretation ist es, von der Lenk mit seinem Schemainterpretationismus einen Brückenschlag zu den Naturwissenschaften versucht, um beide unter seinem konstruktionischtischen Konzept zusammenzufassen. Dafür ist es notwendig, die Ähnlichkeit dieses Konzeptes mit den unterschiedlichen Methoden und Vorgehensweisen in beiden Bereichen aufzuzeigen. So haben Hans Lenk und Ekaterini Kaleri, der die meisten Kapitel zur Hermeneutik zugeschrieben sind, das Textverstehen in der geisteswissenschaftlichen Tradition auf einen konstruktionistischen Schemainterpretationismus hin zu lesen versucht.[4]

Ein erster interessanter Ansatz findet sich in dem Begriff des Sehepunktes, wie ihn Johann Martin Chladenius in seiner *Einleitung zur richtigen Auslegung vernünftiger Reden und Schriften* beschreibt.[5] Schon hier wird

3 Zu unterscheiden ist diese Auslegung von jener in der Rechtsprechung, die hauptsächlich die Zugehörigkeit eines Einzelfalles unter eine Standardinterpretation zu beurteilen hat.

4 Hans Lenk, *Philosophie und Interpretation*, Kap. 2 Interpretation und Verstehen in der geisteswissenschaftlichen Tradition, op.cit., S. 29ff.

5 Johann Martin Chladenius, *Einleitung zur richtigen Auslegung vernünftiger Reden und Schriften*, Düsseldorf 1969, S. 187f.

Interpretieren als etwas perspektivisches beschrieben, das sich aus der Sichtweise einer Person ergibt. Ziel der Interpretation ist es, diese bestimmte Sehweise – in einem schwachen Sinn – zu rekonstruieren aus den Regeln der Vernunft und der Seele. Die 'richtige Lesart' ist dabei die des Autoren. Neben diesem Konstruktcharakter ist das Interpretieren durch das prozeßhafte Wechselspiel zwischen konstruktiven Vorgriff und Gegenstandswahrnehmung ausgezeichnet. Dieser Zirkel läßt sich nicht bei Chladenius, wohl aber bei Flacius und Ast finden.[6] Beide fordern, daß ein Teil des Textes aus dem Ganzen zu verstehen ist und umgekehrt. Nur, die Frage nach den Bedingungen für diesen Zirkel, danach wie er überhaupt in Bewegung kommen kann, stellen sie nicht.

Deshalb ist es wohl Friedrich Schleiermacher, der Kaleri und Lenk als der erste Theoretiker gilt, der eine systematische Darstellung der Hermeneutik und der Bedingungen des Textverstehens versucht hat. Dort finden sich sowohl der Konstruktcharakter als auch die Prozeßhaftigkeit des Interpretierens wieder. In seinem Modell geht Schleiermachern davon aus, daß sich das Verstehen des Sprechers durch den Hörer nicht von allein ergibt, sondern beider Sprachen verschieden sind. Dieses grundsätzliche Mißverstehen sei durch ein gewolltes Verstehen zu überwinden, wobei das Aufnehmen ebenso wie das Produzieren eine produktive Leistung darstellt. Hierin besteht die erkenntnistheoretische Grundlegung seiner Hermeneutik, die zu der bekannten 'Nachkonstruktion der gegebenen Rede' führt:

> Für Schleiermacher ist also die Hermeneutik in diesem Sinne eine Kunstlehre der 'Nachkonstruktion', somit der 'Nachbildung des ganzen Prozesses, durch den ein Werk entsteht, in Regelform', wie Dilthey es formuliert.[7]

Im Rahmen eines schemainterpretationistischen Ansatzes fällt das Fazit für diese frühen Theoretiker ganz entsprechend dem eigenen Ansatz aus: "Die moderne Hermeneutik beginnt also mit der erkenntnistheoretischen Grundlegung der konstruktiven Momente von Verstehen und Interpretation."[8] Der hermeneutische Zirkel – erstmals bereits 1719 von

6 Flacius Illyricus, *De ratione cognoscendi sacras literas. Über den Erkenntnisgrund der heiligen Schrift*, Düsseldorf 1968.

7 Hans Lenk, *Interpretationskonstrukte*, op.cit., S. 590.

8 Ders., *Philosophie und Interpretation*, op.cit., S. 61.

Flacius erwähnt – bildet das Beispiel *par excellence* für die Schemainterpretation. Bezogen auf die kognitionspsychologische Verankerung des Schemabegriffes stellt sich der hermeneutische Zirkel fast als eine natürliche Art des Verstehens dar: Unter einem identifizierenden Vorgriff vollzieht sich eine schematisierende Interpretation, in deren Verlauf es zu einer wechselseitigen Anpassung zwischen dem Schema und dem so Gedeuteten kommt. Lenk spricht an einigen Stellen von einer Stabilisierung des Schemas, an anderen von einem Einspielen. Die erste Formulierung hebt die Nähe zu den Kognitionswissenschaften heraus, die zweite stellt eine Nähe zu Wittgensteins Begriff des Sprachspiels her.

Auch Wilhelm Diltheys Grundlegung der Geisteswissenschaften als hermeneutische Wissenschaften beschreibt Verstehen als einen Prozeß des Nachbildens, in dem die Bedeutung der Teile aus einem Ganzen heraus bestimmt wird. Innerhalb der vorgegebenen Bedeutung der Worte und den Regeln der Syntax gebe es eine Mehrdeutigkeit und Variabilität, die aus dem Ganzen heraus festgelegt werde.[9] Das Verstehen wird in seiner Lebensphilosophie zu einem Grundbegriff und über die Textinterpretation hinaus zu einem Modus der Selbstverständigung des Subjekts. Bereits hier kann von einer 'Lebenswelt' ausgegangen werden, von der diese Verstehensprozesse ihren Ausgang nehmen.[10] Auch bei Martin Heidegger entfernte sich das hermeneutische Moment vom Textverstehen hin zu einem existentiellen Handeln im Rahmen eines Seins- und Selbstentwurfs. Zentral ist die Frage nach dem Sein als einer "Analytik des Daseins".[11] Bei dieser Frage nach dem Sein sind wir selbst der Gegenstand in unserem existentiellen Dasein als einem "In-der-Welt-Sein". Die Reflexion erfolgt in einer Art hermeneutischem Zirkel auf die Struktur unseres "In-der-Welt-Seins", das heißt auf die Lebenswelt.[12] Husserls *transzendentales Ich* wurde, salopp gesagt, wieder in die Welt geholt und zu einem "faktischen Selbst". Eingebunden in einen historischen und sozia-

9 Vgl. das umfangreiche Zitat aus Diltheys Nachlaß, "Das Verstehen anderer Personen und ihrer Lebensäußerungen und den Kommentar in: Hans Lenk, *Interpretationskonstrukte*, op.cit., S. 592f.

10 Vgl. Ernst Wolfgang Orth, "Die Lebenswelt als unvermeidliche Illusion? Husserls Lebensweltbegriff und sein kulturpolitischen Weiterungen", in G. Preyer, G. Peter, A. Ulfig, *Protosoziologie im Kontext*, op.cit, S. 29.

11 Vgl. Martin Heidegger, *Sein und Zeit*, Tübingen 1972, S. 2-7.

12 Vgl. A. Ulfig, *Lebenswelt, Reflexion und Sprache*, Würzburg 1997, S. 50-54.

len Zusammenhang vollzieht sich das Verstehen so stets vor einem lebensweltlichen Hintergrund, der als Apriori jedem interpretativen Zugriff vor- und mitgegeben ist. Mit diesem Apriori ist dem Verstehen schon eine sinnhafte Struktur vorgängig, eine "Vorausgelegtheit des Seins", die es im Sinne eines Aufdeckens wie auch eines Findens zu "*ent*decken" gilt.

Wirkungsgeschichtlich wurde seine existenzialontologische Philosophie u.a. in der philosophischen Hermeneutik Hans-Georg Gadamers, der die Interpretation wieder stärker auf das Verstehen in den Geisteswissenschaften – aber nicht nur dort – und die Interpretation von Texten ausrichtete. Seine universalsitische Hermeneutik ist mehr noch als die bisher genannten dadurch ausgezeichnet, daß dem Verstehen ein Vollzugs- und Anwendungscharakter zukommt:

> Das Verstehen hat Anwendungscharakter, indem es einerseits in einem aktiven Vollzug besteht, andererseits dieser Vollzug nur in historischer Einbettung, und das hießt in der Kontinuität praktischer Lebenshorizonte, möglich ist.[13]

In diesem Zusammenhang möchte ich trotz mehrerer durchaus zentraler Übereinstimmungen auf einige Unterschiede hinweisen, die gerade in bezug auf Goodman von Interesse sind. In seiner Diskussion des Induktionsproblems hatte er darauf hingewiesen, daß es auch im Bereich der Naturwissenschaften keine *tabula rasa* im Sinne einer voraussetzungslosen Beschreibung gibt. Trotzdem würde Goodman nicht von einer einschränkenden Abhängigkeit sprechen, sondern eher von einer Gebundenheit. Anders verhält es sich bei Gadamer, was mehr als ein Unterschied im Gestus ist. Verkürzt gesagt ist das Vorurteil für ihn nicht hintergehbar, so daß das Ziel hermeneutischen Verstehens nur in der Erlangung des notwendigen Vorurteils bestehen kann und damit in seiner Anerkennung:

> Es gibt nämlich auch sehr wohl ein Vorurteil der Aufklärung, das ihr Wesen trägt und bestimmt: Dies grundlegende Vorurteil der Aufklärung ist das Vorurteil gegen die Vorurteile überhaupt und damit die Entmachtung der Überlieferung.[14]

13 H. Lenk, *Interpretationskonstrukte*, op.cit., S. 595.

14 Hans Georg Gadamer, *Wahrheit und Methode*, Tübingen 1990[6], S. 275.
Über den letzten Punkt, die Wiedereinsetzung der Macht der Tradition, auch in seinen ethisch normativen Konsequenzen, ist vor allem in bezug auf seinen Gewährsmann Heidegger und dessen ausdrücklicher Anerkennung und affirmativen Bejahung des faktisch Geltenden soviel gesagt worden, daß ich mich hier auf einige

Das Vorurteil ist nicht etwas, das den Blick auf die Eigentlichkeit eines Gegenstandes verstellt, sondern eine Vorbedingung seines Verstehens. Aus der Vorstrukturierung des Verstehens kann aber noch keine inhaltliche Anerkennung dieser Traditionen erfolgen. Goodmans Erkenntnisinteresse, dies scheint mir ein ganz zentraler Unterschied zu sein, geht genau in die entgegengesetzte Richtung als die Gadamers. Ihn interessiert, wie in der Einleitung ausgeführt, nicht die Abhängigkeit der Interpretation von ihren Vorbedingungen, sondern die kreative Veränderbarkeit von Symbolsystemen, mithin die verschiedenen Möglichkeiten aus Bekanntem Neues zu erschaffen als einer Überschreitung bisheriger Interpretationen. Der 'Grund' für die Interpretation liegt bei dem Pragmatiker Goodman in dem auch sozial erfolgreichen interpretativen Handeln aufgrund der kognitiven Leistungsfähigkeit unserer Interpretationen und nicht in einer unhintergehbaren Tradition.

Weiterhin ist der Zugang zu dem ästhetischen Gegenstand im Gegensatz zu zahlreichen traditionellen Ästhetiken nicht durch Unmittelbarkeit (Aisthesis – sinnliche Erkenntnis), sondern durch den Erfahrungscharakter des Verstehens bestimmt. Für Lenk wie für Gadamer ist die Interpretation nicht interesselos, sondern 'mit Bedürfnissen und Zielen verknüpft', die Ausdruck einer existential-ontologischen Sorge als Suche nach Sinn und Selbstvergewisserung sind. So kann man für die Schemainterpretation ähnliches geltend machen wie für die an Gadamer orientierte Hermeneutik. Das Verstehen oder die Interpretation ist im Allgemeinen wie auch besonderen Fall der Kunstwerke ein Prozeß, der sich zwischen einem strukturierenden Vorgriff und dem zu Interpretierenden vollzieht. Das Ziel dieses Prozesses ist die Übereinstimmung zwischen dem modifizierten Vor- verständnis oder dem Schema und dem zu Interpretierenden. Weiterhin ist die Wahl der Interpretationsgrundlage nicht frei oder zufällig. Für Gadamer und Heidegger findet sich dies in der Rede von der 'Geworfenheit' des Einzelnen in die Welt und mehr noch der 'Vorausgelegtheit des Seins' wieder. Lenk hat an einer ganz ähnlichen Stelle ein Modell der Interpretationsebenen entwickelt.[15]

An dieser Stelle kommen die methodologischen Vorzüge des Schemabegriffes zum Tragen. Was bei Gadamer wie bei Heidegger auf einen ganz

andere methodologische Überlegungen beschränken möchte.

15 Hans Lenk, *Interpretationskonstrukte*, op.cit., S. 56.

allgemeinen, die Existenz des Menschen als solchen betreffenden Rahmen bezogen bleibt, läßt sich anhand des Schemainterpreationismus spezifizieren. Die existenzialontologische Wende der Hermeneutik weg vom Textverstehen braucht nicht mit vollzogen zu werden. Daß Kunstwerke aus der Tradition heraus verstanden und interpretiert werden, ist irgendwie sicherlich richtig aber auch zu allgemein. 'Die Tradition' ist nebenbei bemerkt auch ein normativer Begriff, was Inhomogenität insbesondere in der Kunst der Moderne verdeckt und vielleicht sogar zugunsten eines bestimmten Kunstverständnisses verdecken soll. Demgegenüber verhält sich der Begriff des Schemas oder des Musters neutraler und flexibler. Es gab immer schon unterschiedliche Traditionen oder Schemata in der Kunst und alle zusammen sind Teil der oder unserer Tradition. Für das Verständnis eines Werkes ist die Aussage, daß es aus der Tradition heraus verstanden wird, nur bedingt hilfreich, wenn sich nicht auszeichnen läßt, welche dies sein soll. Ein Schriftsteller kann in der Tradition zweier verschiedener Vorbilder stehen, womit sich die Frage stellt, was dies für sein Verständnis bedeutet. Verschiedene Schemata oder Darstellungsweisen sind für seine Werke bedeutsam und gehören in ihrer ursprünglichen wie verwendeten neuen Form erfaßt. Es gilt, die Verständnisbedingungen für ein bestimmtes Kunstwerk zu fassen und zu beschreiben, wie sich aufgrund ihrer das Verstehen in einem bestimmten Kontext realisiert. Kennzeichnend ist in beiden Fällen Abhängigkeit der Interpretation von sozialen und kulturellen Kontexten.

Für Lenk wie auch für Goodman, die beide in ähnlicher Weise von einer vorgängigen Interpretationspraxis ausgehen, kann nur von einem pluralen Verständnis von Tradition ausgegangen werden, eben als einem kulturell überlieferten und (sprachlich) organisierten Vorrat an Deutungsmustern. Dies entspricht der bereits zitierten Definition der Lebenswelt von Jürgen Habermas und läßt sich in einen Schemainterpretationismus hineinlesen. Der Hintergrund oder die Lebenswelt besteht dann aus verschiedenen Schemata, die sich auch einzeln konkretisieren lassen, statt in einem holistisch anmutenden Wirkungsgeschenen. Erst durch eine solche Lesart werden die Vorbedingungen des Verstehens analysierbar, wenn aufgezeigt werden kann, welche Schemata in einem Interpretationsprozeß zur Anwendung gelangen.

Auffällig ist die Übereinstimmung dieses Begriffes der Lebenswelt mit dem des Erwartungshorizontes von Hans Robert Jauß. Seine Absicht ist es, weg von jeder psychologistischen und damit auch subjektivistischen Lesart zu kommen und die Rezeption oder Interpretation des Ästhetischen aus seinen historischen und jeweils spezifischen Verstehensbedingungen heraus zu beschreiben:

> Die Analyse der literarischen Erfahrung eines Lesers entgeht dann dem drohenden Psychologismus, wenn sie die Aufnahme und Wirkung eines Werkes in dem objektivierbaren Bezugssystem der Erwartungen beschreibt, das sich für jedes Werk im historischen Augenblick seines Erscheinens aus dem Vorverständnis der Gattung, aus der Form und Thematik zuvor bekannter Werke und dem Gegensatz von poetischer und praktischer Sprache ergibt.[16]

Diese Erwartungen, mit denen ein Leser einem Text begegnet, sind aus seinen bisherigen Erfahrungen mit ästhetischen Texten entstanden, was nichts anderes heißt, als daß er im Rahmen einer konformitätsbildenen Interpretation bestimmte Muster und Schemata erlernt und sich angeeignet hat. Wir können nur erwarten, was wir vorher erlernt haben. Und aufgrund seiner sozialen Verankerung ist das Verständnis eines Textes nicht zufällig oder willkürlich, sondern in einem wittgensteinschen Sinne regelgeleitet. Die Übereinstimmung in der Interpretation ist auch hier eine in der Lebensform, beziehungsweise eines geteilten (Erwartungs-)Horizontes.

> Der psychische Vorgang bei der Aufnahme eines Textes ist im primären Horizont der ästhetischen Erfahrung keineswegs nur eine willkürliche Folge nur subjektiver Eindrücke, sondern der Vollzug, bestimmter Anweisungen in einem Prozeß gelenkter Wahrnehmung, der nach seinen konstituierenden Motivationen und auslösenden Signalen erfaßt und auch textlinguistisch beschrieben werden kann.[17]

Jauß hebt gleichfalls das Moment des Konstruktiven und Prozeßhaften in der Interpretation hervor. Die erworbenen Muster werden in Konfrontation mit dem neuen Gegenstand instantiiert, wie Lenk es nennt, und entsprechend angepaßt. Rückwirkend kann dies dazu führen, daß auch der Erwartungshorizont mit seinen Interpretationsmustern modifiziert wird:

16 H.R. Jauß, "Literaturgeschichte als Provokation der Literaturwissenschaft", in: ders., *Literaturgeschichte als Provokation*, Frankfurt am Main 1970, S. 173f.

17 Ibid., S. 175.

> Der neue Text evoziert für den Leser (Hörer) den aus früheren Texten vertrauten Horizont von Erwartungen und Spielregeln, die alsdann variiert, korrigiert abgeändert oder auch nur reproduziert werden.[18]

Für die Interpretation eines Textes gilt dann, daß er seine Eigenlogik aus einem strukturierendem Vorgriff entwickelt, der Teil eines spezifischen sozio-kulturellen Horizontes ist, womit Jauß gleichfalls in der genannten Tradition der Hermeneutik steht. Interpretation ist auch hier die Anwendung bzw. Instantiierung zuvor erworbener Schemata auf einen Text oder Gegenstand, wobei sich die Bedeutung aus dem Vorgriff wie aus der Beschaffenheit des Gegenstandes ergibt.

Trotz größerer Unterschiede in der Argumentationslogik bezieht sich Umberto Eco auf ein ähnliches Phänomen, wenn er von dem 'Idiolekt eines Werkes' spricht, der als "der *private und individuelle Code eines einzigen Sprechers* definiert" ist.[19] Gemeint ist die Besonderheit eines Werkes, das die Norm als einen oder den vorgängigen Code auf allen Ebenen nach derselben Regel verletzt. Die Abweichung ist auch hier keine zufällige, sondern eine aufgrund ihrer strukturalen Verfaßtheit rekonstruierbare. Im Verstehensvollzug ergibt sich aus der "offenen Logik der Signifikanten"[20] die Anpassung an den individuellen Code des Werkes. Ob ein individueller Code nicht ein wenig paradox klingt, sollte hier nicht interessieren, wohl aber das Bemühen, auch hier der Textinterpretation ihre Beliebigkeit zu nehmen, die sie aufgrund der Offenheit haben müßte, indem auf eine aufgefundene Eigenstruktur des Kunstwerkes oder Textes hingewiesen wird. Die Offenheit der Interpretation und die Distinktheit ihres Ergebnisses sind dann nicht als Gegensatz zu verstehen, sondern ähnlich den Variablen in einem Schema.

> Der Eindruck von Offenheit und Totalität hat seinen Grund nicht im objektiven Reiz, der in sich materiell determiniert ist, auch nicht im Subjekt, das von sich aus für alle Offenheiten

18 H.R. Jauß, "Literaturgeschichte als Provokation der Literaturwissenschaft", op.cit., S. 175.

19 U. Eco, "Die ästhetische Botschaft", in: D. Henrich und W. Iser, *Theorien der Kunst*, op.cit, S. 411.

20 Ibid., S. 421ff. "Jedes Werk erschüttert den Code, [...] es zeigt unvermutete Möglichkeiten, eine unbekannte Geschmeidigkeit in ihm; indem es ihn verletzt, vervollständigt es ihn und gestaltet ihn um." Ibid., S. 422.

> disponiert ist: er liegt in der Erkenntnisbeziehung, bei der sich die Offenheitsmöglichkeiten verwirklichen, die von den gemäß einer ästhetischen Intention organisierten Reizen stimuliert und gelenkt werden.[21]

Dieser allgemeine Code, in dem sich Bedeutungen stabilisiert haben, stimmt auch hinsichtlich seiner Offenheit mit dem Schemabegriff überein, der ja gleichfalls Variable enthält und partielle strukturelle Anpassungen erlaubt, die im Prozeß der Interpretation besetzt und erzeugt werden. Es sind Möglichkeiten, das Schema an ihre jeweilige Anwendung in der Interpretation anzupassen, zusammen mit den Möglichkeiten des Umbaus.

Der sehr abstrakten Rede von einem allgemeinen Code ist die des Erwartungshorizontes noch vorzuziehen. Dort schent der Schwerpunkt auf den ästhetischen Vorbedingungen des Verstehens zu liegen, was bestimmte Motive, lyrische und epische Formen und anderes mehr einschließt. Im Unterschied dazu umfaßt der Begriff der Lebenswelt weitreichender die allgemeinen Einstellungen gegenüber der Welt. Mein Vorschlag geht nun dahin, beide Aspekte zusammenzufassen unter einem Schemainterpretationismus: die spezifisch ästhetischen wie die eher allgemeinen Interpretationsmuster. Auf dieser Grundlage sollten beide aber auch unterschieden werden und zwar mit Hilfe von Goodmans Symboltheorie.

Ein Kunstwerk ist etwas, das sich aufgrund seines Probencharakters und auf seinen Gegenstand bezieht. Damit haben wir Schemakonstrukte auf zwei Seiten: der des ästhetischen Gegenstandes oder Werkes und dem, worauf das Werk bezogen ist. Die eine Seite betrifft diejenigen Eigenschaften und Konstrukte, die exemplifiziert werden und die eine Interpretation an dem ästhetischen Gegenstand zu erfassen hat. Die andere Seite betrifft den Gegenstand der ästhetischen Probe, der eine Sichtweise oder Interpretation ist. Zwar spielt sich die ästhetische Bedeutung zwischen diesen beiden Schemata aufgrund einer besonderen Weise der Bezugnahme ein, trotzdem ist sie voraussetzungsvoll.

In beiden Bereichen, dem eher allgemein lebensweltlichen und dem ästhetischen, muß der Interpret über ein bestimmtes Wissen – in der Form von Interpretationskonstrukten – verfügen und wissen, wie und worauf sie zu beziehen sind. Dieses Wissen befähigt etwa den Interpreten eines

21 U. Eco, *Das offene Kunstwerk*, Frankfurt am Main 1977, S. 84f.

Bildes oder eines Textes, zu erkennen, welche Eigenschaften und Strukturen an diesem bedeutsam sind. Diese interpretative Fähigkeit ist eine besondere Kompetenz, wie dies Goodman auch bereits angedeutet hat. Und über diesen Begriff einer ästhetischen Kompetenz läßt sich ein Anschluß zu einem literatursoziologischen Konzept ausweisen, wobei die Rede von einer ästhetischen Bedeutung noch einmal aufzunehmen und zu differenzieren ist. Im nächsten Kapitel versuche ich, kurz zu zeigen, wie Goodmans Anmerkungen zur Bildkompetenz und Pierre Bourdieus Fassung der ästhetischen Kompetenz zueinander stehen, wobei meine These dahin geht, daß der soziologische Ansatz um eine differenzierte Analyse des Ästhetischen in seiner jeweiligen konkreten Erscheinungsform zu erweitern ist.

4. Die soziale Verankerung der Interpretation: Ästhetische Kompetenz und Kultursoziologie

Meine Rekonstruktion von Goodmans Philosophie war bereits auf einen bestimmten Schwerpunkt hin ausgerichtet: den der sozialen Verankerung der Interpretation. Dies betrifft insbesondere seine Symboltheorie und dort die Bezugnahmeweisen der Exemplifikation und der Metapher, die Anlaß der Erweiterung um den Schemainterpretationismus waren. Aber schon in seiner Diskussion des Induktionsproblems sprach er von einem "Prinzip der Verankerung". Das heißt, es gibt eine Vorauswahl relevanter Elemente oder Begriffe für eine Darstellung, die Teil unserer Interpretationspraxis sind, was abstrakte wissenschaftliche Theoriebildungen betrifft, wie auch einfachere Darstellungen bis hin zu Bildern.

Interpretationistisch gewendet bedeutet dies, die soziale Verankerung oder Interpretationspraxis kennen zu müssen, um eine Darstellung oder einen Text 'richtig' zu verstehen. Es gibt bei Goodman selbst, dessen Interesse nicht so sehr den vorgängigen Interpretationsbedingungen gilt wie der Bedeutung, einige Überlegungen zur Sprach- und Bildkompetenz, über die ich eine Verbindung zu anderen theoretischen Ansätzen aufzeigen möchte. Schon in meiner Darstellung pikturaler Denotation hatte ich darauf hingewiesen, daß es immer ein Darstellen von etwas als etwas bestimmtes ist und es auch dort auch keine einfache Formen der Ähnlichkeit, sondern immer nur ein bestimmtes Darstellungsschema, bei dem der Interpret die relevanten Aspekte erkennen muß.

Meine Argumentation wird dahingehen, Goodmans Begriff der Bildkompetenz zu dem einer ästhetischen Kompetenz zu erweitern. Er soll damit nicht nur die vorgängige Fähigkeit zur Interpretation von Bildern umfassen, sondern allgemeiner jene, die zum Verständnis jeder Art ästhetischer Darstellung bzw. Symbolisierung gehört.

Dies ist für den Gesamtverlauf meiner Argumentation wichtig, insofern hier die Überlegungen der vorhergehenden Kapitel den hermeneutischen Horizont oder den lebensweltlichen Hintergrund betreffend aufgenommen werden. Interpretationen sind zu relativieren hinsichtlich ihres geschichtlichen und sozialen Hintergrundes, vor dem sie vollzogen und ggfs wirksam werden, mag man diese Einsicht der Historismusdebatte, dem Pragmatismus oder anderen historisierenden und relativierenden Denkrichtungen entnehmen. Folgerichtig muß für eine Interpretations- wie für eine Bedeutungstheorie diese Vorgängigkeit faßbar sein.

Für den Begriff einer ästhetischen Kompetenz, wie er sich aus meinen Überlegungen ergibt, sind dann sowohl die Nähe zu ähnlichen Denkrichtungen von Interesse, was auch seine Plausibilität vergrößert, als auch die Suche theoretischer Anschlußmöglichkeiten.

Goodman verfolgt bei der Darstellung seines Begriffes der Bildkompetenz eine Strategie, wie man sie bereits von seinen Ausführungen zu sprachlicher und nichtsprachlicher bzw. pikturaler Denotation kennt. Ausgehend von der Beobachtung, daß man falsche Verwendung von Symbolen durch fehlende Erfahrung erklären kann, fügt er an, daß die richtige Interpretation häufig auch bei mangelnder Erfahrung gelingen könne. Der Schluß, den er daraus zieht, lautet, daß es nicht bloße Erfahrung sein kann, welche die Verwendung bzw. Interpretation anleitet: "Ob unser Vermögen, Symbole zu interpretieren, von Erfahrung abhängt oder nicht, es reicht deutlich über sie hinaus."[1] Linguistik und Kunsttheorie hätten ein ähnliches Problem, würden aber miteinander unvereinbare Lösungsstrategien verfolgen. So gibt es für Bilder weder Grammatiken noch Lexika. Pikturale Symbole stehen in syntaktisch dichten Systemen, d.h. ihre Beziehungen zueinander lassen sich nicht finit bestimmen, und genau die Festlegung dieser Beziehungen ist die eigentliche Aufgabe einer Grammatik. Jeder Unterschied zwischen zwei pikturalen Symbolen kann – auf seine Weise – wichtig sein und nicht nur der in einer ganz bestimmten, syntaktischen Hinsicht, sondern in ganz unterschiedlichen Zusammenhängen. So ließen sich auch keine vorgängigen oder vorgegebenen Regeln für die Interpretation eines Bildes ausmachen.[2]

1 N. Goodman, Catherine Z. Elgin; *Revisionen*, op.cit., S. 138.

2 Im Rahmen einer von Goodman angestrebten allgemeinen Symboltheorie können die Unterschiede zwischen den bildhaften und zeichenorientierten Symbolsystemen als fließend betrachtet werden. Bei der Interpretation einiger Stiche von Dürer – denkt man beispielsweise an *Melencolia I* – können sehr wohl distinkte Symbole ausgemacht werden, die in einer festen Ordnung zueinander stehen, wie Panofsky und Saxl in ihrer umfangreichen Interpretation aufgezeigt haben. Es wäre höchst interessant, der Frage nachzugehen, inwiefern diese pikturalen Symbolsysteme noch semantisch und syntaktisch dicht sind. Vgl. das Kapitel "Dürer" in: R. Klibansky, E. Panofsky, Fritz Saxl, *Saturn und Melancholie*, Frankfurt am Main 1992, S. 397ff.

Folgerichtig argumentiert er gegen den linguistischen Begriff des Lexikons[3], wie er von Noam Chomsky in die Diskussion eingeführt und u.a. von Jerry Fodor bedeutungstheoretisch weitergeführt wurde. Beide gehen von einer nativistischen Hypothese aus, die besagt, daß die Strukturen der Sprache angeboren und nicht erworben sind.[4] Goodmans Ziel ist es, zu zeigen, daß dieses Verständnis einer regelgeleiteten Sprachkompetenz unzureichend ist: "Wissen um Wort-Welt Zusammenhänge und verstehen von nichtbuchstäblichen und nichtgrammatikalischen Verwendungsweisen von Wörtern sind aus dem Sprachverständnis ausgeschlossen."[5] Es bedarf einer Fähigkeit, Symbole auch in ihrer Beziehung zueinander zu rekonstruieren, die von einer Grammatik zu unterscheiden ist, und es erlaubt, auch bisher unbekannte Gegenstände sinnhaft zu interpretieren. Der Interpret muß in irgendeiner Weise 'wissen', auf welche unterschiedlichen Weisen etwas repräsentiert werden kann, in welcher Beziehung die verschiedenen Teile oder Symbole eines Bildes zueinander stehen oder stehen können und auch, was überhaupt ein Teil eines Bildes ist: "Und ein solches Wissen ist keine angeborene Begabung, sondern eine komplexe Konstellation erworbener Fähigkeiten."[6] Darüber, wie solche Kompetenzen erworben werden können, sagt Goodman aber nichts. Nur können sie nicht in der bloßen Anwendung von Regeln oder dem Erfassen von Ähnlichkeiten bestehen. Für die Interpretation der verschiedenen Symbolsysteme muß es demnach eine nicht allgemeine, sondern besondere und angeeignete Fähigkeit geben, die es erlaubt, relevante Strukturen und Merkmale zu erkennen.

Goodmans Begriff der Bildkompetenz und seine Kenntnis der Kunsttheorie Gombrichs deuten auch in Richtung der Warburg-Schule. So gibt es Ähnlichkeiten mit den von Aby Warburg entwickelten Begriffen der "Bildprägung" und des "Bildgedächtnisses".[7] In der von mir ange-

3 Zur Kurzdefinition des 'Lexikons' vgl.: G. Grewendorf, F. Hamm, W. Sternefeld; *Sprachliches Wissen. Eine Einführung in moderne Theorien der grammatischen Beschreibung*, Frankfurt am Main 1987, S. 291ff.

4 Zum Verhältnis von nativistischer Hypothese und Kognitionshypothese vgl.: Max Miller und Jürgen Weissenborn, "Sprachliche Sozialisation", in: *Handbauch der Sozialisationsforschung*, hg. von Klaus Hurrelmann und Dieter Ulich, München 1990.

5 N. Goodman, Catherine Z. Elgin; *Revisionen*, op.cit., S. 147.

6 Ibid., S. 153.

7 Vgl. Aby Warburg, "Dürer und die italienische Antike", in: *Verhandlungen der 48. Ver-*

strengten Verbindung von Goodmans Symboltheorie mit Lenks Schemainterpretationismus wird diese Nähe noch deutlicher. Bei dem kollektiven Bildgedächtnis handelt es sich dann um kulturell tradierte, eingeübte und normierte Schemata, die es erlauben, bestimmte Gesten, aber auch Stimmungen und Gefühle in dem aktuellen Kunstwerk wiederzufinden und zu interpretieren. Es ist ein Wissen um Zusammenhänge und Bedeutung, das nicht auf Schrift angewiesen ist.

Auch wurde dort bereits versucht, diesen Prozeß der Bildprägung anthropologisch zu verankern. So ist nach Edgar Wind für Warburg die körperliche Ausdrucksgebärde in ihrem Zeichencharakter zentral: "Aller Ausdruck durch Muskelbewegung ist metaphorisch und unterliegt der Polarität des Symbols."[8] Gegenstand des von Warburg in der bildenden Kunst entdeckten "Nachlebens der Antike" sind eben diese antiken Ausdrucksgebärden, die er in der Modernen Kunst wiederzufinden sucht.

Bemerkenswert ist das sehr weit gefaßte Interesse an ästhetischen Objekten, das sich keineswegs auf die 'hohe Kunst' beschränkt, sondern explizit mit 'Trivialem' auseinandersetzt. Ästhetischer Ausdruck wird so in unmittelbarer Beziehung mit den verschiedenen Bereichen des Lebens gesehen. Zu diesem Konzept gehört eine Erinnerungsarbeit oder Interpretationspraxis, die sich auf eine – gemessen an den Kognitionswissenschaften – sehr moderne Art statt auf ahistorische Gegebenheiten auf ein Interpretationsgeschehen gerichtet ist.

> Diese Lehre vom Nachleben der Antike richtet sich freilich ebensowohl gegen substantialistische wie gegen formalistische Theorien der Traditionsbildung. Gegenüber dem substantialistischen Glauben an Kontinuitäten, die sich selber tradieren oder von metaphysischen Übersubjekten getragen werden, betonen Warburg und seine Schüler, daß Tradition das Resultat einer permanenten Aktivierung der Erinnerung ist, die Selektion, amalgamierende Anverwandlung, Fortführung und Transformation gleichermaßen umfaßt.[9]

sammlung deutscher Philologen und Schulämter in Hamburg, Leipzig 1906.

8 Edgar Wind, "Warburgs Begriff der Kulturwissenschaft und seine Bedeutung für die Ästhetik", in: Aby Warburg, *Ausgewählte Schriften und Würdigungen*, hg. von Dieter Wuttke, Baden-Baden 1979, S. 412ff.

9 Bernhard Buschendorf, *Goethes mythische Denkform. Zur Ikonographie der Wahlverwandtschaften*, Frankfurt am Main 1986, S. 21.

Insbesondere in der Lesart von Buschendorf, aber auch nach Edgar Wind stimmt der Bildbegriff gleichfalls in diesen zentralen Punkten mit dem von mir diskutierten Schemabegriff überein. Tradition ist auch hier als ein Aktivieren von Konstrukten zu verstehen, die sich in einer sozialen (Interpretations-)Praxis einspielen. Lenk wie Buschendorf sprechen in solchen Zusammenhängen von Aktivierung und Selektion, was auch eine Variation des Schemas in seiner Anwendung mit einschließt. In Bezug auf die ästhetische Wahrnehmung gilt in der Warburg-Schule damit ähnliches, wie für den allgemeinen Schemainterpretationismus von Lenk. Auf dem Hintergrund eines allgemeinen Schemainterpretationismus ist es dabei unerheblich, daß dies bei Warburg wie auch Goodman anhand von Bildern statt von Texten diskutiert wird, da es sich in beiden Fällen um komplexe Schemakonstrukte handelt.

Der Einfluß der Warburg-Schule reicht über Panofsky und Gombrich bis zu dem französischen Soziologen Pierre Bourdieu. Dessen Konzept des *Habitus* ähnelt in seinen Gründzügen auffällig dem, was bisher über den Gestus gesagt wurde. Im Falle des Habitus sind es gesellschaftlich eingespielte Verhaltens- und Interpretationsmuster, durch die die jeweiligen klassenspezifischen Lebensstile ausgezeichnet sind, womit die Analyseebene nicht nur historisiert, sondern auch innergesellschaftlich stratifiziert ist.

Theoretischer Ausgangspunkt für Bourdieu ist, wie der Untertitel seines wichtigsten Werkes, *Kritik der gesellschaftlichen Urteilskraft*, unschwer erkennen läßt, Kant und seine Fassung des Geschmacksurteils. "Die Bedingung der Notwendigkeit, die ein Geschmacksurteil vorgibt, ist die Idee eines Gemeinsinns."[10] Jene Kategorie des Geschmacks ist bei Kant an den *sensus communis* gebunden und nicht, wie vielleicht zu vermuten wäre, an allgemeine Erkenntisbedingungen *a priori*. Damit kommt diesen Urteilen eine Mittelstellung zu zwischen den Erkenntnisurteilen mit ihrem Anspruch auf unbedingte Notwendigkeit und denen des "bloßen Sinnengeschmacks". Sie sind subjektiv, aber nicht voraussetzungslos. Auch ist das Geschmacksurteil nicht beliebig, insofern es an die soziale Gemeinschaft gebunden ist. Vielmehr liege in ihm ein Werben um Zustimmung.[11] In seiner Moralphilosophie hingegen argumentiert Kant – ne-

10 I. Kant, *Die Kritik der Urteilkraft*, WA Bd. 10, Frankfurt am Main 1974, S. 157.

11 "Man wirbt um jedes anderen Beistimmung, weil man dazu einen Grund hat, der allen gemein ist." Ibid., S. 156.

benbei bemerkt – entschieden gegen einen Gemeinsinn als Grundlage und entwickelt eine universalistische und prinzipiengeleitete Konzeption. Gesucht sind dort die unbedingten Imperative, von denen moralisches Handeln auszugehen hat und auf die es sich gründen läßt.

In größter Opposition steht Bourdieu gegenüber dem wohl bekanntesten Diktum der Ästhetik Kants: dem eines "interesselosen Wohlgefallens".[12] Zwar ist das ästhetische Urteil wie die ästhetische Wahrnehmung an einen Gemeinsinn im Sinne geteilter Einstellungen und kognitiver Voraussetzungen gebunden, aber es hat keine Verbindung zu der Vernunft. Worüber sich bereits Hegel in Hinsicht auf antike Frauenbüsten lustig gemacht hat, findet sich in der Verknüpfung von Ethik, Ästhetik und Weltbild bei Bourdieu wieder. Die Unterscheidung der Urteilskräfte wird von Bourdieu damit nicht übernommen. Für ihn sind die Ethik und Ästhetik in einem Gemeinsinn miteinander verknüpft, der durch seine gesellschaftlich-soziale Gemeinsamkeiten (Bildung, Beruf, Vermögen, Herkunft etc.) bestimmt ist: "Die Ästhetik der verschiedenen sozialen Klassen ist daher ausnahmslos nur eine Dimension ihrer Ethik (oder, genauer, ihres Ethos)."[13] Ästhetik ist damit auch ein wie auch immer zu verstehender Ausdruck werthafter Einstellungen.

Kants Rede von dem Sensus Communis als Grund für die Übereinstimmung im ästhetischen Urteil findet seine Entsprechung bei Bourdieu in seinem Begriff des Habitus. Bestimmten sozialen Klassen sind bestimmte Praxisformen eigen, d.h. bestimmte Interpretations- und Verhaltensweisen. Zusammengenommen ergeben sie nach Bourdieu einen 'symbolischen Raum, den man ähnlich der Lebenswelt verstehen kann, als die Menge der sozial überlieferten und verankerten Deutungsmuster, über die sich auch das jeweilige Selbstverständnis reproduziert. Der Habitus ergibt sich über "die Struktur des symbolischen Raumes, der durch die Gesamtheit dieser strukturierten Praxisformen, durch alle dieser *unterschiedlichen* und *unterscheidenden Lebensstile*, die sich objektiv immer und subjektiv manchmal in ihren wechselseitigen Beziehungen definieren, ab-

12 Pierre Bourdieu, *Die feinen Unterschiede*, op.cit., S. 81ff. Im Vergleich hierzu Kant: "Geschmack ist das Beurteilungsvermögen eines Gegenstandes oder einer Vorstellungsart durch ein Wohlgefallen, oder Mißfallen, ohne alles Interesse. Der Gegenstand eines solchen Wohlgefallens heißt schön." I. Kant, *Kritik der Urteilskraft*, op.cit., S. 124.

13 Ders., *Zur Soziologie der symbolischen Formen*, Frankfurt am Main 19945, S. S. 168.

gesteckt wird."[14] Diese Gesamtheit der strukturierten Praxisformen bietet auch die interpretative Grundlage für gemeinsame Interpretationen.

Für den Bereich des Ästhetischen bedeutet dies, daß man die entsprechende Interpretationspraxis kennen beziehungsweise teilen muß, um bestimmte Dinge, Situationen und Kunstwerke zu verstehen. Es handelt sich bei dem Habitus um eine soziale Fähigkeit, die in einem bestimmten gesellschaftlichen Umfeld erworben wurde und ähnliche Interpretationen aller Mitglieder sicherstellt. In Form einer Kompetenz ist sie die Bedingung dafür, Kunst überhaupt wahrnehmen zu können:

> Der Grad der ästhetischen Kompetenz eines Subjekts bemißt sich danach, inwieweit es die zu einem gegebenen Augenblick verfügbaren und zur Aneignung des Kunstwerkes erforderlichen Instrumente, d.h. die Interpretationsschemata beherrscht, die die Bedingungen der Appropriation des künstlerischen Kapitals, m.a.W. die Bedingung der Entschlüsselung von Kunstwerken bilden, wie sie in einer gegebenen Gesellschaft zu einem gegebenen Zeitpunkt offeriert werden.[15]

Bourdieu spricht von einem 'ästhetischen Ethnozentrismus', der darin besteht, daß die Mitglieder der jeweiligen Bereiche aufgrund der Konformität ihrer Interpretationsschemata, ihre Sicht als 'Wirklichkeit' und 'objektiv' empfänden, was eine Form von Ignoranz gegenüber anderen möglichen Interpretationsweisen beinhaltet.[16] Ähnlich ironisch hat Goodman bezüglich unserer Weltversionen behauptet, daß Realität in einer Welt größtenteils eine Sache der Gewohnheit sei. Es ist die Vertrautheit durch häufige Verwendung bestimmter sozial verankerter Interpretationen, die Selbstverständlichkeit und Unmittelbarkeit erzeugt. Selbstverständlichkeit oder Vertrautheit ist auch das wichtigste Kennzeichen der Lebenswelt. 'Richtiges' Verstehen betrifft die Teilhabe an einer Lebenswelt und das Verfügen über die sozial eingespielten Interpretationsschemata.

> Die Kunstkompetenz erweist sich also als die unerläßliche Kenntnis der spezifisch künstlerischen Unterteilungskriterien,

14 Pierre Bourdieu, *Die feinen Unterschiede*, op.cit., S. 175

15 Ders., *Zur Soziologie der symbolischen Formen*, op.cit., S. 169.

16 "Die Gebildeten sind die Eingeborenen der oberen Bildungssphäre und neigen daher zu einer Art von Ethnozentrismus, den man Klassenethnozentrismus nennen könnte." Ibid., S. 163.

> die es gestatten, einer Darstellung durch Gliederung der stilistischen Indikatoren, die es enthält, im Rahmen der Darstellungsmöglichkeiten, die den gesamten Bereich der Kunst konstituieren, ihren Ort zuzuweisen, [...].[17]

Es ist darauf hinzuweisen, daß Bourdieu hier häufig nicht nur die eigentlichen Interpretationsweisen der Kunstwerke anspricht, sondern über kategorisierende und urteilende Einordnungsinterpretationen, die es beispielsweise erlauben, eine gotische von einer barocken Kirche zu unterscheiden. Es ist ein etwas anderer sozialer Effekt, der sich durch das Zeigen einer Kennerschaft erreichen läßt, aber in beiden Fällen geht es um die notwendige Kenntnis bestimmter Schemata, die Teil einer interpretativen Kompetenz sind. Für das Kunsterlebnis geht Bourdieu damit – wie auch weite Bereiche der Hermeneutik – von einem voraussetzungsvollen kognitiven und konstruktiven Interpretationsgeschehen aus. Interpretation besteht in der Anwendung des richtigen Codes oder des richtigen Schemas, den es dem Kunstwerk anzuverwandeln gilt:

> Die Konfrontation mit einem Kunstwerk hat mithin nichts von jenem Spontanerlebnis an sich, das man gemeinhin so gern in ihr sehen möchte; wie auch jener Akt der affektiven Verschmelzung, die 'Einfühlung', einen Erkenntnisakt voraussetzt und die Anwendung eines kognitiven Vermögens, eines kulturellen Codes impliziert.[18]

Das Kunsterlebnis ist nichts ahistorisches, überzeitliches, sondern an einen spezifischen sozialen Hintergrund gebunden, den eine Soziologie zu bestimmen hat. Dies betrifft chronologische (Historismusdebatte), interkulturelle (Ethnozentrismusdebatte) wie auch intrakulturell-stratifizierende (Klassengegensätze) Differenzierungen der beteiligten Schemata. Kunst kann als solche auch nur wahrgenommen werden, wenn man über die entsprechende Kompetenz verfügt, nicht nur im Sinne einer notwendigen Sensibilität, sondern auch der Kenntnis der relevanten Interpretationsschemata. In den Worten Bourdieus: "Von Bedeutung und Interesse ist die Kunst einzig für den, der die kulturelle Kompetenz, d.h. den angemessenen Code, besitzt."[19]

17 P. Bourdieu, *Zur Soziologie der symbolischen Formen*, op.cit., S. 171.
18 Ibid., S. 20.
19 Ibid., S. 19.

Diese starke Ausrichtung an einem Klassenbegriff mag für die französische Gesellschaft plausibler sein, als sie es meines Erachtens für die deutsche ist, ohne von einer egalitären Gesellschaft hierzulande sprechen zu wollen. Es ist aber – außer aus einem prinzipiellen soziologischen Interesse heraus – nicht unmittelbar einzusehen, warum die verschiedenen Bereiche aufeinander bezogener und verweisender Schemata parallel zur Klassengesellschaft verstanden werden müssen. Einer Stratifizierung der ökonomischen Gegebenheiten entspricht eine der Interpretationsweisen. Der soziologische Klassenbegriff Bourdieus geht von einem ökonomisch bedingten Oben und Unten aus. Demgegenüber würde ich es vorziehen, auch im Hinblick auf die Kunst der Moderne, sich hier offener zu halten und auch von einem Nebeneinander verschiedener 'Interpretationsbereiche' innerhalb einer 'Klasse' auszugehen. Aus ästhetisch-analytischer Sicht bedeutet ein stratifizierender Klassenbegriff eine unnötige Einschränkung, was keineswegs bedeutet, den Einfluß der Ökonomie zu leugnen. Nur steht weniger die Frage nach dem gesellschaftlichen Status und den damit verbundenen Interpretations- und Darstellungsweisen im Vordergrund, sondern umgekehrt die Weisen der Wahrnehmung, ihre Stabilisierung, Akzeptanz und die kognitive Funktion von Symbolen in unterschiedlichen Kontexten. Die kunst- oder literaturtheoretische Analyse sollte sich hier stärker an der Vielfältigkeit ihres Gegenstandes orientieren als an der frühzeitigen Einordnung unter soziologische Grundbegriffe.

Bourdieu selbst hat auf dem Hintergrund seiner Überlegungen mehrere Analysen von Texten vorgenommen, wobei gerade das erste Beispiel die Grenzen seines soziologischen Ansatzes zeigt. In seiner Analyse eines Textes von Flaubert[20] geht er auf eine einfache Weise korrespondenzanalytisch vor, indem er bestimmte Merkmale, wie sie für eine bestimmte soziale Schicht charakteristisch sind, und die Häufigkeit ihres Auftretens analysiert. Demgegenüber wäre eine differenzierte Analyse ästhetischer Texte wünschenswert, die nicht bloß gemeinsame Merkmale zwischen Text und sozialer Klasse aufzeigt, sondern aufzeigt, welche (kognitive) Funktion den jeweiligen Darstellungsformen zukommt. In gewisser Weise erfolgt die Analyse von Außen, da sie nicht die literarische Verarbeitung bestimmter Motive und ähnliches berücksichtigt. Eine Analyse, die sich

20 Pierre Bourdieu, "Flaubert eine Sozioanalyse", in *Sprache im technischen Zeitalter*, Heft 102 (1987), S. 173ff.

auf "Alter, äußeres Erscheinungsbild, Bildungstitel, Herkunft"[21] usw. beschränkt, verfehlt das eigentlich Ästhetische des Gegenstandes, beziehungsweise ist nicht in der Lage, dieses zu erfassen.

Beispielhaft für eine ästhetisch-philosophische Analyse erscheint mir eher die Studie Bourdieus über "Die politische Ontologie Martin Heideggers"[22], in der er eine Charakterisierung von Heideggers Philosophie vornimmt, indem er den symbolischen Raum oder die Habituswelt aufzeigt, aus der heraus sich sein Denken entwickelt hat. Damit werden soziologische und philosophische Aspekte in der Analyse miteinander verbunden und entsprechend fordert er, "die Trennung von politischer und philosophischer Lektüre [...] aufzugeben"[23]. Ästhetisch ist diese Analyse, insofern Bourdieu den sozialen Ursprung der heideggerschen Metaphern aufdeckt und zeigt, wie diese 'symbolischen Formen' in seine Philosophie eingehen und welche Funktion sie dort erlangen. Ethische, politische und philosophische Elemente werden miteinander in Verbindung gesetzt, wobei es meist Formen der Exemplifikation sind, über die sie zum Ausdruck gelangen. Angelegt seien diese ästhetischen Formen und Motive in dem soziologischen Umfeld wie dem Selbstverständnis des Intellektuellen und dort in besonderer Weise in der Literatur von Stefan George und Ernst Jünger.[24]

Gegenüber der Flaubert-Analyse ist die Auseinandersetzung mit der ästhetischen Ausdrucksebene differenzierter und damit auch besser gelungen. Man könnte auch sagen, sie ist hermeneutischer, da hier auf die Korrespondenzanalyse verzichtet wurde. Allerdings ist Heidegger kein Literat, was keineswegs gegen diese Form der Analyse sprechen soll. Nur ist der ästhetische Ausdruck nicht in dem Maße elaboriert, wie man es von anderen ästhetischen Werken erwarten kann. Dies läßt übersehen, daß Bourdieu gegenüber dem Ästhetischen keinen methodologischen oder gar theoretischen Zugang hat. Eben hierin kann der Beitrag des von mir dis-

21 Vgl. die Darstellung von Bourdieus korrespondenzanalytischem Verfahren durch: Jarchow, Klaus u. Hans-Gerd Winter; "Pierre Bourdieus Kultursoziologie als Herausforderung der Literaturwissenschaften", in: *Praxis und Ästhetik. Neue Perspektiven im Denken Pierre Bourdieus*, hg. von G. Gebauer und Christoph Wulf, Frankfurt am Main 1993, insb. S. 128ff.

22 Pierre Bourdieu, *Die politische Ontologie Martin Heideggers*, Frankfurt am Main 1988.

23 Ibid., S. 11.

24 Vgl.: Ibid. S. 70f.

kutierten schema- und symboltheoretischen Ansatzes für diese Art der Kultursoziologie liegen. Von der Soziologie aus gesehen ergäbe sich die Forderung nach einer eigenständigen Zugangsweise zu den symbolischen Formen der Interpretation und damit auch der – symbolisch vermittelten oder angeleiteten – Interaktion[25]. In diesem Rahmen würde es der Soziologie selbst zufallen, die Interdependenz des symbolischen und des ökonomischen Raumes herauszuarbeiten:

> Es bliebe daher zu untersuchen, inwiefern die Struktur der ökonomischen Beziehungen, indem sie zugleich die Lage und Stellung der sozialen Subjekte determiniert, die Struktur der symbolischen Beziehungen zu bestimmen vermag, deren Gliederung und Organisation einer Logik gehorchen, die nicht die der ökonomischen Verhältnisse ist.[26]

Diese "Gliederung und Organisation" symbolischer Beziehungen zu untersuchen wäre gerade im Bereich des Ästhetischen und der Kunst die Aufgabe einer Bedeutungstheorie und der Beitrag einer ästhetisch orientierten Interpretationstheorie. Nicht über die Analyse einzelner Merkmale etwa eines Textes, sondern seine spezifischen ästhetischen Ausdrucksweisen gilt es, seine kognitive Funktion als Werk zu erfassen. Über die Symboltheorie von Goodman wäre man in der Lage, der Korrespondenz zwischen ästhetischer Darstellung und jeweiliger lebensweltlicher Interpretation nachzugehen. Ziel ist es, die Verbindung von Ethik, Ästhetik und Weltwahrnehmung zu differenzieren, wie sie sich im Kunstwerk oder der ästhetischen Darstellung wiederfindet. Die Analyse hat dabei über die kognitive Funktion von Kunstwerken oder der ästhetischen Wahrnehmung im allgemeineren zu erfolgen.

25 Lenks Schemabegriff ist eher auf Handlungen (Interpretieren als Handeln und Handlungsinterpretation) als auf Interaktionen ausgerichtet. Da beispielsweise J. Habermas seinen Entwurf einer Gesellschaftstheorie explizit auf Interaktion ausgerichtet hat, wobei seiner Lesart der Sprechakttheorie eine tragende Rolle zukommt, liegt ein Anschluß an Positionen, die denen von Bourdieu ähneln näher. Zum Verhältnis von Interpretation und Handlung vgl.: H. Lenk, *Philosophie und Interpretation*, ibid., Kap. 5. "Handlungen als Interpretationskonstrukte".

26 Pierre Bourdieu, "Klassenstellung und Klassenlage", in: ders., *Zur Soziologie der symbolischen Formen*, Frankfurt am Main 19945, S. 74. Diese Stelle dokumentiert auch die Absicht, ein dialektisches Verhältnis von 'Sein' und 'Bewußtsein', das bei Marx faktisch stets dem Primat der Ökonomie unterstand, zu formulieren, das eine Eigengesetzlichkeit beider Bereiche beinhaltet.

So ergibt sich für den Kunstgenuß aus Sicht einer an Goodman orientierten Symboltheorie eine zweifache Verankerung des Ästhetischen im sozial-kulturellen Bereich, die unter Hinzuziehung ihres Proben-Charakters sichtbar wird. Zum einen ist es die Kenntnis der verwendeten Schemata in der ästhetischen Darstellung. Nur reicht deren Kenntnis allein für den Genuß nicht aus. Ästhetische Wahrnehmung ist auf andere, nicht ästhetische Interpretationen und Einstellungen der Lebenswelt bezogen. Sie kann eine Probe sein für bestimmte lebensweltliche Einstellungen oder Interpretationen, denen sie korrespondiert. Teilen wir diese Einstellungen nicht, weil wir sie nicht kennen oder akzeptieren, werden wir das Dargestellte auch nicht genießen können oder wollen. Es bedarf geteilter Einstellungen gegenüber der Welt, wie sie bestimmte und zu bestimmende soziale Gruppen – nach Bourdieu aufgrund ihrer ökonomischen Lage – haben. Umgekehrt spiegelt sich in den Kunstwerken unsere Einstellungen gegenüber der Welt wieder, indem sich hier, wie Martin Seel es formuliert, eine ästhetischen Beglaubigung unserer Sichtweisen vollzieht.

Ein schemaorientierter Ansatz ist in der Lage, die kognitive Funktion ästhetischer Erfahrung genauer zu erfassen, die sich in dem Wechselspiel zwischen ästhetischen Ausdruck und anderen lebensweltlichen Interpretationen oder Einstellungen in einem Prozeß gegenseitiger Bezugnahme entwickelt. Eine Übereinstimmung bezüglich der wichtigsten Grundannahmen, wie der Abhängigkeit oder vorgängigen Verankerung der Interpretation vornehmlich im Sozialen, ihrem prozessualen Konstruktcharakter wie ihrer kognitiven Bedeutung, sollte es möglich machen, mit dem hier diskutierten Konzept an eine Kultursoziologie anzuschließen. Es ergibt sich eine Form der Arbeitsteilung, bei der eine analytische Ästhetik die Aufgabe der differenzierten Analyse ihrer Gegenstände hinsichtlich deren kognitiver Funktion erfüllt, während die Soziologie diese in weitergefaßte ökonomisch-soziale Zusammenhänge einordnet.

Interessante Aufgabenfelder ergeben sich hinsichtlich einer soziologischen Weltbildanalyse, in der der Analyse der besonderen Bedeutung der Kunst auf eine differenzierte Weise Rechnung getragen werden kann. Dies nimmt vermittelt und in einem breiteren Kontext wieder Goodmans Rede von den Weisen der Welterzeugung auf und dem Beitrag dem hier der Kunst und der ästhetischen Wahrnehmung zukommt. Der Kerngedanke einer kognitiven Wirksamkeit des Ästhetischen wird in diesem komplexeren Rahmen aufgenommen. Für die Soziologie ergibt sich umgekehrt die Möglichkeit, differenzierte, am ästhetischen Gegenstand (literaturwissenschaftlich) Gewonnenes in ihren Arbeitsbereich aufzunehmen.

5. Thesenhaftes zu einer schemaorientierten Symboltheorie: Wann ist (es) Parodie?

Aus der Rekonstruktion der Symboltheorie von Nelson Goodman ergibt sich eine bestimmte Zugangsweise, die – thesenhaft umrissen – den Zugang zu der sprachanalytischen Diskussion zeigen kann. Ziel der vorangegangenen Überlegungen war es, Goodmans Entwurf einer Symboltheorie zu rekonstruieren und um den dort ausgeblendeten Aspekt des Hermeneutischen zu erweitern, sowie seine Rede von der sozialen Verankerung der Interpretationsweisen weiter auszuführen. Folgendem Zitat Goodmans kommt für die weitere Argumentation programmatische Bedeutung zu:

> Wie ein Objekt oder Ereignis als Werk fungiert, erklärt, wie das, was so fungiert, durch bestimmte Modi der Bezugnahme zu einer Sicht – und zu einer Schöpfung – einer Welt beitragen kann.[27]

Hier finden sich in nuce die zentralen Aspekte seiner Symboltheorie wieder, die in einer Bezugnahme bzw. dem interpretativen In-Beziehung-Setzen zweier Schemata zueinander besteht. Stichwortartig formuliert ergeben sich für die Auseinandersetzung mit der Parodie mehrere Ansatzmöglichkeiten, an denen sich eine literaturwissenschaftliche Umsetzung orientieren kann:

(a) Die zentrale Frage ist analog zu Goodman: *wann* ist ein Text eine Parodie; d.h. wann erfüllt er die symboltheoretischen und schemainterpretationistischen Bedingungen, um als eine Parodie fungieren oder verstanden werden zu können.

(b) Die Parodie ist zu bestimmen über die Art und Weise, in der sie sich auf ihren Gegenstand bezieht. Über diese Weisen der Bezugnahme hat auch ihre Unterscheidung gegenüber anderen Textformen zu erfolgen – so man an einer Kategorisierung interessiert ist –, da sie als eine bestimmte Funktionsweise von Zeichen zu konzipieren ist.

(c) Die kognitive Funktion von Kunstwerken besteht nach Goodman vornehmlich darin, eine Probe zu sein. Der 'ästhetische Ausdruck' eines Werkes, verstanden als das Zusammenwirken der buchstäblich und meta-

27 N. Goodman, *Weisen der Welterzeugung*, Frankfurt am Main 1990, S. 91.

phorisch exemplifizierten Merkmale, bestimmt seine kognitive Funktion (wobei sie auf mehr als eine Weise bedeutsam sein können).

(d) Ist das Kunstwerk eine Probe, so ist zu bestimmen, für welche Wahrnehmungsweise es in dieser Weise fungiert, d.h. was ihr Gegenstand ist. Ästhetische Bedeutung entsteht zwischen der Probe und dem weitgehend zu verstehenden Interpretationsschemata, für das sie diesen Probencharakter hat oder haben kann. Daran schließt sich die Frage an, worin die Parodie ihren Gegenstand hat, und inwiefern sie eine Probe für ihren Gegenstand ist.

(e) Die kognitive Funktion ästhetischer Werke ist über eine Analyse der für sie spezifischen Bezugnahmeweisen als einer Funktion von Zeichen zu rekonstruieren. Die kognitive Funktion, d.h. die ästhetische Bedeutung, besteht für Goodman in ihrem Einfluß auf andere Interpretationsweisen. Ästhetische Bedeutung ist zu verstehen als ein interpretatives In-Beziehung-Setzen zweier Symbolsysteme in einer spezifischen Weise. Dieses Verweisspiel bestünde dann auch zwischen der Parodie und ihrem Gegenstand, durch das sich die Bedeutung der Parodie interpretativ entfaltet. Und dort wäre es auch nachzuweisen.

(f) Der Begriff der Wahrheit ist durch den weiteren des *Passens* und der *Richtigkeit* zu ersetzen. Für das Verständnis der Parodie hieße dies, daß sie – mittelbar – zu einer 'richtigeren' oder angemesseneren Sichtweise anleiten will. Es ist ein interpretatives Auffinden und Einordnen des Gezeigten unter den Aspekten der Richtigkeit und des Passens.

(g) Ausgehend von der Kritik Dantos an Goodman ist von einer intensionalen Struktur der für den ästhetischen Ausdruck relevanten Merkmale auszugehen. Diese *ästhetischen Schemata* sind Teil einer ästhetischen Kompetenz (Bourdieu), die bei der interpretativen Wahrnehmung von Kunstwerken zum Tragen kommt. Wie auch andere Schemata sind sie Bestandteil einer historischen wie sozialen Interpretationspraxis. Der Prozeß der Interpretation vollzieht sich zwischen den beteiligten Schemata vor einem bestimmten Hintergrund verstanden als einem Vorrat an Deutungsmustern (Habermas/ Lenk). Die Aufgabe einer Literaturwissenschaft bestände dann unter anderem in der Identifikation der für das 'richtige' Verständnis der Parodie notwendigen Voraussetzungen, als der Auszeichnung des spezifischen ggfs. historischen Kontextes wie des Hintergrundes der Rezeption.

III. Robert Neumanns Parodien: Die Probe auf die Exemplifikation

1. Literaturwissenschaft und Parodie: Eine vorbelastete Beziehung

Bei der Suche nach einer symboltheoretisch orientierten Definition der Parodie gelten die wissenschaftstheoretischen Überlegungen, die Goodman bereits in *Tatsache, Fiktion und Voraussage* machte. Wissenschaftliche Begriffe oder Problemstellungen werden in gewisser Weise so definiert, wie man auch alltagssprachliche Begriffe definieren würde:

> Will man den Ausdruck 'Baum' definieren, so versucht man aus bereits verständlichen Wörtern einen Ausdruck zu bilden, der auf die bekannten Gegenstände zutrifft, und nicht auf Gegenstände zutrifft, die im gewöhnlichen Sprachgebrauch nicht Bäume genannt werden.[1]

Wie in der Einleitung zu Goodmans Philosophie erwähnt, kommt es natürlich zu einer Wechselbeziehung zwischen der neuen Definition und dem bisherigen Verständnis. Aufgabe der Definition ist es ja nicht, das bisher Bekannte einfach nur zu wiederholen. Ziel ist es, eine Fassung zu bekommen, die aufgetretene Probleme auflöst oder vermeidet, anderen oder geänderten Standards genügt, Neues aufzeigt, kürzer, prägnanter und einfacher ist oder andere Aufgaben erfüllt, die an diese Definition gestellt werden. Ziel ist eine *angemessenere* Darstellung, angemessen in bezug auf die genannten Aspekte und natürlich bezüglich ihres Gegenstandes, den Parodien. Auch ist kein 'vollständiges' Verständnis angestrebt, sondern eines, das bestimmte – und in diesem Fall: zu bestimmende – Probleme und Schwierigkeiten umgeht, auflöst oder auch aufzeigt. Mit den Worten Davidsons: "Die Definition ist kein Verfahren zur Festigung des Fundamentes."[2] In diesem Sinn soll hier eine pragmatische Definition angestrebt werden, die aus einem bestimmten theoretischen Zugriff heraus eine *passende* – im Sinne Goodmans – Definition der Parodie versucht.

Es wäre unsinnig, eine völlig neue Definition von Parodien vorzulegen, die ganz andere Texte unter diese Kategorie zusammenfaßt. Man braucht ein gewisses Vorverständnis, welche Texte, sei es auch vorläufig, als Parodi-

1 N. Goodman, *Tatsache, Fiktion, Voraussage*, op.cit., S. 89.

2 Donald Davidson, *Dialektik und Dialog*, Rede anläßlich der Verleihung des Hegel-Preises 1992, Frankfurt am Main 1993, S.18.

en betrachtet werden sollen und überhaupt Gegenstand der Untersuchung sein können. Es besteht bereits eine 'Verankerung' für die Parodie in der Alltags- und in der Fachsprache wie auch für die ihr ähnlichen Textsorten der Travestie, Variation, Pastiche, Kontrafaktur, Cento etc. Eine originelle Neudefinition, die den überwiegenden Teil der bisher als Parodien bezeichneten Texten ausschließen würde, erscheint nicht sinnvoll.

Eine Auseinandersetzung mit der Parodie hat daher mehreres zu leisten: Sie muß der bisherigen Verwendung des Wortes genügen und, wo sie es nicht tut, zwingende Gründe für neue Differenzierungen, Gewichtungen, Erweiterungen oder Exklusionen angeben. Mit Bezug auf obiges Zitat sollte die neue Definition besser nicht auf Texte zutreffen, die man bis dahin nicht Parodie, sondern vielleicht Groteske oder ähnlich genannt hat.[3] Kurz gesagt hat sie mit einer gewissen Rücksichtigkeit auf die bisherige Sprachverwendung zu erfolgen.

Für die Parodie folgt daraus eine Auseinandersetzung mit der bisherigen, als problematisch einzustufenden Verwendung des Begriffes – literaturgeschichtlich wie theoretisch –, eine systematische Abgrenzung gegenüber verwandten Begriffen und natürlich der Test, in dem sich die Definition an ihrem Gegenstand zu bewähren hat.

Die Standarderöffnung bei der Diskussion eines Begriffes in den Literaturwissenschaften ist meist erst etymologischer und dann lexikalischer Art. Hält man sich daran, ergeben sich bei der Übersetzung des Wortes 'Parodie' aus dem Griechischen drei verschiedene Möglichkeiten, die zu ganz unterschiedlichen Ansichten über den Gegenstand führen. Zusammengesetzt aus der Vorsilbe *para* und dem nominalen Bestandteil *ode* hängt die Bedeutung des Kompositums hauptsächlich an der Übersetzung der Vorsilbe. Es ergibt sich die Möglichkeit, im Sinne einer bloßen Nachahmung dies mit 'entsprechend' zu übersetzen, oder adversativ mit 'gegen' oder additiv mit 'zuzüglich zu'.[4] Solches Vorgehen setzt natürlich

3 Dies gilt auch, obwohl die literaturwissenschaftlichen Begriffe zuweilen nicht so trennscharf und distinkt sind, daß einzelne Texte zwingend nur einer einzigen Kategorie zugeordnet werden können. Umgekehrt würde es keinen Sinn machen, einen Text ein Parodie zu nennen, den man genausogut auch anders nennen könnte. Eindeutigkeit des Vokabulars ist wünschenswert, ist aber nur mit Rücksicht auf benachbarte Begriffe zu erlangen, die sich unter Umständen in anderen Zusammenhängen bereits bewährt haben.

4 Vgl. Th. Verweyen u. G. Witting, *Die Parodie in der neueren deutschen Literatur*, op.cit.,

stillschweigend voraus, daß es überhaupt etwas zu übersetzen gibt, und es sich nicht etwa um einen *terminus technicus* oder ähnliches handelt, ohne eine sonderliche allgemeinsprachliche Bindung, was eine etymologische Übersetzung stark behindern würde. Versucht man es trotzdem, erhält man für Parodie die gängigen Übersetzungen 'Nebengesang', 'Gegengesang' und auch 'Beigesang', die sich alle in der Geschichte der Parodie als Bestimmungen wiederfinden lassen.

Bevor die theoretischen Konsequenzen der unterschiedlichen Übersetzungen betrachtet werden, möchte ich darauf hinweisen, daß es sich bei der Parodie keineswegs um ein rein sprachliches Phänomen handelt, auch wenn ich mich im weiteren darauf konzentrieren werde. Nach einer der frühesten Definitionen durch Quintilian hat die Parodie eigentlich ihren Ursprung in der Musik als "eine Bezeichnung, die von den Liedern stammt, die anderen Mustern nachkomponiert worden sind, und sich mißbräuchlich auch für die Nachahmung von Versbau und Redewendungen im Gebrauch erhält."[5] In dieser frühen Beschreibung wird unter Parodie erst einmal nicht mehr als verschiedene Formen der Nachahmung verstanden, und es ist nach Verweyen und Witting strittig, ob dies Komik, Ironie und Polemik mit einschließt oder sogar fordert.[6] Auch das spätere Verständnis verhält sich indifferent gegenüber adversativen und additiven Ausrichtungen in der Bedeutung. Eher ist es durch eine Orientierung an Stilqualitäten gekennzeichnet, wie dies Erwin Rotermund für die Parodie im Barockzeitalter feststellt:

> Der feste Platz, den die Parodie unter den lyrischen Gattungen des Barockzeitalters innehat, läßt sich von dem artifiziellen und gesellschaftlichen Moment im Dichtungsverständnis des Jahrhunderts unschwer begründen. Die Theoretiker nennen sie 'Folglied', 'Gegensatz', 'Nachöhmung' oder 'Nachode' und bestimmen ihre Struktur von den übernommenen Formelementen, besonders der Prosodie und des Wortschatzes, und der neu applizierten 'Materie' her, nicht von einer bestimmten Tendenz.[7]

S. 4, E. Rotermund, *Die Parodie in der modernen deutschen Lyrik*, op.cit., S. 10.

5 Th. Verweyen u. G. Witting, *Die Parodie in der neueren deutschen Literatur*, S. 5.

6 Vgl.: *Deutsche Lyrik-Parodien*, hg. von Th. Verweyen u. G. Witting, op.cit., S. 301.

7 E. Rotermund, *Gegengesänge*, op.cit., S. 19.

Für die Anwendung des Parodiebegriffes auch nur auf die Literatur scheint es kaum möglich zu sein, die adversative Lesart des *Gegen*gesang oder die des *Neben*gesang zu favorisieren. Während Quintilian die Parodie eher als Neben- oder Beigesang verstand, faßte sie Aristoteles in seiner *Poetik* als komische Herabsetzung eines ernsten Themas, speziell in der Form der Epos-Parodie.

Es kann nach Durchsicht verschiedener Quellen davon ausgegangen werden, daß unter den Begriff der Parodie theoriegeschichtlich verschiedene Formen der Nachahmung fallen, ohne daß diese zu unterscheiden und dauerhaft gegeneinander abzusetzen wären. Mit dem Aufkommen neuer Bezeichnungen wie Kontrafaktur, Pastiche, Cento, Travestie, Satire und Karikatur ist es auch zu Änderungen und Überschneidungen mit der Parodie und anderen Formen der Nachahmung gekommen. Von einem einheitlichen Verständnis über diese Fomen kann keine Rede sein. So läßt sich aus der Begriffsgeschichte heraus für eine Bestimmung der Parodie zumal in der neueren Literatur wenig Klärendes erwarten[8]. Eher umgekehrt bedarf die Verwendung des Begriffes in der Literaturgeschichte selbst der Klärung, da die Beziehung etwa zwischen Vorlage und Parodie oder die mit ihr verfolgte Absicht sich ändert und keineswegs einheitlich ist. Statt eines Rekurses oder gar einer Rückbesinnung auf frühere Verwendungsweisen ist es eher ratsam, auf dem Hintergrund und im Vergleich zu verschiedenen benachbarten Begriffen rückblickend eine differenzierende Definition zu versuchen, als das Umgekehrte.

Neben der eher abstrakten etymologischen Seite der Wortverwendung gibt es eine konkretere, die sich in der Einstellung des Publikums und den Kritikern wie der Literaturwissenschaft zur Parodie zeigt. Setzt man bei der Bestimmung des Parodieverständnisses in den Literaturwissenschaften an, so zeigt sich ein großer Unterschied in der Wertschätzung gegenüber der Leserschaft. Mit etwas Sinn für Verallgemeinerungen kann man sagen, daß die Aufnahme der Parodie durch das Publikum einerseits und die Kritik wie die Literaturwissenschaft anderseits recht unterschiedlich aus-

8 "Der historische Rekurs – das kann zusammenfassend gesagt werden – hat die Gleichzeitigkeit sehr heterogener Parodiebegriffe gezeigt, die eine terminologische Klärung nahelegen. Dies ist nicht auch deshalb angebracht, weil eine Geschichte der parodistischen Praxis die Skizze der Geschichte der Wortverwendungen noch weit komplexer erscheinen ließe." Th. Verweyen u. G. Witting, *Die Parodie in der neueren deutschen Literatur*, op.cit., S. 26.

fiel. Blumaurs Aeneis-Parodie[9] war ein Verkaufsschlager und auch die französischen Theater- und Operettenparodien fanden große Akzeptanz und Anerkennung durch das Publikum. Die Literaturkritik hingegen lehnte die 'schmutzigen Verse' von Blumaur ab, was kein Einzelfall in der unterschiedlichen Bewertung der Parodie war. Nun folgt daraus nicht automatisch, daß die meist abwertende Einschätzung durch Kritik und (in einigen Fällen den selbst parodierten) Autoren unangemessen und falsch sein muß. Nur ist auffällig, wie die Parodie häufig die arrivierten und institutionalisierten[10] Vertreter der Kunst und Literatur von *deren* Kritikern und auch dem Publikum spaltet.

Als ein beliebtes und in gewisser Weise auch maßgebliches Beispiel für die abwertende Haltung gegenüber der Parodie wird in der (Sekundär-) Literatur gerne Goethe angeführt. In *Über die Parodie bei den Alten* erklärt er sich zum "Todfeind allem Parodieren und Travestiren", "welcher das Hohe, Große, Edle, Gute, Zarte herunterzieht und ins Gemeine verschleppt"[11]. Und gerne wird Goethe zitiert, wenn es darum geht, der Parodie den Rang des Ästhetischen oder gar des Kunstwerkes abzusprechen.

Wie immer man auch zur Autorität des weimarer Dichterfürsten stehen mag, so ist seine Vereinnahmung durch die Gegner der Parodie nicht überzeugend, wie Erwin Rotermund in seiner Arbeit zur Parodie gezeigt hat. Er kommt dort dem Standardargument zuvor und führt eben Goethe an, um zu einer wohlwollenderen Einstellung gegenüber der Parodie zu gelangen:

> Parodie...Über sie sinn ich am liebsten nach. ...Fromme Zerstörung, lächelnd Abschiednehmen ... Bewahrende Nachfolge, die schon Scherz und Schimpf. ... Curioses Dasein, einsam, unverstanden, gespielenlos und kalt, auf eigene Hand in einem noch

9 Zur Rezeption von Blumauers Aeneis Parodie vergleiche: Theodor Verweyen u. Gunther Witting, *Die Parodie in der neueren deutschen Literatur*, Kap. III.1 ('Virgils Aeneis travestirt' als Paradigma), Darmstadt 1979, S. 28ff. Ob der Text nicht besser als Travestie bezeichnet ist, ist an dieser Stelle unerheblich.

10 Es läßt sich vorab vermuten, daß die Ablehnung der Parodie durch die arrivierte Literaturkritik weniger ihren ästhetischen Qualitäten als ihrem kritischen Impetus entspringt. Parodie kann dann auch Kritik an den institutionalisierten Sichtweisen bedeuten und damit auch der Institution und ihren Trägern selbst.

11 J.W. von Goethe, "Über die Parodie bei den Alten", ??

> rohen Volke die Cultur der Welt von gläubiger Blüte bis zum wissenden Verfall persönlich zu umfassen.[12]

Ein Grund für die Geringschätzung der Parodie mag darin liegen, daß ihr ein, wenn nicht *das* zentrale Bewertungskriterium bürgerlicher Kunstauffassung nicht zukommen kann: das der Autonomie. Gegenüber dem 'Original' kommt der Parodie nur in einem abgeleiteten Verhältnis Bedeutung zu, das zudem nicht gerade durch Respekt ausgezeichnet ist. Geniekonzeptionen stehen hier meist mit im Hintergrund, was sich in dem immer wiederkehrenden Vorwurf mangelnder Genuität zeigt, der häufig der Grund für die Mißachtung der Parodie als ausdrucksstarker und origineller literarisch-ästhetischer Gattung ist, wie beispielsweise Alfred Liede dies in seinem umfangreichen Lexikonbeitrag deutlich herausstellt:

> Die Parodie nimmt unter den literarischen Gattungen zweifellos eine niedrige Stellung ein: sie ist nicht nur abhängig von dem ernsten Vorbild, sie ist auch ihrem Wesen nach verpflichtet, diesen Ernst herabzuziehen und ins Triviale und Lächerliche zu verkehren.[13]

Ein weiterer Grund für die Geringschätzung der Parodie liegt darin, daß sie keinem normativen Werkbegriff entspricht. Einheit und Geschlossenheit und damit Selbständigkeit kann ihr, die erst im Bezug auf das Parodierte bedeutsam wird, nicht zukommen. Folgerichtig ist sie kein 'wirkliches' oder 'tatsächliches' literarisches Werk, wie sich dies im Zitat von Ernst Grisebach widerspiegelt:

> In der Stufenleiter der Species des Komischen muß die Parodie jedenfalls die unterste Stelle einnehmen, denn nur in der Voraussetzung und stetem Bezug auf ein schon vorhandenes Original ist sie überhaupt wirksam, ja verständlich. *Jedes wirkliche*

12 Aus den Reflexionen Goethes zum zweiten Teil des Faust in *Lotte in Weimar*. Zitiert nach: Erwin Rotermund, *Gegengesänge: Lyrische Parodien vom Mittelalter bis zur Gegenwart*, op.cit., S. 11. Ähnlich wie Thomas Mann sieht auch Goethe in der Parodie ein verbindendes und bewahrend ironisierendes Moment gegenüber überkommenen Formen und Darstellungsweisen der Kunst. Dies unterscheidet beide von den meisten anderen Auffassungen, die ihr kritisches Potential in einem eher glatten Bruch mit der bisherigen Auffassung des Parodierten sieht.

13 Alfred Liede, "Parodie", in *Reallexikon der deutschen Literaturgeschichte*, Bd. 3, hg. von Werner Kohlschmidt und Wolfgang Mohr, Berlin 1966², S.33.

> *Kunstwerk ist aber ein selbstständiges Ganzes, eine Welt für sich und aus sich selber voll deutbar und erklärlich* [Herv. G.P.].[14]

Fast alle Gegner der Parodie stimmen darin überein, daß der Parodie nur ein geringer literarischer Wert zukommt, weil sie nichts Eigenständiges ist und ihr Tun auf Herabsetzung ihres Gegenstandes zielt. Weder genügt sie einem Werkbegriff, noch erstrebt sie Erhabenheit an. Treffen die oben angestellten Überlegungen und Vermutungen zu, ist der Weg zu einer angemessenen Darstellung und Bewertung systematisch erschwert oder gar verstellt. Dies betrifft nicht nur die Bewertung des künstlerischen oder ästhetischen Ranges, der einigen Parodien doch zukommt, sondern auch den Zugang zu einer bedeutungsorientierten Beschreibung der Parodie. Ist das eigene Kunst- und Ästhetikverständnis einem Werkbegriff verpflichtet, der sich durch Geschlossenheit und Eigenständigkeit des Ausdrucks auszeichnet, schließt dies gewissermaßen aus, die ästhetische Bedeutsamkeit der Parodie eben in ihrem Bezug auf das Parodierte und der Variation eines bereits vorliegenden Ausdrucks zu sehen. Insgesamt berechtigt dies zu der Beobachtung, daß es in der Auseinandersetzung mit der Parodie prinzipielle Probleme gibt, die in einem besonderen Kunstverständnis verankert sind:

> Daß die Parodie noch immer mit theoretischen Voraussetzungen arbeitet, die im Laufe des 17., 18. Jahrhunderts erarbeitet wurden, daß sie noch immer in mannigfaltigen Einzeluntersuchungen Auswege aus dem kunterbunten Definitionsgerangel suchen, daß noch immer nichts hinreichend Genaues über das Syntaktische, Semantische und Pragmatische erarbeitet worden ist, läßt sich hingegen nicht leugnen.[15]

Nicht über diesen Kamm sollte man die neueren Ansätze in der Literaturwissenschaft scheren. So ist es in den letzten gut vierzig Jahren in der Literaturforschung zu einer Neubestimmung der Parodie gekommen, die auch eine Neubewertung ihres literarischen Stellenwertes mit einschließt. Nicht nur in bezug auf deren ästhetische Bedeutung unterscheiden sich diese Arbeiten von vorhergehenden, sondern auch in bezug auf den theoretisch methodologischen Zugriff. Zu nennen sind hier wohl in erster

14 E. Grisebach, "Einleitung über die Parodie und die Parodisten", in: A. Blumaur, *Vergils Aeneis travestirt*, Leibzig 1872, S. VI.

15 Heinrich Hackel, *Zur Sprachkunst Friedrich Torbergs*, op.cit., S. 62.

Linie die Arbeiten von Erwin Rotermund, Theodor Verweyen, Gunther Witting, Winfried Freund, Helmut Jantz und auch strukturalistische wie die von Isaak Revzin[16].

In gewisser Weise vorangegangen ist dieser theoretischen Entwicklung wie so häufig die Literatur selbst. Parodistische Passagen oder – wenn auch seltener – ganze Texte in den Werken von Robert Musil, Thomas Mann, Berthold Brecht, Friedrich Dürrenmatt und später auch Günther Grass zeigen, daß die Parodie in ihrem ästhetischen Ausdrucksvermögen weit mehr sein kann als ein gelungener Witz auf Kosten anderer. Robert Neumann, Friedrich Torberg und vor allem Bert Brecht arbeiten mit den Möglichkeiten einer Ideologiekritik anhand der Parodie, wodurch etwa der Vorwurf der unernsten, bloß komischen Herabsetzung an Kraft verliert. Selbst für den Bereich der 'trivialen' Parodie findet sich in Peter Rühmkorff ein programmatischer Verfechter. In *Über das Volksvermögen* plädiert er für eine Lesart von Kinderreimen und Ähnlichem, die deren kritische Unbotmäßigkeit herausstellt.[17] So ist es nicht zufällig, daß sich der überwiegende Teil der neueren literaturtheoretischen Arbeiten eben mit den genannten Literaten auseinandersetzt, für die der Parodie oft eine wichtige, wenn nicht tragende Rolle in der Konzeption ihrer Werke zukommt.

Wirklich neu ist diese Form der Kritik über die Parodie wie so einiges andere, was in der neueren Diskussion (wieder) in der Vordergrund getreten ist, keineswegs. Sie findet sich besonders in der Romantik, wo anhand der Parodie unter anderem gegen die Motivverarbeitung oder die formalen Vorgaben der Weimarer Klassik gestichelt und polemisiert[18] wurde. Ludwig Tiecks *Der gestiefelte Kater* oder *Prinz Zerbino*, Jean Pauls *Titan* und A.W. Schlegels *Das Lied von der Glocke* sind Beispiele für diese Hochphase der Parodie.[19] In dem Aufeinandertreffen zweier unterschiedlicher Kunst-

16 Isaak Revzin, "Das Schema einer Sprache mit endlich vielen Zuständen und die Möglichkeit, es in der Parodie anzuwenden. (Zum Mechanismus der Parodie)", in: J. Ihwe (hg.), *Literaturwissenschaft und Linguistik: Ergebnisse und Perspektiven*, Bd.II, Frankfurt am Main 1971, S. ?

17 Peter Rühmkorf, *Über das Volksvermögen: Exkurse in den literarischen Untergrund*, Reinbek bei Hamburg 1969.

18 Die Grenzen zwischen Kritik und Polemik sind fließend, selbst wenn man der Vorgabe von R. Neumann nicht folgen will, daß das Ziel aller Parodie die Kritik ist.

19 Siehe auch die Einschätzung durch Winfried Freund: "Die Parodie wird den Ro-

auffassungen sieht auch E. Rotermund den Grund für diese Hochzeit der Parodie. Das maßgebliche Moment kann für die Romantik in ihrem Selbstverständnis gesehen werden, durch das neben der Parodie auch die Groteske und vor allem die Ironie in ihrer Bedeutung für die Kunst stark aufgewertet werden.

> Die große Rolle der Parodie in allen romantischen Dichtungsarten erklärt sich leicht von der Opposition zur klassischen Kunst und damit auch von der neuen Dichtungstheorie her, in der Begriffe wie Ironie, Witz und Groteske in veränderter Sinngebung zentrale Bedeutung erlangten.[20]

Hinzu kommt das Diktum der Romantik, daß Kunst nur durch Kunst zu kritisieren sei, das gerade der Parodie zugute kommen muß als einer Form der zeigenden Kritik. Die Bedeutung der Romantik für die Geschichte der Parodie ist sicherlich nicht zu unterschätzen, sollte aber hier nur kurz angesprochen werden und nur bei Bedarf in die Diskussion aufgenommen werden. In diesem Rahmen werde ich mich auf die funktions- und bedeutungstheoretischen Überlegungen konzentrieren.

In dem Folgenden versuche ich, den oben zitierten Anforderungen Heinrich Hackels an die Parodieforschung Genüge zu tun, indem ich eine allgemeine Definition aufzustellen suche unter den Aspekten des Syntaktischen, Semantischen und Pragmatischen. Fragen des Syntaktischen fallen dabei unter den Begriff des Schemas und seiner Struktur, das Semantische unter Goodmans Bedeutungstheorie und das Pragmatische unter dem Aspekt sozialer Verankerung und prozeduraler Schemaanwendung. Zentral ist Goodmans Konzeption der Bedeutung als einer Form der Bezugnahme und In-Beziehung-Setzen von Symbolsystemen und Schemata. Was auf der Grundlage eines normativen Werkbegriffs sich einer angemessen Einschätzung entziehen muß, die Parodie in ihrer engen Beziehung/Bezugnahme auf ihre Vorlage, bildet dann den methodologische Ausgangspunkt. In den folgenden Kapiteln soll gezeigt werden, daß eben die besondere Weise der Nachahmung ein Schlüssel sein kann für das

mantikern zur wichtigen Ausdrucksform, weil sie ihrem dialektischen Geschichtsbewußtsein entspricht. Neues kann sich nur durch die Überwindung des Alten, Überholten entwickeln. Deshalb ist es wichtig, anachronistische Bewußtseinhaltungen zu zerstörten, um Platz zu schaffen, für das, was sich als neues Leben ankündigt." Winfried Freund, *Die literarische Parodie*, op.cit., S. 68.

20 E. Rotermund, *Gegengesänge*, op.cit., S. 24.

Verständnis der Parodie. Dies soll es nicht nur ermöglichen, die Parodie von anderen Form der Nachahmung zu unterscheiden, sondern vor allem ihre besondere ästhetisch-kognitive Funktion zu beschreiben.

Vorher ist noch zu diskutieren, ob es keine grundlegenderen und damit geeigneteren Ansatzpunkte für eine Definition der Parodie gibt. So ist es häufig ihr komisches wie ihr kritisches Potential, das die Grundlage für Definitionsversuche bildet.

2. Die Parodie als eine Form des Komischen

Ein erster systematischer Ausgangspunkt bei der Bestimmung der Parodie setzt bei ihrer komischen Wirkung oder ihrem kritischen Potential an. Genauer ist es häufig das Verhältnis des Komischen und des Kritischen zueinander, über das eine grundlegende Bestimmung versucht wird, wie dies unter anderen Theodor Verweyen und Gunther Witting sehen:

> Zweifellos ist mit 'Komik und Kritik' ein für jede Parodie-Theorie unumgängliches Thema bezeichnet, auch wenn es häufiger nur unter dem Stichwort 'Komik *oder* Kritik' in den Parodiediskussionen aufgetaucht ist – und zwar vor allem im Zusammenhang mit der Unterscheidung zwischen einer 'bloß komischen' und einer 'kritischen' – gelegentlich auch 'satirischen' – Parodie.[1]

Ausgehend von dieser Einschätzung ist es notwendig, sich mit diesen zentralen Begriffen und ihrer Bedeutung für eine Theorie der Parodie auch und insbesondere auf dem Hintergrund eines Schemainterpretationismus auseinanderzusetzen.

Das Komische als Ausgangspunkt für eine Darstellung der Parodie zu wählen gewinnt seine Plausibilität vor allem aus der Zuordnung des Ästhetischen und der Kunst zum Bereich des Emotiven. Bezogen auf die Gefühlswelt besteht ihre Wirkung darin, Komik – vom Schmunzeln bis zum Lachen – zu erzeugen. Implizit wertet eine solche Zuordnung auch, da sie nicht nur die Parodie von dem reflektierenden Verstand trennt – das teilt sie dann ja auch mit den anderen Bereichen der Kunst –, sondern sie auch in Opposition zu den ernsten und hohen (Künsten) Gattungen und Werke der Literatur setzt. Zwei Aspekte der Parodie, vielleicht nicht jeder, aber doch einiger gelungener, geraten durch diese starke Opposition etwas außer Sicht: Die Möglichkeit, anhand einer parodistischen Darstellung zur differenzierten Kritik und Auseinandersetzung mit dem Parodierten anzuleiten und dies zweitens auf eine ästhetisch-darstellende Weise zu tun, die denen des parodierten Werkes kaum oder gar nicht nachsteht. Hier so wenig wie bei der Ironie sind Komik und Ernst Gegensätze.

1 Theodor Verweyen und Gunther Witting, *Die Parodie in der neueren deutschen Literatur*, op.cit., S. 195.

Ausgehend von der Komik sind bereits Versuche unternommen worden, zumindest ein 'rituelles' und ein 'reflexives Lachen' auch im Hinblick auf die Wandlung der Komödienform zu unterscheiden.[2] Es handelt sich dabei weniger um die eher soziologische Gegenüberstellung von Ritus und der reflexiven Distanzierung über das Lachen, als vielmehr um ein bloßes, gemeinschaftliches Lachen und einem, das mit Formen der Distanzierung in Verbindung gebracht wird. Die Opposition leuchtet so unmittelbar nicht ein, da auch das stereotype Verlachen des Narren eine Distanzierung von dem Dargestellten ist. Wie Wolfgang Preisendanz angemerkt hat, ist eine Abgrenzung der Reflexivität gegenüber dem Lachen schwierig und allenfalls graduell.[3] Auch ist unklar, ob die Reflexion vor, während, nach oder sogar aufgrund des Lachens einsetzt, wie Hans Robert Jauß beifügt.[4] Lachen und Reflexion sind nach diesen Darstellungen in ihrem Verhältnis zueinander keiner einfachen Klärung zugänglich und stellen keine Gegensätzlichkeit dar.

Statt einer zusätzlichen Unterscheidung geht mein Vorschlag dahin, besser die Opposition der Begriffe aufzugeben. Vertritt man wie Hans Lenk einen rigiden Interpretationismus ist der Komik selbstverständlich ein Interpretationsprozeß vorgängig (wobei Reflexivität in seiner Fassung eine Meta-Interpretation ist). Es ist ein Unterschied, ob wir lachen aufgrund einer bestimmten Interpretation, oder ob wir überlegen, warum wir lachen. Mit dem reflexiven Lachen versucht Preisendanz das Emotive beziehungsweise rein gefühlsmäßige und das kognitiv-verstandesgemäße zu verbinden mit dem Ziel einer Aufwertung bestimmter komischer Phänomene. Auf dem Hintergrund eines kognitiven Schemainterpretationismus sind allerdings alle Formen des Komischen das Ergebnis eines Interpretationsgeschehens. Unterschiedliche Formen des Komischen setzten unterschiedliche Interpretationsprozesse voraus, die dann Gegenstand des hermeneutisch-literaturwissenschaftlichen Interesses werden. Interpretationstheoretische Überlegungen bilden dann auch den Hintergrund für die Darstellung der Parodie wie für andere Bereiche des Komischen. Auf

2 Rainer Warning, "Rituelles und reflexives Lachen", in: H. Weinrich, *Positionen der Negativität*, München 1975, S. 340ff.

3 Wolfgang Preisendanz, "Reflexive Komik", op.cit., S. 551f.

4 Hans Robert Jauß, "Reflexives Lachen", in: *Das Komische*, hg. von W. Preisendanz und Rainer Warning, München 1976, S. 552f.

dem Hintergrund einer dem Komischen vorgängigen Interpretation und der Parodie als einer Form des Komischen liegt es nahe, sich den Umweg über eine Theorie zu sparen und gleich bei der Parodie anzusetzen. Trotzdem könnten allgemeine Überlegungen zum Komischen hilfreich sein, insofern sie prinzipielle Funktionsweisen oder ähnliches aufdecken. Ein Theorie des Komischen, so es sie gibt, könnte dabei eine differenziertere Betrachtungsweise der Parodie erlauben.

Eine bloße Zuordnung der Parodie zu verschiedenen Formen des Komischen und des Witzes allein leistet allerdings nicht viel und erscheint auch nicht wünschenswert. Hierin ist der Einschätzung von Wolfgang Preisendanz zu folgen: "[Das] vollständige Beschreiben, Sortieren und Rubrizieren witziger Aussageformen ist nicht nur uferlos, sondern eine Plage."[5] Die Alternative wäre eine differenzierte Theorie des Komischen, die auch für die Beschreibung der Parodie etwas bietet. Einen – wenn auch nicht ganz aktuellen – Überblick über solche neueren Ansätze bietet der Sammelband *Das Komische*[6], der zu einer Zeit erschienen ist, in der erstmals sprachanalytische und vor allem linguistische Erklärungsmodelle versuchsweise auf die Literaturwissenschaft übertragen wurden. Wie bereits in der Einführung in die (sprach)analytische Ästhetik ausgeführt, wurden hier wie dort hohe Erwartungen in die Erklärungskraft der neuen theoretischen Ansätze gesetzt, die sich aber im Fortgang nicht einlösen ließen. Die Folge war, daß das Interesse am Prager Strukturalismus, der Sprechakttheorie oder der Generativen Grammatik einfach wieder abebbte. Im einzelnen sind die Gründe dafür unterschiedlich. Aus analytischer Sicht könnte ein Grund darin liegen, daß übersehen wurde, daß die Geltungsansprüche zwar sehr hoch, der Geltungsbereich der einzelnen Theorien aber sehr begrenzt und speziell war. Der Übertragung einzelner Ergebnisse aus ihren vergleichsweise engen analytischen Problemstellungen auf die Literaturwissenschaft mit ihrem umfassenden Sprach- und Bedeutungsverständnis fehlte häufig die differenzierte Einarbeitung in den geänderten Problemhorizont.

Dieses Interesse an einer sprachanalytischen Terminologie im weiteren Sinne zeichnet auch zahlreiche Autoren des genannten Bandes aus. Schon bei Preisendanz gibt es ein Erklärungsmodell, das den Kontextwechsel

5 W. Preisendanz, *Über den Witz*, Konstanz 1970, S. 31.

6 *Das Komische*, hg. von W. Preisendanz und Rainer Warning, München 1976.

als Aussagetaktik des Witzes beschreibt. Dies wird von Siegfried J. Schmidt übernommen und als "Präsuppositionsproblematik" umformuliert.[7] Übertragen auf die Parodie bedeutet dies, daß es in ihrem Verlauf zu einer Änderung der Erwartungen oder zu einem Umschlagen in einer Pointe kommt. Der nachfolgende Satz führt zu einem geänderten Verständnis des Textganzen; und die komische Wirkung ergibt sich aus der Spannung zwischen der neuen und der vorhergehenden Lesart, die sich im Moment des Kippens entlädt:

> *Großstadtlyrik*
> Fabriken stehen Schlot an Schlot,
> vorm Hurenhaus das Licht ist rot.
> Ein blinder Bettler starrt zur Höh,
> ein kleines Kind hat Gonorrhoe.
> Eitrig der Mond vom Himmel trotzt.
> Ein Dichter schreibt. Ein Leser kotzt.[8]

Die ganz offensichtlich an der expressionistischen Lyrik orientierte Szenerie steigert sich in ihren Motiven bis zur letzten Zeile, wobei die Hereinnahme des Dichters noch nicht weiter ungewöhnlich ist. Der parodistische Bruch mit der Vorlage kündigt sich schon mit der katachretischen Mondmetapher und deren 'eitrigen Trotzen' ein. Bis dahin könnte es sich aber auch einfach um eine schlechte Nachahmung des expressionistischen Stiles handeln. Zu erkennen gibt sich die Parodie durch das Auftreten des Lesers. Der Dichter als Teil der von ihm beschriebenen Welt ist in seiner Selbstthematisierung ein Topos, nicht aber der Leser, mit dem diese fiktionale Ebene zerbricht. In dem bisher angelegten expressionistischen Schema läßt sich der Leser nicht ohne weiteres einordnen, da er kein sinnfälliges Teil der Szenerie sein kann. Es kommt zu einer Neuinterpretation, die eine Deutung des Textgesamten erlaubt, womit sein Verständnis kippt. Statt um ein expressionistisches Gedicht zeigt sich der Text als eben dessen Parodie. Umso bemerkenswerter oder gelungener ist dies, als durch

7 Siegfried J. Schmidt, "Komik im Beschreibungsmodell kommunikativer Handlungsspiele", in: *Das Komische*, hg. von W. Preisendanz und Rainer Warning, München 1976, S. 172.

8 Friedrich Torberg, *PPP.*, op.cit., S. 217.

den Kraftausdruck des Kotzens und der lakonischen Kürze des Satzes die drastisch-expressionistische Ausdrucksebene nicht verlassen wird. Das Kippen des Textes vollzieht sich nur über dieses eine Merkmal, das zu einer fast konträren Lesart des ganzen Textes führt. Die Nähe zur Vorlage, die – wie noch auszuführen ist – eines der Qualitätskriterien für die gelungene Parodie ist, bleibt erhalten.

Problematisch ist es, in diesem Zusammenhang von Präsuppositionen zu sprechen, einen speziellen Teil der Voraussetzungen des Verstehens, die sich nur unzureichend als "Unterstellungen" allgemeinsprachlich übersetzen lassen. Analytisch gesehen kann man deshalb auch schlecht davon sprechen, daß man bei dem Text plötzlich unterstellt, daß es sich statt um ein expressionistisches Gedicht um dessen Parodie handelt. Das Wissen darum, daß es sich bei dem Text um eine Parodie handelt, führt mit Sicherheit auch zu einer anderen Sichtweise und zu geänderten Voraussetzungen, unter denen er dann interpretiert wird. Nur erlaubt der Begriff der Präsupposition keinen strukturierenden Zugriff auf diese Voraussetzungen wie auch auf ihre Beschreibung. Demgegenüber würde ich es vorziehen, von hier gleichfalls mit dem Begriff des Schemas zu operieren, da so deutlicher gezeigt werden kann, wie der Text umkippt und eine andere Lesart erhält, wobei sich beide Lesarten auszeichnen lassen.

Sofern dieser Interpretationsversuch wenigstens ansatzweise überzeugen kann, verspricht die Analyse der Verstehensbedingungen durchaus etwas für die Beschreibung der Parodie und ihrer Funktionsweise. Überraschend und auch problematisch ist dieser Ansatz zu einer Präsuppositionsanalyse von Schmidt hinsichtlich seiner Absicht, das Komische eben nicht strukturell zu definieren, obwohl er genau dies durchaus auch überzeugend macht.[9] In seinem überraschend niedrigen Selbstanspruch wären diese Überlegungen dann allenfalls beschreibungsadäquat in einem nicht verallgemeinerbaren Fall. Dieser Kippmechanismus würde nicht einmal ein Merkmal sein, aus dem auf das Vorliegen eines komischen Textes ge-

9 "Es geht im folgenden *nicht* darum, Komik strukturell zu definieren. Was für wen und unter welchen Umständen komisch ist, kann von einer Texttheorie nicht prognostiziert werden." S. Schmidt, "Komik im Beschreibungsmodell kommunikativer Handlungsspiele", op.cit., S. 177.
Eine Präsuppositionsanalyse dient in der Sprachphilosophie hingegen genau dazu, wie der Name fast schon sagt, die Umstände zu bestimmen, unter denen etwas in einer bestimmten Weise verstanden werden kann.

schlossen werden könnte. Dies ist insofern richtig, da nicht jede Interpretation, bei der es zu einem Kippen des bisherigen Verständnisses kommt, deshalb komisch ist. Der komische Effekt ergibt sich erst aus der Spannung zwischen beiden Lesarten, die allerdings nicht der Gegenstand einer Präsuppositionsanalyse sind.

Es ist zu vermuten, daß es die Vielfältigkeit der Formen des Komischen war, die von ihm wie von den meisten anderen Autoren des Bandes ausdrücklich vermerkt wurde, und gegenüber denen er sich den Vorwurf einer strukturalen Prokrustes-Definition wohl ersparen wollte. Zu jeder geschlossenen Definition des Komischen (das Komische ist ...) wäre schnell ein Gegenbeispiel gefunden, das in ihr nicht enthalten ist. Es bleibt nicht viel mehr als die Bemerkung, daß bei einigen Texten Komik mit dem Wechsel der Verstehensbedingungen und damit des Bezugsrahmens einhergeht. Viele Pointen sind dadurch ausgezeichnet, daß es zu einer überraschenden Zusatzinformation kommt, die eine stark veränderte neue Interpretation notwendig macht mit dem Effekt einer komischen Differenz zwischen beiden. Aber weder trifft dies auf alle Pointen zu, noch haben alle Parodien dieses Moment eines Umkippens. Da es sich als eine besondere Form eines Interpretationsgeschehens darstellen läßt, erscheint mir die Kippfigur ein auch in Hinblick auf die Parodie ein durchaus interessantes Moment zu sein, das aber aufgrund seiner geringen Verallgemeinerbarkeit keinen prinzipiell geeigneteren Zugang zum Verständnis der Parodie bietet.

Verallgemeinerbarkeit ist auch bei einer ganz anderen Beschreibung des Komischen ein Problem. So hat Wolfgang Iser das Phänomen des Umkippens eines komischen Textes poststrukturalistisch pointiert, um nicht zu sagen dramatisiert. In auffälliger Weise stimmt seine Negation beispielsweise mit der in der Philosophie Jaques Derridas überein. Ebenso wie die Denkfigur eines sich durch Selbstbezug unendlich hinauszögernden Bedeutungsgeschehens verhält sich auch das Komische: Beide Lesarten kippen sich *gegenseitig*, bis jede Übersicht und Bedeutung verloren geht:

> Wenn sich die Positionen wechselseitig zum Kippen bringen, dann haben wir es nicht mehr mit einfachen Negationen zu tun, durch die eine bestimmte Orientierung des negierenden Aktes immer mit gesetzt ist. Die Wechselseitigkeit des 'Kippens' führt zu einer wechselseitigen Negativierung, in deren Verlauf die Beziehbarkeit der Negationen zu schwinden beginnt. In-

> dem die Positionen zusammenbrechen, hebt sich auch die Möglichkeit der Zuordnung auf.[10]

Falls diese pointierte Kipp-Figur sich überhaupt belegen läßt, ist ihre Verallgemeinerbarkeit eher gering einzuschätzen. Außerdem wäre die Konsequenz eine Art Sinnlosigkeit, die trotz Dadaismus nicht in jedem Fall komisch ist.

Die Gegenseitigkeit der Negation als Grundbedingung der Bewegung ist gleichfalls nicht belegt. Wie in dem Beispiel oben kippen einige Parodien sehr wohl, aber sie tun dies nur *einmal*, von der nachgeahmten Vorlage zur kenntlich gewordenen Parodie; und dabei bleibt es dann auch. Auf die parodistische Lesart hat die Vorlage dann keinerlei Einfluß mehr, und es läßt sich sehr gut belegen, von welchen durchaus stabilen Lesarten die Rede ist. Ohne diese Zuspitzung in dem Prozeß der gegenseitigen Negation aber unterscheidet die Kipp-Figur von Iser nur wenig von einem herkömmlichen Verständnis der Pointe. Weiterhin ist unklar, inwiefern das Kippen eine Negation darstellt. Interpretationistisch gesehen handelt es sich bei dem Kippen um das Wechseln eines der Interpretation bisher zugrunde liegenden Schemas gegen ein anderes. Der Auslöser muß dabei so beschaffen sein, daß er nicht zu einer Veränderung oder Anpassung führt, sondern zu einer Restrukturierung und Neuinterpretation aller Teile anhand eines anderen Schemas. Demnach könnte ein Text in der einen oder der anderen Weise verstanden werden. Im Extremfall hätten wir zwei Interpretationen, ohne uns für die eine oder andere entscheiden zu können. Iser will aber darauf hinaus, daß wir in diesem Fall über keine Interpretation verfügen und sich die Beziehung zwischen den beiden Lesarten im Prozeß der Interpretation auflöst. Warum dies nicht einfach ein Widerspruch sein soll bleibt ungeklärt. Die Beziehung gerade zwischen der Parodie und ihrer Vorlage sowie dem komischen Effekt, der darin liegt, kann sicherlich nicht auf diese Weise als eine grundlegende Form der Negation beschrieben werden. Der Beitrag dieser Überlegungen für das Verständnis der Parodie ist insgesamt eher gering einzuschätzen. Daß sich die komische Wirkung der Parodie einem Kontextwechsel verdankt oder auch nur verdanken kann (wobei Präsuppositionen genaugenommen nur einen eingeschränkten Bereich des Kontextes darstel-

10 Wolfgang Iser, "Das Komische: ein Kipp-Phänomen", in: *Das Komische*, hg. von W. Preisendanz und Rainer Warning, München 1976, S. 400.

len[11]), ist fast unmittelbar einsichtig, da sie auf der Folie ihrer Vorlage funktioniert. Die spezifisch komische Wirkung basiert auf der Spannung zwischen beiden, dem ursprünglichen Kontext der Vorlage und dem seiner parodistischen Verarbeitung. Nur ist es auf diese Weise noch nicht gelungen, dies auch so zu beschreiben.

Zusammengefaßt ließ sich eine allgemeine 'Theorie' des Komischen nicht finden, wobei sich bei dem bescheidenen Ausschnitt aus der wissenschaftlichen Literatur sicherlich nicht sagen läßt, daß es keine geben kann oder gibt. Bemerkenswert sind aber die Schwierigkeiten, die sich aus den sehr vielfältigen Erscheinungsformen des Komischen ergeben, was von den meisten Theoretikern auch klar herausgestellt wird. Für einen einfachen und übersichtlichen Zugang zur Beschreibung der Parodie ist das Komische selbst zu komplex, in vielen Aspekten erst noch zu bestimmen und scheint daher eher ungeeignet, worin E. Preisendanz zuzustimmen ist:

> Voraussetzungen und Bedingungen dafür, daß sich etwas komisch ausnimmt, als Komik aufgefaßt, akzeptiert und quittiert wird, sind aufgrund der historischen, sozialen, kulturellen, psychischen, situativen Faktoren sind so komplex und problematisch, ein allgemein verbindlicher und gültiger Begriff des Komischen ist so unabsehbar, daß ich es für ausgeschlossen halte, die Behauptung, hier handle es sich [...] um Komik so zu verifizieren, daß diese Behauptung (und mithin der sie bestimmende Eindruck) absolute intersubjektive Verbindlichkeit gewönne.[12]

Versucht man nach der Vorgabe von Schmidt und Preisendanz das Komische über die Verstehensbedingungen wie den Kontext oder die gemeinsamen Präsuppositionen zu beschreiben, wie dies ansatzweise für die Kurzinterpretation oben versucht wurde, fällt auf, daß dort von Komik kaum die Rede war, sondern eben von Interpretations- und Verstehensbedingungen. Zentral war das Verhältnis von expressionistischer Lyrik und die Art ihrer parodistischen Verarbeitung. Für die Analyse des Komischen

11 Zum Verhältnis von Präsupposition, Lebenswelt und Hintergrundwissen siehe: Alexander Ulfig, "Präsupposition, Hintergrundwissen und Lebenswelt", in: *Protosziologie* Heft 5, Lebenswelt und System II (1993), S. 82-102. Der Einfachheit halber wurde der Hintergrund synonym zu Präsuppositionen verwendet.

12 W. Preisendanz, *Humor als dichterische Einbildungskraft*, München 1976, S. 155.

im Allgemeinen wie in der Parodie ergeht damit die Forderung, die kulturellen, sozialen, historischen und situativen Aspekte zu beschreiben, unter denen etwas als komisch verstanden werden kann. Das heißt nichts anderes, als der Theorie des Komischen eine Verstehenstheorie vorzuschalten. Das Komische ist nach Preisendanz Teil eines "Verarbeitungsprinzips" aus der "Relation des Präsentierten zum Repräsentierten"[13]. Anders formuliert ist das Komische das Resultat eines Interpretationsprozesses, im Falle der Parodie zwischen ihr, als dem Präsentierten, und ihrer Vorlage als dem Repräsentierten. Wir verstehen eine Parodie nicht, weil sie komisch ist, sondern sie ist komisch, weil wir sie verstanden haben. Sicherlich lassen sich aus der Auseinandersetzung mit dem Komischen auch Teilergebnisse für eine Betrachtung der Parodie übernehmen. Für die Analyse der Bedingungen, unter denen eine Parodie als solche verstanden werden kann, ist das Komische aber kein notwendiger und daher auch kein geeigneter Zugangspunkt. Ein verständigungsorientierter Forschungsansatz kann durchaus die komischen Effekte als sekundär betrachten und sich unmittelbar den Parodien und den Bedingungen ihrer Interpretation zuwenden.

In dem von mir gewählten theoretischen Anschnitt ist die Parodie dann in der Folge nicht eine Form des Komischen, sondern eine spezifische Weise, einen Text zu interpretieren (Lenk), oder eine besondere Art, in der Zeichen und Symbolsysteme funktionieren (Goodman).

13 W. Preisendanz, *Humor als dichterische Einbildungskraft*, op.cit., S. 413.

3. Das Problem der Wertung: Die kritische und die (bloss) komische Parodie

Stärker noch als für andere Textsorten oder Bereiche der Literatur scheint sich für die Parodie die Frage nach ihrer Wertung und Wertigkeit zu stellen. Kaum jemand, der etwa über zeitgenössische Lyrik schreibt oder sie editiert, sieht sich genötigt, gegenüber mißlungenen Gedichten sich für die Wahl seines Gegenstandes prinzipiell zu rechtfertigen. Aber selbst erklärte Sympathisanten der Parodie distanzieren sich ausdrücklich von den schlechten und 'bloß komischen' im Unterschied zu den 'kritischen' Parodien, wie sich nicht nur an dem Beispiel weiter unten zeigt.[1] Aspekte der Wertung werden Teil der literaturwissenschaftlichen Diskussion und überlappen mit funktionalen und deskriptiven Aspekten ihrer Beschreibung.

Was die Parodie tut und was sie tun soll, scheint nicht in der gebotenen Weise unterschieden. Die Anwendung und die Beschreibung von Werten, Normen und Standards sind analytisch gesehen zwei verschiedene Dinge, da der Diskurs sie im ersten Fall mit sich führt und im zweiten Fall erst am Gegenstand auffindet. Die entsprechenden Fragen wären: *ist die Parodie eine gelungene und damit zu akzeptierende Kritik an der Vorlage?'* (stimmt sie mit – meinen – Standards der Kritik überein), im Unterschied zu: *'gegen welche Aspekte der Vorlage wendet sich die Parodie* – in der ihr eigenen Weise –?'.[2] Ich halte die letztere Frageform für die wissenschaftlichere. Meine These geht allerdings dahin, daß gerade auch einige der Befürworter der Parodie als literarischer Gattung eben in ihr nur eine Form *legitimer* Kritik sehen. Die Wertschätzung gegenüber der literarischen Form besteht dabei weit weniger eben in den ästhetischen Qualitäten als in dem Zutreffen einer Kritik im Sinne des Theoretikers. Im Hinblick auf einige Äußerun-

1 Vgl. den Kommentar zu der Parodie von Goethes Heideröslein in: *Deutsche Lyrik-Parodien*, hg. von Th. Verweyen u. G. Witting, Stuttgart 1983, S. 158.

2 Ein weiteres Problem liegt ganz offensichtlich in der emphatischen oder zumindest positiv konnotierten Verwendungsweise des Wortes Kritik. Implizit ausgeschlossen sind etwa regressive Formen der Kritik, die der differenzierten Darstellung in der Vorlage die akzeptierte Stereotype in der Parodie gegenüberstellt. Kritik meint dort immer mehr als die Ablehnung werthafter Einstellungen, Werten und Normen. Es ist immer eine Kritik im Sinne des Beschreibenden. Es wird Teil meiner weiteren Überlegungen sein, zu zeigen, wie dies Problem anders gefaßt werden sollte.

gen zum kritischen Impetus der Parodie wird es demnach zu klären sein, was hier unter 'Kritik' seitens der Literaturtheoretiker verstanden wird und welche Bedeutung dem bei einer umfassenden Bestimmung der Parodie zukommen kann.

Im Zuge einer Neubewertung der Parodie wurde eben der 'kritische' Aspekt der meist neueren Parodien hervorgehoben, was ohne Zweifel seine Berechtigung hat angesichts solcher Autoren wie Robert Neumann, Berthold Brecht, Friedrich Torberg, Thomas Mann und später auch Peter Rühmkorf. Nur läßt dies nicht übersehen, daß es eine recht große Anzahl von Texten gibt, die man geneigt ist, Parodien zu nennen, ohne vordergründig eine 'kritische' Intention oder einen 'kritischen' Gehalt erkennen zu können. Entsprechend wurden und werden die Parodien nach ihrer vermeintlichen Absicht oder Funktion von zahlreichen Theoretikern unterschieden. Als Gegensätze dienen aber nicht 'komisch' und 'weniger komisch', sondern 'bloß komisch' und 'kritisch' oder in der Dreiteilung von Grillparzer die *bloß ergötzende*, die zugleich auch *belehrende* und die *persiflierende* Parodie.[3] Legitim erscheint sie schon hier aber nur, insofern sie dazu dient, Schwächen aufzudecken in der Unvollkommenheit des ästhetischen Ausdrucks und des Dargestellten. Ähnliches gilt u.a. für Grellman, der rein komische und komisch-kritische Parodien trennt[4], wie auch für Paul Lehmanns Arbeit *Die Parodie im Mittelalter.*[5] Erwin Rotermund sieht diese Unterscheidung zwischen einer 'bloß erheiternden' und einer 'satirisch kritischen' gleichfalls fest in der Begriffsgeschichte verankert, wobei sich gerade durch die modernere Literatur hier das Gewicht hin zur kritischen Parodie als ästhetischem Ausdrucksmedium verschiebt.[6] Übersehen wird so, daß es keine durchgängige Verwendung eines Parodiebegriffes gibt, und davon auszugehen ist, daß unter die bloß komische Parodie noch andere Formen der Nachahmung fallen, die man eventuell besser als Cento, Kontrafaktur oder Travestie bezeichnet.[7] Deshalb ist es schwierig seine Selbsteinschätzung zu teilen, in der er davon ausgeht, mit dieser

3 Vgl. G. Witting und Th. Verweyen, *Die Parodie in der neueren deutschen Literatur*, Darmstadt 1979, S. 199ff.

4 Hans Grellman, "Parodien", in: *Reallexikon der deutschen Literaturrgeschichte*, Bd. 2, ? 1926, S. 632.

5 Paul Lehmann, *Die Parodie im Mittelalter*, München 1928.

6 E. Rotermund, *Die Parodie in der modernen deutschen Lyrik*, op.cit., S. 20f.

7 Zu einer Unterscheidung der benachbarten Textsorten siehe Kapitel III.9.

Unterscheidung "durchaus in der Tradition der exakteren Begriffsbestimmung"[8] zu stehen.

Diese Unterscheidung zwischen einer bloß komischen im Unterschied zu einer kritischen Parodie erstreckt sich fast durch ihre ganze Begriffsgeschichte und findet sich pointiert auch bei Günther deBruyn wieder, der Fritz Mauthners Diktum wiederholt stützt: "Parodie muß Kritik sein, oder sie darf gar nicht sein!"[9] Umgekehrt wie bei dem bekannten Ausspruch zur Satire, daß sie alles dürfe, sozusagen aufgrund ihrer Form, könnte man sagen, daß es hier umgekehrt die Form ist, die durch den Inhalt legitimiert wird. Dies ist nicht weiter verwunderlich, da es auf dem Hintergrund eines bürgerlichen Kunstverständnisses nur zwei andere Wege für die Wertschätzung des Ästhetischen und damit auch der Parodie geben kann: über ihr emotives, Gefühle hervorrufendes Potential und über ihre künstlerische Form. Beide scheiden aus naheliegenden Gründen aus. Die Gefühle, die die Parodie gegenüber einem Kunstwerk hervorruft, betreffen eher Hohn und Spott im Unterschied zu dem Gefühl der Erhabenheit, das einen richtigen Kunstwerk zukommen soll.[10] Und die Form erscheint geborgt und verbogen und wird mithin nicht als eine der Parodie eigene anerkannt. Legitimieren läßt sie sich demnach einzig über ihren Inhalt als einer richtigen oder zutreffenden Kritik. Wie in dem folgenden Kapitel beschrieben, ist Robert Neumanns Auffassung der Parodie im Unterschied dazu eben dadurch gekennzeichnet, daß er das kritische Potential der Parodie eben über den Formbegriff zu definieren sucht, was diese auch ästhetisch aufwertet.

Diese legitimierende Unterscheidung zwischen einer bloß komischen und einer kritischen Parodie ist zentraler Bestandteil auch einiger neuerer Arbeiten. So geht Winfried Freund in der Wahl seiner Diktion noch etwas

8 E. Rotermund, *Die Parodie in der modernen deutschen Lyrik*, op.cit.,S. 21.

9 Günther de Bruyn in seinem Nachwort zu: ders. (hg.), *Das Lästerkabinett. Deutsche Literatur von Auerbach bis Zweig in der Parodie*, Leibzig 1972, S. 219-229. Das Zitat wurde wohl übernommen von Fritz Mauthner, in: ders., *Nach berühmten Mustern*, Stuttgart 1897, S. 6.

10 Denkt man an die psychologisierenden Theorien zur Komödie, wie man sie seit Aristoteles kennt, hilft dies auch nicht weiter, da hier das Lächerliche an das Schlechte gebunden ist und der Status vieler Vorlagen der Parodie unangetastet bleibt, erst recht im Falle schlechter. Im Falle der Parodien ist der Vorwurf häufig, daß das Lächerliche an das Erhabene gebunden wird.

weiter, wenn er die 'lachende' und die 'strafende Parodie' unterschieden wissen will. In einer Vorgabe von drei Fragen für die modellhafte Interpretation erscheint nach der Frage nach der Vorlage und ihrer "Verzerrung" als letzte die nach der "Intention: liegt eine kritische oder nur komische Intention vor? Erfolgt die Kritik in verlachender oder mehr strafender Weise? Welche Bornierung soll bloßgestellt werden."[11] Der komische Aspekt reduziert sich in seiner Freude an der Bestrafung augenscheinlich auf bloße Häme. Die 'seriöse Parodie' hingegen leistet mehr als ein bloßes Aufzeigen oder Sichtbarmachen von Kritikwürdigem, sie straft nach obigem Bild auch gleich ab. Es zeigt sich die Legitimation der Parodie in ihrem 'Strafcharakter'. Ob dieser aggressive Gestus allen 'kritischen' Parodien zukommt, ist mehr als fraglich; aber das eigentliche Problem ergibt sich, wenn die beiden Formen der Parodie gegeneinander abgesetzt werden:

> Im Unterschied zur seriösen sucht die *triviale Parodie* nicht die kritische Auseinandersetzung. Die Auflösung von Borniertheiten erfolgt in ihr nur zum Schein. Ihr Hauptziel ist die gelegentlich bis zum Klamauk vergröberte Belustigung. Mit harmloser Komik versucht sie das beschränkte Bewußtsein ihrer Rezipienten vergessen zu machen, indem sie das über den Durchschnitt Hinausgehobene, das Bedeutungs- und Anspruchsvolle bzw. das auch nur Prominente durch die banalisierende Verulkung für die Dauer eines belustigenden Augenblicks in den allgemeinmenschlichen Durchschnitt und in die Alltäglichkeit zurückholt.[12]

Der Unterschied zur früheren Ablehnung insbesondere von Klassiker-Parodien ist hier erstaunlich gering und steht auch in seiner Heftigkeit jenen nicht nach. Die Funktion und Beschreibung der trivialen Parodie tritt hinter der Herabwürdigung ihrer Verfasser, Leser oder Zuhörer zurück. Spaß an der trivialen Parodie ist für Freund das Zeichen eines beschränkten Bewußtseins, dem der Sinn für Größe fehlt. Genau derselbe Vorwurf erging an Blumaur, dem Parodisten Vergils, oder an diejenigen von Goethe und Schiller. Beschreibung der Parodie ist hier offensichtlich Bewußtseinskritik, in der die fehlende Übereinstimmung mit bestimm-

11 Winfried Freund, *Die literarische Parodie*, Stuttgart 1981, S. 27.
12 Ibid., S. 15.

ten Normen und Werten und damit mit einem bestimmten Literaturverständnis beklagt wird. Für Freund ist die Parodie ausdrücklich ein "literarisches Instrument der Ideologiekritik"[13], was zusammen mit dem Erscheinungsdatum den zuweilen harten agitatorischen Ton seiner Ausführungen erklärt. Das Problem besteht dann darin, daß die Bewertung der Parodie nur aus einer ganz bestimmten kritischen Sichtweise heraus erfolgt. Daß diese Sichtweise sich selbst als ideologiekritisch versteht, ändert nichts daran, daß für die Beurteilung der Parodie eine ganz bestimmtes normatives Literatur- und Kunstverständnis zugrunde gelegt wird, auf die sie auch unmittelbar bezogen wird. Geduldet wird nur, was mit der eigenen Weltsicht übereinstimmt. Und dies war schon immer ein Problem der Parodie.

Selbstverständlich hat auch dieser ideologiekritische Gestus bereits seine Parodisten gefunden, sei es in dem Märchenbuch von Iring Fetcher oder der Analyse von Donald Duck und seiner Sippe im Stile der kritischen Theorie resp. ihrer Adepten.[14]

Es zeigt sich auch hier, daß es bei der Gegenüberstellung von Komik und Kritik ein inhärentes Wertungsproblem gibt, das den Inhalt der Kritik betrifft und nicht ein prinzipielles kritisches Potential. Die 'seriöse' Parodie ist eine, die *das Richtige* kritisiert, während das Komische allein Grund zur Abwertung ist. Terminologisch muß sich dann die Frage nach dem Kriterium stellen, das die Unterscheidung zwischen der 'seriösen' und der 'trivialen' Parodie ermöglicht. Es ist ein schmaler Grat zwischen einer 'satirischen Kritik' und einer Polemik, was sicherlich keinerlei deutliche Unterscheidung beider Bereiche erlaubt.

Frank Wünsch unterläuft bezüglich der Wertungsproblematik ein kapitaler Fehler. Auf eine geradezu altväterliche Weise sieht er die Aufgabe des Literaturwissenschaftlers darin, Literatur zu rechtfertigen, über ihre Respektlosigkeit großzügig hinwegzusehen, "und statt dessen dem individuellen und gesellschaftlichen Nutzen derartiger Komik Rechnung tragen, ihrer Funktion im Sinne eines psychischen Ventils, einer seelischen Entlastung durch die Relativierung von Tabus und Autoritätsansprüchen."[15]

13 Winfried Freund, "Zur Theorie und Rezeption der Parodie – Am Beispiel lyrischer Parodien", in *Sprache im technischen Zeitalter* 62 (1977), S. 182-194.

14 Grobian Gans, *Die Ducks. Psychogramm einer Sippe*, Reinbek 1972.

15 Frank Wünsch, *Die Parodie: zu Definition und Typologie*, Hamburg 1999, S 282.

Im Ergebnis führt dies dazu, daß sich Wünsch seitenlang über den Comic "Das Kleine Arschloch" echauffiert, weil er nicht mit (seinen) Wertvorstellungen konform geht, dabei auf eine Darstellung der parodistischen Mittel verzichtet und diese offensichtlich in seinen Zitaten nicht einmal zu erkennen scheint. Eigene Wertmaßstäbe stehen einer Auseinandersetzung mit dem Text im Wege, die zu einer Auflistung der erkannten und über das Werk verteilten Moralverstöße wird.[16] Für die Parodie wird dabei etwas geltend gemacht, das für Dramen, Romane und Lyrik aus gutem Grund abgelehnt wird, daß es "um Fragen des moralisch Zulässigen und der inhaltlichen Wertung parodistischer Texte geht."[17]

Im Hinblick auf ein um Neutralität bemühtes Selbstverständnis der Wissenschaft ist es ein Unterschied ums Ganze, ob man das kritische Potential – so es denn eines gibt – einer Parodie beschreibt oder ob man beurteilt, inwiefern diese Kritik in Übereinstimmung mit einer bestimmten normativen Sichtweise steht. Im besten Fall ist dies der Unterschied zwischen einer Literaturwissenschaft und einer Literaturkritik, wie man sie hierzulande verseht. Erstere untersucht, ob und was Gegenstand der Kritik ist, und letztere entscheidet, ob diese Kritik zulässig ist und in Übereinstimmung mit unseren normativen Verständnis von Literatur steht.

Ob etwas als kritisch oder bloß komisch verstanden wird, ist, hierin ist Verweyen und Witting zuzustimmen, eines Frage des pragmatischen Kontextes:

> [A]lso beispielsweise die Einschätzung der parodierten Vorlage entsprechend der Mentalität einer Gruppe, einer Schicht oder einer Nation; die Gefahr von Sanktionen, der Einengung der Spielräume komischer Textverarbeitung auch durch den Autoren [...]; das Akzeptieren solcher Spielräume durch das jeweilige Publikum; die Einschätzung und Praxis des Parodierens im Rahmen der jeweils herrschenden Ästhetik etc.[18]

Viele der angeführten Aspekte betreffen die Verstehensbedingungen, unter denen die Rezeption der Parodie erfolgt. Leider sind Verweyen und Witting nicht in der Lage, diesen pragmatischen Kontext zu beschreiben.

16 Frank Wünsch, *Die Parodie: zu Definition und Typologie*, op.cit., S. 288ff.

17 Ibid. S. 290.

18 G. Witting und Th. Verweyen, *Die Parodie in der neueren deutschen Literatur*, op.cit., S. 201.

Die Einschätzung der Parodie ist mithin keine Frage der "Mentalität einer Gruppe", sondern konkreter eine der werthaften und bewertenden Interpretationen einer sozio-kulturellen Gruppe. Die Rezeption der Parodie erfolgt vor einem interpretativen Hintergrund, in dem auch die möglichen Interpretationen von Kunstwerken als Teil der ästhetischen Komptenz und des Selbstverständnisses festgelegt sind. Der Zugang zur Wertungsproblematik setzt damit eine bestimmte Interpretations- und Bedeutungstheorie voraus, die die pragmatischen Kontext erfassen kann und aufzeigt, wie sich das kritische Potential der Parodie innerhalb dieses Kontextes entfaltet.

Weder über die Komik noch über ihre Funktion als Kritik scheint sich die Parodie umfassend beschreiben zu lassen. Für die Parodie als eine komische Textform liegt wohl keine Theorie des Komischen vor, anhand der eine differenzierte Darstellung möglich wäre. Insofern die Interpretation der komischen Wirkung vorgängig ist, erscheint es sinnvoll, den Zugang zum Verständnis der Parodie über eine Bedeutungs- und Interpretationstheorie zu wählen. Den Zugang über ihre Kritikfunktion zu wählen ist gleichfalls problematisch, da der Begriff der Kritik selbst klärungsbedürftig ist. Außerdem kann so keine umfassende Definition gegeben werden, da auch keiner der Verfechter der kritischen Parodie bestreitet, daß es auch andere, nichtkritische, gibt, die von einer kritikorientierten Definition nicht erfaßt werden können und meist auch nicht erfaßt werden sollen.

Beides, der komische wie der kritische Effekt, ergeben sich aus dem Verhältnis zwischen der Parodie und ihrer Vorlage und sind das Ergebnis eines Interpretationsgeschehens. Damit liegt es nahe, genau dies zum Ausgangspunkt einer Auseinandersetzung mit der Parodie zu machen: Die Beziehung zwischen der Parodie und ihrem Gegenstand. Dies bietet dann den Schlüssel für die Interpretation wie für die Bedeutungsangabe und möglicherweise auch für ihre komische und/oder kritische Funktion.

4. Nachahmung, Bezugnahme und Robert Neumanns Theorie der Parodie

Was lange Zeit der zentrale Vorwurf an die Parodie war, ihre künstlerisch-ästhetische Abhängigkeit von einer Vorlage, wird den Ausgangspunkt für ihre Neubestimmung bilden. Auch im Hinblick auf ihr komisches wie ihr kritisches Potential ist es das Verhältnis zwischen der Parodie und ihrem Gegenstand, über das eine Definition erfolgen soll. In beiden Fällen bestand die kritische oder komische Differenz eben zwischen der Parodie und dem Autoren, dem Werk oder der Stilrichtung, auf den sie sich *bezieht*.

Die Grundüberlegung ist, daß es eben diese besondere Weise der Bezugnahme ist, die für die Parodie charakteristisch ist. Dies ist aufgrund des hier vertretenen Ansatzes und seiner Terminologie mehr als naheliegend, da die bedeutungstheoretische Funktionsweise von Zeichen auf Bezugnahme basiert, sei es von Zeichen auf ihren Gegenstand oder – wie bei der Exemplifikation und dem Ausdruck – umgekehrt: zeigend von einem Gegenstand auf das ihn Bezeichnende. Übertragen auf die Parodie folgt daraus, die besondere Beziehung zu untersuchen, die zwischen der Parodie und ihrem Gegenstand besteht, und dort die analytischen Problemstellungen wieder aufzunehmen, die in der Auseinandersetzung mit Goodmans Zeichentheorie und dem Schemainterpretationismus von Lenk herausgearbeitet wurden. Leitend werden so Fragestellungen nach den verschiedenen Formen der Bezugnahme, den beteiligten Schemata sowie ihrer Identifikation und Interpretation, mit denen sich schrittweise der Parodie angenähert werden kann:

- Wie, d.h. aufgrund welcher Funktionsweisen von Zeichen(systemen), bezieht sich die Parodie auf ihren Gegenstand?
- Zwischen welchen Schemata vollzieht sich im Falle der Exemplifikation die Interpretation?
- Was unterscheidet die Parodie von anderen Textsorten in ihrer Art des Bezugnehmens?
- Was sind die Bedingungen dafür, daß ein Text als Parodie interpretiert werden kann?
- Inwiefern sind andere – ästhetische – Interpretationsschemata für das Funktionieren einer Parodie von Bedeutung? D.h. worin besteht die notwendige ästhetische Kompetenz?

– Wo liegen die symboltheoretischen wie interpretationistischen Grenzen für diese 'Funktionsweise von Symbolen'?

Von all diesen Fragen wird die kognitive Bedeutung der Parodie selbst aber noch nicht gänzlich erfaßt. Es ist zu vermuten, daß es wie fast überall im Bereich der Kunst Formen der nichtdenotativen Bezugnahme sind, anhand derer die Parodie bedeutsam ist. Anders gesagt erschöpft sich die Funktion der Parodie sicherlich nicht darin, *daß* sie etwas bezeichnet, sondern darin, auf welche Weise sie ihren Gegenstand bezeichnet oder *darstellt*. Über den Begriff der Exemplifikation wird im Anschluß an die aufgelisteten Fragen oben das Verhältnis zwischen Parodie und Parodiertem weiter analysiert, um zu zeigen, worin ihre bedeutungstheoretische respektive kognitive Funktion besteht. Vorher soll aber erst untersucht werden, wie sich die Parodie auf ihren Gegenstand bezieht und wie dieser identifiziert werden kann.

Fast umgangssprachlich ist manchmal die Rede von 'dem Gegenstand' der Literatur oder eleganter: ihrem Sujet. Zu fragen ist dann, inwieweit die eher umgangssprachliche und die symboltheoretische Rede vom Gegenstand konform gehen. Geht man davon aus, daß Kunstwerke als solche fungieren, insofern sie eine Probe sind, müßte dies heißen, daß jenes Gegenstand der Parodie ist, worauf sie sich in ihrer Funktion als Probe bezieht. Wenn ein Text oder ein Roman mit den Worten "Peilte ich aus den Luken gegen den Dämmerwind: Auf den Sänden in Lee stand die Brandung" beginnt, bezieht er sich eben auf diesen Blick. Beginnt eine Parodie mit "Peilte ich aus den Luken gegen den Dämmerwind ..."[1] bezieht sie sich eben nicht auf diesen besonderen Blick, sondern auf Hans Leip und einen seiner Romane, aus dem das Zitat stammt. Gegenstand der Parodie ist nicht der Blick aus der Luke, sondern der Autor, eines seiner Werke oder eine bestimmte Stilrichtung. Daraus ergibt sich die Frage, wie und wieso der selbe Satz zwei ganz unterschiedliche Gegenstände hat, oder anders: Wie bezieht sich die Parodie auf ihren Gegenstand?

Aufgrund des hohen Maßes an Zustimmung, den die Abhandlung von Neumann "Zur Ästhetik der Parodie" genießt, möchte ich mit meinen systematischen Überlegungen hier ansetzen, insofern sie auch Programmatisches zu seinen eigenen Parodien verspricht. Neumann wiederum

1 R. Neumann, "An den Prinzen von Theben. *Nach Else Lasker-Schüler*", in: ders., *Meisterparodien*, hg. von Jens Jessen, Zürich 1988, S. 156.

beginnt seine Ausführungen gleichfalls mit der Bestimmung des Verhältnisses zwischen Parodie und Vorlage. So ist eine Standardantwort auf die Frage nach der Beziehung zwischen der Parodie und ihrem Gegenstand, daß sie ihn nachahmt oder ihm ähnelt. Sicherlich ist dies erst einmal zu undifferenziert, wie Neumann schon eingangs seines Aufsatzes anmerkt:

> Wenn ich 'Kikeriki' sage: habe ich den Hahn parodiert? Das war nicht Parodie, sondern Nachahmung. Erste These: Diese ist nicht jene.[2]

Schließlich gibt es noch andere Formen der Nachahmung, wie das Plagiat, die Travestie oder die Fälschung, die alle in einer Ähnlichkeitsbeziehung zum Original oder dem Travestierten stehen. Zwar geht die Parodie in bestimmter Weise über die bloße Nachahmung hinaus und mein Definitionsversuch hinterher, aber sie erscheint mir einer genaueren Betrachtung wert.

Nachahmung beziehungsweise Ähnlichkeit sind zentral für die Überlegungen Goodmans zur Bezugnahme pikturaler Symbole, die bereits in der Diskussion um die Metapher zum Tragen gekommen sind. So hilft die Aussage, daß sich ein Bild und das von ihm Repräsentierte ähneln, nicht weiter, sowenig wie die Bemerkung, daß das metaphorisch Bezeichnete 'ähnlich' verstanden wird wie das buchstäblich Bezeichnete. Im Ergebnis hat sich die Ähnlichkeit als eine komplexe Interpretation gezeigt, in der ein Wissen um relevante Merkmale und – im Falle der Metapher – Merkmalsstrukturen eingeschlossen ist. Ähnlichkeitsbeziehungen unterliegen Schematisierungen, in denen diese Relevanzen festgeschrieben sind. Entsprechend ist genauer zu untersuchen, wie sich die Parodien auf ihre Vorlagen beziehen und unter welchen Voraussetzungen dies geschieht. Anzumerken ist, daß die nachahmende Bezugnahme durch die Parodie gleichfalls sich über Charakteristisches und – in welcher Hinsicht auch immer – Relevantes vollzieht.

Obwohl es manchmal vorkommt, daß der Parodierte einfach denotiert wird, indem er ausdrücklich genannt wird, wie zum Beispiel von Robert Neumann in dem Untertitel seiner Parodie "Auf den Rabenklippen. *Nach Ernst Jünger*"[3], sollte sich zeigen lassen, daß es Formen des Zitierens und der Exemplifikation relevanter Merkmale sind, durch die die Parodie sich

2 R. Neumann, *Meisterparodien*, op.cit., S. 379.

3 Ibid., S. 179.

auf ihren Gegenstand bezieht. Demgegenüber ist die konkrete Nennung des Parodierten marginal, da dies nicht Teil der Funktionsweise der Parodie als zeigender Probe ist. Sicherlich ist solch ein Untertitel bei der Interpretation hilfreich, aber die Parodie funktioniert auch ohne ihn. Hermeneutisch-interpretationistische und symboltheoretische Aspekte der Parodie sollten in diesem Zusammenhang unterschieden werden. Solche Untertitel sind in diesem engen symboltheoretischen Sinn kein wesentlicher Teil der Parodie: "Kurz gesagt deshalb nicht, weil sie nicht Eigenschaften der Symbolfunktion des Werkes sind."[4] Weiterhin ist die notwendige Kenntnis der Vorlage von der symboltheoretischen Bezugnahme auf diese zu unterscheiden. Nicht nur die kritische, sondern auch bloß die komische Parodie, um diese Unterscheidung noch einmal aufzunehmen, ist auf den oder das Nachgeahmte zu beziehen, im Sinne einer Kritik oder sei es auch nur, um jemanden zu verulken. Dies geht über eine bloße Kenntnis der Vorlage hinaus.

Eine von Robert Neumann mehrfach angewandte Technik zu Beginn einer Parodie ist die "Verwendung der Nachahmung als Trojanisches Pferd, als 'Aufhänger' für die Parodie".[5] Die einfache Form der Nachahmung dient dabei erst einmal nur dazu, eine enge Beziehung zum Gegenstand aufzubauen. Am einfachsten ist dies, wenn man ein Zitat nimmt, wodurch selbstverständlich die größtmögliche Ähnlichkeit gewährleistet ist. So beginnt die bereits erwähnte Parodie von Robert Neumann auf Hans Leip mit einem Satz aus einem seiner Romane. Neumann steigert dies so weit, daß einige Parodien gänzlich aus Zitaten bestehen, was einer gesonderten Betrachtung wert ist.[6] Obwohl es argumentationslogsich gesehen naheliegend ist, für die Bezugnahme einfach den Text selbst zu nehmen, ist dies bezogen auf die Praxis eher ein Sonderfall, der auch von seinem Apologeten Neumann keineswegs immer angewendet wird. Als einfachster Fall von Ähnlichkeit oder Nachahmung ist es trotzdem ein guter Ausgangspunkt für weitere Differenzierungen.

Im Zusammenhang mit der Symboltheorie ist das Zitat gleichfalls von Bedeutung. Für Goodman ist es wie ausgeführt eine besondere Form der Bezugnahme, die man allerdings nicht vorschnell mit dem literaturwis-

4 N. Goodman, *Weisen der Welterzeugung*, op.cit., S. 53.

5 R. Neumann, *Meisterparodien*, op.cit., S. 384.

6 "'Sag, was er sagt'/Zitate stattParodien", in: Ibid., S. 161-172.

senschaftlichen wie umgangssprachlichen Verständnis in eins setzen sollte. Für das Vorliegen eines Zitates gibt es nach Goodman drei Bedingungen, wie in Kapitel II.2 angesprochen. Die erste Bedingung, das Enthaltensein eines Textteils, einer Paraphrase oder einer Replik, scheint unproblematisch zu sein. Im Falle der Parodie steht das direkte Zitat im Vordergrund gegenüber der Paraphrase, da über die Nachahmung das Zeigen wichtig ist und nicht eine indirekte und damit distanzierende Wiedergabe. Was die Replik als eine Nachbildung betrifft, ist sie auf Kunstgegenstände wie Bilder und Skulpturen beschränkt.

Die zweite Bedingung, "die Bezugnahme auf das Zitierte – durch Benennung oder Prädikation des Zitierten",[7] Die dritte Bedingung ist hier nicht so interessant; sie besagt, daß die Ersetzung des denotierenden und enthaltenen Ausdrucks innerhalb eines direkten Zitates ein Zitat der Ersetzung ergibt. ist, wie in der Alltagssprache, nicht immer unmittelbar erfüllt. Es bleibt meist dem Zuhörer oder Interpreten überlassen, ein Zitat zu erkennen und richtig zuzuordnen. Zwar ist, wie in dem angeführten Untertitel, der Parodierte schon einmal angezeigt, aber der Übergang zwischen Zitat, Nachahmung und Parodie ist es nie. Selbst diese schwachen Auszeichnungen fallen wohl aus guten Gründen weg. Der Übergang zwischen dem Zitat und dem sich anschließenden Rest der Parodie soll fließend sein. Wie Neumann schreibt, handelt es sich um ein Einschleichen als Vorarbeit für das Funktionieren der Parodie. Der Interpret muß diese Ähnlichkeit erkennen und bemerken, daß sich die Parodie von ihrem Gegenstand unterscheidet.

Für die Auseinandersetzung mit dem literarischen Zitat sind diese an der analytischen Diskussion orientierten Bedingungen zu eng bzw. zu speziell. Es ist durch die Angabe der Zitationsbedingungen keineswegs geklärt, was nun die Bedeutung eines Zitates ist, bzw. auf was genau es sich bezieht. Umgangssprachlich verweist ein Zitat auf mehr, als es enthält, analytisch eben nur auf den Text in den Klammern.[8] Anders als in dem engen analytischen Rahmen, in dem auch die Überlegungen Goodmans stehen, ist zumindest in der Umgangssprache nicht nur der enthaltene

7 N. Goodman, *Weisen der Welterzeugung*, op.cit., S. 64.

8 Der Ausdruck "S" zitiert diesen Satz, so wie in seinem Ursprungsort verstanden wird, beispielsweise im Rahmen eines Dramas. Und im Hinblick auf diesen Kontext ist der Satz – in seiner neuen Umgebung – zu verstehen. Zitiert ist aber analytisch gesehen nicht der Kontext, den man Goethe, Faust oder anders nennen kann.

Textteil beim Zitat gemeint, sondern meist ein größeres Ganzes. Man 'zitiert' Wittgenstein, Faust oder die Wahlverwandtschaften, und es bleibt manchmal offen, ob es sich um einen Bezug auf einen einzelnen Text, eine Stilrichtung, einen Autoren, eine Schule oder eine Epoche handelt. Nur ist die Umgangssprache hier ungenau: Man zitiert Goethe und man bezieht sich auch auf ihn, aber er wird keineswegs bezeichnet in einem engeren Sinn. Das Zitat "Die Welt ist alles, was der Fall ist" bezeichnet nicht einfach 'Wittgenstein', wie es die Aussage "der Autor des *Tractatus*" tun würde. Was bezeichnet worden ist, ist streng genommen nur der Satz zwischen den Anführungszeichen. Umgangssprachlich ist das Zitat aber in der Lage, ein ganzes Werk oder einen Autoren zu repräsentieren, sofern es eindeutig einem bestimmten Autoren oder einem Werk zugeschrieben werden kann. Damit ähnelt es der Figur des *pars pro toto*.

Die Anforderungen an das Zitat in der Parodie und damit auch seine Leistung sind aber weitgehender:

> War ein Zitat echt und typisch, so mußte es logischerweise einen noch authentischeren Schlüssel zu der Tür bieten, durch die der Parodist sich einschleicht – als wenn der bloß die Melodie seines Opfers nachmusiziere.[9]

Authentizität ist eine Anforderung an Zitate, die von Goodman zu recht aber nicht zu ihren Bedingungen gezählt wird. "Dänemark ist ein Gefängnis", ist ein Zitat aus demselben Stück wie "Sein oder Nichtsein, das ist hier die Frage". Für authentischer, echter und typischer würde sicherlich meist das letztere gehalten werden.

Wie bereits angemerkt, gilt für das Zitat in dieser erweiterten Lesart ähnliches wie für die Probe: verweist sie auf den gesamten Text oder gar den Autoren, muß sie diesen *angemessen* repräsentieren, d.h. sie muß 'gut gewählt sein' und die relevanten Merkmale und Merkmalsstrukturen enthalten, die ihn auszeichnen. Das denotative Zitat scheint hier der nichtdenotativen Exemplifikation weitaus näher zu sein, als von Goodman dargestellt, da er nur die notwendigen Bedingungen angibt. Für das literarische – aber auch für das (literatur)wissenschaftliche – Zitat gilt ähnliches wie für die Probe: Beide müssen gut gewählt, d.h. typisch und charakteristisch für den Text oder den Zusammenhang sein, wie auch für den von dem Parodisten verfolgten Zweck.

9 R. Neumann, *Meisterparodien*, op.cit., S. 384f.

Für Neumann geht dies so weit, daß er im Falle schlechter Vorlagen nur mit Zitaten und dem, was sie unmittelbar zeigen, zu arbeiten versucht und dies entsprechend "Zitate statt Parodie" nennt. Interessant ist dies hauptsächlich unter dem Gesichtspunkt der Funktionsweise der Parodie, die aus der Differenz zwischen ihr und der Vorlage entsteht. Ob allerdings das Zitat so einfach die Parodie ersetzt oder ersetzen kann, insbesondere "als Waffe gegen den politischen Nebenzweck"[10], wie Neumann dies versucht, ist anzuzweifeln und Gegenstand meiner Ausführungen zu den möglichen Grenzen der Parodie.

Die Bezugnahme auf die Vorlage über das Zitat ist aber nur ein Sonderfall. Um Ähnlichkeit zu zeigen und sich auf seinen Gegenstand zu beziehen, ist sie sicherlich eine der elegantesten Möglichkeiten, so wie sie Neumann verwendet. Aber auch solche Parodien, die mit einem Zitat als trojanischem Pferd beginnen, verlassen dieses, um ihr Werk zu vollenden.

Andere Parodien verzichten auf diese unmittelbare Ähnlichkeit und ahmen ihren Gegenstand auf eine freiere Weise nach. So besteht die andere Möglichkeit der Nachahmung darin, eine Ähnlichkeit zu *zeigen*. Stärker als bei dem bloßen Besitzen von Ähnlichkeit bringt die Nachahmung diese auch zum Ausdruck, wobei der Unterschied nur graduell ist. Nachahmung ist stets selektiv, weniger auf *Identität* ausgerichtet als auf *Identifizierung*. Ebenso verhält es sich auch bei der Nachahmung in der Parodie. Sie ahmt nach, was an ihrem Gegenstand wichtig ist beziehungsweise in der Wahrnehmung wichtig sein soll. Wie die Karikatur kann sie wichtige Eigenschaften übernehmen und gleichzeitig überzeichnen, wobei der parodistische und der nachahmende Aspekt nicht voneinander getrennt zu sein brauchen. So beginnt Neumanns Parodie auf Else Lasker-Schüler *An den Prinzen von Theben* mit dem Satz "Immer glänzt dein Mondgesicht / in allerlei Abendfarben"[11]. Und bereits der erste Satz enthält eine Katachrese in der Metapher des Mondgesichtes. Metaphern aus Sonne, Mond und Sternen zu bilden verleiht meist ein Moment des Erhabenen durch den Vergleich mit dem Umfassenden. Lichtmetaphern um die Begriffe schimmernd, blitzend, scheinend und strahlend gehören gleichfalls dazu. Und die Verwendung dieser Art von Metaphern zeichnet Teile der Lyrik von Else Lasker Schüler aus. Nur ist ein glänzendes Mondgesicht bei nä-

10 R. Neumann, *Meisterparodien*, op.cit., S. 387.
11 Ibid., S. 38.

herer Betrachtung keine lyrische, sondern eher eine umgangssprachliche Metapher, die ein rundes, vermutlich schwitzendes und eher unattraktives als 'erhabenes' Gesicht bezeichnet. Wie bei einer Karikatur sind auch hier die exemplifizierten Merkmale, sowohl für die Ähnlichkeit wie für die notwendige Verschiedenheit verantwortlich.

Eine Karikatur erlaubt problemlos die Identifizierung des Parodierten, auch wenn dieses die gezeigten Merkmale und Eigenschaften in dieser verzerrten Form nicht hat. Ebenso gelingt dies auch bei der Parodie. Die Exemplifikation erfolgt durch das überzeichnende Herausstellen bestimmter Eigenschaften, die aufgrund ihrer Charakteristik einen bestimmten Gegenstand bezeichnen. Dieses Zeigen ist auch immer ein Zeigen-als, was für das Zitieren in diesem Maße nicht gilt. Zwar kann man durch die Auswahl von Zitaten zeigen, was an einem Text wichtig ist und entsprechende Zusammenhänge repräsentiert, aber eine gestalterische Freiheit wie bei der Exemplifikation gibt es hier nicht. Für die Bezugnahme über die Exemplifikation gilt im stärkeren Maße noch wie für das Zitat, daß sie nicht nur charakteristisch ist, sondern auch charakterisierend.

Für die Parodie als einer Form der Nachahmung kommt damit noch ein zentraler Aspekt hinzu, der der Exemplifikation inhärent ist: die Bezugnahme auf die besessenen Eigenschaften. Jemanden nachahmen heißt nicht automatisch, sich auf ihn zu beziehen, jemand via Nachahmung zu exemplifizieren sehr wohl. Wie bei einem Zitat muß deutlich sein, worauf sich nachahmend bezogen wird, sei es ein Werk, ein Autor oder eine Stilrichtung. Außerdem gilt, daß sie sich von ihr unterscheiden muß, denn sie darf nicht mit ihr verwechselt werden oder als schlechte Kopie gelten.

Ein entsprechend aufwendiges und kunstvolles Vorgehen kennzeichnet Neumanns Technik der Parodie, in der er eben diese Aspekte umzusetzen sucht:

> Trotzdem benützt die Parodie – ich sollte sagen: *meine* Technik der Parodie – die Nachahmung immer wieder als Mittel zu einem Zweck. Sie schleicht sich dann mit Hilfe der zunächst harmlosen Mimikry in die Welt des literarischen Opfers ein, sie schreibt zunächst einen Absatz 'mit fremden Federn', segelt ein Stück 'unter falscher Flagge – aber erst wenn in weiterer Folge das so gestohlene Idiom dazu verwendet wird, das Opfer zu attackieren, zu entlarven, in die Luft zu sprengen: erst durch

> diese un-gutmütige, un-humorige Aggression wird, was als Nachahmung begann, am Ende zu Parodie.[12]

Meine These ist nun, daß dies im Prinzip auf alle Parodien zutrifft, daß die Beziehung zu ihrem Gegenstand über die Nachahmung herstellt wird und sie sich dann gegen diesen wendet oder genauer: auf diesen kontrastiv zu beziehen ist. Mit Sicherheit erfolgt dies nicht stets in diesem kunstvollen Nacheinander, bei dem die Sichtweise des Originals in die seiner Parodie kippt. Aber beide Momente, das der Nachahmung und die Wendung gegen das Nachgeahmte, sind als zentraler Bestandteil jeder Parodie anzusehen. Kritik wie auch Komik entstehen aus dem Kontrast zwischen dem Gegenstand und der Parodie, weshalb sie auch niemals in der Nachahmung aufgehen darf: "Es versteht sich danach von selbst, daß das Lob des Laien für den Parodisten, seine Parodie könnte unbemerkt unter den Werken des zu parodierenden Autoren stehen, in Wirklichkeit kein Lob ist, sondern ein Tadel."[13] Ausnahmsweise scheint Neumann hier ein wenig zu untertreiben, da eine Parodie, die über die bloße Nachahmung sichtbar nicht hinauskommt, keine ist. Eine Parodie muß ihren Gegenstand nicht nur zitieren oder exemplifizieren, sondern sich auch kontrastiv auf diesen beziehen.

Als eine engere Lesart der Parodie erscheint mir dies auch im hohen Maße in Übereinstimmung mit den meisten anderen Definitionsversuchen zu stehen und daher erst einmal unproblematisch zu sein. Es ist keineswegs trivial, daß sich die Parodie via Nachahmung in besonderer Weise auf ihren Gegenstand bezieht, sondern bietet ein gutes Unterscheidungskriterium zu anderen Formen der Nachahmung, wie ich in einem späteren Kapitel zu zeigen versuche.

Zuvor sind noch die interpretationistischen Konsequenzen zu überdenken, die sich aus dieser zentralen Stellung der Exemplifikation für die Parodie ergeben. In diesem Zusammenhang ist, wie gesagt, auch das Zitat eher als Exemplifikation zu verstehen, da seine Aufgabe weitergehend darin besteht, komplexe Schemata wie komplette Werke, Autoren[14], Stilrichtungen in besonderer Weise zu repräsentieren. Eben hier ist der Un-

12 R. Neumann, *Meisterparodien*, op.cit., S. 382f.

13 Ibid., S. 382.

14 In diesem Zusammenhang kann man ganz ohne postmoderne Dramatisierungen den Autoren als Summe seiner – meist bekannteren – Werke verstehen.

terschied zur Exemplifikation eher gering. Ein echtes und typisches Zitat ist eines, das genau jene Eigenschaften zeigt, die das Zitierte oder den Zitierten auszeichnet oder auszeichnen soll.

Für den Interpreten/Leser/Rezipienten ergibt sich bei der Exemplifikation das breit ausgeführte Problem, daß er wissen muß, worauf sich die Parodie bezieht. Er muß nicht nur erkennen, welche Merkmale exemplifiziert sind, sondern auch worauf sie sich beziehen. Anders gesagt ist für das Funktionieren der Parodie die Kenntnis ihres Gegenstandes notwendig. Da dieser Gegenstand über einzelne Merkmale und Strukturen repräsentiert wird, bedeutet dies: je einfacher oder eindeutiger das repräsentierte Schema ist, desto leichter kann sich auch auf dieses bezogen werden. Und je typischer das Herausgestellte oder Zitierte für ein Schema ist, desto besser gelingt auch die Bezugnahme. Die Interpretation hat in diesem Zusammenhang die Aufgabe, die exemplifizierten Merkmale an der Parodie zu erkennen und gleichzeitig als Teile eines anderen, exemplifizierten Schemas zu *identifizieren*. Umso einfacher ist dies, je charakteristischer ein Schreibstil ist. Für Thomas Mann sind dies die zuweilen sehr langen und häufig retardierenden Sätze voller Nominalkonstruktionen, die gerne parodiert werden. So verfährt auch Robert Neumann, dessen Parodie sich keineswegs in diesem Merkmal erschöpft, obwohl es sicherlich zu den auffälligsten gehört. Gesteigert ist dieses Merkmal der überlangen Sätze bereits hier bis zu einer Umständlichkeit und Unübersichtlichkeit, auf die auch inhaltlich anhand der "aus Sahne bereiteten Alpenspeise" hingewiesen wird.

> Der ergraute Mentor ungezählter Befrager, der Unermüdliche, dem es geglückt war, in zäher Bewußtheit die wenig wirtliche Landschaft sich gefügig zu machen, der erfahrene Zuerkenner und väterlich gerechte Verteiler vorhandener Gelegenheit zu Rast und Erquickung, der Erzeuger endlich (und damit sind die Werke seiner Reifezeit kurz bezeichnet) jener aus Sahne bereiteten Alpenspeise, die unter dem Namen Käse Weltruf gewonnen hat: Peter Haslacher also, ...[15]

Beate Müller unternimmt an dieser Stelle den Versuch einer statistischen Stilanalyse anhand eines einzigen, sogar für Thomas Mann untypisch langen Satzes. Sie ist sich dabei durchaus bewußt, daß dies nicht methodisch

15 "Der Sturz 1, Nach Thomas Mann", in: R. Neumann, *Meisterparodien*, op.cit., S. 17.

einwandfrei oder repräsentativ ist und daß "[d]ie wichtige Rolle, die das Adjektiv für Thomas Manns Stil spielt, [...] ein Gemeinplatz der Sekundärliteratur [ist]."[16] Auch hier werden Grammatik und Stil in eins gesetzt, was entweder ein äußerst knappes Verständnis von Stil ist, oder den sprachtheoretischen Terminus der Grammatik eindeutig überlastet.[17] Daß sich aus einer statistischen Häufung allein überhaupt keine eindeutige Struktur ableiten läßt – eine statistische Selbstverständlichkeit per definitionem – bleibt, wie ihre eigene Kritik, unbeachtet. Sie verfährt mit einem Satz aus Robert Neumanns Parodie auf Thomas Mann, "Der Sturz", ebenso. Das Ergebnis besteht in der Aussage, daß sich die beiden Texte ziemlich, aber nicht völlig ähnlich sind und sich die Hauptwörter häufen.[18] Der methodische Aufwand und das Ergebnis stehen dabei in keinem sehr günstigen Verhältnis. Es können auch keine Schlüsse gezogen werden, die – gleichfalls nach eigener Einschätzung – kein Gemeinplatz sind oder nicht bereits einer oberflächlichen Lektüre auffallen müßten. Die Ähnlichkeit beider Texte ist zumindest in der angestrengten Weise nicht quantifizierbar, und es ist unklar, welchen Nutzen eine Aussage in der Art "es handelt sich um eine 85% Ähnlichkeit bezüglich der Adverbstellung" haben sollte.

Vorzuziehen ist unbedingt eine qualitative Beschreibung der Ähnlichkeit, die anzeigt, in welcher Hinsicht oder Beziehung die Parodie ihrem

16 Beate Müller, *Intertextualität*, Trier 1994, S. 323. "Eine solche Übersicht verwendeter Wortarten genügt selbstverständlich nicht den strengen Maßstäben der Statistik, da die zugrunde gelegte Datenmenge keinen Anspruch auf Repräsentativität erheben kann."

17 In Hinblick auf die Chomsky-Grammatik als bestimmender Theorierichtung ist von einer Trennung grammatikalischer und bedeutungstheoretischer Aspekte auszugehen. Es gibt einige Computermodelle, die unter Beibehaltung der korrekten Grammatik Wörter nach dem Zufallsprinzip austauschen. Der entstandene Unsinn ist weder poetisch, noch läßt er sich aufgrund der Grammatik von einem sinnhaften Satz unterscheiden, womit er deutlich die Grenzen der Erklärungskraft der Theorie aufzeigt. Bezüglich des Stils als einer sehr subtilen Qualität der Sprachbedeutung kann davon ausgegangen werden, daß er sich einer grammatikalischen Analyse stärker noch entzieht als andere sprachliche Phänomene.

18 "Trotz dieser Differenzen dokumentiert die Wortartenübersicht ausgeprägte Analogien zwischen den zwei Sätzen. Die wichtigsten stilistischen Gemeinsamkeiten bestehen in der auffälligen Dominanz der Substantive sowie in dem relativ geringen Anteil der Verben am jeweiligen Text." Ibid., S. 324.

Gegenstand ähnlich ist. Ähnlichkeit schließt Perspektivität mit ein. Nachahmung und Darstellung gehen ohnehin ineinander über, da sie sich nur anhand bestimmter und zu bestimmender Merkmale auf ihren Gegenstand beziehen.

Für die möglichen Gegenstände der Parodie ergibt sich daraus ein allgemeines interpretationistisches Kriterium: Einfach gesagt kann eine Parodie alles parodieren, was eine Identifizierung über die Exemplifizierung relevanter oder bekannter Merkmale erlaubt, d.h. was in einem hohen Maße schematisiert ist. Um von einem Teil auf ein Ganzes verweisen zu können, muß dieses in Beschaffenheit und Umfang bekannt und/oder interpretativ rekonstruierbar sein. Daraus folgt, daß alles, was im hohen Maße schematisiert – bekannte Werke, Stile, Schulen, Haltungen, einzelne Phrasen die Schreibweise verschiedener Schriftsteller – oder in seiner Rezeption kanonisiert ist, sich für eine Parodie eignet. Je holzschnittartiger das Verständnis ihres Gegenstandes ist, desto einfacher hat sie es, verschiedene Bezüge zu erzeugen, die sie für ihr Funktionieren braucht. Daraus folgt, daß alle Textsorten parodierbar sein müßten, auch komische – was ausführlicher in dem Kapitel über die "Grenze der Parodie" zu diskutieren ist –, sofern sie ein eigenes, identifizierbares Schema besitzen.

Auf der anderen Seite muß es dann auch Autoren oder Werke geben, die sich für eine Parodie weniger eignen. So gibt es, wie Beate Müller zurecht bemerkt, kaum Parodien auf Heinrich Mann, ganz im Unterschied zu Thomas Mann, da sich sein Stil einer einfachen Schematisierung zu entziehen scheint. Auch Neumann tut sich hier schwer, wobei der Reiz seiner Parodie auf Heinrich Mann in der Gegenüberstellung verschiedener Parodien mit gleichem Thema, dem 'neuen Hamlet',[19] liegt. Das Gegenteil trifft auf seinen jüngeren Bruder zu, dessen lange Sätze Parodisten geradezu anziehen. Beide Autoren finden sich in der genannten Variation zu einem Thema, wie Neumann solche Anordnungen von Parodien auch nennt, bequemerweise gegenüber, was einen Vergleich erleichtert. Allgemein müßten alle Autoren, die sich durch eine große Variabilität im Ausdruck auszeichnen, schwer zu parodieren sein.

Aus der notwendigen Schematisierung erklärt sich auch die große Vorliebe der Parodisten für das Triviale. Es verfügt über eine Struktur und

19 Vgl. "Der neue Hamlet" nach Heinrich Mann und nach Thomas Mann in: R. Neumann, *Meisterparodien*, op.cit., S. 20ff.

Merkmale, auf die sich leicht und eindeutig bezogen werden kann, und die zudem allgemein bekannt sind. Übernimmt man die These, daß es sich um ein Wechselverhältnis von Trivial- bzw. Unterhaltungsliteratur und der hohen Literatur handelt, "bei dem nicht selten Kunstmittel der hohen Literatur in die Trivialliteratur absinken"[20], handelt es sich um eingespielte Darstellungs- und Interpretationsschemata. Ehemals hochkomplexe Schemata unterliegen im Laufe ihrer Verwendung einer zunehmenden Gleichförmigkeit und Standardisierung. Sie werden in ihrer Anwendung kontrollierbarer, eindeutiger und damit auch gleichförmiger. Je häufiger sie vorkommen, desto eher sind sie Teil einer allgemeinen interpretativen Kompetenz. Der Wiedererkennungswert ist hoch, was der Parodist gerne nutzt, da die exemplifizierende Bezugnahme anhand charakteristischer Merkmale entsprechend einfach ist. Die Möglichkeiten, die sich daraus für den Parodisten ergeben, werden in der Diskussion um die Grenzen der Parodie und Neumanns "Zitate statt Parodie" weiter ausgeführt.

Zusammenfassend ist die Parodie auch aufgrund der symboltheoretischen Ansatzes als eine besondere Weise der Bezugnahme via Exemplifikation zu beschreiben. Sie bezieht sich auf ihren Gegenstand über unterschiedliche Formen der Nachahmung: Sie kann ihn zitieren oder freier nachahmen, indem sie sich auf bestimmte Charakteristika, einzelne Merkmale oder Merkmalsstrukturen beschränkt. Die exemplifizierten Merkmale können auch herausgestellt werden, indem sie überzeichnet oder sonstwie verformt oder variiert werden, wobei dies bereits auf die Funktion der Parodie weist. Ein weitere notwendige Bedingung, die ein Text in seiner Funktion als Parodie erfüllen muß, ist die Verschiedenheit gegenüber der Vorlage, auf die er bezogen ist. Und diese Verschiedenheit muß auch erkennbar sein, da sonst die Parodie nicht von der Vorlage zu unterscheiden wäre. Genau genommen ist auch diese Verschiedenheit auf den Gegenstand zu beziehen, was in der Formulierung aber weniger Klarheit erzeugt, als wenn man einfach von einer kontrastiven Bezugnahme der Parodie auf ihren Gegenstand spricht.

Bevor aber die Funktion der Parodie über Nachahmung und kontrastive Bezugnahme weiter untersucht wird, ist zu überlegen, ob und inwie-

20 Vgl. auch die Darstellung von Christa Bürger "Zur Dichotomie von hoher und niederer Literatur in: dies., *Textanalyse und Ideologiekritik. Zur Rezeption zeitgenössischer Unterhaltungsliteratur*, Frankfurt am Main 1980, S. 3ff.

fern sich auf dieser recht einfachen Grundlage die Parodie von anderen Formen der Nachahmung unterscheiden läßt. Dies ist ratsam, um sicher zu stellen, daß der untersuchte Gegenstand zumindest in etwa dem entspricht, was man eine Parodie zu nennen pflegt. Da in Hinblick auf die Begriffsgeschichte keine feste und durchgängige Bestimmung der Parodie oder benachbarter Begriffe zu finden ist, wird eine neuere Position ihre eigenen Grenzen ziehen. Und es wird sich im Fortgang der Arbeit zu zeigen, ob eine solche Unterscheidung auf der Basis dieses Vokabulars sinnvoll und hilfreich ist oder nicht.

5. Von der Funktion der Zeichen zur Funktion der Parodie: Goethe und Brecht parodiert

Bisher ging es nur um die Frage, wie sich die Parodie auf ihre Vorlage bezieht. Damit ist ihre Bedeutung in einem umfassenderen Sinn aber noch nicht erklärt. Für das Verständnis von Eigennamen mag es ausreichend sein, zu wissen, wer etwa mit 'Karl' bezeichnet und damit auch gemeint ist. Nur zu wissen, daß sich eine bestimmte Parodie beispielsweise auf Novalis bezieht, ist für ihr Verständnis offensichtlich nicht ausreichend. Analytisch betrachtet ist dies die bekannte Unterscheidung zwischen Referenz und Bedeutung, die leicht abgewandelt auch hier zum Tragen kommt. Zu der Frage, wer bezeichnet oder gemeint ist, kommt noch diejenige nach dem *Wie* des Bezeichnens. Mit den Worten Dantos gilt es, den spezifischen *Modus der Bedeutsamkeit* zu beschreiben, durch den die Parodie ausgezeichnet ist. Es bedarf dafür einer inneren Struktur und einer projektiven Beziehung. Es ist eine besondere innere Verfaßtheit, die Danto über die Begriffe des Stils, des Ausdrucks und der Metapher darzustellen versuchte. Geeigneter erscheinen mir allerdings die Begriffe der Exemplifikation und des Schemas, die die zugedachten Funktionen in der Theorie besser erfüllen können. Aufgrund der Bedeutung Goodmans für Danto kommt folgendem Satz dann programmatische Bedeutung zu:

> Sie [die Kunstwerke G.P.] stellen nicht bloß Sujets dar, sondern Eigenschaften der Darstellungsweise müssen bei ihrem Verstehen selbst konstitutiv sein.[1]

Kunstwerke – oder allgemein: Gegenstände ästhetischer Wahrnehmung – sind ausgezeichnet durch die Art und Weise, in der sie sich auf ihren Gegenstand beziehen, und diese Art und Weise leitet auch ihre Interpretation. Die Interpretation konstituiert sich über das Exemplifizierte.

Von Goodman ist die zentrale Aussage leitend, daß es sich bei einem Kunstwerk um eine Probe handelt, um ein Angebot, unsere Wahrnehmung neu zu organisieren. Unter 'unserer Wahrnehmung' ist im Falle von Kunstwerken einfach ihr Sujet zu verstehen.[2] Sie bietet uns eine neue

1 A.C. Danto, Die *Verklärung des Gewöhnlichen*, op.cit., S. 287.

2 Danto spricht in diesem Zusammenhang von der *Aboutness* von Kunstwerken. Für

oder geänderte Sichtweise ihres Gegenstandes an. Bei einem sozialkritischen Roman beispielsweise ist das Sujet meist gleich mitgeliefert, an dem das Exemplifizierte zu erproben ist, beispielsweise durch die Schilderung der entsprechenden Situation. Und daß ein Kunstwerk keinen Gegenstand hat, ist nicht so ungewöhnlich, wie es der Ansatz es vermuten läßt. Allegorien und Fabeln haben ihren Gegenstand – auf den sie sich anhand ihres ästhetischen Ausdrucks beziehen – nicht in dem Fuchs und den Trauben, wie in der Fabel von Aesop, sondern in der Lebenssituation, auf die sie *passen* oder zutreffen. Ähnlich verhält es sich in der gegenstandslosen Malerei. Sie zeigt ihren Gegenstand nicht an, etwa dadurch daß sie ihn benennt oder unmittelbar darstellt, sondern es bedarf des Interpreten, der beispielsweise den Reiz einer bestimmten Farbverteilung erkennt, da er ihn auf bestimmte Interpretationsschemata bzw. Sichtweisen beziehen kann.

Wie und auf welchen Gegenstand sich die Parodie bezieht und beziehen kann, wurde in dem vorangegangenen Kapitel untersucht. Und genau dies, worauf sie sich bezieht, ist dann auch ihr Sujet, sei es ein einzelnes Werk, ein Autor oder eine Haltung. Insofern das Kunstwerk als eine Art Probe fungiert, ist die Parodie eben eine Probe für das Parodierte. Sie bietet nach Goodman eine andere Lesart oder Wahrnehmungsweise ihres Gegenstandes an.

Hier läßt sich bei der Feststellung einhaken, daß neben der angestrebten Ähnlichkeit auch die Verschiedenheit zur Vorlage deutlich sein muß. Mit Bezug auf Danto zeigt die Parodie in welcher Hinsicht eine geänderte Wahrnehmung ihres Gegenstandes angestrengt ist. Ihr Gegenstand ist dabei in einer hinreichend abstrakten Weise als Schema zu verstehen, als Schema, aber nicht schematisch sozusagen. Der notwendige Unterschied zur Vorlage, also das, was via kontrastiver Exemplifikation gezeigt wird, ist als konstitutiver Bestandteil der Parodie zu beschreiben.

Weiterhin ist anzugeben, worin die kognitive Funktion der einzelnen Parodie liegt, die sich aus dem Verweisspiel zwischen der kontrastiven Exemplifikation auf seiten der Parodie und ihrem Gegenstand ergibt, und daran anschließend in welcher Hinsicht eine Sichtweise verändert werden kann (vgl. Witting), etwa durch Umwertung, verkürzen, differenzieren

die 'gegenstandlose Kunst' gilt nach Danto, daß sie ihren Gegenstand in sich selbst hat und sich auf diese Art zum Ausdruck bringt.

etc. Mit diesem Vokabular sollte es möglich sein, unterschiedliche Verfahrens- oder Funktionsweisen von Parodien differenzierter zu beschreiben, als dies m.E. mit den von Witting und Verweyen aus der Rhetorik gewonnenen Begriffe der Unter- und der Übererfüllung machbar ist.

Um eine Probe auf die Exemplifikation handelt es sich in doppelter Hinsicht, da es sich bei der Bezugnahme über die Exemplifikation um eine Probe handelt, und andererseits ist es natürlich ein Test/Probe für die Tauglichkeit der Begriffe. Wie ausgeführt erfolgt die Bezugnahme, selbst wenn es sich um ein Zitat handeln sollte, über das zur Darstellung Bringen relevanter Merkmale. Man könnte sagen, daß sich auf dieser Ebene der einfachen Bezugnahme die Parodie sich bereits wie eine Probe verhalten kann. Sie zeigt, sofern sie eine Textsorte oder einen Autoren parodiert, die Merkmale, die es möglich machen, sie zu den Texten einer bestimmten Klasse zu zählen. Aber dies ist nicht mit dem Kunstwerk als Probe gemeint und dies liegt auch nicht in der Absicht des Parodisten. Das Kunstwerk soll nicht für etwas anderes stehen. Es ist, so nicht nur Goodmans, sondern auch Dantos zentrale These in *Die Verklärung des Gewöhnlichen*[3], ohnehin nicht die Aufgabe der Kunst, die Welt abzubilden. Außerdem will die Parodie nicht mit ihrer Vorlage verwechselt werden, so erstrebenswert Ähnlichkeit auch ist. Ein Kunstwerk ist eine Probe, insofern sie eine Weise der Wahrnehmung zum Ausdruck bringt, die auf eine unserer anderen, meist nichtästhetischen, Wahrnehmungsweisen bezogen werden kann.

Ein Kunstwerk ist dann, wie könnte es anders sein, eine Probe für sein Sujet, und wenn es an sich keines hat, auf jedes mögliche, auf das es passen könnte oder vermutlich passen soll.[4] Trotzdem sollte an dieser Stelle nicht vorbehaltlos der Gegenstand eines Kunstwerkes im analytischen Sinn und

3 Vgl. Danto. *Die Verklärung des Gewöhnlichen*, op.cit., S. 55f u. 195f. Auch Adornos Mimesis-Begriff arbeitet mit einem dialektischen Verhältnis zwischen dem Scheinhaften und dem Anderen, auf das die Kunstwerke – ihre eigene Scheinhaftigkeit negierend – verweisen, ohne es zu zeigen oder auszusprechen. So trägt das Zitat Dantos durchaus adornitische Züge: "Wenn Kunst überhaupt eine Funktion haben soll, dann muß sie in dem liegen, was sie nicht mit dem Leben gemeinsam hat." Ibid., S. 52.

4 "Der Entwurf eines Mondrian ist richtig, wenn er auf ein beim Sehen der Welt wirksames Muster projizierbar ist." N. Goodman, *Weisen der Welterzeugung*, op.cit., S. 166.

sein Sujet im literaturwissenschaftlichen in eins gesetzt werden. Ohne dies hier weiter ausführen zu wollen, wird von einem Sujet oft in einem weitergehenden Sinn gesprochen, der den Stoff als die Materialität oder den Träger des ästhetischen Ausdruckes mit einschließt. Das, woran sich der ästhetische Ausdruck zeigt, und das , worauf er bezogen ist, sind aus analytischer Sicht sauber zu unterscheiden. Bezogen auf die Parabel von dem Fuchs und den Trauben könnte man die beiden, so meine Überlegungen richtig sind, eventuell als Sujet verstehen. Aber ihr Gegenstand sind sie analytisch gesehen mit Sicherheit nicht. In gewisser Weise ähnelt die Parabel wie auch viele Gleichnisse damit der gegenstandslosen Kunst: jenes, worauf sie gerichtet sind, enthalten sie nicht. Es obliegt dem Interpreten, oder in diesem Zusammenhang besser: dem Auslegenden, zu entscheiden, worauf das Exemplifizierte zu beziehen ist. Ob man nun prinzipiell sagen würde, daß in dem Beispiel Fuchs und Trauben nicht das Sujet der Parabel sind, mag ich nicht entscheiden. Festzuhalten ist, daß es sich bei dem Gegenstand eines Kunstwerkes in meiner Terminologie um das handelt, wofür es als Probe fungiert, und nicht dasjenige, an dem sich der ästhetische Ausdruck festmacht.

Eine erste Probe auf die Exemplifikation als einem Test des analytischen Vokabulars und ein zugegebenermaßen recht einfaches Beispiel für eine Analyse der Parodie soll die folgende von Robert Neumann auf Bert Brecht sein.

The Mahagonny Ay- Ay- Song

Motto:
Ich gestehe, daß ich in Dingen
des geistigen Eigentums –

Wie herrlich leuchtet
Mir die Natur!
Wie glänzt die Sonne!
Wie lacht die Flur!
Ay!
Es dringen Blüten aus jedem Zweig
Und tausend Stimmen
Aus dem Gesträuch.
Mahagonny Mahagonny Ay!
Und Freud und Wonne

Aus jeder Brust.
O Erd, o Sonne!
O Glück, o Lust!
O Lieb, o Liebe!
So golden schön.
Wie Morgenwolken
Auf jenen Höhn!
... Mahagonny .. !![5]

Beginnt man mit der Identifikation des Gegenstandes der Parodie, so gelingt dies recht einfach über den Titel und das bekannte Zitat, das dem Text als Motto vorangestellt ist. Die Parodie hat ihren Gegenstand allerdings nicht in dem gleichnamigen Mahagonny-Song von Brecht, mit dem sie außer dem Titel wenig verbindet. Nachgeahmt ist nur das Wort Mahagonny auch in seiner Wiederholung im Text. Eventuell ist auch die Silbe Ay, wobei die größere Ähnlichkeit hier mit dem den Lauten Oh! und No! oder "Oh! Our good Benares! Oh!"[6] im Benares-Song finden lassen. Dies läßt vermuten, daß es sich nicht um die Parodie eines einzelnen Textes handelt, sondern zumindest um eine der Lieder oder eines anderen Aspektes. Auf der Ebene der Nachahmung ist eine weitere Bezugnahme auf Brecht oder einzelne seiner Werke erst einmal nicht zu erkennen.

Am auffälligsten ist an dieser Parodie das enthaltene ausführliche Zitat. Unschwer ist es als Goethes Mailied zu erkennen, das allerdings, wie Verweyen und Witting zu recht bemerken, nicht der Gegenstand dieser Parodie ist:[7]

Mailied
Wie Herrlich leuchtet
Mir die Natur!
Wie glänzt die Sonne!
Wie lacht die Flur!

5 Robert Neumann, *Unter falscher Flagge*, Reinbek 1979, S. 32.

6 Bertolt Brecht, *Große kommentierte Berliner und Frankfurter Ausgabe*, hg. von. W. Hecht et al., Frankfurt am Main 1988, Band 2, S. 328f.

7 *Deutsche Lyrik-Parodien*, hg. von Th. Verweyen und G. Witting, Stuttgart 1983, S. 233ff.

Es dringen Blüten
Aus jedem Zweig
Und tausend Stimmen
Aus dem Gesträuch
Und Freud und Wonne
Aus jeder Brust.
O Erd, o Sonne!
O Glück, o Lust!"[8]

Hierin ähnelt die Parodie einigen Texten Brechts, wobei die gänzlich unvariierte Übernahme auffällig ist. Brecht hat sich der verschiedensten Vorlagen zu den unterschiedlichsten Zwecken bedient, vom Bänkelgesang über die Parodie bis zum Zitat und vielleicht auch Plagiat. Ein Teil des notwendigen Unterschiedes zwischen der Parodie und ihrer Vorlage, an dem sich auch die Bedeutung der Parodie zeigt, liegt in diesem eingelassenen Text. Die Fremdheit des eingelassenen Textes entsteht dadurch, daß er erstens sehr bekannt ist, zweitens nicht abgewandelt ist und drittens in keiner Beziehung zu den refrainartigen Wendungen steht. Wie auch bei der Satire ist hier gleichfalls ein – wenn auch nicht übermäßiger – Sinn für Angemessenheit erforderlich, neben der Quellenkenntnis, um dieses Mißverhältnis zu erkennen.

Diese Parodie fällt auch nicht unter die fast schon klassische Definition, in der sie unter der Beibehaltung des Stils den Inhalt durch einen unangemessenen und trivialen ersetzt, mit dem Ziel einer Herabsetzung. Der eingelassene Text ist von Goethe und dient zumindest nicht in der von der Definition beschriebenen Weise der Herabsetzung durch Trivialisierung. Das Austauschen des Textes kann nicht in dieser Weise als eine Herabsetzung der Form durch einen trivialen Inhalt verstanden werden. Die Vorgehensweise ist selbst in dieser einfachen Parodie etwas komplexer.

Einen ersten Hinweis für das Verständnis der Parodie hat man ohnehin schon durch das Eigenzitat Brechts als Motto, das als eine Art Interpretationsanleitung der Parodie vorangestellt ist. Es gibt nach Brechts Selbsteinschätzung bei ihm eine "grundsätzliche Laxheit in Fragen des geistigen Eigentums", wobei diese unzweifelhaft auch programmatischen Charak-

8 J.W. von Goethe, *Gedenkausgabe der Werke, Briefe und Gespräche*, Bd. 1, hg. von Ernst Beutler, Zürich 1961, S. 52.

ter hat.[9] Sarkastisch ist es natürlich, dieses etwas freie Zitat der Parodie voranzustellen. Zwar hat dieses Zitat nichts mit der Funktion der Parodie in einem engeren Sinn zu tun, auch wenn es das Verständnis erleichtert. Das Motto enthält eine Anspielung auf einen Skandal von 1929, in dem der Kritiker Alfred Kerr Brecht den Vorwurf des Plagiates machte. Inhalt des Vowurfes war, daß Brecht nicht die Bedeutung von Kipling, Rimbaud und Villon für seine Texte ausgezeichnet hat. Und das Motto der Parodie ist so etwas wie eine Antwort auf die daraufhin einsetzende sehr breite und auch politisierte Diskussion.

Die Parodie kann weitergehend so gelesen werden, daß nicht bloß ein einfacher Plagiatsvorwurf zur Darstellung kommt. Eher richtet sich das Dargestellte dann gegen Brechts theoretische Konzepte – insbesondere wohl die Materialitätstheorie – und ihre Umsetzung. Auf sie wird sich bezogen, indem sie nachgeahmt wird und dies auch herausgestellt wird. Zur Exemplifikation und dem damit verbundenen Herausstellen solcher Merkmale gehört meist ein Überzeichnen, wie auch hier. Diese Verwendung bekannter, meist klassischer Texte innerhalb eines neuen Kontextes, wie sie von Brecht programmatisch vertreten wird, wird dadurch überspitzt, daß es den neuen Kontext kaum gibt.

Goethes Gedicht ist bloß gerahmt durch die Wiederholung des Titels 'Mahagonny' und die Silbe Ay; eine ästhetische Verarbeitung gibt es nicht. Auch eine "Verfremdung" des übernommenen Textes, dadurch daß er in einen anderen Kontext steht, liegt gerade nicht vor. Es handelt sich um ein bekanntes Lied, das von einigen sich wiederholenden Einsprengseln unterbrochen ist. Eine weitere Spitze erhält die Parodie dadurch, daß Neumann dem Gedicht den imaginären Lenz-Lyrik durch die Preußische Dichterakademie verleihen läßt.

Was gezeigt wird, ist ein bestimmtes Schema, sowohl in einem umgangssprachlichen wie in einem interpretationistischen Sinn. Es ist eine bestimmte Verfahrensweise der Textverarbeitung, die hier von der Parodie pointiert vorgeführt wird. In dem Vorführen dieser Verfahrensweise be-

9 Sehr deutlich ist dies in "Die heilige Johanna der Schlachthöfe", in der Brecht seine Materialwerttheorie umzusetzen sucht, indem er teilweise in wörtlicher Übereinstimmung Szenenanweisungen und Dialoge übernimmt: "Was die klassischen Texte am Leben hält, ist der Gebrauch, der von ihnen gemacht wird, selbst wenn es Mißbrauch ist."

steht auch ihr Probencharakter und ihre Funktion als Kunstwerk. Ein Kunstwerk ist eine Probe, insofern sie "anhand eines Beispiels eine neue Weise des Sehens anbietet, eine neue Weise, unsere Erfahrung zu organisieren".[10] Übertragen auf die Parodie hieße dies, die Sichtweise ihres Gegenstandes und unsere Erfahrung mit ihm zu revidieren. Dies scheint mir zumindest eine gute Umschreibung für die Absichten zu sein, die Neumann mit seiner Parodie verfolgt hat. Die Parodie als Schema ist auf das ihres Gegenstandes zu beziehen, wobei eine Anpassung entsprechend dem Gezeigten oder Exemplifizierten angezeigt ist. Sie zeigt an, in welcher Hinsicht die Bezugnahme erfolgt, indem sie diese Merkmalsstrukturen herausstellt.

Anders und kürzer gesagt: Die Parodie zeigt eine Lesart, die exemplarisch auf Brecht und sein Werk anzuwenden ist. Sie weist exemplifizierend auf bestimmte Merkmale hin, die eine geänderte Wahrnehmung Brechts in einem bestimmten Bereich anleiten. In diesem Fall ist es das Verhältnis zwischen dem fremden Text und seiner Verarbeitung, das durch die Parodie herausgestellt wird. Es lenkt die Aufmerksamkeit auf diesen bestimmten Bereich in dem Verständnis oder dem Bild von Brecht.

Brechts Verarbeitung und Übernahme von Texten anderer Autoren ist sicherlich ein ergiebiges wie eigenständiges Thema gerade auch für den von mir hier vertretenen Ansatz. Es könnte differenziert die vielfältigen Funktion der verschiedenen eingelassenen Textpassagen analysiert werden, was ihre kontrafaktische, parodierende, zitierende, oder sonstwie verfremdende Verwendungsweise betrifft. An dieser Stelle geht es aber nicht darum, zu entscheiden, ob der implizite Vorwurf von Neumann gegenüber Brecht gerechtfertigt oder sogar wahr ist. Ob die implizit formulierte Kritik an Brecht richtig ist, oder ob es bei der Übernahme fremder Textpassagen um ein sehr kreatives und/oder didaktisch wertvolles Merkmal von Brechts Arbeit handelt, braucht und soll im Rahmen dieser Analyse nicht entschieden werden. Insofern trägt dies meiner vorangegangenen Kritik an der Unterscheidung von bloß komischer und kritischer Parodie Rechnung. Oft war die Parodie als literarischer Form einzig dadurch legitimiert, das sie das in den Augen des Theoretiker 'Richtige' zeigte. Verstieß die Parodie gegen das normative Literaturverständnis ihrer Theoretiker fehlte ihr auch jede Anerkennung. Sicherlich kann und wird in ei-

10 N. Goodman, *Weisen der Welterzeugung*, op.cit., S. 167.

nem erweiterten oder umgangssprachlichen Sinn von einer gelungenen Parodie gesprochen, wenn das, worauf die Parodie hinweist, auch zutreffend ist. Dies setzt aber eine Übereinstimmung mit dem impliziten Normen und Wertungen des Parodisten voraus.

Aufgabe einer literaturwissenschaftlichen Analyse ist es, den Hintergrund in Form der für das Funktionieren der Parodie notwendigen Schemata zu beschreiben. Hier ist es der Vorfall um den Plagiatsvorwurf von Kerr oder eventuell auch die Materialitätstheorie von Brecht sowie die Kenntnis einiger seiner Lieder. Ein normative Wertung dieses Hintergrundes ist allerdings nicht die Aufgabe eines Literaturwissenschaftlers, nur ihre Beschreibung. Ob die in der Parodie vermittelt gezeigte Kritik zulässig ist, weil sie tatsächliche Schwächen der Materialitätstheorie aufdeckt, ist unerheblich, da die Aufgabe hier nicht in einer Auseinandersetzung mit dem Nutzen und den Schwächen von Brechts theoretischen Konzeptionen besteht.

Das Problem um die Wahrheit oder Richtigkeit von Kunstwerken stellt sich in einer anderen Form. Orientiert man sich an den symboltheoretischen Überlegungen, so ist die Parodie ebenso wie die Probe nicht wahr oder falsch, sondern richtig und angemessen oder wie Goodman es nennt: eine gute oder eine gelungene Probe. Die Parodie ist so wenig wie die Exemplifikation wahr, sondern sie weist auf etwas hin, was zu einer veränderten und richtigeren Sichtweise führen kann. Dieses Hinweisen kann ihr besser oder schlechter gelingen, nur ist damit noch nichts über die Wahrheit der implizierten Kritik gesagt.

Für die kognitive Bedeutung eines Kunstwerkes und ihre Rekonstruktion ist es auch nach Goodman wichtig, einzuschätzen, zu welchen Änderungen in der Wahrnehmung und Interpretation ein Kunstwerk führt. Das ist aber immer noch etwas anderes, als diese Änderungen zu bewerten. Vielmehr geht es bei dem Verständnis der Parodie darum, zu rekonstruieren, wie sie zu einer bestimmten Zeit verstanden werden muß. Dies impliziert, den normativen bzw. soziokulturellen Hintergrund aufzudekken, vor dem die Rezeption stattfindet. Für die Brecht-Parodie heißt dies, den Skandal um die nicht ausgezeichnete Übernahme der Texte von Villon oder Kipling einzuschätzen, oder aber in einer etwas abweichenden Lesart die Kenntnis der Materialitätstheorie. Aus der späteren Sicht eines Brechtkenners mag dies bezogen auf die Bedeutung der Materialitätstheorie eine kleine Spitze sein. Verfügt man über einen normativen Werkbegriff, der die Genuität des Werkes als dem Resultat des dichterischen Schaffens einzig aus sich selbst heraus schätzt, mag dies der angemessene Ausdruck eines fürchterlichen Skandals sein. Entsprechend unterschiedlich ist die kognitive Funktion der Parodie einzuschätzen. Hier zeigt sich, was in dem Kapitel über die ästhetische Kompetenz angesprochen wurde, daß ästhetische Erfahrung stets auf einen bestimmten soziokulturellen Hintergrund als einem Vorrat an Deutungsmustern bezogen ist, vor dem sie ihre Bedeutung entfalten kann.

Ich werde im Fortgang versuchen, diesen gerade für die Geltung von Kunstwerken wichtigen Unterschied weiter auszuarbeiten. Daß Neumann mit der Parodie etwas 'Wahres' über Bert Brecht 'sagen' oder behaupten wollte, ist sicherlich richtig. Nur ist dies dann nicht als ein explizites Sagen zu verstehen, sondern eher als ein Vermitteln einer Einsicht. Eine solche Parodie zu schreiben oder eine propositionale Behauptung aufzustellen wie: Bert Brecht gelingt die – theoretisch angeleitete – Verarbeitung fremder Texte nicht oder er klaut bei anderen Dichtern, sind zwei gänzlich verschiedene Dinge, auch wenn beide uns zu der gleichen Überzeugung bringen können.

Trotz dieser starken und m.E. auch sehr deutlichen Absetzung gegenüber implizit wertenden Theorien und Theoretikern der Metaphern ist darauf hinzuweisen, daß auch Goodman von ästhetischer Vortrefflichkeit oder Gelungenheit spricht, womit sich ein solches Wertungsproblem eventuell in geänderter Weise stellen könnte. Weiterhin ist zu überlegen, was ein solcher Begriff leistet

So läßt sich, auch allgemein, zu der Qualität dieser Parodie einiges sagen. Sie gehört sicherlich nicht zu den besten Parodien Neumanns und findet sich auch nicht in der Sammlung seiner Meisterparodien wieder. Der Qualität der Parodie und ihrer Beschreibung läßt sich über die Qualität der Symbolisierung annähern. In diesem symboltheoretischen Ansatz wird davon ausgegangen, daß Parodien als Zeichengebilde in einer bestimmten Weise funktionieren. Goodman wiederum spricht von einer "guten Probe". Er ist sich dabei durchaus bewußt, daß mit dieser Darstellung Fragen der ästhetischen Gelungenheit auf der Grundlage eines analytischen Begriffes der Richtigkeit verhandelt werden.[11] Wie sich dieses

11 "Und hier laufen wir nun Gefahr, daß man uns des Eindringens in den sakrosankten Bereich der Schönheit bezichtigen und uns vorgehalten wird, daß wir uns nicht

Problem theoretisch und vor allem praktisch darstellt, wird eine der weiteren leitenden Fragen sein. Für die Symbolisierung auch der Parodie gilt prinzipiell:

> Symbolisierung muß demnach grundsätzlich danach beurteilt werden, wie gut sie der kognitiven Zielsetzung dient: nach der Feinheit ihrer Unterscheidungen und der Angemessenheit ihrer Anspielungen; nach ihrer Arbeitsweise beim Erfassen, Erkunden und Durchdringen der Welt; nach der Art und Weise, in der sie analysiert, sortiert, ordnet, und organisiert; nach der Art und Weise, in der sie an der Erzeugung, der Handhabung, dem Bewahren und der Transformation von Wissen beteiligt ist.[12]

Wie gesagt gilt die bedeutungstheoretische Analyse der Umsetzung oder dem Erreichens eines bestimmten Zieles, etwa der gelungenen Darstellung, nicht der Bewertung des zu erreichenden Zieles. Ein Literaturwissenschaft hat nicht die Aufgabe, der Literatur vorzuschreiben, wie sie sich mit welchen Gegenständen auseinanderzusetzen hat.

Über die analytische Beschreibung der kognitiven Wirksamkeit erhält man ein – geändertes oder erweitertes – Verständnis ästhetischer Gelungenheit, das allerdings immer auf diesen Ansatz zugeschnitten bleibt und keinesfalls als einziges Verständnis ästhetischer Qualität gelten soll. In der Folge ist zu untersuchen, wie die Symbolisierungsqualitäten der Parodie beschaffen sind, d.h. wie gut sie ihrer Funktion, auf eine bestimmte Weise etwas zu zeigen, nachkommt. Weiterhin ist zu sehen, wie umfangreich im Sinne von differenziert oder reichhaltig die kognitive Leistung ist, wieviel Neues sie zu bieten hat usw. Vergegenwärtigt man sich noch einmal die verschiedenen Weisen, in denen Symbolsysteme und Schemata verändert oder umgebaut werden können[13], finden sich in ihnen allen kognitive Qualitätsmerkmale: Tilgen und Ergänzen kann jeweils ein Qualitätsmerkmal sein hinsichtlich einer Reichhaltigkeit des Ausdruckes oder eines Verkürzens auf relevante Merkmale. Wie auch bei den anderen Änderungskategorien der Gewichtung, Ordnung und Deformation handelt es sich nur

ausschließlich an solche Formen der Richtigkeit halten, die mit Wahrheit vergleichbar sind." N. Goodman, *Weisen der Welterzeugung*, op.cit., S. 160.

12 Ders., *Sprachen der Kunst*, op.cit., S. 237.

13 Vgl. Kap. 1.4 "Ästhetische Bedeutung und kognitive Funktion: Das Kunstwerk als Probe".

um Qualitätsmerkmale bezogen auf ein Ziel und innerhalb eines pragmatischen Kontextes. Tilgung ist erstrebens- und wünschenswert, wo sie der Übersicht, Prägnanz und Einfachheit dient. 'Ansich' oder *per se* ist sie kein positiver Wert, sowenig wie die anderen Änderungskategorien. Tilgung kann ebensogut eine schlechte Vereinfachung sein, wo eine Differenzierung eine angemessenere Sichtweise bieten würde. Ganz ähnliches gilt für geänderte Ordnungen, wie sie auch Metaphern erzeugen, deren Wert sich erst am Dargestellten und damit am Einzelfall ablesen läßt, nicht aber schon durch das bloße Vorliegen einer neuen Ordnung. Bedeutsam ist eine Metapher in dieser Hinsicht immer von ihrem Ergebnis her, von dem aus gesehen, was sie über ihren Gegenstand sagt.

Einschränkend ist noch einmal zu sagen, daß diese Fassung des ästhetischen Wertes nicht als prinzipiell neuer Maßstab für die Qualität eines Werkes verstanden werden soll. Vielmehr geht es darum, zu sehen, ob und inwieweit die auf dieser symboltheoretischen Grundlage formulierten Kriterien auch – aber nicht als einzig mögliche oder maßgebliche Fassung – eine qualitative Betrachtung erlauben. Wenn Goodman von einer gelungenen Probe spricht, sollte es auch möglich sein, von einer gelungenen Parodie zu sprechen. Fragen nach dem Angenehmen und Schönen treten damit in den Hintergrund, was sie im Hinblick auf die moderne Kunst ohnehin bereits getan haben. Trotzdem möchte ich den folgenden Satz von Goodman auch als wichtigen Hinweis verstanden wissen, daß sein Ansatz bestimmte Schwerpunkte verschiebt und umformuliert. So stellt sich die Frage nach dem ästhetischen Wert in einer geänderten und zugespitzten Weise: "[Ä]sthetische Erfahrung als eine Form des Verstehens zu begreifen führt sowohl zur Auflösung als auch zur Abwertung der Frage nach dem ästhetischen Wert."[14] Ästhetischer und kognitiver Wert werden hier in einem hohen Maße in eins gesetzt. Dies soll aber mehr eine weitere Anwendungsmöglichkeit des Vokabulars zeigen und austesten, als die einfache Ersetzung des bisherigen Vokabulars, anhand dessen über die Qualitäten eines Kunstwerkes entschieden wurde: Formund Inhalt scheinen hier auf eine ganz eigene, neue Weise verbunden.

Die kognitive Wirksamkeit bemißt sich in einer anderen Formulierung daran, ob es sich um eine "gute Probe" – in den Worten Goodmans – handelt. Über die Güte der Probe nähert man sich dann gleichfalls wieder

14 N. Goodman, *Sprachen der Kunst.* op.cit., S. 241.

der Wertungsproblematik auf eine eigene Weise. Sicher ist es nicht die Aufgabe der Literaturwissenschaft Werturteile auszusprechen; das behält sich hierzulande – anders als im angelsächsischen Raum – die Literaturkritik vor. Trotzdem gibt es symboltheoretische Anforderungen, denen ein gelungenes Werk genügen muß. Übertragen auf die Parodie bedeutet dies, daß sie in einer bestimmen Weise *funktionieren* können muß, um eine gelungene Parodie zu sein.[15]

Programmatisch formuliert bestände die Aufgabe der Literaturwissenschaft nicht in dem Urteil darüber, ob das, was die Parodie über ihren Gegenstand zeigt, richtig oder zutreffend ist. Vielmehr ist das Ziel die Rekonstruktion ihrer Bedeutsamkeit, d.h. die Beschreibung dessen, was sie zu zeigen versucht und anhand welcher Mittel sie dies macht.

Prinzipiell gilt für die Interpretation der Parodie ganz ähnliches wie für das Nehmen einer guten Probe: "und zwar muß man gut geübt darin sein, an der Probe die Eigenschaften, auf die es ankommt, zu erfassen, als auch darin zu bestimmen, ob die Eigenart projizierbar ist."[16] Übertragen auf die Parodie bedeutet dies, daß die für die Wahrnehmung relevanten Merkmale sowohl vorhanden als auch erkannt werden müssen. Die Projektion betrifft die Übertragung dieser Eigenschaften auf den Gegenstand der Parodie. Sie sind projizierbar, wenn im Prozeß der Interpretation eine sinnvolle und in irgendeiner Weise richtige Sichtweise angeleitet wird: Zusammen betrifft dies die Qualität der Exemplifikation wie ihre kognitive Wirksamkeit.

Betrachtet man nun die Beschaffenheit der nachahmenden Bezugnahme auf die Vorlage bei der Brecht-Parodie als einem Qualitätsmerkmal der Symbolisierung, so ist festzustellen, daß sie nicht sonderlich differenziert und ausgeprägt ist. Eine Exemplifikation findet nur über das Wort 'Mahagonny' und die Silbe 'Ay' statt, die so oder so ähnlich kaum in den Mahagonny-Songs, sondern nur im Benares-Song zu finden ist. Auch die Klassikerübernahme stellt eine Exemplifikation dar, nur gibt es diese in den Songs überhaupt nicht. Aufgrund der unzusammenhängenden Merkmale ist der Gegenstand der Parodie nur ungenau dargestellt. Dieser kann aber unter Zuhilfenahme anderer, nichtexemplifikatorischer Bezeichnungen

15 Eine Aufnahme der Diskussion um die Qualität der Parodie aufgrund ihrer spezifischen Funktionsweise findet sich in Kapitel II.7, Zeigen und Sagen.

16 N. Goodman, *Weisen der Welterzeugung*, op.cit., S. 164.

wie dem Motto erschlossen werden, was eindeutig gegen die Qualität der Nachahmung spricht. Das eigentliche exemplifikatorische Moment bezieht sich nicht auf einen einzelnen oder mehrere Songs, sondern nur auf den Autoren in einer sehr allgemeinen Weise.

Sollte die Parodie auf Evidenz des Gezeigten ausgerichtet sein, so muß man sagen, daß sie nicht viel gezeigt hat. Sie ähnelt ihrem Gegenstand nur in sehr wenigen Punkten, was daher kaum als eine gelungene Nachahmung verstanden werden kann. Ihr Verständnis ist angewiesen auf die Kenntnis anderer Arbeiten von Brecht, und bezieht sich auf einen bestimmten Punkt seines theoretischen Selbstverständnisses, den sie selbst kaum thematisiert. Dadurch bekommt die Parodie etwas Grobes.

Nimmt man als Maßstab der Parodie ihre kognitive Leistungsfähigkeit so ist sie im Falle der Brechtparodie eher gering einzustufen. Die kognitive Leistungsfähigkeit eines Symbolkonstruktes betrifft sowohl die Art und Weise der Darstellung als auch ihre Wirkung auf andere Weisen der Welterzeugung bzw. Interpretationen. Robert Neumann hat es sich mit beiden Aspekten recht einfach gemacht. So tauschte er einfach einen Teil des Textkorpus aus, wobei er bei der Nachahmung auch sehr knapp und wenig strukturiert verfuhr. Das kontrastiv Gezeigte ist gleichfalls nicht sonderlich differenziert und gemessen an dem Motto auch nicht weiter originell bzw. informativ. Für die Wahrnehmung von Brecht oder genauer: der Einschätzung einiger seiner Verfahren, bietet diese Parodie wenig.

Allerdings muß man sagen, daß dies auch der Vorwurf an Brecht ist: eine einfache Übernahme eines fremden Textteils. Und eine Parodie, die genau dies zeigt, ist zwangsläufig auch etwas einfach. Der Austausch von Teilen des Textkorpus durch das Mailied ist ein einfacher Handgriff, was er auch sein soll, und zeigt dabei so wenig, daß man eher geneigt ist, hier von einer Pointe zu sprechen.

Weitaus differenziertere und kunstvollere Brechtparodien gibt es mit dem "Lied der Cowgoys"[17] von Kurt Tucholsky und Erich Kästners "Surabaya-Jonny II"[18], die gleichfalls bei den Mahagonny-Songs ansetzen. Alle drei haben den selben Gegenstand, Brechts unausgewiesene Verarbeitung von Kipling und Villon, die Kästner wie Tucholsky durch ein voran-

17 Kurt Tucholsky, *Gesammelte Werke in zehn Bänden*, hg. von Mary Gerold-Tucholsky und Fritz J. Raddatz, Bd. 8, Reinbek 1975, S. 234ff.

18 Erich Kästner, *Gesammelte Schriften für Erwachsene*, Bd. 6, Zürich 1969, S. 241f.

gestelltes Motto, "Frei nach Kipling und Brecht" (Kästner) und "'Damn!' Rudjard Brecht", ausgezeichnet ist. Kästner und Tucholsky gehen aber noch darüber hinaus. Die Anspielung auf den erweiterten Gegenstand liegt bei Tucholsky bereits in dem Wort Cowgoy, einer gelungenen Verballhornung aus Cowboy, als einem harten Mann, und dem jüdischen Ausdruck *Goi* für einen Nichtjuden beziehungsweise für einen nicht dazu Gehörenden und Außenstehenden. Das Lied der Cowgoys ist damit eigentlich eines, der nicht zu den harten Cowboys gehörenden, was auf die als aufgesetzt zu verstehende Kraftmeierei Brechts zielt.

Auch Robert Neumann hat weitaus differenziertere Parodien über Brecht geschrieben wie beispielsweise *Die Verurteilung des Brechtbertus*[19], die aufgrund der verwendeten Techniken allerdings nicht unbedingt typisch ist. Die Wahl fiel aber auf diese Brecht-Parodie, da an ihr gerade wegen ihrer Einfachheit die Funktionsweise eines Textes als Parodie aufgezeigt werden konnte, und gleichzeitig auch Überlegungen zu einem symboltheoretischen Verständnis ästhetischer Qualität angestellt werden konnten.

19 R. Neumann, *Meisterparodien*, hg. von Jens Jessen, Zürich 1988, S. 362.

6. Komplexität der Parodie und die komplexen Parodien Robert Neumanns

Ein Kennzeichen der Parodien Neumanns ist, daß er sie schon mal zu etwas größeren literarischen Gebilden zusammensetzt. Zum einen sind dies mehrere Variationen zu einem Thema, zu denen auch die bereits erwähnte Parodie auf Thomas Mann *Der Sturz* gehört oder *Der neue Hamlet*[1]. Manchmal ist es eine triviale Gegebenheit, die Neumann wie im Falle des Sturzes auf Skiern parodierend im Stile verschiedener Literaten wiedererzählt. Zum anderen betrifft dies etwas komplexere Zusammenstellungen mehrerer Parodien wie in *Nietzsche und die Folgen*[2], wo er die Parodie in eine Satire um die fiktive Vermarktung von Nietzsche insbesondere durch seine Schwester einzubauen scheint; 'scheint' deshalb, weil die beiden Gesamtausgaben und die *Meisterparodien* unterschiedliche Texte in dieser Rubrik zusammenstellen. Ähnliches gilt für *Der Lenz*[3], wo es sich um eine vergleichsweise lose Zusammenstellung verschiedener Parodien handelt im Rahmen der Verleihung eines imaginären Lyrikpreises. In den meisten Fällen handelt es sich um Variationen zu einem Thema, wie sie sich immer wieder in den Werken von Neumann finden lassen und Teil seiner parodistischen Technik, falls man davon sprechen möchte, sind.

Die Komplexität der Parodie meint auch ihre mehrfache Abhängigkeit von Interpretationsbedingungen. In der Auseinandersetzung mit den Variationen ist sie als ein komplexes Interpretationsgeschehen zu rekonstruieren, als ein voraussetzungsvolles Verweisspiel verschiedener interpretativer Schemata.

Neumanns Vorgehen bei den Variationen könnte als eine kunstvolle Steigerung der wohl einfachsten parodistischen Technik verstanden werden, bei der unter Beibehaltung der Form ein anderer, meist trivialer Inhalt untergeschoben wird. Der parodistische Effekt ergäbe sich einzig aus dem Kontrast zwischen der Form der Vorlage und ihrem neuen Inhalt. Bei näherer Hinsicht ist es zumindest in den meisten Fällen bei Neumann etwas komplizierter. So findet sich solch eine Trivialisierung kaum. Auch

1 R. Neumann, *Meisterparodien*, op.cit., S. 20ff.

2 Ibid., S. 91ff.

3 Ibid., S. 107.

wenn er wie in *Vier Variationen und kein Thema*[4] als Grundlage seiner Nachahmung einen kurzen und eher schlechten Witz nimmt, ist es kein einfacher Austausch des Inhalts unter Beibehaltung der Form, sondern eine umfangreichere parodistische Nachahmung auf der Grundlage dieses Themas. Natürlich hat die Kürze wie die Art des Themas gegenüber der aufwendigen Umsetzung etwas Trivialisierendes. Nur entsteht die Parodie nicht einzig über diese Verwendung des Themas, da die gleichfalls veränderte Form für ihre Funktion von größerer Bedeutung ist.

Einzig in der schlechtesten Parodie dieser Reihe, der über Wolfgang Koeppen, bleibt nicht viel mehr als eine Banalisierung über den Inhalt. Eine differenzierte und den Stil exemplifizierende Nachahmung, wie sie Neumann sonst auszeichnet, gelingt kaum. Auch die Funktion der kursiven Einlassungen, wie sie sich u.a. in Koeppens Roman *Das Treibhaus*[5] finden, wird nur oberflächlich erfaßt, sowenig wie das Lakonische der kurzen Sätze und seines Sprachrhythmus'. Über die Nachahmung hinaus seinen Stil zu überzeichnen oder – wie Neumann selbst es nennt – die Form von innen zu sprengen, vermag er nicht. Als wäre es ihm aufgefallen, versucht er dieses Defizit der Parodie gegen Ende über zahlreiche fast kalauernde Wortspiele und kaum tragende Anspielungen zu kompensieren:

> 'Was pfeifen Sie da? Die Dospassionata?' *Als hätte ihm das einer nicht schon Ton für Ton verdöblint.* Er blickte den regnenden Himmel an. 'Gehen wir zu Fuß?'. *Warum sie alle mit Seife handeln wollen ohne Seife? Sitzt im Gehirn. Erstaunlich was in so Koeppen vorgeht.*[6]

Im Unterschied dazu ist die Parodie auf Hemingway eben durch die Nachahmung seiner bekannt kurzen Sätze in ihrer leichten Neigung zur Redundanz ausgezeichnet, die sie gleichzeitig überzeichnet, sowie sein ausgesprochenes Interesse an einem bestimmten Gestus, der mit dem Trinken verbunden ist: "Sie hatte schon ein paar gehabt. Sie nahm noch einen. Dann nahmen wir jeder noch zwei. Es war fein, dazusitzen und Flick anzuschauen. Sie sah fein aus. 'Du siehst fein aus', sagte ich. 'Fein', sagte sie [...]."[7] Die Parodie exemplifiziert diese beiden Merkmalsstruktu-

4 R. Neumann, *Meisterparodien*, op.cit., S. 183ff.

5 Wolfgang Koeppen, *Das Treibhaus*, Frankfurt am Main 1980.

6 R. Neumann, *Meisterparodien*, op.cit., S. 187.

7 Ibid., S. 188.

ren, steigert sie, so daß sie in einem Kontrast zur Vorlage stehen: sie ist ihrer Vorlage damit sowohl notwendig ähnlich wie unähnlich. Damit macht die Parodie genau das, was Goodman allgemein für Kunstwerke behauptet: "Sie exemplifizieren buchstäblich oder metaphorisch Formen und Gefühle ‚Affinitäten und Kontraste, die in einer Welt zu suchen und in sie einzubauen sind."[8] Spricht man statt von Weltversionen von Interpretationsschemata, so ist das Exemplifizierte in ein anderes Schema einzubauen, sprich: dem Gegenstand des Kunstwerkes. Im Unterschied zur abstrakten Kunst muß der Gegenstand der Parodie nicht weiter gesucht werden, sondern ist nachahmend angezeigt. Hier ist es Hemingway, dessen kontrastive Darstellung durch die Parodie in unser Bild oder unser Verständnis von ihm einzubauen ist. Wie stark dies unsere Sichtweise des Parodierten verändern kann, hängt von unserem Kunst- und Weltverständnis ab: Ob man den von der Parodie avisierten Gestus des Trinkens nur als kleinere Manieriertheit oder als eine der allgegenwärtigen und aufgesetzten Macho-Attitüden Hemingways empfindet, hängt von dem jeweiligen Hintergrund des Rezipienten ab, vor dem die Validierung des Gezeigten stattfindet.

Demnach läßt sich der Erfolg einer Parodie für einen Autoren nur sicherstellen, wenn er einen bestimmten Hintergrund voraussetzen kann.

Das gemeinsame Thema bietet in diesen wie den anderen Fällen eine kontrastreiche Unterlage, nicht nur für die parodistische Verarbeitung der eigentlichen Vorlage, sondern auch für die Parodien untereinander. Es ist keine Übernahme einzelner formaler oder inhaltlicher Teile, wie es die Kontrafaktur und die Travestie auszeichnet. Es ist eine Variation, wobei eine große Nähe zur Anspielung besteht. Anspielungen mögen für das Verständnis eines Textes sehr wichtig sein, sie sind aber nicht sein eigentlicher Gegenstand. Auch bei der Variation handelt es sich genau genommen um eine kontrastive Exemplifikation, da sowohl die Ähnlichkeit als auch Verschiedenheit von Interesse sind: Die Szene aus Shakespeares *Hamlet* in Neumanns *Der neue Hamlet* ist exemplifiziert als auch stilistisch variiert. Die Variation dient dabei dem Herausstellen der unterschiedlichen Darstellungsweisen. Sie dient der Parodie, deren Darstellungsweise auf diese Weise hervorgehoben wird. Durch den kontrastiven Vergleich mit Shakespeare tritt so das Besondere der Verarbeitung dieses Themas durch den parodistisch Nachgeahmten hervor.

8 N Goodman, *Weisen der Welterzeugung*, op.cit., S 166.

Ähnlich verhält es sich in *Eine Novelle in zwei Fassungen*[9], wo sich Parodien auf Natalie von Eschstruth und auf Carl Sterheim gegenüberstehen. Die Parodien laden förmlich zu einem Vergleich ihres hier nicht weiter ausgezeichneten Themas ein. Der ausgesprochen große Kontrast steigert die Aufmerksamkeit für die gänzlich unterschiedliche Verarbeitung der selben Gegebenheit, die entsprechend dem jeweiligen Stil ausgeschmückt oder erweitert ist. Die Art und Weise der Exemplifikation als der Eigenheit der Parodierten wie der Parodie hebt sich deutlicher ab. Die bereits überzeichnete heile Welt des Mädchenromans steht ihrer Beschreibung in der an dieser Stelle kaum überzeichneten und an einem bestimmten Verständnis des Realismus orientierten Sprache Sternheims gegenüber:

> Auch dein Vater, der wohlhabende Kommerzienrat, dessen – wie du weißt – einzige Tochter du bist, steht stets mit den Hühnern auf, um vor allem in die Kirche und dann an die Arbeit zu eilen.[10]
>
> Marlies war, wohlhabenden Kommerzienrats einzige Tochter, durch väterliche Berufssorge und Frömmelei frühzeitig auf Gemeinschaft mit der Mutter verwiesen.[11]

Es ist ein zusätzlicher Effekt, der für das Funktionieren der Parodie nicht zwingend notwendig ist, zumal sich die beiden Parodien sich auch nicht aufeinander beziehen, sondern nur das selbe Thema haben. Die Funktion beider Parodien ist eng gesehen durchaus unabhängig voneinander, aber das gemeinsame Thema unterstützt die parodistische Funktion. So ist die Parodie auf Sternheim geradezu typisch für Neumann, wenn er dessen eigenwillig verkürzte Syntax in den ersten Sätzen auf gelungene Weise kopiert, um sie erst im Fortlauf bis an die Grenze der Verständlichkeit zu steigern: "Mütterlicher Ankündigung bevorstehender Leutnantankunft zollte Jubel und abbrach Konfirmationskleids sorgfältige Aufbewahrtheit Marlies zum Empfang."[12] Richtig verständlich wird der Satz allerding erst, wenn man die Szenerie bereits aus der ersten Fassung kennt, womit ihr schon etwas mehr als eine bloß interpretativ unterstützende Bedeutung zukommt.

9 R. Neumann, *Meisterparodien*, op.cit., S. 15.
10 Ibid., S. 15.
11 Ibid., S. 16.
12 Ibid., S. 16.

Eine weitere Umsetzung der Variationen zu einem Thema findet sich in *Der Neue Hamlet* und der Fortsetzung *Ein Gespenst geht vorüber. Schon wieder der neue Hamlet*. Das Thema bildet jene Szene aus Shakespeares Hamlet, in der der Geist seines Vaters den Wachen erscheint. Hier kann von einer Trivialisierung durch einen Austausch des Inhalts nicht die Rede sein. Der komische Kontrast besteht nicht so sehr zwischen dem Variierten und der Parodie, sondern zwischen der Parodie und ihrem Gegenstand. Und der Gegenstand der Parodien ist in keinem Fall das 'umgekleidete' oder travestierte Thema in seinem neuen Gewand, sondern stets der jeweils nachgeahmte Autor. Sollte der parodistische Rückbezug auf den Nachgeahmten nicht möglich sein, würde es sich allerdings um eine Travestie handeln, zumindest wenn man es von dem Inhalt, also Shakespeare, aus betrachtet. Betrachtet man es von der Form aus, etwa bei der Mann-Parodie, so würde es sich um eine Kontrafaktur handeln. So gesehen ist diese Technik – erst recht wenn sie nicht funktioniert – eine komplexe Angelegenheit.

Die Bedeutung wie die Art des Themas ist in den verschiedenen Blökken unterschiedlich. In *Einiges über Charleston*[13] ist es der seinerzeit wohl befremdlich wirkende Modetanz, den die Parodien auf Shakespeare, Kant sowie Eckermann und Goethe zum Inhalt haben. Bei der Parodie auf Kant handelt es sich anfangs einzig um eine Nachahmung seines Satzbaus unter Verwendung charakteristischer Formulierungen, die trotz partieller Verständlichkeit keinen zusammenhängenden Sinn ergeben, ein Erstsemestern nicht unvertrautes Leseerlebnis. Die Möglichkeiten des Themas werden erst gegen Ende der Parodie quasi als Pointe genutzt, wenn hinter dem umständlichen Sprachduktus eine Beschreibung des Tanzes steht. 'Übersetzt' ließe sich der Satz in etwa so paraphrasieren: Weil man bei dem Tanz beide Seiten des Körpers sehen kann, bleibt es jedem überlassen, welchen Anblick er vorzieht. In der Parodie lautet er:

> Da nun, eine solche ins Werk zu setzen, ohnedies beide Abschnitte des Hauptteiles schon an sich der Sinnlichkeit dargeboten werden: folgt unmittelbar, daß es subjektivem Ermessen anheimgestellt bleibt, ob man die Anschauung dieser Substanz a priori der Anschauung a posteriori vorziehet oder umgekehrt. Was zu beweisen war.[14]

13 R. Neumann, *Meisterparodien*, op.cit., S. 81ff.

14 Ibid., S. 85.

Neben dieser eher einfach strukturierten Parodie finden sich die weitaus subtilere auf Shakespeare sowie eine komplexere auf Goethe und Eckermann. Thema der *Gespräche mit Goethe* sind einige Kupferstiche der Charleston tanzenden Josephine Baker, die als farbige Nackt- und Nachtklubtänzerin in Paris Anfang des Jahrhunderts für Furore sorgte. Gegenstand der Parodie ist der belehrende Gestus und das vermeintlich Exotische verklärende rousseauistische Schema, mit dem Goethe das Bild deutet:

> 'Sie sehen hier', sagte er die Blätter immer wieder betrachtend, 'wie bei diesen Angehörigen der sogenannten wilden Völker selbst die alltäglichen Verrichtungen anmutig und zugleich bedeutend auf den Zuschauer zu wirken imstande sind. Hascht diese Rechte, unvermutet erhoben, nach einem der großen Papillons des Urwalds, wie unser guter Meier sie uns gestern geschildert hat?[15]

Die immer abwegiger werdende Erklärung steigert sich in ihrem parodistischen Gestus, der vor dem Hintergrund der Charleston Tanzenden erst an Deutlichkeit gewinnt. Auch hier findet sich die allmähliche Steigerung des parodistischen Effektes, mit der die Nachahmung langsam zur Parodie übergeht.

Bei genauerer Betrachtung handelt es sich dabei um eine Parodie in der Parodie, da sie sich im Rahmen der Parodie auf das Verhältnis zwischen Goethe und Eckermann. Es ist Goethe als der stete Deuter und der getreue Eckermann als sein ergebener 'Ausleger', die den Gegenstand der Parodie bilden. Der folgende Ausspruch Eckermanns ist dann verbindender Teil zweier Parodien, indem er schon eingangs den Gegenstand der ersten fast benennt und den zweiten exemplifiziert. Beide Gegenstände liegen damit nicht in einem stilistisch-ästhetischen Bereich im engeren Sinn, sondern in einer bestimmten schematischen Verhaltensweise. bzw. einem Habitus:

> Es ist mir immer wieder eine Offenbarung, wie vor Ihrem ordnenden Geiste auch das scheinbar Unzusammenhängende sich zu einem harmonischen Weltbilde zu fügen anhebt. Ich sehe nun eine unmittelbare Beziehung zwischen dem Tanz jenes

15 R. Neumann, *Meisterparodien*, op.cit., S. 83.
16 Ibid., S. 84.

> Negermädchens und der Szene im zweiten Teil des Faust, [...].[16]

Der exemplifizierte Unterschied zwischen der Vorlage und der Parodie ist dabei nur über eine bestimmte Weise der Unangemessenheit zu erkennen. Was gezeigt wird, ist nicht einfach die Unangemessenheit einer untergeschobenen Deutung, sondern eine bestimmte schematische Weise zu interpretieren, die für Goethe – zumindest in der Darstellung durch Neumann – charakteristisch ist. Es ist ein Schema, daß sich in beiden Fällen zeigt, und das in dem einen Fall auf unser Bild von Goethe und in dem anderen das von Eckermann in seinen "Gesprächen mit Goehte" zu übertragen ist. Die Abstraktheit und Offenheit des Schemabegriffes kommt dieser Art der Parodie entgegen, obwohl zu fragen ist, ob sich diese Beziehung zwischen der Parodie und ihrem Gegenstand nicht enger und damit genauer fassen läßt

Erwin Rotermund hat versucht, das Verhältnis zwischen der Parodie und ihrer Vorlage über die Änderungskategorien der Rhetorik zu fassen:

> Eine Parodie ist ein literarisches Werk, das aus einem anderen Werk beliebiger Gattung formal-stilistische Elemente und vielfach auch den Gegenstand übernimmt, das entlehnte aber teilweise so verändert, daß eine deutliche, oft komisch wirkende Diskrepanz zwischen den einzelnen *Strukturschichten* [Herv. G.P.] entsteht. Die Veränderung des Originals, das auch ein nur fiktives sein kann, erfolgt durch totale oder partielle Karikatur, Substitution (Unterschiebung), Adjektion (Hinzufügung) oder Detraktion (Auslassung) und dient einer bestimmten Tendenz des Parodisten, zumeist der bloßen Erheiterung oder der satirischen Kritik.[17]

Auch Rotermund sieht die Funktion der Parodie in der Beziehung zwischen den beiden Strukturschichten der Parodie als dem Interpretationsschema der Vorlage und dem der Parodie. Das eigentlich Interessante ist aber, wie er den Unterschied zwischen beiden zu fassen versucht. Für deren Beschreibung nutzt er die vier Änderungskategorien der klassischen Rhetorik: *adjectio*, *detractio*, *transmutatio* und *immutatio*.[18] Den letzten

17 E. Rotermund, *Die Parodie in der modernen deutschen Lyrik*, München 1963, S. 9.

18 Zu den Änderungskategorien vgl. H. Lausberg, *Elemente der literarischen Rhetorik*, München 1987⁹, insb. die Paragraphen 58 u. 126ff.

Begriff ersetzt er durch den ihm geeigneter erscheinenden der Substitution.[19]

Addition und Detraktion als Erweiterung und Auslassung sollen rein quantitativ verstanden werden und betreffen nur den äußeren Umfang.[20] Dies erscheint mir als eine unnötige Einschränkung gegenüber der ursprünglichen Fassung,[21] da es nicht nur in interessant ist, um welche Elemente die Vorlage verkürzt oder erweitert wird, sondern auch welche Ausdrucksqualität intensiviert oder abgeschwächt wird. Das kontrastiv Exemplifizierte läßt sich in den meisten Fällen sicherlich nicht quantitativ bestimmen, sondern nur als eine Änderung der Ausdrucksqualität gegenüber der Vorlage.

Weiterhin können diese Beschreibungen nur Interpretationen einzelner Werke betreffen. Hat die Interpretation ihren Gegenstand in einem Stil, einem Gestus/Habitus oder einer literarischen Richtung, läßt sich mit einem quantitativ verstandenen Hinzufügen und Auslassen nichts beschreiben.[22] Keine der eingangs genannten Parodien ist durch diese Termini zu erfassen, da sie keine konkrete Vorlage haben, dergegenüber sie umfangreicher oder kürzer sein könnten.

Ebenfalls problematisch ist der Terminus der Karikatur, der so nicht Teil der rhetorischen Änderungskategorien ist und sich nicht als *transmutatio*, im Sinne von Umstellung, definieren läßt, wie dies bereits von W. Karrer moniert wurde.[23] Häufig führt es zu einer Zirkularität, da die Karikatur in der Kunstgeschichte durch die Parodie definiert wird und es zu keiner Klärung kommt. Zu mehr als einer Veranschaulichung reicht der Vergleich zwischen der meist bildhaften Karikatur und der Parodie kaum. Es bleibt als Definition aus einem Vergleich meist nicht mehr als das Hervorheben bestimmter Merkmale und Strukturen unter gleichzeitiger tendenzieller Beschränkung auf diese. In diesem Sinne sind Parodien auch herabsetzend, insofern das, was sie zeigen, zentraler Bestandteil einer zu korrigie-

19 E. Rotermund, *Die Parodie in der modernen deutschen Lyrik*, op.cit., S. 12.

20 Ibid., S. 18.

21 "Die *adjectio* kann quantitativer (1) oder intensiver (2) Natur sein." Lausberg, *Elemente der literarischen Rhetorik*, op.cit., S. 32 (§59).

22 Vgl. auch die ausführlichere aber etwas umständliche Kritik von Verweyen und Witting an dieser Stelle: Dies., *Die Parodie in der neueren deutschen Literatur*, op.cit., S. 84f.

23 Wolfgang Karrer, *Parodie, Travestie, Pastiche*, München 1977, S. 67.

renden Sichtweise ist. Dies können stilistische Schwächen sein, die Motivverarbeitung, ein besonderer Gestus, ein bestimmtes ästhetisches Selbstverständnis und anderes mehr.

Zu einer Kategorisierung – was immer damit gewonnen wäre – taugen die Begriffe gleichfalls nicht, da sie untereinander kombinierbar und auch nicht trennscharf sind. Zudem gibt es mit den rhetorischen Änderungskategorien ein prinzipielles Problem, das sich wissenschaftstheoretisch über den Unterschied von beschreibungsadäquat und erklärungsadäquat fassen läßt. Beschreibungsadäquat ist alles, was in Übereinstimmung mit seinem Gegenstand steht. Erklärungsadäquat ist weitergehend eine Theorie, die es erlaubt, Schlüsse zu ziehen und das Beschriebene in Kausalzusammenhänge einzuordnen.

Im Unterschied zu den Änderungskategorien sind die in dem Kapitel über die ästhetische Bedeutung aufgeführten Aspekte der Veränderbarkeit von Symbolsystemen erklärungsadäquat. Der Grund liegt darin, daß sie an eine Bedeutungstheorie gekoppelt sind, die es erlaubt, aus dem so Beschriebenen weitergehende Konsequenzen zu ziehen. Das im Kontrast zur Vorlage stehende Schema der Parodie leitet eine entsprechende Sichtweise seiner Vorlage bzw. seines Gegenstandes an. So leiten die bisher erwähnten Parodien auf Thomas Mann eine Sichtweise an, die seinen sich an der Syntax festmachenden Stilbegriff und einige bildungsbürgerliche Manierismen betreffen. Rotermunds Änderungskategorien erlauben nur eine Beschreibung der Abweichung der Parodie gegenüber ihrer Vorlage, aus der für die Erläuterung ihrer Funktion oder Bedeutung nichts folgt. Aufgrund dieser Überlegungen kommt man zu dem selben Fazit, das Verweyen und Witting aus etwas anderen Gründen ziehen:

> Mit diesen Anmerkungen soll nun keineswegs der Wert der Veränderungskategorien für die Beschreibung der parodistischen Schreibweise pauschal in Zweifel gezogen werden, wohl aber ihr Wert als generelle Kategorien oder als Elemente einer Definition.[24]

Als zentrale Gemeinsamkeit zwischen Rotermund und dem hier vertretenen Konzept bleibt der Unterschied zwischen der Parodie und ihrer Vorlage als Ausgangspunkt der Untersuchung. Mit der Beschreibung des Kontrastes zwischen der Parodie und ihrer Vorlage hat man auch den

24 Th. Verweyen, G. Witting, *Die Parodie in der neueren deutschen Literatur*, op,cit., S. 88.

Zugang zu ihrer Bedeutung, was ihre Komik wie ihre Kritikfunktion betrifft. Über den Kontrast zeigt die Parodie als Probe mittelbar eine neue Sichtweise ihre Gegenstandes an. Mittelbar ist dies, insofern der Kontrast der Einordnung und Validierung vor einem Hintergrund bedarf, der ihn deutlich werden läßt. Ohne eine bestimmte normative Einstellung gegenüber dem Gezeigten, fehlt auch das Verständnis wie die Anerkennung. Wolfgang Gast sieht dies ganz ähnlich:

> Da das Zur Geltung-Bringen der Norm, des Ideals in der Kritik einer sprachlichen Vorlage oder sich sprachlich dokumentierenden Wirklichkeit ein Wesensmerkmal der Parodie ist, muß der Parodist die Überlegenheit seiner Parodie gegenüber dem Original ganz unmißverständlich deutlich machen, um die parodistische Wirkung beim Leser zu sichern.[25]

In gewisse Weise stimmt dies mit den bisherigen Überlegungen überein. Gast gelingt es in seiner Formulierung allerdings nicht, die Mittelbarkeit der parodistischen Darstellung richtig zu fassen. So ist es nicht richtig, daß die Parodie der Vorlage überlegen ist wie das gelungenere Kunstwerk dem schlechteren. Bei näherer Betrachtung ist sie in den relevanten Merkmalen oft dramatisch schlechter. Neumanns Parodie *Der Sturz* auf Thomas Mann ist keineswegs besser als die Vorlage, sondern in seinem manierierten Stil erheblich schlechter. Wie in der Satire ist dieser Kontrast interpretatorisch aufzulösen, indem ein normatives Verständnis zugrunde gelegt wird. Die Norm wird nicht zur Geltung gebracht, wie Gast es nennt, sondern ist als Vorverständnis notwendigerweise gesetzt. Dieses Verständnis kann alle verschiedenen Aspekte des Künstlerischen oder Ästhetischen wie auch andere lebensweltliche Bereiche betreffen. Kurz gesagt umfaßt dies alle Bereiche des Richtigen und Angemessenen, wobei der Sinn für Angemessenheit abhängig ist von bestimmten Normen und Werten, die die Grundlage der Validierung betreffen. Die kognitive Funktion der Parodie entsteht mittelbar aus dem Kontrast heraus, der gleichzeitig auch den komischen Effekt ausmacht, wie dies auch Neumann selbst beschreibt:

> Parodie ist ein Witz, der die für den Lacheffekt nötige Verzögerung des intellektuellen Orgasmus dadurch erzielt, daß er die indirekte Aussage von 'Loch und Sprung' ersetzt durch eine in-

25 Wolfgang Gast, *Parodie. Deutsche Literatur- und Gebrauchsparodien mit ihren Vorlagen*, Reinbek 1975, S. 53.

> direkte Aussage mittels der dem Opfer geraubten Form. Wozu noch kommt, daß die spezifische Aggression diesmal keine persönliche ist (oder sein sollte), also nicht Beleidigung oder Zote, sondern eine ästhetische, also Kritik.[26]

Der Kontrast zwischen der Parodie und ihrem Gegenstand ist zu erkennen und das Dargestellte auf die Vorlage zu übertragen. Die Parodie leitet unsere Wahrnehmung bzw. die Interpretation ihres Gegenstandes. Sie lenkt die Aufmerksamkeit auf bestimmte Charakteristika, indem sie diese exemplifizierend hervorhebt. Damit macht sie genau das, was Goodman als zentrale Funktion von Kunstwerken ausgemacht hat: Sie bietet "anhand eines Beispiels eine neue Weise des Sehens an, eine neue Weise, unsere Erfahrung zu organisieren."[27] Für die Parodie bedeutet dies, daß sie beispielsweise stilistische Besonderheiten hervorhebt oder einen bestimmten Gestus, mithin alles was sich exemplifizieren läßt. Es gilt interpretativ herauszufinden oder zu testen, was ein Bild wie eine Parodie für unsere Sichtweise ihres Gegenstandes bedeuten kann: "Unsere Sehweisen können ein Test für eine in dem Gemälde gezeigte (Seh)Weise sein und sich an ihr testen lassen."[28]

Damit ist dieses Konzept gut für die Beschreibung der Parodie geeignet, wie sie auch Robert Neumann selbst beschreibt. Sein Anspruch an die Parodie als einem Instrument der Literaturkritik ist sicherlich sehr hoch, und eine Vielzahl der Parodien wird dem nicht gerecht. Demgegenüber ist die schemaorientierte die Beschreibung weit genug, um auch solche Parodien zu einzubeziehen, die häufig als 'bloß komische' bezeichnet werden. So findet sich auch eine Übereinstimmung mit der sehr allgemeinen Fassung des kritischen wie komischen Potentials der Parodie bei Peter Rühmkorf in *Über das Volksvermögen*. Kennzeichnend ist hier gleichfalls der zeigende Kontrast zur Vorlage, der zu einer geänderten Sichtweise der Vorlage führen soll:

> Was wir dem weiteren Bedenken empfehlen und womit wir schließen wollen, ist, daß die Parodie in jedem Falle der Wahrheitsfindung dient, daß jede Deformation gleichzeitig ein Korrekturversuch ist, und daß wir sie schon als hochnotwen-

26 R. Neumann, *Meisterparodien*, op.cit., S. 382.

27 N. Goodman, *Weisen der Welterzeugung*, op.cit., S. 167.

28 Ibid., S. 21.

> diges Kontrastprogramm verstehen müssen entgegen dem Bildungsmonopol unserer Formierungsinstitute und Lehranstalten.[29]

Auch wenn der Gegenstand der Parodie mit einigen gesellschaftlichen Instituten sehr allgemein und abstrakt gefaßt ist, und das allgemeine Volksvermögen in seinem kritischen Impetus überschätzt erscheint, ist die Übereinstimmung mit der diskutierten wie der an Neumann orientierten Definition der Parodie auffällig. Rühmkorf versteht die Parodie als einen Text, der durch seinen Kontrast zur und die Deformation der Vorlage einen Beitrag zur "Wahrheitsfindung" leistet. Sie widersetzt sich durch Trivialisierung Geltungsansprüchen des Originals. Dabei entfaltet sie ihre Bedeutung mittelbar, indem sie Wahrnehmungsweisen aufbricht und so zur Disposition stellt. Sie *dient* der Wahrheitsfindung – im Pathos Rühmkorfs –, zeigt sie aber nicht einfach.

Die Komplexität der Parodie zeigt sich auch über in der Vielfältigkeit ihrer Gegenstände. Ähnlich wie bei Rühmkorf sind es auch bei Neumann häufig nicht einzelne Werke oder Autoren, sondern abstraktere Schemata, mit denen er sich parodistisch auseinandersetzt. Auch bestätigt sich, daß parodierbar ist, was sich schematisieren läßt. Gegenstand der Parodie kann dann gleichfalls ein bestimmter Gestus oder Habitus, im Sinne von Bourdieu, sein. So finden sich in dem Band *Nie wieder Politik* Parodien auf die Besprechung imaginärer Bücher wieder. Gegenstand der Parodie ist in erster Linie die besondere Art der Buchbesprechung. Es sind, wie Neumann es in seinen Ausführungen zu "Zitate statt Parodien" nennt, bestimmte Teile des Literaturbetriebes und der Literaturkritik,[30] denen das Interesse des Parodisten gilt.

Die Grenze zur (nichtparodistischen) Satire ist hier gering und die Zuordnung hängt davon ab, worin man den zentralen Gegenstand des Textes sieht. Sieht man diesen eher in dem Autoren des imaginären Buches, sollte man den Text eine Satire nennen. Sieht man ihn in der Buchbesprechung selbst handelt es sich um eine Parodie, da sie sich auf eine besondere Weise nachahmend auf diese bezieht. Auch hier gilt, daß die Zuordnung des Textes gegenüber der Beschreibung seines Modus

29 Peter Rühmkorf, *Über das Volksvermögen*, op.cit., S. 117.

30 "Entlarvt wird der Betrieb eines großen Teiles der Literaturkritik". R. Neumann, *Meisterparodien*, hg. von Jens Jessen, Zürich 1988, S. 387.

der Bedeutsamkeit von untergeordnetem Interesse ist. Zu seiner Funktion als einer Parodie auf eine bestimmte Praxis der Buchbesprechung kommt noch die einer Satire auf den Autoren hinzu. Der symboltheoretische Ansatz ermöglicht ohnehin keinerlei streng kategoriale Entscheidung, da verschiedene Funktionsweisen von Zeichen in einem Text nebeneinander stehen können und meist auch stehen. Ob die parodistische Funktion wichtig oder dominierend genug ist, um einen Text eben als Parodie zu klassifizieren, hängt im Einzelfall auch von dem jeweiligen Erkenntinisinteresse ab. In "Heinrich Lübke. 'Lebenserinnerungen eines Gartenzwerges'" sind die Anspielungen auf Lübke, der nicht Gegenstand der Parodie sein kann, so zahlreich, daß man den Text eher als Satire charakterisieren würde. Beide Darstellungsweisen lassen sich allerdings unterscheiden, zumal sie verschiedene Gegenstände haben. So betreffen die parodistischen Züge den Gestus des Verschleierns und Wendens von Lübkes NS-Vergangenheit durch den 'Literaturbetrieb' und die satirischen die indirekte Aufnahme der Anschuldigen, KZ-Baracken entworfen zu haben:

> Er tat es nur, um hierauf als vorgeblich zum Nationalsozialismus Bekehrter, innerlich jedoch stets mit den Zähnen knirschend, jene Vertrauensstellung zu erringen, welche es ihm ermöglichte, den von den Nazischergen zu grausamer Nächtigung im Freien verurteilten KZ-Gefangenen ein trauliches Dach über dem Kopfe zu beschaffen, sogar tief unter Tage in einem verlassenen Bergwerk, wo es bekanntlich im Winter wärmer als oben ist – und gerade hierfür wurde 'unser Heinrich' nachher, man liest es mit Bitterkeit, den schmählichsten Ostverdächtigungen ausgesetzt![31]

In der nachfolgenden "voraus-nachgedruckten" Buchbesprechung aus der "Deutschen National-Zeitung" dient der Inhalt des imaginären Buches keinerlei Anspielungen, die nicht der parodistischen Funktion zugerechnet werden könnten. Aber auch hier ist eine eindeutige Zuordnung schwierig, da der nachgeahmte Gegenstand der Parodie etwas undeutlich ist und zum Teil stark überzeichnet wirkt. Die Sorgfältigkeit und große Nähe, die sonst gerade die Änfange seiner Parodien auszeichnet, steht hier deutlich hinter dem Überzeichnenden der Exemplifikation. Trotzdem

31 R. Neumann, *Nie wieder Politik*, München 1969, S. 169f.

gelingt immer wieder die Verwendung des nachgeahmten Vokabulars wie in der Formulierung um das 'Kriegshandwerk':

> Daß er gesteht, während des Krieges ein polnischer Partisan gewesen zu sein, beweist vor allem die Verlogenheit der noch immer kolportierten Behauptung, wir Deutschen hätten dieselben ausgerottet. Daß wir an ihnen das Kriegshandwerk zu vollziehen hatten – das haben wir ihnen längst vergessen.[32]

Zusammen mit Parodien wie der auf Kant gibt dies das gesamte Spektrum von Neumanns Parodien wieder, von einer rein stilistischen bis zu einer rein politischen, wobei auch die Grenzen des Genres berührt werden. Seine besten Parodien umfassen entsprechend seinem Selbstverständnis beide Momente, wenn sie auf einen bestimmten ästhetischen Gestus und die dazugehörige Haltung abzielen, der mehr als bloße Form ist. Seine parodistische Praxis zeigt die Verbundenheit zwischen Ästhetik und Weltbild, indem er versucht, den Habitus hinter dem jeweiligen ästhetischen Werk über die Parodie zu erreichen. Zumindest für diese Fälle ist der Einschätzung von Jessen zuzustimmen: "Robert Neumann hat die Parodie als Literaturkritik legitimiert und die Literaturkritik als Zeitkritik, jedoch nicht in dem landläufig vagen Sinne, sondern als Ideologiekritik.[33]

Trotz vieler gelungener Umsetzungen seiner eigenen Programmatik ist genauer zu untersuchen, welche Parodien nicht unter seine Beschreibung fallen und welche Konsequenzen dies für eine allgemeine Definition der Parodie hat.

32 R. Neumann, *Nie wieder Politik*, München 1969, S. 169f.

33 Jens Jessen in seinem Nachwort in: R. Neumann, *Meisterparodien*, op.cit., S. 401.

7. Zeigen und Sagen: Funktion und Qualität der Parodie anhand einer Benn-Parodie

Eine der besten und herausragenden Parodien von Robert Neumann gerade hinsichtlich der Nähe zum Original ist *Schleim. Nach Gottfried Benn*[1]. Um sowohl die Nähe wie den Kontrast zwischen Parodie und Vorlage zu zeigen, wurde dem Text Benns Gedicht *Chaos*[2] gegenübergestellt.

Schleim

Nach Gottfried Benn

Hausse in chaotisch Verschwitzten,
bluffende Mimikry,
großer Run der Gewitzten
auf die Popoesie.
Ruchlos vom Kopf zu den Zehen,
lachhaft und sodomit –
aber bei Lichte besehen
bleibt es das alte Lied.
Denn gonorrhoische Kränke
macht noch kein Weltgericht.
Jeder hält sein Gestänke
gerne für ein Gedicht.
Fraß, Suff, Gifte und Gase –
ihrer Bemühung Ziel
paßt vor dem Ausgang der Blase! –
Aber erectil – ?!
Impotente Zersprenger
mittels Gehirnprinzip –
Heimlich bleiben sie Sänger
über die Lerchen lieb.
Sentimental oder witzig,
öffentlich oder geheim,
heißt er Teut oder Itzig –
Schleim bleibt Schleim!

Chaos

Chaos – Zeiten und Zonen
bluffende Mimikry,
großer Run der Aeonen
in die Stunde des Nie –
Marmor Milets, Travertine,
hippokratischer Schein,
Leichenkolombine:
die Tauben fliegen ein.
Ebenbild, inferniertes,
Erweichungsparasit,
Formen-onduliertes
lachhaft und sodomit
lobe –: die Hirne stümmeln
leck im Sursumscharnier,
den Herrn –: die Hirne lümmeln
Leichenwachs, Adipocire.
Bruch. Gonorrhoische Schwarten
machen das Weltgericht:
Waterloo: Bonaparten
paßte der Sattel nicht –
Fraß, Suff, Gifte und Gase –
wer kennte Gottes Ziel
anders als: Ausgang der Blase

1 Robert Neumann, *Meisterparodien*, op.cit., S. 33.

2 Gottfried Benn, *Gedichte*, hg. von Christoph Perels, Stuttgart 1988, S. 48.

erektil?
Fatum. Flamingohähne,
Geta am Darm Kommod,
andersweit Tierschutzmäzene
kommt, ersticht ihn beim Kot –
Fraß, Suff, Seuchen und Stänk
um das Modder-Modell –
à bas die Kränke:
Individuell. [...]

Es handelt sich hier offensichtlich um eine sehr gelungene Nachahmung von Gottfried Benns Gedicht *Chaos*. Dieses stammt aus einer zweiten Phase etwa zwischen 1922-32, in der Benn nun häufiger wieder ein festeres Versmaß, ein ausgeprägtere und rhythmischere Prosodie sowie Reime verwendete. Sein erster Gedichtband, *Morgue und andere Gedichte*, erschien im Jahre 1912. Zusammen mit dem ein Jahr später erscheinenden *Gedichte* von Georg Trakl bilden sie die wichtigsten Werke des einsetzenden lyrischen Expressionismus. Benns frühe Gedichte waren auch ein Markstein in der Kunstgeschichte, der nicht nur für ihn, sondern auch für alle, die Ähnliches versuchten, steht.

Dieser Hintergrund ist wichtig für die Identifikation des Gegenstandes der Parodie. Zwar zeigt sie größte Ähnlichkeit mit dem parallel gestellten Gedicht *Chaos* sowie mit dem letzen Zeilen von *Der Sänger*. Trotzdem sollte der Gegenstand nicht vorschnell in diesen Gedichten gesehen werden. Die genaue Identifikation des Gegenstandes erfolgt meist nicht nur über die Nachahmung, sondern auch über ein vorangestelltes Motto, die Nennung des Parodierten, inhaltliche Anspielungen und anderem mehr.

Im Falle der Bennparodie reicht der für Neumann in dieser Weise übliche Untertitel "Nach Gottfried Benn" nicht aus. Sein Gegenstand zeigt sich über den Inhalt der Parodie. Auch wenn dies häufiger vorkommt, ist es durchaus ungewöhnlich, daß die Parodie ihren Gegenstand nicht nur über die geborgte Form anzeigt, sondern sich auch inhaltlich auf diesen bezieht. Daß der Gegenstand nicht einfach Benn oder seine frühe expressionistische Lyrik ist, zeigt sich bereits in der ersten Zeile, vorausgesetzt man hat bereits hier eine entsprechende Sensibilität für den Inhalt. Ein erstes deutlicheres Zeichen für das Vorliegen einer Parodie, das dann auch die Aufmerksamkeit entsprechend lenkt, ist der Ausdruck der "Popoesie" in der vierten Zeile. Dieses Wortspiel paßt nicht zu der drastischen und an medizinisch korrekten Ausdrücken orientierten Bildsprache der frühen expressionistischen Lyrik von Benn, die sich auch in dem Gedicht *Chaos* noch findet. Er hat etwas Verniedlichendes, zumindest wenn man ihn aus dem kindlichen Ausdruck Popo statt nur Po zusammengesetzt denkt. Durch diesen Bruch wird die Aufmerksamkeit auf die inhaltliche Ebene gelenkt und damit auch auf den eigentlichen Gegenstand der Parodie.

Der eigentliche Gegenstand der Parodie ist schon im ersten Satz bezeichnet: Es ist der "große[r] Run der Gewitzten auf die Popoesie". Und diese Popoesie ist die von der Parodie nachgeahmte, wie sie sich durch die Übernahme zahlreicher Textteile wie der Prosodie und anderem zeigt. Gegenstand der Parodie ist der im Verständnis Neumanns geradezu modehaft um sich greifende und häufig kopierte lyrische Expressionismus im Stile Benns. Der durchgängige Plural und die "bluffende Mimikry" als täuschende Nachahmung und des Tun-als-ob deutet darauf hin, daß weniger Benn als einzelne Person, sondern seine Epigonen gemeint sind. Für diese Lesart spricht auch eine Anmerkung in Neumanns Abhandlung über die Parodie, in der er sich selbst zu dieser Zeit in die Nachfolge von Thomas Mann stellt, wenn auch nach eigener Einschätzung mit wenig Glück und ohne die Ironie von Mann: "Und da man die modischen Expressionisten ernst nahm, uns aber übersah (und das mit Recht), war unser Hohepriestertum mit Ressentiment durchtränkt. Das war also der Treibstoff der Parodien, die ich damals zu schreiben begann."[3]

Zentral für das Verständnis der Parodie war bisher die Nachahmung, insoweit sie mit ihrem Gegenstand übereinstimmt wie in der notwendigen Differenz zu diesem. Bei einer Gegenüberstellung mit Benns Gedicht *Chaos* fällt sofort die Übernahme kompletter Zeilen und auf, die manchmal gar nicht und manchmal nur minimal abgeändert wurden, wenn auch mit einer ganz anderen Bedeutung. Dieser Eindruck wird noch verstärkt, wenn man die letzte Passage aus Benns Gedicht *Der Sänger* hinzunimmt:

> Wenn es einst der Sänger
> dualistisch trieb,
> heute ist er Zersprenger
> mittels Gehirnprinzip,
> stündlich webt er im ganzen

3 R. Neumann, *Meisterparodien*, op.cit., S. 388.

drängend zum Traum des Gedichts
seine schweren Substanzen
selten und langsam ins Nichts.[4]

Thema ist hier wie in der Parodie das dichterische Selbstverständnis. Auch hat Neumann für seine Zwecke das Bild des Sängers für die Dichterbeschreibung aufgenommen. Es zeigt sich dabei auch in diesem Bild eine ironische Brechung, wenn in der Parodie die Zerstörung mittels Gehirnprinzip eine ist, die auf die rein gedankliche Ebene beschränkt ist und – nach neuerem Sprachgebrauch – rein virtuell oder bloß vorgestellt ist und bleibt. Darin liegt ihre Impotenz, in der Unfähigkeit zu einem wirklich neuen ästhetischen Ausdruck und einer damit verbundenen Geisteshaltung, die sich nicht in der modeartigen Aufnahme einer bestimmten ästhetischen Haltung erschöpft. Gleichfalls im äußeren Aufbau entspricht die Parodie ihrem Gegenstand, womit sie die Anforderung der Ähnlichkeit mit ihrem Gegenstand geradezu übererfüllt. Es liegt eine bemerkenswerte künstlerische Leistung in der Art und Weise, wie Neumann den kritisierten Stil nachahmt und mit seinem Inhalt versieht.

Wie auch Wolfgang Karrer schreibt, ist die Ähnlichkeit nur ein notwendiger Aspekt für das Funktionieren der Parodie:

> Jede Parodie braucht zwei Arten von Erkennungsmarken; diejenigen, die die Vorlage evozieren (und da gibt es eine weite Skala zwischen wörtlichem Zitat und freiem Nachschaffen), und diejenigen, die durch Stilbruch, Diskrepanz, Übertreibung u.ä. die innerliche Distanz des Nachschaffenden, also seine Kritik erkennen lassen. Diese positiven und negativen Erkennungsmarken können sowohl auf der inhaltlichen wie auf der stilistischen Ebene angebracht werden.[5]

Die erste Art Erkennungsmarke, die Ähnlichkeit mit ihrem Gegenstand, besitzt die Benn-Parodie fraglos. Was ihr fehlt, ist eine spezifische Abweichung von der Vorlage auf der Ausdrucksebene. Sie zeichnet sich gerade dadurch aus, daß alles sehr stimmig ist, der nachgeahmte Stil durchgehalten wird und es auch nur wenig Bildbrüche gibt. Ausnahmen gibt es nur wenige, wie das bereits genannte Wortspiel "Popoesie", das aufgrund des verniedlichenden Ausdrucks Popo mit der expressionistischen Bildspra-

4 Gottfried Benn, *Gedichte*, op.cit., S. 57.
5 Wolfgang Kuhn, *Was parodiert die Parodie*, op.cit., S. 609.

che und Benns Vorliebe für medizinisch korrekte Termini bricht. Es erscheint dabei fraglich, ob die wenigen Bildbrüche dabei mehr liefern als nur interpretationistische Merkmale für das Vorliegen einer Parodie, die aber nicht ihre Funktion, wie sie bisher beschrieben wurde, betrifft. Es ist sichtbar, daß es sich aufgrund dieser Ausdrücke um eine Parodie handeln kann. Damit ist noch nicht gesagt, daß ihnen auch eine bedeutungstheoretische Funktion zukommt.

In gewisser Weise passen auch Inhalt und Form zusammen, insofern er nicht gegenüber seiner Darstellung grotesk oder banal erscheint, wie beispielsweise in der genannten Parodie von Neumann auf Thomas Mann[6]. Dort führte der nachgeahmte Stil zu manierierten Umständlichkeiten wie bei "jener aus Sahne bereiteten Alpenspeise, die man Käse nennt". Hier gibt es tatsächlich eine Diskrepanz zwischen Form und Inhalt, anders als in der Benn-Parodie. Für viele Theoretiker ist die Parodie eben dadurch ausgezeichnet, das unter Beibehaltung der Form der Inhalt gegen einen trivialeren ausgetauscht wird, um so zu einem komischen oder kritischen Kontrast zu kommen. Mit Sicherheit ist der Inhalt der Benn-Parodie für die komische Wirkung notwendig, insofern er den Gegenstand und seine Kritik an ihm benennt. Es besteht aber keinerlei Spannung zwischen den beiden Ausdrucksebenen des Inhaltes und der Form, eher im Gegenteil harmonieren beide ganz ausgezeichnet.

Der Text urteilt im selben Gestus über eine literarische Entwicklung wie die Vorlage über den Weltlauf und dessen Entwicklung. Trotzdem bleibt dies weitgehend reine Nachahmung. Bei einem Vergleich der verschiedenen Bedeutungsebenen fällt etwas auf: Der Text zeigt nicht, was er sagt. Prinzipiell muß er das sicherlich nicht. Nur liegt dies hier etwas anders, da die Parodie sich bereits inhaltlich gegen ihren Gegenstand wendet. Die Vorwürfe werden in dem letzten Absatz konkret, wenn er diejenigen als "Sänger der Lerchen lieb" bezeichnet, und damit als solche, die eigentlich immer einem konventionell harmonieorientierten Lyrikverständnis anhängen. Nur *zeigen* tut er diesen Vorwurf nicht. Vielmehr verbleibt er auf der Ebene der – bloßen im Unterschied zur kontrastiven – Nachahmung. Noch in der letzten Zeile bleibt Neumann dem kopierten expressionistischen Stil treu, wenn er als Fazit zieht: "Schleim bleibt Schleim". Bezogen auf seinen Gegenstand heißt dies, daß die drastische

6 "Der Sturz. Nach Thomas Mann", in: R. Neumann, *Meisterparodien*, op.cit., S. 17ff.

Sprache mit ihrem übergroßen Interesse am Schockierenden nicht die Ebene des Ästhetisch-Künstlerischen erreicht, sondern einfach nur eklig und ungestaltet bleibt. Auch hier nutzt er für die Formulierung seiner Kritik den Stil des Parodierten. Aber er zeigt diese Kunstlosigkeit der expressionistischen Form und ihrer Epigonen nicht. Eher im Gegenteil führt Neumann vor, wie gut er diese Form und die Nachahmung von Benn beherrscht, sodaß man im Hinblick auf seine Einstellung gegenüber dem Expressionismus davon ausgehen kann, daß er auch genau dies zeigen wollte. Was aber die ästhetische Ebene und die Exemplifikation betrifft, handelt es sich eher um eine Kopie als um eine Parodie.

Unter dem Gesichtspunkt der Funktion der Parodie, wie sie bisher beschrieben wurde, ist die Benn-Parodie problematisch. Unter Neumanns eigene Definition der Parodie kann dieser Text, wenn man es ganz genau nimmt, nicht fallen, da er bloß nachahmt, wenn auch auf ausgezeichnete Weise. Der Stil des Autors wird nicht "als Waffe gegen diesen" genutzt, sondern nur als Deckmantel. "Parodie schießt auf einen Mann mit der Waffe seiner eigenen Form."[7] In dieser hier wird aber nur *in* der eigenen Form auf den Parodierten – und seine Form – geschossen, um in dem Bild zu bleiben, aber eben nicht *mit*. Symboltheoretisch läßt sich dieser Unterschied ganz kategorisch fassen: Neumann spricht von einer Exemplifikation auf der ästhetischen Stilebene, die gegenüber ihrem Gegenstand "entlarvend" und damit aufdeckend sein soll. In dem Beispiel exemplifiziert er diese Stilkritik nicht, sondern er spricht sie aus mit den Worten und in dem Gestus des oder der Parodierten.

Neumann möchte die Parodie als eine Form ästhetischer Kritik, zumindest im besten Falle, verstanden wissen. In der von ihm dargelegten Weise müßte sie dabei zeigend sein. Wie die Satire wäre das Gezeigte als eine Form der Kritik zu verstehen, die auf entsprechende Unzulänglichkeiten bei der Vorlage gerichtet ist. Das Ziel der Parodie ist nach Neumann die Entlarvung[8] des ästhetisch Ungenügenden bzw. des Ungenügenden auf einer ästhetischen Ebene. Dies ist nicht ganz das selbe, da Neumann keine reine Stilkritik anstrebt, sondern eine der Ideologie. Wie ich mit Bezug auf Bourdieu angeführt habe, sind ein bestimmtes Kunstverständnis wie

7 Robert Neumann, *Meisterparodien*, op.cit., S. 381f.

8 Siehe auch seine Ausführungen zu den oberen und unteren Grenzen der Literatur, in denen er ausdrücklich von einer Entlarvung spricht. Vgl. Ibid., S. 383ff.

auch bestimmte Kunstwerke auf allgemeine sozialkulturelle Sichtweisen und Einstellungen bezogen. Trotzdem scheint mir von der Programmatik her recht schwierig zu sein, wenn auf einer formalen Ebene eine inhaltliche Kritik erfolgen soll.

Für die kognitive Funktion gilt damit das selbe, daß sie gleichalls nicht im Zeigen und in der Exemplifikation liegt, sondern in einem expliziten Sagen. Sie ist keine Probe für unser Verständnis ihres Gegenstandes bzw. unsere Interpretationsschemata. Das macht sie noch nicht prinzipiell besser oder schlechter als eine rein zeigende Parodie, sie zeigt allerdings ganz andere symboltheoretische Charakteristika. Wohl fehlt ihr eine gewisse Anschaulichkeit und Evidenz, die dem Zeigen eigen ist. Außerdem kommt dem Zeigen via Exemplifikation meist eine größere Differenziertheit und Reichhaltigkeit zu als der denotierenden Aussage (auch wenn die Denotation sich ästhetischer Mittel bedient). Es fehlt der interpretative Prozeß des erkennenden Auffindens in dem Verweisspiel von Probe und Gegenstand, der hier durch ein wenn auch kunstvolles Sagen ersetzt wird. Aus diesem Grund kann man dazu neigen, die Parodie, die als Probe fungiert, tendenziell höher einzustufen als jene, die bloß nachahmt und sich unter diesem Mantel explizit gegen den Parodierten wendet.

Allerdings muß dies nicht generell so sein, wie die bisherigen Beispiele zeigen. Handelte es sich bei dem ersten Beispiel 'nach Brecht' um eine eher schlechte Parodie, da der Aspekt der Nachahmung kaum ausgearbeitet war, würde es sich hier trotz der herausragenden Nachahmung, nicht einmal um eine Parodie handeln, zumindest wenn man sich an den Anforderungen von Neumann orientiert. Bisher habe ich den Begriff der Nachahmung als zentral für die Funktion der Parodie angesehen. Bloße Nachahmung ist aber für die Funktion der Parodie nicht ausreichend. Es bedarf einer besonderen funktionalen Abweichung oder Differenz – keinem bloßen Unterschied –, die hier im geänderten Inhalt liegt. Der Text funktioniert, legt man Neumanns enge Definition zugrunde, nicht wie eine Parodie, er ist nur eine Nachahmung, die über ihren Gegenstand spottet, was allerdings durch die Güte der Nachahmung verdeckt wird.

Diese Überlegungen zeigen, daß ein Problem bezüglich der Bedeutung und der Funktion des Zeigens bei der Bestimmung der Parodie gibt, die es weiter zu verfolgen und in der Beschreibung aufzulösen gilt. Auch wenn das Zeigen m.E. nicht als einfaches und prinzipielles Unterscheidungsmerkmal zwischen ästhetischen und nichtästhetischen Texten taugt, da auch nichtästhetische Texte zeigen, kann nicht übersehen werden, daß dem Zeigen als Exemplifikation eine zentrale Bedeutung für die Bedeutungsanalyse bei Goodman zukommt. Zwar zeigt auch die Benn-Parodie, nur beruht ihre symboltheoretische Funktion in diesem Fall nicht einzig auf der Exemplifikation, wie Neumann selbst dies fordert. Es ist weitergehend zu überlegen, welche Konsequenzen dies für eine Theorie der Parodie haben sollte.

Diese parodistische Technik, die 'unter falscher Flagge' gegen den Parodierten schießt, wenn auch nicht mit dessen Form, ist bei näherer Hinsicht nicht so ungewöhnlich. Bei Neumanns Freund Friedrich Torberg, der später bei der Diskussion um die Grenzen der Parodierbarkeit noch einmal zu Wort kommen wird, findet sich diese Technik erstaunlich häufig wieder: Es wird nicht gemäß der Definition "auf einen Mann mit der Waffe seiner Form [geschossen]"[9]. In der direkten Folge gibt es auch, sofern sich der parodistische Effekt auf diese Technik beschränkt, keine 'Entlarvung', wie sie nicht nur durch Neumann von der kritischen Parodie verlangt wird. Die Begründung dafür ist recht einfach: die zeigendende Nachahmung wird einzig für die Bezugnahme genutzt. Anhand des Stiles – und einiger anderer Merkmale – ist es deutlich, was oder wer parodiert werden soll. Die Parodie kann sich damit an dem Rande zur Polemik befinden, wenn die nachahmenden Aspekte hinter der negativen bis beleidigenden Botschaft zurücktritt:

Liliencron
Ein Edelmann, ein Biedermann,
Ein wackrer deutscher Liedermann
Find't nimmer Ruh.
Gleicht's auch wie's Ei dem andern Ei,
Er singt sich eins, er singt sich zwei,
Wer weiß, wozu.[10]

Die Parodie, so sie denn eine ist, zeigt nicht, was sie explizit sagt. Die besagte Gleichförmigkeit der Gedichte von Detlef von Liliencron findet sich in der Parodie nicht in der erforderlichen Weise exemplifiziert. Wohl hat sie das leichte Versmaß eines Liedes, was aber nicht mehr als eine Nachahmung ist und noch keine Parodie. Sicherlich ist es komisch, die

9 R. Neumann, Meisterparodien, op.cit., S. 380.
10 Friedrich Torberg, *PPP*, op.cit., S. 215.

Kritik in dem Tonfall der Kritisierten vorzutragen, wobei es häufig der oder die Kritisierten selbst sind, aus deren Sicht sie vorgetragen wird. Der Text verbleibt in einer recht freien Nachahmung Aber an keiner Stelle gelingt es Torberg auch zu zeigen bzw. zu exemplifizieren, was er sagt. Er nutzt die Nachahmung nicht "als Waffe", sondern nur als Deckmäntelchen, um im Namen des oder der Autoren die Kritik zu formulieren.

In einem anderen, wenn auch ähnlichen Fall verhält es sich ein wenig anders. Auch hier formuliert die Parodie ihre Kritik im Stile des Kritisierten. Allerdings zeigt dieser Text von Torberg auch das, wogegen er sich explizit wendet:

Die Moderne
Wir haben den Dehmel, wir haben den Falk',
Es plätschert der Reim, es rieselt der Kalk
Ohn End
Und wenn dich die Frucht vom Birnbaum traf,
Dann fällst du sogar auf Holz in den Schlaf.
Sapperment.
Denn damit wir bestehn vor dem Zahn der Zeit,
Fehlt uns ja nur eine Kleinigkeit:
Talent.[11]

Der implizite Vorwurf an 'die Moderne' ist in den ersten beiden Zeilen deutlich benannt, wenn Torberg von einem Plätschernden und unoriginellen Reim spricht. Diese Langeweile und Gleichförmigkeit wird gleichfalls von der Parodie exemplifiziert, vor allem über die kurzen Zeilen 3, 6 und 9. Es ist fraglich, ob diese dezente Exemplifikation allein stark genug wäre, um die Parodie als solche erkennen und funktionieren zu lassen. Zusammen mit dem Inhaltsebene, auf der das Urteil über die Moderne auch ausgesprochen wird, funktioniert dieser Text sicherlich in dieser Weise.

Ähnlich verfährt Torberg in seiner Feuchtwanger-Parodie[12], in der wieder der Parodierte über sich selbst spricht, wodurch sich die verschiedensten Möglichkeiten für Anspielungen bieten, die Torberg auch zu nutzen versteht. Feuchtwangers Hang zu einfachen Naturbeschreibungen etwa wird mit einem Satz karikiert, der gleichzeitig eine Anspielung auf seinen

11 Friedrich Torberg, *PPP*, op.cit., S. 216.
12 Ibid., S. 219ff.

Roman *Die Geschwister Oppenheim* enthält: "Die Nacht war durchsichtig und kalt, wie die Konstruktion eines Romans mit historischen Parallelen"[13]. Es sind ganz unterschiedliche Weisen der Bezugnahme, in denen das Kritisierte dargestellt wird. Und nur wenige von ihnen sind für die Parodie kennzeichnend, was aber nicht gegen eine Einschätzung des Textes als Parodie spricht. Nur sollte nicht übersehen werden, daß der Text an solchen Stellen anders funktioniert. Es handelt sich häufig um eine geschickt verpackte Anschuldigung, aber keine immanente Textkritik, die überzeichnend oder in einer Weise kontrastiv bestimmte Merkmale des Textes hervorhebt. Damit leisten diese Parodien nicht das, was Winfried Freund weniger als Forderung, denn als Definition von der Parodie faßt:

> Parodie ist immanente Literaturkritik mit den Mitteln des Originals. Maßstäbe werden nicht von außen herangetragen, sondern der Vorlage selbst entnommen, die in der Karikatur ihrer eigenen Unzulänglichkeit konsequent ad absurdum geführt werden.[14]

Diese Kernaussage steht in Übereinstimmung mit der Definition Neumanns, der sich aber dahingehend offen hält, ob es sich nicht eher um eine normative Forderung gegenüber der gelungenen Parodie handelt. Auch ist Freunds Beschreibung der kognitiven Wirkung zu weitgehend, da das Verfehlen einer Art Norm, sei es des Autoren oder des Parodisten, eine Form der Unangemessenheit, aber im strengen Sinne keine der Absurdität ist.

Gerade bei den Parodien von Friedrich Torberg empfiehlt es sich, darauf zu achten, wie er sich auf seine Vorlage bezieht, um auch zu sehen, was tatsächlich gezeigt und was bloß behauptet wird. Dies soll aber keineswegs einen prinzipiellen wie qualitativen Unterschied zwischen den Parodien von Neumann und Torberg ausmachen, sondern mehr eine Auffälligkeit sein. Torberg verfährt in einigen anderen Parodien genau so, wie es der 'ältere Freund' in seiner von ihm als einzig akzeptabel betrachteten Definition vorgegeben hat:

> *Wedekind*
> Ich habe meine Tante geschlachtet,

13 Friedrich Torberg, S. 219.

14 Winfried Freund in seinem Nachwort zu: *Kein Pardon für Klassiker*, op.cit. S. 197.

Meinen Onkel geschändet, und dann
Bei einer Hure, ja Hur übernachtet,
und behielt doch immer den Stehkragen an.[15]

Die Technik ist ganz ähnlich der von Neumann, insofern die erste Zeile ein Zitat von Frank Wedekind ist. Aber bereits in der zweiten Zeile zeigt sich die vorgebliche Lasterhaftigkeit grotesk überzeichnet und die Interpretation kippt zur Parodie. Die angelegte Steigerung über die Vergewaltigung des Onkels hinaus bricht sich ironisch in dem als Höhepunkt suggerierten Besuch bei einer Prostituierten, der im Vergleich zum Vorhergehenden eine Lappalie ist. Und auch hier kommt zum exemplifizierenden Zeigen noch das Sagen im Stile des Parodierten hinzu. Ausgehend von dem Zitat, mit dem er sich in dem Worten Neumanns 'einschleicht', überzeichnet er nicht so sehr die Form in einem engeren Sinne – die behält er eher bei –, sondern einen bestimmten, sich in der eigenen Verworfenheit genießenden Gestus. Statt von Form sollte man in diesem Zusammenhang, wie eigentlich auch in den meisten anderen, von einem bestimmten Schema sprechen, wobei Schema und Stil ganz ähnlich verstanden werden können. Stil ist eine besondere Struktur und Gleichförmigkeit in der Art und Weise des Handelns und Darstellens. Es ist mithin ein Schema, das sich im Umgang mit verschiedenen Gegenständen und Situationen wiedererkennen läßt. Trotzdem tut der Begriff des Stils, wenn man ihn nicht zu eng und ausschließend faßt, gute Dienste, da er einen etwas anderen Schwerpunkt setzt und ohnehin in der literaturwissenschaftlichen Diskussion gut eingeführt ist.

Das dargestellte Schema ist auf jenes in den Arbeiten von Wedekind zu beziehen, das in einem bestimmten Gestus oder – in der Terminologie Bourdieus – Habitus liegt. Gegenstand ist nicht die literarische Form in einem engeren Sinn, sondern ein etwas anders gelagertes Darstellungsschema auch als einer Haltung gegenüber der Welt, das eben dem entspricht, was man in Teilen der Soziologie unter dem Habitus, der eine bestimmte Form des Schemas ist, entspricht. Ebenso wie die Satire bedarf auch die Parodie an dieser Stelle eines Maßstabes, der das Überzogene erkennen läßt. Darüber hinaus besteht die kognitive Funktion der Parodie darin, daß dieser Maßstab bzw. das überzogene Bild oder Schema auf Wedekind übertragen wird. In gewisser Weise ist dieser verkappt kleinbürger-

15 Friedrich Torberg, *PPP.*, op.cit., S. 216

liche Gestus Wedekind unterstellt, und es ist die Aufgabe des Rezipienten, zu entscheiden, ob diese ästhetisch angeleitete Sichtweise richtig ist.

In der gelungenen Schlußzeile "und behielt doch immer den Stehkragen an" findet sich dann erneut in nachahmend zeigender Weise der eigentliche Kern der Kritik. Der nicht abgelegte Stehkragen ist ein Zeichen für die stets beibehaltene bürgerliche Haltung Wedekinds. Torbergs Parodie zeigt übersteigernd das Aufgesetzte der vorgeblichen Verkommenheit, aber sie spricht es in der Parodie auf Wedekind auch direkt an.

Im Hinblick auf die diskutierten Beispiele gilt es, eine Beschreibung der Parodie zu finden, die beide Techniken der Parodie umfaßt. Die nachahmend sagende Variante ist nicht so selten, daß man sie vernachlässigen könnte oder sollte, und es gibt auch keine andere nachahmende Textsorte, der man sie zuschreiben könnte. Für eine Definition und funktionale Beschreibung der Parodie bedeutet dies, sie hinsichtlich der Definition von Neumann, die in hohem Maße auch präskriptiv zu verstehen ist, zu erweitern. Neumanns Fassung der Parodie als einer Form der ästhetisch-zeigenden Kritik kann dabei für eine besondere und häufig auch besonders gelungene Weise des Parodierens beibehalten werden. Ohnehin schwankt Neumann in seinen Ausführungen zwischen einer allgemeinen Beschreibung der Parodie, wie sie ist, und einer fast idealtypischen Forderung an die ästhetisch-kritische Parodie.

In diesem Sinne ist eine erweiterte, hinsichtlich der Qualität differenzierte Fassung des Parodiebegriffes vorzulegen, die auch die oben genannten verschiedenen Formen der Bezugnahme innerhalb der Parodie umfaßt. Dies hat allerdings Konsequenzen hinsichtlich der symboltheoretischen Funktionsweise der Parodie. Legt man Goodmans Beschreibung des Kunstwerkes als einer Probe zugrunde, so ist eben der Probencharakter einiger Parodien wenig ausgeprägt. Exemplifikation als Modus des Probe-Seins beschränkt sich hier weitgehend auf die nachahmende Bezugnahme auf ihren Gegenstand. Im Extremfall würde nur eine 'einfache' Nachahmung vorliegen, die keinen Anlaß zu einer geänderten Sichtweise ihres Gegenstandes gibt, sondern nur auf diesen hinweist.

Für die Benn-Parodie bedeutet dies, daß ihr ästhetischer Wert einzig in der sehr gelungenen Nachahmung liegt. Darüber hinaus zeigt sie nichts, womit sie ästhetisch gesehen kaum mehr als eine gelungene Nachahmung ist. Der Bezug auf den Gegenstand ist hervorragend gelöst, was diese andere Schwäche der Parodie verdeckt. Ihre kognitive Funktion beschränkt sich – insoweit sie ihren Ursprung in der Exemplifikation hat – gleichfalls auf die Nachahmung. Ein zeigendes Entlarven kann es nicht geben, wohl aber sein kunstvolles Benennen dessen, was sonst 'entlarvt' worden wäre.

Trotzdem sollte auch diese Form der Parodie, in der benannt wird, was besser gezeigt wäre, als solche betrachtet werden. Zwar stimmt sie nicht mit der von Neumann geforderten Funktionsweise überein, dafür aber mit einer Vielzahl von Texten, unter ihnen auch solche von Neumann selbst, die in der Praxis sehr wohl dieser Kategorie zugerechnet werden. Eine Ausgrenzung dieser Texte erscheint mir eine unnötige Engführung des Begriffes der Parodie zu sein, wobei für diese Texte auch keine sinnvolle alternative Definition verfügbar ist.

Grundlegend bliebe die funktionale Definition, der gegenüber das Diskutierte als Sonderfall betrachtet werden sollte. Zusammengefaßt ist eine Parodie demnach ein Text, der sich nachahmend – aber nicht nur – auf seinen Gegenstand bezieht und seine Funktion über eine kontrastive Bezugnahme erfüllt, wobei das kontrastiv Gezeigte auch nachahmend gesagt werden kann. Für die Qualität der Parodie läßt sich aus der symboltheoretischen Funktionsweise heraus verallgemeinernd sagen, daß je weniger gezeigt bzw. exemplifiziert wird – nachahmend wie kontrastiv –, die Parodie tendenziell umso schlechter ist. Eine Parodie, die nur grob und ungenau nachahmt und im Stil des Parodierten diesen denotiert, statt kontrastiv zu exemplifizieren, gehört zu den einfachen und damit meist auch zu den schlechten. Eine (ganz seltene) Ausnahme bildet hier die diskutierte Bennparodie aufgrund ihrer kunstvollen Nachahmung.

Dies ähnelt nicht ganz zufällig Goodmans Bestimmung von Kunst. Genauso vorsichtig sollte man die Ausführungen zur Qualität der Parodie auch hier verstehen. Das mehr oder weniger starke Vorliegen von Exemplifikation sowohl im nachahmenden wie im kontrastiven Bereich ist als ein Charakteristikum für die Qualität einer Parodie zu verstehen.

Natürlich kommen zu diesen Aspekten stets noch die bereits diskutierten kognitiven Funktionen hinzu in dem Sinne, daß es wichtig ist, was eine Parodie über ihren Gegenstand zeigt. Ein Mangel an kunstfertiger Nachahmung und pointenreicher Kontrastierung kann in unserer Wertschätzung durch das Neue und Überraschende aufgewogen werden, das sie an ihrem Gegenstand zeigt.

8. Die Grenzen der Parodie und der Parodierbarkeit

Für die Parodie als literarischer Gattung oder als Textform können unterschiedliche Grenzen angegeben werden. Aufgrund meines theoretischen Ansatzes können diese Grenzen, die genaugenommen die Parodierbarkeit betreffen, unterteilt werden in eher interpretationistische und eher funktionale Grenzen. Unter dem ersten Aspekt liegt der Schwerpunkt auf dem erkennenden Wahrnehmen und den notwendigen Bedingungen, unter denen sich die Interpretation vollzieht. Der zweite Aspekt betrifft das Funktionieren der Parodie als einem In-Beziehung-Setzen zweier Schemata unter den Aspekt der Richtigkeit und vor einem speziellen Hintergrund. Das Interesse gilt dabei keiner trennscharfen Zuordnung, sondern einer Beschreibung der Grenzen der Parodierbarkeit aus zwei verschiedenen Blickwinkeln, die ja auch keineswegs unvermittelt nebeneinander stehen.

Eine erste Grenze ergibt sich in der Frage nach den möglichen Gegenständen der Parodie *a)*. Es ist zu untersuchen, was alles Gegenstand der Parodie sein kann und wodurch diese ausgezeichnet sind. Hierhin gehört auch die Kontroverse zwischen Neumann und Torberg um die Parodierbarkeit eines komischen Textes von Christian Morgenstern. Weiterhin spricht Neumann von einer Grenze der Parodie nach oben und von einer nach unten *b)*. Es soll die Qualität des Gegenstandes sein, durch den die Grenzen der Parodierbarkeit festgelegt sind: weder die hervorragenden noch die richtig schlechten literarischen Werke ließen sich parodieren. In diesem Zusammenhang sollte nicht nur die Stichhaltigkeit seiner Argumentation geprüft werden, sondern auch ob und inwiefern sich Neumann selbst an seine Überlegungen gehalten hat. Als ein Resultat dieser Überlegungen gibt es die von Neumann häufiger benutzte Technik der "Zitate statt Parodien", die er eigentlich nicht Parodien nennt bzw. nennen kann, die aber eventuell doch so genannt werden sollten.

Mit entsprechender Logik stellen sich die folgenden Fragen, ob ein Text seine eigene Parodie sein kann – man denke an Julie Schrader, genannt der welfische Schwan, und an Christiane Allert Wybraniz – und umgekehrt, d.h. ob es eine Vorlage statt Parodie geben kann *c)*. Dem schließen sich Überlegungen zu dem Fall an, ob es eine Parodie ihre Vorlage überleben kann, resp. ohne deren Kenntnis verstanden werden kann *d)*. Ob es so etwas wie eine Grenze des Parodisten Robert Neumann gibt und worin sie bestehen könnte, wird den Abschluss des Kapitels bilden *e)*.

a) Grenzen in der Wahl des Gegenstandes und die Kontroverse um Friedrich Torbergs Morgensternparodien

Neben der terminologischen Abgrenzung gegenüber anderen Textsorten oder Stilformen gibt es auch eine immanente, funktionale Grenze der Parodie. Diese betrifft unter anderem die Frage, was alles parodiert werden kann. In der Sekundärliteratur wie auch von den Parodisten selbst werden verschiedene Merkmale für Texte angegeben, die nicht parodiert werden können. So besteht in den frühen theoretischen Abhandlungen zur Parodie unabhängig davon, ob sie als eine Form der nachahmenden Kritik oder der Komik gesehen wird, Einigkeit darüber, daß die Parodie durch einen starken Kontrast gegenüber ihrer Vorlage ausgezeichnet ist. Dieser Kontrast wird in den einfacheren Darstellungen in der Ersetzung eines ernsten Inhaltes durch einen trivialen gesehen.

Gero von Wilpert ist in der Bestimmung der möglichen Gegenstände der Parodie sehr offen: "Als Objekte der Parodie können alle literarischen Gattungen, Richtungen und Werke, auch nur als möglich angenommene, selbst die größten der Weltliteratur dienen, daneben in weiterem Sinne auch kulturelle Zustände, Anschauungen u.ä."[1] Besonders interessant ist der Einschub, daß auch nur 'als möglich Angenommenes' Gegenstand der Parodie sein könne, was auch verschiedene interpretationistische Konstrukte mit einschließt. Der Nachteil dieser allgemeinen und in ihrer Allgemeinheit durchaus zutreffenden Definition liegt – zumindest an dieser Stelle – darin, daß sie kein Kriterium oder keine Bedingung für die Parodierbarkeit enthält. Intuitiv läßt sich mit einer gewissen Sicherheit sagen, daß es Literarisches gibt, das sich besser eignet, und solches, das einer parodistischen Darstellung nur schwer zugänglich erscheint. Wünschenswert wäre demnach ein Kriterium, das auch graduelle Unterscheidungen ermöglicht, falls überhaupt. Gut geeignet erscheint hier eine Auseinandersetzung zweier 'Praktiker', Robert Neumann und Friedrich Torberg, die

1 Gero v. Wilpert, *Sachwörterbuch der Literatur*, Stuttgart 1955, S. 409.

über die Grenzen der Parodierbarkeit uneins waren. Torberg versuchte daraufhin mit einer Morgenstern-Parodie den Beweis anzutreten, daß sich sehr wohl auch komische Texte parodieren lassen, was von Neumann eingangs bestritten wurde. In einer schemainterpretationistischen Lesart der Auseinandersetzung sollte es möglich sein, sich enger mit den Bedingungen für die Parodierbarkeit auseinanderzusetzen und auch ein wenig Klarheit in diese kleine Kontroverse.

Den Ausgangspunkt bilden die Aussagen von Neumann, daß man den Parodisten wie den Humoristen nur kopieren könne, denn: "Parodierbar ist nur der Mann, der sich ernst nimmt. Nicht parodierbar: der Humorist und der Parodist. Außer er wäre so dumm, daß seine Dummheit schon wieder parodierbar wird."[2] In seinem Gegenbeweis liefert Torberg sowohl die Kopie *Begegnung*[3] als auch die Parodie *Der Sinn*[4], die beide Morgenstern als Vorlage haben. Ein Vergleich der beiden Texte sollte dann Klarheit bringen über die Parodierbarkeit wie auch über die theoretischen Annahmen:

BEGEGNUNG

Dem Dichter der Galgenlieder, der diese Begegnung offenbar vergessen hat, nachgedichtet.

Im Wondelwald nächst Hoch-Sotern
ging Christian der Morgenstern
Es sahen seiner Wandrung zu
der Rabe Ralf, das Käuzchen Schuh.
Die Schleiche Schmunz schlich ihm voran,
und wandte sich und sagte: „Mann."
Und in der Tat: alsbald erschien
ein Mann am Weg und grüßte ihn.
Ein Mann? Was sage ich! Ein Greis,
das Haupt gesenkt, das Haar schlohweiß
und tausend Falten im Gesicht –

DER SINN

Eine Parodie für den Fall, daß ihr Autor sich entschlösse, die Galgenlieder für unsinnig zu halten.

Der SINN hielt trüb auf einem Ast
am Baume der Erkenntnis Rast
und sprach zu sich an sich: 'Ich bin
als Sinn für mich ganz ohne Sinn.
Ja mehr, noch mehr. Mein Ich verwest,
wenn man es nicht von mir erlöst
und mich, zum DOPPELSINN gesteigert,
sich mich zu kommentieren weigert!'
So sprach der Sinn und ließ sich schlapp
auf einen tiefen Ast hinab,
wo er (wer staunt da?) (qu. e. d.)

2 R. Neumann, *Meisterparodien*, op.cit., S. 384.
3 Friedrich Torberg, *PPP.*, op.cit., S. 211f.
4 Ibid., S. 212f.

so stand er da und rührt sich nicht.
Der Morgenstern beschloß, des Biedern
Begrüßung herzlich zu erwidern.
'Grüß Gott', so sprach er, und sodann:
'Wer bist du, guter Mann? Sag an!'
Der solchermaßen Angefragte,
der trüb an seiner Lippe nagte,
besann sich lang in seinem Sinn.
'O Fremdling', seufzte er. 'Ich bin –
ich bin, nun höre mit Bedacht:
ich bin der Nacht. Jawohl, *der* Nacht.
Ich bin der Nacht, der längst entschlief;
was lebt, ist nur mein Genitiv,
und niemand will von diesem Leben
dem Nachte, was des Nachts ist, geben.
Ich muß vom Tag mir, und vom Morgen
die analoge Form erborgen:
'des Nachts', so höre ich mich nennen.
Den alten Nacht will niemand kennen.
Stets bringt man mich zum zweiten Falle –
den kennst auch du, den kennen alle!
Mein erster Fall, und ach, mein bester
ward ursurpiert von meiner Schwester,
die ihres Bruders nicht gedenkt.
Es hat die Nacht den Nacht verdrängt ...'
So sprach der Greis und nickte trüb,
weil ihm nichts mehr zu sagen blieb.
Sodann, gebückt und jämmerlicht,
verschwand er stumm im Dämmerlicht.
Der Morgenstern stand tief betroffen.
Hier gab es wahrlich nichts zu hoffen!
'Dies ist', sprach er mit Trauermienen,
'das Schicksal alles maskulinen.'

mit rauher Hand das Negligé
des NEBENSINNS vom Nebenast
an sich reißt, packt, ergreift, erfaßt,
und jenen, welcher, jäh entkleidet,
an Schüttelfrost und Fieber leidet,
nun Hämisch einen SCHWACHSINN heißt.
Die Wissenschaft fand dieses dreist,
und: 'Tief bist du gesunken!' rief
man rings im Land. 'Entsetzlich tief!'
Der solcherart zum TIEFEN SINN
Gestempelte verfing sich in
sich selbst, geriet nun immer tiefer
und kam bis wo das Ungeziefer
das uns als 'Skepsis' mißbehagt,
am Baume der Erkenntnis nagt.
Hier, an der Wurzel erst, ward er
von Korff quadriert, und muß nunmehr
in vielen Morgenstern-Gedichten
als UNSINN seinen Sinn verrichten.

Auch bei näherer Hinsicht unterscheidet die Texte wenig. Beide ahmen Morgenstern durch die bekannten Spiele mit der Grammatik und ihrer Struktur nach, die ähnlich einer Fabel erzählt werden, indem aus Begriffen Gestalten werden. In der Kopie gibt es mit dem Raben Ralf[5] und dem Kätzchen Schuh einige Anspielungen, die aber auch auf solche Galgenlieder abzielen, die keine grotesken Spiele mit der Grammatik treiben, wie beispielsweise in der bekannten Geschichte um den Werwolf.[6] Damit ist kein einzelnes Gedicht als Vorlage erkennbar. Auch taucht der Autor der Galgenlieder selbst auf, was allerdings nur eine weitere Anspielung ist. Es handelt sich damit um eine Kopie eben dieses besonderen Umgangs mit der Grammatik und nicht um die eines bestimmten einzelnen Gedichtes.

Der Sinn ahmt gleichfalls dieses Verfahren nach und hat seinen Gegenstand auch nicht in einem einzelnen Text. Er besitzt auch denselben strophischen Aufbau und – was wesentlich wichtiger ist – unterscheidet sich in der Qualität des Ausdrucks nicht erkennbar von der Kopie, zumindest nicht hinsichtlich dieses Kunstgriffes mit dem Morgenstern aus grammatisch-abstrakten Begriffen Lebewesen macht, die er in eine eigene Geschichte einbaut. Auf der Ebene der Nachahmung scheint kein nennenswerter Unterschied vorzuliegen, ein Eindruck, der sich in der Sekundärliteratur auch bei Verweyen und Witting findet:

> Worin nun der Unterschied zwischen Kopie und 'Parodie' liegen soll, ist schwer zu sagen, denn beide verwenden das von Chr. Morgenstern häufiger benutzte Verfahren [...], eine jede Empirie mißachtende Geschichte zu erzählen und sie vorwiegend durch bestimmte sprachliche Operationen [...] zu motivieren.[7]

Heinrich Hackel wehrt sich vehement gegen die Kommentare von Verweyen und Witting, die offen ihr Erstaunen darüber zeigen, daß sich Neumann und Torberg so einig darin zu sein scheinen, daß es sich bei *Der Sinn* um eine gelungene Parodie auf Morgenstern handelt. Leider beschränkt sich Hackel darauf, Verweyen und Witting eine falsche Auffassung von Torbergs Selbstverständnis zu attestieren. Dabei hebt er mehrmals den kritischen Aspekt in dessen Auffassung der Parodie hervor, in der er ganz ähnlich wie Neumann davon ausgeht, daß die Parodie niemals harmlos sein könne:

5 "Der Rabe Ralf", in: Christian Morgenstern, *Alle Galgenlieder*, Zürich 1981, S. 24.

6 "Ein Werwolf eines Nachts entwich / von Weib und Kind, und sich begab / an eines Dorfschullehrers Grab / und bat ihn: Bitte, beuge mich! [...] 'Der Werwolf', – sprach der gute Mann, / 'des Weswolfs, Genitiv sodann, / dem Wemwolf, Dativ, wie man's nennt, / 'den Wenwolf, – damit hat's ein End'.'" Ibid., S. 86.

> Ein wesentliches Merkmal Torbergscher Parodien liegt im Entlarven, und zwar auf eine Art und Weise, die mit dem Begriff der 'Stilkontrafaktur' im engen Zusammenhang steht. Er entlarvt den Text wie den Autor gleichermaßen, indem er sich bestimmter stilistischer, besonders verbaler, syntaktischer und rhythmischer Elemente der Vorlage bedient.[8]

Zu recht bemerkt Hackel, daß Torberg sich in einigen Fällen die ästhetische Form nur ausborgt, was als "Stilkontrafaktur" zutreffend beschrieben wäre. In diesen Fällen wendet er sich inhaltlich gegen den Parodierten, indem er ausspricht, was besser gezeigt würde. Entlarvend ist dies kaum, insofern jede zeigende Beweiskraft fehlt. Hackel läßt diese eigentlich zentrale Frage gerade für Torbergs Selbstverständnis als Parodisten völlig offen, was denn durch seine Parodie an Morgenstern 'entlarvt' sein könnte, und worin der Unterschied zu seiner Kopie von Morgenstern besteht. Schließlich ist eine Nachahmung noch keine Entlarvung. Eine Entlarvung ist immer ein Entlarvung-als, wobei das Entdeckte im allgemeinen wenig geschätzt wird: man entlarvt Mörder, Fälscher, Betrüger, Schwätzer und ähnliches.

Hackel findet nur bei der Kopie, gerade am Anfang in den Anspielungen, so etwas wie parodistische Elemente: "Die Nachahmung ist in liebevoll-ironischer Distanz gehalten, bisweilen mit beinahe parodistischen Anklängen, parodistischen Elementen, die gewissermaßen ihrer Spitze beraubt sind – was aber nicht gegen die Imitation, sondern für den Imitator spricht."[9] Für die Parodie findet er hingegen nur Parallelen zu einem Zitat Morgensterns, in dem die acht lustigen Könige eben jenes als das Salz der Welt nennen, "das Unterirdische [...] das Links, das Rechts, das Dazwischen, das Nächtliche, die Quadrate des Unsinnlichen über den drei Seiten des Sinnlichen."[10] Es liegt darin aber eine Übereinstimmung mit den letzten Zeilen der Parodie, sicherlich kein Kontrast.

Verweyen und Witting aber sind der Ansicht, daß sich Kopie und Parodie kaum voneinander unterscheiden lassen aus dem einfachen Grund,

7 Th. Verweyen und G. Witting, *Die Parodie in der neueren deutschen Literatur*, op.cit., S. 127.

8 H. Hackel, *Die Sprachkunst Friedrich Torbergs*, op.cit., S. 80.

9 Ibid., S. 74.

10 Zitiert nach: ibid., S. 75.

"daß Übererfüllung und Untererfüllung einfach nicht mehr erkennbar sind, wenn die 'Übersteigerung' und Verzerrung beim Original einen bestimmten Grad erreicht haben."[11] Übersetzt in eine symboltheoretische Terminologie hieße dies, das schwierig zu exemplifizieren ist, was bereits mit größter Deutlichkeit exemplifiziert ist. Dies beträfe vor allem die Groteske, der gegenüber man sich zumindest durch Überzeichnung parodistisch kaum absetzen könnte. Ganz ähnliches gilt für die Galgenlieder, die meines Erachtens gleichfalls unter die Groteske fallen. Hier gibt es wenig zu verdeutlichen oder zu entlarven.

Auch für Verweyen und Witting ist es offensichtlich, "daß die von Torberg proklamierte Beziehung zwischen Vorlage und Adaption, die sich in besonderen Verarbeitungsstrategien zeigen müßte, nur durch diese, dem indirekten Verfahren der parodistischen Schreibweise eigentlich zuwiderlaufende, direkte Nennung in den Blick kommt – und auch nur als Postulat."[12] Dies stimmt in auffälliger Weise mit meiner bisherigen Beschreibung einer geradezu charakteristischen Parodietechnik von Torberg überein. Nur ist an dieser Stelle noch weiter zu gehen. Es ist nicht die explizite Kritik im Stile des vorgeblich Parodierten, sondern es ist schon fast eine Würdigung, wie der Untertitel anzeigt: "Eine Parodie für den Fall, daß ihr Autor sich entschlösse, die Galgenlieder für unsinnig zu halten."[13] Es ist eine Art Lob- statt Galgenlied auf den Sinn des Unsinns. Der Inhalt der Parodie ist eine Beschreibung von Morgenstern, dessen Galgenlieder nicht einfach doppelsinnig und schon gar nicht schwachsinnig sind, sondern auf eine ganz eigene Weise tiefsinnig. Damit handelt es sich aber einzig um eine Beschreibung von Morgenstern im Stile Morgensterns.

Der Unterschied zu der Kopie besteht dann einzig darin, daß die vorgebliche Parodie ihren Gegenstand in Morgenstern hat. Die Kopie ist nicht *über* Morgenstern, auch wenn er selbst auftritt, sondern über "der Nacht" ganz im Stile des Kopierten. Die Parodie hingegen ist über eine für Morgenstern charakteristische ästhetische Verfahrensweise und die Bedeutung des Unsinns in seinen Galgenliedern. Damit erfüllt sie zwar einige Bedingungen an die Parodie, ihren Gegenstand nachzuahmen und

11 Th. Verweyen und G. Witting, *Die Parodie in der neueren deutschen Literatur*, op.cit., S. 128.

12 Ibid.

13 Friedrich Torberg, *PPP*, op.cit., S. 212.

sich auch auf ihn zu beziehen. Es liegt aber keine kontrastive Bezugnahme auf den Gegenstand vor, in der sich die für die Parodie kennzeichnende Differenz zwischen ihr und ihrem Gegentand manifestiert. Genau dies ist es, was Verweyen und Witting mit dem Begriff der 'antithematischen Verarbeitung' zu beschreiben suchen. Als dem zentralen Prinzip der Parodie dehnen sie den Terminus so weit aus, daß ihm zuzustimmen ist, auch wenn von dem eigentlichen Wortsinn nicht mehr viel übrig bleibt:

> In jedem Fall sollte man jedoch festhalten, daß die antithematische Behandlung nicht einfach in der Ersetzung von Elementen des plots liegt – etwa indem Werthers Leiden nun durch ein happy-end kuriert werden –, sondern gegen Sinn und Sinnkonstitution der Vorlage zugleich gerichtet ist, mithin gerade auch gegen ihre jeweiligen spezifischen 'Kunstgriffe' oder 'Verfahren'.[14]

Die Idee einer antithematischen Behandlung geht auf Flögels Kombinatorik zurück, in der die Parodie als eine komische Nachahmung einer ernsten Vorlage definiert wird. Sicherlich greift diese Charakterisierung zu kurz, weshalb sie auch von Verweyen und Witting erweitert wurde. Meint anti*thematisch* gegen ein Thema der Vorlage und schließt dies auch Verfahren und andere Aspekte der Sinnkonstitution mit ein, kann man auch bloß die Vorsilbe anti- beibehalten, da sich kaum etwas vorstellen läßt, wogegen sie sich nicht wenden kann. Meint antithematisch das Thema der Parodie, mithin das was zentraler Teil der Exemplifikation ist, dann bedeutet dies gleichfalls, daß alles mögliche Gegenstand einer antithematischen Verarbeitung sein kann.

Statt antithematisch müßte es aus interpretationistischer Sicht antischematisch heißen: die Parodie zeigt ein Schema, das im Kontrast – wie auch in einer Ähnlichkeitsbeziehung – zu dem der Vorlage steht. Was immer einer Schematisierung zugänglich ist, bietet sich für die Exemplifikation an. Morgenstern und seine Galgenlieder sind in diesem Zusammenhang denkbar ungeeignet, da, wie Neumann zutreffend anmerkte, der notwendige Kontrast kaum möglich erscheint und sich nicht exemplifizieren läßt, was schon mit aller Deutlichkeit exemplifiziert ist. Morgenstern selbst hat sein Vorgehen in einer Weise herausgestellt, das eine Übersteigerung

14 Th. Verweyen und G. Witing, *Die Parodie in der neueren deutschen Literatur*, op.cit., S. 129.

kaum mehr zuläßt. Die 'Masche' ist offensichtlich und es gibt in diesem Fall nichts zu entlarven oder aufzudecken, wie es nach Neumann Aufgabe einer gelungenen Parodie ist. Daraus läßt sich aber nicht ableiten, daß kein Humorist parodierbar wäre. Er müßte nur die Bedingung erfüllen, erstens schematisierbar zu sein und zweitens dieses Schema nicht selbst bereits so herauszustellen, daß es sich nicht mehr kontrastieren ließe. Parodierbarkeit ist damit eine Frage der Schematisierbarkeit und des darstellbaren Kontrastes zum Gegenstand. Grotesken, die durch Überzeichnung eben ausgezeichnet sind, gehören dmait zu den ungeeignetesten Kandidaten für eine Parodie

Beate Müller scheint an dieser Stelle auf etwas ähnliches hinzuweisen. Sie ist in ihrem Vokabular leider etwas unklar und zieht die bekannten Schlüsse hinsichtlich der Parodierbarkeit:

> Das nicht Parodierbare liegt folglich zum einen im Bereich des nicht Markierten – wo es keinen Stil gibt, kann es keine Stilisierung geben – und zum anderen im Bereich komischer Darstellungsweisen und distanzierter sowie distanzierender Perspektiven.[15]

Der Begriff der Markiertheit ist sprachtheoretisch bei Frau Müller stark explikationsbedürftig. Es gibt eine sprachanalytische Diskussion um 'semantic marker', die an dieser Stelle aber nicht von Belang sein kann. Wer hier etwas als etwas markiert und woran eine Markierung zu erkennen ist, bleibt offen. Markierungen, semantische, pragmatische und syntaktische sind nicht erkennbar mehr als Auffälligkeiten in einem weiten Sinn. Der sprachwissenschaftliche Gestus verdeckt hier, daß es keine diesbezügliche Explikation oder gar Definition gibt. So wird Syntax beispielsweise mit Stil gleichgesetzt.[16] Dies zeigt sich schon darin, daß von Syntax nur in der Überschrift des definierenden Kapitels die Rede ist und anschließend nur mehr von Stil. Daß Stil nicht nur den Satzbau, sondern auch die Wortwahl betrifft – was innerhalb einer Syntax nicht unterscheidbar ist – bleibt genauso unbeachtet wie der Umstand, daß Syntax auch etwas ganz anderes als Stil meint, nämlich die Beziehung von Zeichen untereinander. Es handelt sich hier – mit Anspielung auf Goodman – um einen Etikettenschwindel, wenn literaturwissenschaftliche einfach gegen sprachwissen-

15 Beate Müller, *Intertextualität*, Trier 1994, S. 144.
16 Ibid., S. 118ff.

schaftliche Termini ausgetauscht werden, was eine gewisse Genauigkeit leider nur zum Ausdruck bringt, aber nicht zeigt: statt von Form (im ohnehin nur eingeschränkten Sinn von Stil) und Inhalt ist von Syntax und Semantik die Rede, ohne deren unterschiedliche Bedeutung gegeneinander abzusetzen.

Weiterhin versucht Frau Müller die Probleme bei der Parodie von komischen Texten mit dem Begriff des "uneigentlichen Sprechens" zu fassen. Aufgrund seiner zu allgemeinen Definition als alles, was Mehrdeutigkeiten und Inkongruenzen betrifft,[17] ist er aber eher ungeeignet: Alle ästhetischen Texte sind hauptsächlich durch das, was sie zum Ausdruck bringen und nicht 'eigentlich' sagen, ausgezeichnet. Gleiches gilt für Mehrdeutigkeiten. Eine genauere Bestimmung dessen, was die Parodierbarkeit eines Textes ausmacht oder verhindert, bieten diese Ausführungen nicht.

Als Beleg für die Parodierbarkeit komischer Texte läßt sich eine Parodie wenn schon nicht auf einen Parodisten, so doch auf einen Humoristen finden. So hat Peter Köhler gleichfalls eine recht gelungene Parodie über einen komischen Autor geschrieben, den man der sanften Satire zurechnen könnte: Ephraim Kishon.[18] Er übernimmt von dem Autor das Schreiben in der ersten Person und übersteigert die sanfte Ironie, die Kishons Selbstbetrachtungen auszeichnet, bis hin zur Selbstgefälligkeit: "Meine Einfälle möchte ich haben!"[19] Weiter übernimmt er auch das direkte Ansprechen des Lesers, in dem sich dieser Gestus noch verstärkt: "Die Zeit rast dahin, sie wird bald mit einem Motorschaden liegenbleiben und ich sitze hier und schreibe dummes Zeug. Das ist natürlich ironisch gemeint. Schmunzeln sie auch, liebe Leser?"[20] Dem Plauderton und dem Biederen zahlreicher Satiren kontrastiert die immer stärker werdende Derbheit in der Parodie. Inhaltlich geht es einzig um den Ich-Schreiber, seine Selbstbeschreibung und -bespiegelung, und die Unfähigkeit, die geforderte Ge-

17 "Ich möchte hier als 'uneigentliches Sprechen' all das bezeichnen, was einen Text mit Mehrdeutigkeiten und/oder Inkongruenzen versieht. Damit sind in erster Linie Komik, Ironie und gebrochene Perspektivführung gemeint. " Beate Müller, *Intertextualität*, Trier 1994, S 138.

18 Peter Köhler, "Mein Kopf ist leer oder Wie ich einmal Ephraim Kishon war", in: Jürgen Roth, Klaus Bittermann (Hrsg.), *Sorge Dich nicht, lese! Zweiunddreisig Glossen gegen Bestseller*, Berlin 1997. S. 32-34.

19 Ibid., S. 32.

20 Ibid., S. 32.

schichte zu schreiben. Was bleibt ist das Schreiben darüber, daß man nichts schreibt. In der Exemplifizierung dieser Inhaltslosigkeit besteht das durchgängige kritisch-komische Moment der Parodie. Es gelingt hier zwar nicht die Parodie auf den Parodisten, aber auf den Humoristen. Parodierbar ist er, insofern – mindestens – ein Schema auszumachen ist, das sich kontrastiv exemplifizieren läßt, so daß die Aufmerksamkeit auf bestimmte Eigenheiten des Parodierten gelenkt wird. Torberg sieht dies in seinem Resümee zu der kleinen Kontroverse mit Neumann ähnlich, wenn er die Parodierbarkeit von dem Aufzeigen einer Masche abhängig macht. Zumindest ist dies in der Parodie auf Kishon zu erkennen. Bezogen auf Morgenstern ist entgegen Torberg selbst Neumann recht zu geben, daß in diesem Fall ein Parodie kaum möglich erscheint, wenn auch – und hierin ist Torberg zuzustimmen – komische Texte prinzipiell sehr wohl parodierbar sind. Die 'Masche' von Christian Morgenstern ist nicht parodierbar, sondern nur kopierbar, was Torberg entgegen seiner Selbsteinschätzung gezeigt hat. Es ist, einfach gesagt, Neumann für den Einzelfall rechtzugeben und Torberg im Allgemeinen. Komische und auch parodistische Texte sind parodierbar, aber nur insofern es etwas zu zeigen gibt, das die Texte selbst nicht in ganz ähnlicher Weise bereits zeigen. Die Protagonisten sehen dies genau umgekehrt:

> Neumanns Theorie traf den Nagel auf den Kopf – und hatte dennoch den Daumen gestreift, der den Nagel hielt. Es stimme zwar, daß es keine Morgenstern-Parodie gab – aber das hieß noch nicht, daß es sie niemals geben würde. Wenn man es richtig angriff, mußte auch das parodistische Element parodierbar sein, mußte sich die Spirale um eine Wendung weiterdrehen und die parodistische 'Masche' Christian Morgensterns sich aufknoten und als Masche sichtbar machen lassen.[21]

Das Ergebnis dieser kleinen Kontroverse fand auch Eingang in Neumanns Vorträge über die Parodie, was sich an entsprechender Stelle folgendermaßen anhörte: "Es gibt keine wirklichen, es gibt nur vermeintliche Morgenstern-Parodien – mit einer einzigen, von meinem jungen Freund Friedrich Torberg stammenden Ausnahme."[22] Da Neumann prinzipiell

21 Friedrich Torberg, "Ein Gruß vom 'jungen Freund'", in: ders., *Voreingenommen wie ich bin. Von Dichtern, Denkern und Autoren*, München 1991, S. 120.

22 Zitiert nach: Ibid., S. 120.

argumentiert, ist der Schaden durch ein einziges Gegenbeispiel eigentlich beträchtlich, da er zeigt, daß die Parodie einer Parodie keine Kopie zu sein braucht. Trotzdem möchte ich mich diesem nivellierenden Urteil anschließen, wenn auch ohne Ausnahme.

Es gibt keine prinzipielle Grenze der Parodie bezüglich der Textsorte. Im Falle einer Parodie auf die Parodie, was das Problem der Parodierbarkeit humoristischer Texte noch um eine Stufe steigern würde, ist der Interpret stark gefordert, da er erst die Parodie auf irgendeine Vorlage erkennen muß, zudem das Schematische des parodistischen Vorgehens erfassen muß, wie es die Parodie auf die Parodie exemplifiziert. In der Konzeption ist dies sehr aufwendig, da die verschiedenen beteiligten interpretativen Schemata der Vorlage, der Parodie als Gegenstand und der Parodie auf die Parodie voneinander unterschieden werden müssen, damit sie ihr Verweisspiel aufbauen können. Entsprechend selten werden solche Parodien sein, zumal die möglichen Gegenstände, d.h. die Zahl der Parodisten, sehr überschaubar ist.

Versucht man sich eine Parodie auf Neumann selbst vorzustellen, so bieten sich nur wenige Ansatzpunkte, über die eine kontrastive Exemplifikation erfolgen könnte. Eine Masche läßt sich bei ihm kaum erkennen, und die bevorzugten Techniken wie das Einschleichen via Zitat und die Variation eines Themas dürften kaum parodierbar sein. Es fehlt das notwendige und als solches erkennbare Schema, das den Gegenstand einer Parodie bilden kann. Eine Parodietechnik, die nur einen minimalen Unterschied zur Vorlage für ihr Funktionieren braucht, ist ein ausgesprochen schwierig auszumachender Gegenstand für eine Parodie. Aufgrund der angestrebten Ähnlichkeit mir ihrem Gegenstand ist die Parodie kaum zu parodieren, womit Neumann in seiner Einschätzung recht behielte, daß dies nur eine Kopie der Parodie sein könne. Er selbst dürfte damit kaum zum Gegenstand einer Parodie werden, was aber nicht bedeutet daß Parodisten prinzipiell selbst nicht zu parodieren sind.

Tatsächlich ist Neumann das 'Opfer' einer Parodie geworden, die Torberg auf ihn schrieb und die erstmals in dem Band *Unter falscher Flagge* erschien, wo sie unter der Rubrik *Bumerang* den Schlußpunkt des Bandes bildete. Seine Stellungnahme zu der Parodie war genau so, wie sie auf eine gute Parodie nach beider Verständnis wohl sein muß. Sie leitete Torbergs Parodie auf Neumann sowohl in der Erstveröffentlichung 1932 als auch in der Neuauflage 1950 und 1962 ein:

> Die nachfolgende Parodie habe nicht ich geschrieben, sondern mein junger Freund Friedrich Torberg. Ich finde sie schlecht und höchst unfair. Alt-Aussee, 1932, *R.N.*
> Mein junger Freund Friedrich Torberg ist inzwischen um 18 Jahre älter geworden. Ich finde seine Parodie miserabel. Cranbrook, Kent 1950. *R.N.*
> Inzwischen weitere 12 – – ah, wohin soll das führen, mein junger Freund Torberg? – Und die Parodie ist noch immer schlecht! Locarno-Monti, 1962. *R.N.*[23]

Nach Heinrich Hackel war der ursprüngliche Titel der Parodie nicht *Die Macht*, sondern *Die Mache*, was auch auf dem Hintergrund des Parodieverständnisses von beiden, das ihr Ziel in dem Aufdecken und Entlarven sieht, mehr Sinn macht.[24] Es handelt sich bei dieser Parodie nicht um eine auf den Parodisten Neumann, sondern auf den Romancier und auch die Privatperson, insofern sie persönliche oder biographische Anspielungen enthält.

Zu Beginn der Parodie fallen die in ihrer Länge nicht zufällig an Thomas Mann erinnernden Sätze auf. Selbstironisch weist Neumann in seiner Abhandlung über die Parodie auf dieses 'Epigonentum' hin:

> Ich selbst aber und noch ein paar Anfänger in der Stadt Wien – wir betrachteten uns als die Bewahrer der Flamme der Tradition, im Zeichen der Nachfolge Thomas Manns. Ein deutscher Satz von weniger als zwei Seiten Länge war in unseren Augen kein deutscher Satz.[25]

Die Länge der Sätze und das Bemühen darum, möglichst viel Bildung hinein zu packen, wird von Torberg bis zur Bildungshuberei gesteigert: "und da ging er, offenen Auges, und merkte vielerlei und dachte: was mir alles einfällt dazu, entsetzlich, ich bin ein geplagter Mensch."[26] Auch in dieser Parodie finden sich die fast schon typischen Momente des Sagens im Stile des Parodierten allerdings mit denen des Exemplifizierens wieder. Eine Schwäche der Romane von Neumann, auf die Torberg durchgängig

23 R. Neumann, *Meisterparodien*, op.cit., S. 371. Vgl. auch: Friedrich Torberg, "Ein Gruß vom 'jungen Freund'", in: *Voreingenommen wie ich bin. Von Dichtern, Denkern und Autoren*, München 1991, S. 117.

24 Heinrich Hackel, *Die Sprachkunst Friedrich Torbergs*, op.cit., S. 78.

25 R. Neumann, *Meisterparodien*, op.cit., S. 388.

26 Ibid., S. 375.

abzielt, ist ihre Überinformiertheit und das Unvermögen, diese verschiedenen Einfälle stilistisch einzuarbeiten. Genannt wird dies konkret im vorletzten Absatz und gezeigt bereits im vorderen Teil seiner Parodie: "Da geht er nun, blankzähnig und federnden Ganges (Ganges, mußt du wissen, ist gleichzeitig auch ein Fluß in Indien, Benares liegt an seinen Ufern, oder Kalkutta ...)".[27]

Daneben gibt es noch einige kleinere Anspiellungen auf Besonderheiten von Neumanns Stil, die in einer tautologischen Art der Wortzusammensetzung besteht: "Gelbgelbgelbge", "Seidigseidene" "Dunkdunkle". Auffälliger sind da die zahlreichen biographischen Anspielungen, die Neumanns großes Interesse am Weiblichen betrifft, seinen schulischen Werdegang, seine nicht ganz einfache Beziehung zum eigenen Judentum und natürlich die Leichtigkeit, mit der er seine Parodien verfaßte: "Ihm freilich war es in die Hand gegeben, das große Geheimnis, om man padmi hum, er gebot über DIE CHUZPE und wußte zu handeln mit ihr [...]."[28] Es ist eine Aussage, die sich wie einige andere auch fast genauso in dem Essay von Jens Jessen über Neumann wiederfinden lassen, aber auch bei Neumann selbst: "Es fiel mir leicht. Ich hatte immer schon die Gabe gehabt, andere Personen zu 'impersonieren', eine schauspielerische oder hochstaplerische Begabung im Grunde."[29]

Es ist eine für Torberg typische Parodie, der wieder im Stil des Parodierten über diesen schreibt. Im Unterschied zur vorgeblichen Morgensternparodie zeigt er in diesem Falle auch kontrastiv, auf was er aufmerksam machen möchte. Genau genommen hat diese Parodie zwei Bedeutungsebenen, die des Biographischen und die des Ästhetischen: Es ist eine Parodie über den Romancier Neumann und eine leicht ironische Beschreibung der Person im Stile des parodierten. Es funktioniert bedeutungs- und symboltheoretisch auf zwei verschiedenen Ebenen, als Parodie wie als ironische Beschreibung, wobei sich beide recht gut voneinander unterscheiden lassen, insofern sie unterschiedliche Gegenstände haben.

So wurde Neumann selbst doch noch Opfer einer Parodie, auch wenn er als Parodist schwierig zu treffen gewesen wäre. Als Romancier wie als Privatperson gab er Dank seines Lebenswandels ein einfacheres Ziel ab.

27 R. Neumann, *Meisterparodien*, op.cit., S. 373.
28 Ibid., S. 375.
29 Ibid., S. 389.

Die Frage nach der Parodierbarkeit humoristischer Texte betrifft dies nicht mehr.

b) Die obere und die untere Grenze der Parodie: Stefan George, Rudolf Greinz u.a.

Eine andere Grenze der Parodie betrifft die Qualität der Vorlage. So wird an verschiedenen Stellen in der Sekundärliteratur davon ausgegangen, daß es von ästhetisch herausragenden Werken keine (gelungene) Parodie geben könne, sowenig wie von ausgesprochen schlechten. Argumentiert wird dabei ausgehend von der Kritikfunktion der Parodie und implizit mit einem klassischen Werkbegriff. So ist das gelungene literarische Werk durch die Geschlossenheit seiner Form ausgezeichnet, die, so Neumann, einen 'undurchdringlichen Panzer' bildet. Und die Parodie bedient sich, jedenfalls nach Neumann, eben der unvollkommenen Form ihres Gegenstandes, um sie gegen diese – d.h. gegen ihre eigene Intentionalität – zu richten. Um diese Erklärungsstrategie beizubehalten, ist den schlechten Werken jegliche ästhetische Form abzusprechen. Die Parodierbarkeit ist damit abhängig von der Form, woraus folgt: "nur das Geformte ist parodierbar. Genauer, es gibt da obere und untere Grenzen. Für das literarische Werk höchster Vollendung ist die Form ein undurchdringlicher Panzer."[30] Gegenstand der Parodie könne demnach nur das Mittelmäßige sein: "Die Jagdgründe des Parodisten sind das Zwischenreich zwischen Gut und Schlecht."[31]

Diese Position stimmt aber nicht mit der allgemeinen parodistischen Praxis und erst recht nicht mit Neumanns eigener überein. Weder hielt er sich an seine eigenen theoretischen Vorgaben, noch taten es die zahllosen Parodisten von Goethe, Schiller oder anderer Größen. Für die Qualität und die Parodierbarkeit eines literarischen Werkes, so sollte man erst einmal vermuten, gibt es keine unmittelbare Abhängigkeit beider. Folgerichtig bedarf es einer schemainterpretationistischen und symboltheoretischen Rekonstruktion dieser Grenzen, sofern es sie gibt, und dies sowohl in einer Auseinandersetzung mit den theoretischen Ausführungen als

30 R. Neumann, *Meisterparodien*, op.cit., S. 383.
31 Ibid., S. 384.

auch mit den entsprechenden Parodien von Neumann. Es finden sich in den Ausführungen von Neumann ein starker normativer Werkbegriff und eine Dichotomie von Form und Inhalt. Es läßt sich zeigen, daß diese Unterscheidungen sich nur in dem theoretischen Teil wiederfinden, die parodistische Praxis sich diesen Begrifflichkeiten allerdings entzieht.

Ein Kunstverständnis, das an einem normativen Werkbegriff sowie einem entsprechenden Formverständnis ausgerichtet ist, kennzeichnen seine Ausführungen über die qualitativen Grenzen der Parodie in beide Richtungen. So ist für Neumann die Grenze nach oben durch die geschlossene ästhetische Form des gelungenen Werkes festgelegt: "ich kann es humorig hinunternumerieren – in den Panzer einschleichen, um Autor und Produkt von innen her in die Luft zu sprengen: das kann ich nicht."[32]

Nimmt man seine Rede von dem Einschleichen in die ästhetische Form genau, würde dies bedeuten, daß es Neumann nicht einmal gelingen würde, den Autoren nachzuahmen. Schon im Hinblick auf die Benn-Parodie kann dies nicht gelten. Dort zeigt er meisterhaft, wie er die Form der Vorlage beherrscht. Für die Parodierbarkeit von hochstehenden Kunstwerken ist dies allein nur ein halber Beweis: Bei der Benn-Parodie hat er sich zwar "in den Panzer eingeschlichen", allerdings ohne ihn von innen aufzubrechen; trotzdem ist die Parodie nicht mißlungen. Vielleicht wollte er in der ihm öfters nachgesagten Eitelkeit auch zeigen, daß er die Form auch oder besser beherrscht als die gescholtenen Epigonen Benns. Zumindest ist es ihm gelungen, in den 'Panzer' zu gelangen.

Den Panzer zu brechen, oder etwas weniger militant: die Ebene der Nachahmung auch für den parodistischen Zweck zu nutzen, ist Neumann an anderer Stellen mehrfach gelungen, so auch in *Die Wunderstunde*[33], einer Parodie auf Stefan George. In diesem Beispiel erfolgt die parodistisch-überzeichnende Exemplifikation auf einer stilistisch sehr hohen Ebene:

Die Wunderstunde
Nach Stefan George
ich forschte blinden sinnes nach der pforte
der alten parks die sich im zwielicht ziehn
und fand sie nicht doch kreiste drüberhin

32 R. Neumann, *Meisterparodien*, op.cit., S. 383.
33 Ibid., S. 27.

von dohlen eine drohende cohorte.
da eingebettet lag in halbverdorrte
waldnacht das tor das sich mir nie verliehn
ich trat hindurch dumpf duftete yasmin
und moder lohte auf besonntem orte.
auf einem plane in gerader zahl
saß streng die ausgewählte schar der gäste
ein page reichte stumm das karge mahl;
dann sprach ich meine schweren anapäste
und jeder schwieg und jeder auf dem feste
war von der bürde der gedanken fahl.

Fängt man mit der Analyse hinten an, entgegen dem Interpretationsprozeß, findet sich in den letzten drei Zeilen eine Art Pointe, dergestalt daß ausgesprochen wird, was Gegenstand der Parodie ist: Es ist ein bestimmter ästhetischer Gestus von George, der sich auch über die Form realisiert.

Die Schwere der Anapäste findet sich nicht so sehr in dem Versmaß selbst, wie in den dort sich wiederholenden Vokale: "und moder lohte auf besonntem orte." Der Gleichklang verdeckt ein wenig den eigentlich deutlichen und deutlich ironischen Bildbruch, denn Flammen lodern in der Dunkelheit, aber Moder steht in Verbindung mit Feuchtigkeit und ein 'besonnter Ort' paßt gleichfalls nicht in die gewählte Dramatik. Vom Sprachklang stimmt dies hingegen mit verschiedenen Gedichten von George überein:

Gemahnt dich noch das schöne bildnis dessen
Der nach den schluchten-rosen kühn gehascht
Der über seiner jagd den tag vergessen
Der von der dolden vollem sein genascht.[34]

Was in der Parodie gezeigt wird, ist weniger eine Kritik an einer Art stilistischen Marotte in der Verwendung der Anapäste. Vielmehr ist es eine besondere Haltung, die der Dichtung Georges eigen ist. Es ist eine besondere Gravität auch in seinem dichterischen Selbstverständnis, die durch das Versmaß wie durch den Sprachklang exemplifiziert werden, genau genommen: metaphorisch exemplifiziert, d.h. zum Ausdruck gebracht wer-

34 Aus: "Das Jahr der Seele", Stefan George, *Werke Bd. 1*, Düsseldorf-München 1958, S. 133.

den. Die Parodie zeigt so eine allgemeine Qualität, die dem Werk Georges eigen ist.

Das Abweichen gegenüber der Vorlage zeigt sich in den nur leichten Bildbrüchen, wo auf diese Weise der Sprachinhalt der Form untergeordnet ist, wie in folgender Zeile: "von dohlen eine drohende Kohorte." Der unpassende, aber nicht trivialisierende Inhalt stellt die Form heraus und zeigt überdeutlich den dramatischen ästhetischen Gestus, der von dieser Form exemplifiziert wird. Als übertragener Vorwurf ergibt sich daraus ein übermäßiges Interesse an der ästhetischen Form und dem damit verbundenen Gestus gegenüber dem Inhalt, was auf den bekannten Ästhetizismus von George abzielt.

Seinem Selbstanspruch, den Autoren zu entlarven, ist Neumann in dieser Parodie nachgekommen, indem er zeigt, was es seines Erachtens mit dem der ästhetizistischen Gestus von George auf sich hat. Die Parodie ist eine Probe für die Wahrnehmung oder Interpretation von George, die die Aufmerksamkeit auf bestimmte formale Aspekte seiner Lyrik lenkt, über die sich auch sein ästhetizistischer Gestus realisiert.

Insgesamt ist die Argumentation anhand eines Beispiels etwas heikel, da man sich vorher darüber einig sein müßte, was im Einzelfall ein gelungenes Kunstwerk ist, damit dort ein Gegenbeweis geführt werden könnte. Aus Neumanns Sicht wäre man immer in der Lage, zu sagen, daß die Parodie allein schon ein Beweis für die fragwürdige Qualität des Werkes ist. Nur spricht die Zahl der parodierten namhaften Autoren zumindest in der Tendenz gegen das Unmögliche einer Parodie eines großen Kunstwerkes oder Dichters. Ohnehin ist die Beschränkung auf den mittleren Bereich der Qualitätsskala erstaunlich und muß seine Gründe weniger in der eigenen Praktik haben, wie dies auch Jens Jessen vermutet:

> Für das obere Ende der Qualitätsskala hielt er sich seltsamerweise für unzuständig. Hielt er wirklich den Form-'Panzer' der großen Meister für 'undurchdringlich', nur weil es ihm im Falle einzelner wie Wolfgang Koeppen nicht gelungen war einzudringen und er sich auf die kalauernde Benennung literarischer Vorbilder zurückziehen mußte?[35]

Neumann formuliert diese Grenze nach oben prinzipiell, aber, wie Jens Jessen völlig zurecht anmerkt, sind ihm durchaus Parodien gegen Autoren

35 R. Neumann, *Meisterparodien*, op.cit., S. 399.

von Rang gelungen, die auf George ist m.E. dazu zu zählen. Der Grund für diese Grenzziehung liegt, wie bereits angedeutet, vielmehr in seinem Werk- und Formverständnis. Ein gelungenes ästhetisches Werk ist in dieser Sicht ausgezeichnet durch seine formale Geschlossenheit und zeitliche Unabhängigkeit auch gegenüber anderen ästhetischen Entwicklungen. Und eine solche in sich ruhende Geschlossenheit läßt sich dann auch nicht aufbrechen.

Damit legt sich Neumann selbst an einer Stelle eine Grenze auf, die häufig für starke Ablehnung gegenüber der Parodie gesorgt hat. Wie in einem der einleitenden Kapitel zur Parodie mehrmals belegt, bestand ein Vorwurf gegenüber der Parodie darin, daß sie große Kunstwerke einfach hinabziehe. Diesem Vorwurf braucht sich Neumann mit seiner auf die ästhetische Form konzentrierten Fassung der Parodie nicht auszusetzen. Ohnehin besteht seine Technik der Parodie nicht aus dem einfachen Austauschen des Inhalts unter Beibehaltung der Form, wie es für einfachste Formen der Parodie und ihrer Darstellung charakteristisch ist.

Die große Schwäche seiner Darstellung besteht darin, daß es ihm nicht gelingt, gerade die besondere ästhetische Qualität der besten seiner Parodien zu erfassen. Hier kann das theoretische Vokabular die eigene Praxis nicht erreichen, wie die Einschätzung durch J. Jessen bestätigt:

> Manches spricht dafür, daß für Robert Neumann gerade die besten seiner Parodien ein Rätsel geblieben sind; bei aller gelehrten und scharfsinnigen Auseinandersetzung mit der Gattung an sich ist ihm von der Definition nur das Allgemeine gelungen, nicht die Abweichung der eigenen Texte. Er hat sie gespürt, er hat sie benannt, analysieren konnte er sie nicht. Gerade seine besten Parodien gelten den großen Meistern, gerade für sie gelten seine Formeln der Zerstörung von innen her' und 'magische Grausamkeit (die Grausamkeit des Märchens)'.[36]

Aus schemainterpretationistischer Sicht stellt sich die Frage nach der Parodie gelungener Kunstwerke etwas anders: Wie für alle Interpretationen gilt auch für die Kunstwerke wie für die Parodie auf sie, daß sie voraussetzungsvoll sind. Weder dieser Formbegriff, der sich einzig durch seine Geschlossenheit auszeichnet, noch dieser konventionelle und so ohnehin nicht mehr verwendete Werkbegriff lassen die Parodie auf diese Weise

36 Jens Jessen in seinem Nachwort zu: R. Neumann, *Meisterparodien*, op.cit., S. 399.

formulieren, da sie weder historisierbare noch individuierbare Sichtweise auf das Parodierte zuläßt.

Die Gründe für die Parodierbarkeit liegen damit – auch – im Hintergrund, im doppelten Wortsinn. Ästhetische Erfahrung wird vollzogen vor und ist bezogen auf bestimme lebensweltliche Einstellungen: sie ist in ihrem Verständnis eine voraussetzungsvolle Probe für andere Interpretationsschemata. Wie insbesondere mit Bezug auf die Soziologie von Bourdieu ausgeführt, ist die Interpretation oder Rezeption von Kunstwerken voraussetzungsvoll. Gerade der Kunstgenuß ist angewiesen auf eine Habituswelt, wie Bourdieu es nennt, in der die ästhetische Kompetenz verankert ist, die für die Wertschätzung des Kunstwerkes notwendig ist. Verständnis wie die Wertschätzung sind nicht nur historisch und interkulturell gebunden, sondern auch stratifizierend intrakulturell.

Für die Parodie, die zu ihrem Funktionieren wie die Ironie eines Maßstabes resp. eines Sinnes für Angemessenheit bedarf, bedeutet dies, daß sie immer dann schon funktionieren kann, wenn sie für ihre immanente Evaluation einen anderen normativen Hintergrund in Anspruch nehmen kann. Ein historisches Beispiel sind die Romantiker, deren geändertes Selbstverständnis die Grundlage für ihre Kritik der Weimarer Klassik und anderer bot. Eine Parodie ist in diesem Zusammenhang auch Ideologiekritik, wie dies Jessen für Neumann behauptet,[37] aber immer in der Weise einer Konfrontation mit einer Ideologie vor dem Hintergrund einer anderen. Die Anerkennung einer Parodie hängt wie der Genuß eines Kunstwerkes davon ab, ob man den normativen Hintergrund kennt und anerkennt.

Daraus folgt keineeswegs, daß sich nur vor einem geänderten Hintergrund, mithin aus einer anderen Perspektive, parodieren läßt. Natürlich gibt es Brüche in der Form und damit so etwas wie eine Selbstwidersprüchlichkeit des Werkes. Immanent ist die parodistische Kritik in diesen Fällen, insofern sie nicht eingelöste Selbstansprüche des Werkes aufzeigt. Nur können die normativen Ansprüche, die vermittelt an die Vorlage gestellt werden, auch die des Parodisten sein. Die Bewertung der ästheti-

37 "Robert Neumann hat die Parodie als Literaturkritik legitimiert und die Literaturkritik als Zeitkritik, jedoch nicht in dem landläufigen Sinne, sondern als Ideologiekritik." Jens Jessen in seinem Nachwort zu: R. Neumann, *Meisterparodien*, op.cit., S. 401.

schen Form ist keine rein imanente Angelegenheit, sondern historisch und sozial dependent. Entsprechend gilt es, den Formbegriff zeitlich und sozial zu relativieren, denn aufgrund dieses verabsolutierten Formbegriff lassen sich viele Parodien nicht beschreiben und die Parodierbarkeit literarisch hochstehender Werke ohnehin nicht. Ersetzt man den Formbegriff durch den Begriff des Schemas, gelingt die Beschreibung der Parodie auch literarisch hochstehender Werke, da er sich nicht durch eine Geschlossenheit, sondern durch seine soziale Verankerung auszeichnet. An die Stelle der abstrakten Rede von *der* Form tritt die von verschiedenen Schemata, deren besondere Beziehung zueinander die Parodie auszeichnet. Zudem ist der Schemabegriff nicht auf ästhetisch-formale Aspekte eines Textes beschränkt, sondern umfaßt komplexe Einstellungen, die etwa den Gestus oder Habitus betreffen, wie sie in der Parodie auf George von Bedeutung waren.

Neben dieser Grenze nach oben, die das gelungene Kunstwerk betrifft, gibt es in den theoretischen Überlegungen von Neumann auch eine Grenze nach unten, die ausgesprochen schlechte Werke betrifft. Diese sind allerdings für ihn nicht prinzipiell unerreichbar, auch wenn er in seinen Werken die 'Jagdgründe des Parodisten im Zwischenreich zwischen Gut und Schlecht' sieht. Die Begründung dafür, daß es überhaupt so etwas wie eine Grenze nach unten gibt, liegt wieder in seinem Formverständnis. War es im ersten Fall die Geschlossenheit der Form, ist es jetzt umgekehrt ihr Fehlen, das der Parodie eine Grenze setzt: "Nur ist es hier nicht die Fugenlosigkeit des Panzers, sondern das Nichtvorhandensein eines jeglichen Panzers, der die Intervention unmöglich macht."[38] Diese vermeintliche Grenze umgeht er mit einer besonderen Technik, die er seinen Überlegungen zu dem Besonderen der Parodie entnimmt: In *Zur Ästhetik der Parodie* hat Neumann diese von der Nachahmung und auch dem Zitat zu unterscheiden versucht. Wie er selbst anmerkt, waren es auch diese Überlegungen, die weitere Experimente mit dem Zitat in der Parodie anregten. Das Ergebnis findet sich unter anderem in dem Kapitel "'Sag, was er sagt'/ Zitate statt Parodien"[39] und auch in der Parodie "Schule der Liebe. Zitate statt einer Parodie – nach Diotima"[40]. Die Frage,

38 R. Neumann, *Meisterparodien*, op.cit., S. 384.
39 Ibid., *Meisterparodien*, op.cit., S. 159-170.
40 Ders., *Die Parodien. Gesamtausgabe*, München 1962, S. 173.

die sich dann natürlich stellen muß, ist, warum an dieser Stelle das Zitat eine Parodie sein kann.

Ohnehin ist das Zitat für Neumann ein wichtiges Mittel für eine seiner Parodietechniken. In seiner idealtypischen Beschreibung bildet sie den besten Zugang zum Parodierten, von wo aus dann mit der Entlarvung begonnen werden kann. *Zitate statt Parodie* schließt in gewisser Weise an diese Überlegungen an. Texte, die offenkundig schlecht sind, können nicht parodiert werden, da dort nichts mehr aufzudecken oder sichtbar zu machen ist. Trotzdem gibt es eine Möglichkeit, die textkritische Auseinandersetzung nach 'unten' zu erweitern: "Das ist seine Waffe: Zitat statt Parodie. In der Sphäre der literarischen Unterwelt hat der Parodierer sein Recht verloren, und der Zitierer tritt an seinen Platz."[41] Statt einer Entlarvung soll es nur noch den Beleg des eigentlich Offensichtlichen sein, die diese Texte leisten.

Es bleibt aber zu begründen, warum das Zitat als eine Art Parodie gelten kann. Neumann folgt hier seinem Satz, daß Parodie Kritik zu sein habe. Da es stilistisch-ästhetisch im Falle schlechter Werke nichts aufzudecken gebe, vollziehe sich die 'Entlarvung' in bezug auf die 'soziologisch-kritischen Belange', die durch das Werk berührt werden. Neumann unterscheidet damit eine eher ästhetisch-formale Ebene und eine inhaltliche. Während die Parodie auf den ästhetischen Ausdruck gerichtet ist, scheint diese Technik des Zitierens eher auf den Inhalt bezogen zu sein. Trotzdem strebt Neumann keine strenge Trennung an, denn auch die "Zitate statt Parodien" sind von ihrem Anspruch her immer noch in gewisser Weise Parodien. Nur wird nichts nachgeahmt, sondern einzig wiedergegeben, sagt Neumann. Dieser Werkbegriff und die Dichotomie von Form und Inhalt finden sich somit auch in Neumanns Ausführungen zur Grenze der Parodie nach unten wieder. Das Schlechte ist ihm dabei das Formlose, bei dem es ästhetisch nichts mehr zu entlarven gebe, und sich die Kritik gegen die Ideologie richtet: Es ist das "Zitat als Waffe gegen den politischen Nebenzweck."[42]

Vor diesem Hintergrund ist auch der Vorwurf zu relativieren, die literarische Kritik hätte die Auseinandersetzung mit dem dritten Reich und der einhergehenden Geisteshaltung verweigert. R. Neumann, F. Torberg

41 R. Neumann, *Meisterparodien*, op.cit., S. 385.
42 Ibid., S. 387.

und Karl Kraus anhand von dessem meist bloß kolportiertem Zitat, 'es falle ihm zu Hitler nichts ein', über einen Kamm zu scheren, ist zumindest für Neumann nicht angemessen[43]. Die Textkritik ist keine ästhetizistische Angelegenheit, wie einige der folgenden 'Zitate statt Parodien' zeigen werden. Die Unterscheidung zwischen Form und Inhalt, wie sie Neumann auch für seine Unterscheidung zwischen Parodien und "Zitaten statt Parodien" verwendet, untersteht gleichfalls einer Überprüfung.

Schaut man sich die Umsetzung genauer an, zeigt es sich schon bei dem ersten 'Zitat statt Parodie', daß es sich nicht um eine einfache Form des Zitierens handelt. In *Dämon Weib*[44], das im Unterschied zu den (anderen) Parodien "Von Rudolf Greinz" untertitelt ist anstatt "Nach ...", gibt es nicht ein einzelnes Zitat anstelle der Parodie, sondern eine Vielzahl von Zitaten. Der Text beginnt mit einem Ausschnitt aus einer Verlagsankündigung – in den beiden anderen Texten sind es gleichfalls Auszüge aus Kritiken –, deren fraglos ironische Lesart die Interpretation der folgenden Zitate anleitet. Dies ist nicht ungewöhnlich, da auch zahlreiche Parodien solche Voranstellungen als Motto haben, nur verwendet er diese Zitate in "Zitat statt Parodie" weitaus häufiger. Bei einigen Voranstellungen ist man sich nicht ganz sicher, ob es sich tatsächlich um Zitate handelt, so bei dem Motto, das der Parodie auf Hans Helmut Kirst vorangestellt ist: "'Das tiefgründigste Werk über den deutschen Soldaten seit Fedor v. Zobeltitz.' *Volksabstimmung*",[45] was sicherlich beabsichtigt ist. In jedem Fall haben diese Voranstellungen und Fremdzitate eine die Interpretation begleitende wie leitende Funktion, die symboltheoretische Funktion der Parodie betreffen sie nicht.

Um herauszufinden, ob und inwiefern diese Zitate als Parodie fungieren, ist eine genauere symboltheoretische Betrachtung angeraten. Auf den ersten Blick genügen die einzelnen Zitate den analytischen Bedingungen fürs Zitieren, wie sie Goodman festgelegt hat, da sie nicht bloß eine Para-

43 Vgl.: "'Mein Kampf' ist also nicht parodierbar; aber es gibt einen Ausweg." R. Neumann, *Meisterparodien*, op.cit., S. 384.
Nach Heinrich Hackel, der sich Edwin Hartl anschließt, läßt auch das Kraus-Zitat keine einfache Lesart zu, durch die Hitler auf eine prinzipielle Weise von der ästhetisch-literarischen Kritik ausgeschlossen sei. Vgl.: H. Hackel, *Zur Sprachkunst Friedrich Torbergs*,op.cit., S. 64f.

44 R. Neumann, *Meisterparodien*, op.cit., S. 161ff.

45 Ibid., S. 221.

phrase, sondern sogar eine Replik des Zitierten enthalten, also ein direktes Zitat sind. Auch ist den Zitaten kein Wort zugefügt worden. Im Gegenteil sind die meisten Sätze verkürzt auf Teile bekannter Wendungen, was bemerkenswerterweise ihre Verständlichkeit nicht behindert. Sie scheinen insofern gut gewählt zu sein, als sie repräsentativ für einen größeren Sinnzusammenhang zu sein scheinen.

Bei genauerer Betrachtung spricht der Text nicht einfach 'für sich', da es keine freie Zusammenstellung mehrerer Zitate ist. Vielmehr ergeben die Textteile durch ihre Zusammensetzung ein eigenes Bild: "– waren glatt rasiert und verliehen dem Gesicht eine harten, schier grausamen Ausdruck. – und zwirbelte sich unternehmend sein pechschwarzes Schnurbärtchen hoch. – und küßte ihn, wie ihn noch nie ein Weib geküßt."[46]

'Entlarvt' wird der Autor und sein Werk nicht, wie es zu vermuten wäre, durch das Aufzeigen einer oder mehrerer Stellen in seinem Werk, in denen sich das Kritisierte einfach wiederfindet. Vielmehr entsteht der parodistische Effekt durch eine Collagentechnik, die vornehmlich aus einem Zusammenspiel stereotyper Halbsätze und Wendungen besteht. Deren Aneinanderreihung gibt verkürzend den Verlauf des Romans wieder. Und die Pointe besteht darin, daß sich der gesamte Text ohne wahrnehmbare Brüche wiedergeben läßt, was Neumann am besten mit dem Ende des Romans gelungen ist:

> Noch in dieser Nacht starb –
> Sie hatte vorzeitig einem Kinde –
> Man hatte ihn verhaftet und in die Irrenanstalt –
> Christine von Nödersberg hatte den Schleier –
> Vinzenz Lauthaler aber, der Uhrmacher, war ein anderer geworden.[47]

Es handelt sich um die Exemplifikation eines Schemas par excellence: Bruchstücke erlauben die Rekonstruktion eines allzu bekannten Erzählschemas aus Versatzstücken mit entsprechend vorhersehbarem Ablauf. Was der Text vorführt, ist die Restriktion auf wenige Elemente, die den Roman exemplifizieren. Es ist eine Exemplifikation durch Tilgung, bei der nur wenige Aspekte der Vorlage herausgestellt werden. Sie ist verkürzt auf ihre Phrasenhaftigkeit, die so zum Kennzeichen des Romans wird.

46 R. Neumann, *Meisterparodien*, op.cit., S. 161.
47 Ibid., S. 163.

Umgangssprachlich ist man auch eher geneigt, aufgrund ihrer Kürze diese kleinen Fragmente als *Anspielungen* zu bezeichnen, denn als Zitate. Interessanter ist an ihnen, worauf sie verweisen und was sie repräsentieren, als das, was sie selbst sagen. Es ist nicht der Satz im Sinne des Kontextes, sondern der mitbedeutete Kontext, zu verstehen als ein repräsentiertes Schema, was hier die Bedeutung ausmacht. Die Anspielung steht für das, worauf sie anspielt, und ist damit exemplifikatorischer oder zeigender als das Zitat. Auch wenn der Unterschied graduell ist, sollte das, was Neumann mit den Zitatschnipseln macht, symbolisch eher als Anspielung verstanden werden.

Diese Technik der Zitatverwendung paßt nicht in die meisten Beschreibungen der Parodie, da sie vordergründig weder als übersteigernd oder verzerrend gesehen werden kann. Es gibt keinen Eingriff in den Text auf einer stilistischen Ebene. Auch gibt es keinen Austausch des ursprünglichen durch einen bewußt unpassenden Inhalt, um so einen komischen Effekt zu erzeugen. Zudem ist künstlerisch gesehen die Abhängigkeit von der Vorlage auf die Spitze getrieben, wenn die Parodie nur aus Teilen ihrer Vorlage besteht. Aus dieser Sicht sollte man dazu neigen, in den Texten Neumanns tatsächlich nur "Zitate statt einer Parodie" zu sehen.

Trotzdem handelt es sich in der Terminologie Goodmans eindeutig um den Umbau eines Symbolsystems oder Schemas. Was Neumann betreibt ist eine starke Form der *Tilgung*, die unter ganz bestimmten Relevanzen geschieht und die Vorlage auf wenige 'Ordnungen' beziehungsweise Strukturierungen und Schematisierungen beschränkt. Es ist eine Probe, die nur ganz bestimmte Eigenschaften und Strukturen exemplifiziert, die auf ihren Gegenstand zu übertragen und zu beziehen sind.

Daher ist Neumann nicht zuzustimmen in seiner – sicherlich nicht ganz ernst gemeinten – Selbsteinschätzung als bloßem Zitierer wie auch in der Einschätzung solcher Werke: "Da ist nichts mehr geformt, da liegt alles nackt zutage, da gibt es nichts mehr zu entlarven."[48] Durch das Verkürzen und Zusammenfügen der Teile hat Neumann stark gestaltend in die Zitate und ihre Rezeption eingegriffen, was die Authentizität der Zitate strenggenommen stark herabsetzt. Aber der Text funktioniert – in einem symboltheoretischen Sinn – nicht so sehr aufgrund der Authentizität der Zitate, sondern des Eindrucks, den die Konzeption erzielt. Die Verkürzung

48 R. Neumann, *Meisterparodien*, op.cit., S. 384.

ist auch eine Übersteigerung, da die Interpretation auf diese einzelnen Elemente des Textes konzentriert wird. Ob man bestimmte Aspekte gegenüber anderen hervorhebt oder die unwichtigeren streicht, bleibt sich gleich.

Auch hält der Text sich nicht an die von Neumann für solche Texte geforderte inhaltliche Kritik. Ohne sich an dieser Stelle einer Form-Inhalt Diskussion stellen zu wollen, bleibt doch anzumerken, daß sich die parodistisch vollzogene Kritik auch auf ein im engeren Sinn ästhetisch-formale Ebene erstreckt. Stereotype Motivverarbeitung und die verwendeten Phrasen betreffen in dem Beispiel weniger die sozialkritische Komponente, die hauptsächlich auf das Frauenbild in "Dämon Weib" gerichtet ist, sondern ihre ästhetische Verarbeitung. Es ist zu vermuten, daß diese Trennung von Neumann sich aus den gewählten Begriffen ergibt, weniger aus der tatsächlichen Praxis, in der sich solche Texte durchaus als Parodien zeigen.

Natürlich sind diese Vorlagen ein leichtes Ziel für jeden Parodisten. Bedenkt man, daß für Neumann wie auch für den symboltheoretischen Ansatz, die Ähnlichkeit wie das Zeigen von grundlegender Bedeutung für die Qualität der Parodie sind, ist sein Vorgehen in gewisser Weise folgerichtig: je einfacher der Text , desto sparsamer sollten und können die eingesetzten Mittel des Parodisten sein. Das Kunstvolle dieser Technik unter Verwendung von Zitaten besteht dann eben in ihrem Minimalismus, der sich auf das Zusammenstellen und die indirekten Kommentierungen durch Zitate Dritter beschränkt. Es ist dann fast nur der Text selbst, der Auskunft über sich gibt. Es zeigt sich, daß die Ähnlichkeit der Parodie mit der Vorlage von Bedeutung ist, nicht nur hinsichtlich der Bezugnahme, sondern auch der Qualität. Je besser und genauer sie etwas zeigt, und je angemessener dies der Vorlage ist, d.h. je 'richtiger' die Parodie im Bezug auf ihren Gegenstand ist, desto besser ist sie auch. Das Ziel der Parodie ist eine angemessenere und richtigere Wahrnehmung ihres Gegenstandes. Wenn sie dies am Text zeigen kann, besitzt es ein Höchstmaß an Evidenz für das Gezeigte.

In diesem Minimalismus besteht auch die für die Parodie notwendige Differenz zur Vorlage. Der Kontrast wird über die Verkürzung auf Halbsätze erreicht, eine Verwechslung mit dem Original ist ausgeschlossen. Auch in dieser Hinsicht erfüllen die von Neumann vielleicht auch nur scheinbar unterschätzten Zitate statt Parodien die Funktionsbedingungen, die eine Parodie auszeichnen.

In dem zweiten Text unter der Rubrik 'Zitate statt Parodien', "Bianca Maria, Von Reinhold Conrad Muschler"[49], geht Neumann ähnlich vor, beschränkt sich aber auf Zitatcollagen aus kürzeren Textabschnitten, deren Herkunft exakt angeben ist. Ausschnitte aus Rezensionen konterkarieren die einzelnen Passagen. Sie sind so ein vergleichesweise stärkeres konzeptionelles Moment, das die Aneinanderreihung der einzelnen Zitate strukturiert und die Interpretation führt.

Dies erklärt auch, warum Neumann behauptet, daß diesen Einschüben das Entlarvende zukommt, das sich in Bezug auf den Roman nicht einstellen kann, da dort alles offen zutage liege: "entlarvt wird der Betrieb eines großen Teiles unserer Literaturkritik."[50]. Entlarvt vielleicht, aber mit Sicherheit nicht parodiert. Neumann versucht – unnötigerweise – diese parodistischen Minimalismen zu rechtfertigen, indem er in sie alle Funktionen legt, die auch anderen Parodien zukommen bzw. zukommen sollen. Dabei macht er aus der Parodie, die der Text durchaus ist, mehr, indem er sie um ein satirisches Moment erweitert, das ähnlich minimalistisch angelegt ist, wie die Parodie. In lakonischer Weise werden die Aussagen zu dem Werk Ausschnitten aus diesem gegenübergestellt, bei denen sie sich als eklatante Fehleinschätzungen zeigen.

Die eigentlich parodistische Funktion erfüllt der Text in Bezug auf den Roman von Muschler. Stärker noch als in dem ersten Beispiel sind es stilistische Aspekte, wie etwa Katachresen, denen das Interesse gilt: "Tonlos flüsterten die Worte", oder widersprüchliche Bilder, aus schlecht verarbeiteten Phrasen zusammengesetzt:

> Legte den Kopf zurück, um Luft für ihre wogende Brust zu bekommen ... Ihre Arme reckten sich im Vorgefühl des Kampfes. Da erst sah Peter das Weib in sehnender Hilflosigkeit vor sich, faßte der Geliebten Leib und trug den Blütenstrauß ihrer Schönheit zum Divan ... 'Du bist stürmisch, schrecklicher Räuber!'[51]

Auch in dem zweiten Beispiel ist es nicht so sehr das Zitat gegen den politischen Nebenzweck, wie Neumann dies apostrophiert, sondern eindeutig eine auf das Ästhetische ausgerichtete Parodie. Unterstützt wird

49 R. Neumann, *Meisterparodien*, op.cit., S. 164.
50 Ibid., S. 386.
51 Ibid., S. 165 u. 164.

dieser Effekt noch durch die kommentierenden Fremdzitate, die gleichfalls manchmal nur aus Halbsätzen bestehen: "– formvollendet schönen Sprache eine Gestaltungskraft, wie sie in heutiger Zeit einzig dasteht."[52]

Es fehlt dieser Parodie aber ein wenig das Gestaltete des vorhergehenden Beispiels, in dem durch Satzfragmente komplette Handlungsabläufe exemplifiziert wurden. Bei diesem Beispiel ist die Handlung nicht in dem Maße auf die stereotypen Grundzüge gekürzt, was den parodistischen Effekt verringert.

In "Die letzten Reiter: Von Edwin Erich Dwinger"[53] sind die Vorgaben aus den theoretischen Ausführungen am ehesten umgesetzt. Bei den Zitaten wird weitgehend auf Kürzungen verzichtet und sie sind ausführlicher. Damit kommt ihnen auch eher ein Belegcharakter zu, wie man ihn von wissenschaftlichen Zitaten kennt. Ästhetisch-stilistische Aspekte werden überhaupt nicht thematisiert. Die Begleittexte haben für den Text eine größere Bedeutung. Sie skizzieren den gesellschaftlichen Kontext, in dem die Rezeption stattfand, und im starken Kontrast dazu sind die Zitate ausgewählt. Zwischen der "glänzenden Ehrenrettung des deutschen Soldaten" und "dem letzten Aufbegehren eines reiterlichen Kämpfens", das der Verlag in dem Buch sah, steht die Beschreibung einer sadistischen und latent sexuell-erotischen Erschießungsszene, genau gesagt einem Genickschuß von hinten, die folgendermaßen endet:

> Plötzlich warf sich der Rote auf beiden Knien in den Schnee, umklammerte ihn jammernd mit den Armen, küßte ihm die Fußspitzen. Pahlen schob ihm wie spielend den Revolver in den Nacken, dicht über dem ersten Wirbel am Genick, wühlte ihn ein wenig in die braunen Strähnen ... Und drückte ab.[54]

Mit den folgenden Zitaten verhält es sich ähnlich, wenn der Held Soldaten dafür bezahlt, eine zuvor schon verstümmelte Frau zu Tode zu foltern: "'Hört mal, ihr beiden', hält er sie an, 'wollt ihr tausend Mark?' [...] 'Dann müßt ihr', sagte Pahlen leise, 'dies Weib totschlagen. Aber nicht etwa mit euren Kolben, mit jener kleinen Kosakenpeitsche, die ihr am Handgelenk hängt.'"[55] Zusammen mit dem Hinweis auf die Auflagenzahl ergibt dies in

52 R. Neumann, *Meisterparodien*, op.cit., S. 165.

53 Ibid., S. 167ff.

54 Alle Zitate: Ibid., S.167.

55 Ibid., S. 168.

der Tat ein Bild eines ganz bestimmten Geschichtsverständnisses, wie dies Neumann von dieser Technik behauptet: "entlarvt wird ein großer Teil des Betriebs unserer Literaturkritik."[56]

So trifft einzig für den dritten Text aus *Zitate statt Parodie* zu, was eigentlich prinzipiell gelten sollte: "[M]an sieht hier eklatant die Möglichkeiten des Zitats als Waffe gegen den politischen Nebenzweck."[57] Nur ist zu fragen, was diesen Text noch mit der Parodie verbindet. Neumanns Absicht war, die Möglichkeiten parodistischer Kritik 'nach unten' zu erweitern, wobei er darauf verzichtet hat, diese ausdrücklich Parodie zu nennen. In den ersten beiden Texten ist ein parodistischer Effekt deutlich auszumachen. In "Die letzten Reiter" ist es ein solcher Effekt aber nicht mehr erkennbar. Mit der Parodie verbindet ihn als kleinster Nenner nur, daß beide Formen der – zeigenden – Kritik sind. Das teilen sie aber auch och mit einer Vielzahl anderer Textformen.

Es ist nicht möglich, bei dem Text von einer Nachahmung von Dwinger zu sprechen, auch nicht in einer freien Weise, wie dies noch in "Dämon Weib" der Fall war. Hier ist (fast) nicht mehr gestaltend in den Text eingegriffen worden. Die Zitate sind bloße Zitate, womit auch die notwendige Differenz zwischen Vorlage und Parodie entfällt. Die Zitate sind nur ein Beleg für die bitter-ironisch zu wendenden Kommentare:

> 'So wissen wir noch besser', brach Willmut leidenschaftlich aus, 'warum wir hier oben stehen! Die europäische Sendung – gegen die asiatische! Und da die anderen Völker Europas sie vergessen, sind wir Deutsche ihre schicksalsgewollten Vollstrecker!'
> [...]Dikreiter deutet die Dinge (*Verlagsmotto*).[58]

Sicherlich zeigt der Text einiges und exemplifiziert auch eine bestimmte Geisteshaltung, erst recht durch das Zusammenspiel der verschiedenen Textteile: Eine Parodie ist er nicht. Durch die Auswahl und die Gegenüberstellung bringt er das zu Kritisierende zeigend auf den Punkt. Aber es ist nur ein pointiertes Beispiel, in dem sich die Umdeutung des Krieges vollzieht, dadurch daß sich die Deutschen als Verbündete in der Sache des Westens zeigen, die taten, was getan werden mußte. Das macht aus dem Buch von Ernst Dwinger, erst recht zusammen mit den Stellungnahmen

56 R. Neumann, *Meisterparodien*, op.cit., S. 386.
57 Ibid., S. 387.
58 Ibid., S. 170.

von Kritik und Verlag, einen Skandal (oder auch nicht, was umso schlimmer wäre) da offengelegt oder 'entlarvt' wird, wie die Dinge gedeutet werden. Nur, eine Parodie ist der Text nicht, da er von den wesentlichen Merkmalen der Parodie, Nachahmung und kontrastiver Bezugnahme, keines besitzt.

Damit stellt das letzte Beispiel strenggenommen die einzige echte Umsetzung von Robert Neumanns Erweiterung der Parodie nach 'unten' durch die bloße Verwendung von Zitaten dar. In den beiden anderen Beispielen hat er dies kaum bzw. gar nicht gemacht. Je weniger er dies getan hat, desto problemloser können die Texte der Parodie zugeordnet werden. Mit dem letzten Text ist die Grenze zu anderen literarischen Formen überschritten. Zitate *als* Parodien zu verwenden, was meines Erachtens eher seine Absicht war, ist ihm in den ersten beiden Fällen durchaus gelungen. Und damit gelang auch eine Erweiterung der Parodie nach 'unten'. Nur ein minimaler Eingriff in das Original genügte, um aus der Vorlage eine sowohl kritische als auch komische Parodie zu machen. Damit läßt sich auch sagen, daß es so etwas wie eine prinzipielle Grenze für den Parodisten nicht gibt. Die ästhetische Leistung liegt in dieser Beschränkung der parodistischen Mittel auf diesen einzigen Kunstgriff. Unter Anwendung aller Mittel wären die Autoren sicherlich kein lohnendes, da zu einfaches, Ziel für den Parodisten gewesen. Zwar konnte er es sich in seinem Vorgehen einfach machen, insofern er nur Zitate verwendet hat. Trotzdem ist der Text in den Beispielen durch eine geschickte Zusammenstellung verschiedener Passagen verändert worden, wodurch er erst seine parodistische Kraft erhielt. Dieses parodistische Moment nahm in dem zweiten Beispiel dann ab und verschwand völlig im dritten.

Auch 'schlechte' Texte lassen sich parodieren, wenn auch nicht alle. Es gelten hier ähnliche symboltheoretische und interpretationistische Kriterien wie für die Grenze nach 'oben' auch. Es gibt keine Grenze, die sich auf einen einfachen Formbegriff und damit gleichzeitig auf einen Qualitätsbegriff rückführen ließe. Sinnvoller ist es, die Überlegungen an dem Begriff des Schemas zu orientieren, der sich allerdings nicht so einfach mit einem Verständnis von ästhetischer Qualität oder Vortrefflichkeit in Verbindung setzen läßt. Richtig ist, daß noch etwas zu zeigen sein muß durch die Parodie, damit sie nicht bloß eine gelungene Auswahl von Zitaten ist. Die Parodie zeigt via kontrastiver Exemplifikation, indem sie das Nachgeahmte oder sogar Zitierte so umformt oder anordnet, daß ein Kontrast zwischen ihr und der Vorlage entsteht, der auf Kritikwürdiges wie Komisches hinweist. Fehlt dieses Verweisspiel zwischen Text und Vorlage, handelt es sich dann nicht mehr um eine Parodie.

c) Vorlage statt Parodie: Haiku-Übersetzungen und der 'Welsche Schwan'

Als eine andere Grenze der Parodie schließt sich an Neumanns Technik der *Zitate statt Parodie* die Frage an, ob es so etwas wie eine Vorlage ohne Parodie geben kann. Es wäre eine Form der Selbstparodie, bei der ein Text auch eine parodistische Lesart zuläßt, ohne ausdrücklich eine Parodie zu sein. Natürlich ist nicht jeder Text, der unfreiwillig komisch ist, eine Parodie. In der Weiterführung der vorangegangenen Ausführungen ist zu überlegen, ob sich auf den Eingriff des Parodisten nicht ganz verzichten läßt, und der Text trotzdem als eine Parodie verstanden werden kann.

Sollte dies möglich sein, müßte die Interpretation eines Textes bestimmte Bedingungen erfüllen. So müßte der Text selbst bereits parodistische Züge tragen, d.h. beispielweise bestimmte Aspekte überzeichnend zum Ausdruck bringen. Außerdem müßte er sich in irgendeiner Weise auf sich selbst beziehen, wobei der sehr enge und spezielle Begriff der Selbstreferenz erst einmal vermieden werden sollte.

Der interne Widerspruch könnte zwischen dem liegen, was der Text ästhetisch-stilistisch zu sein versucht, zwischen dem – normativ gehaltvollen – Schema, das er evoziert, und dem, das er tatsächlich darstellt. Aufgrund unserer ästhetischen Kompetenz werden wir an den Text bestimmte Interpretationsschemata anlegen, die er Aufgrund seiner Beschaffenheit hervorruft. Diese sind auch normativ gehaltvoll, d.h. zeigen sich Brüche im Stil oder andere Unangemessenheiten, kommt es zu einer Diskrepanz zwischen dem Erwarteten und dem, was man dann vorfindet. Das unterscheidet die mögliche Parodie aber noch nicht von einem bloß schlechten Text. Es gibt viele Plagiate, bei denen gut sichtbar ist, was der Text gerne sein würde, und was er bloß ist: ein ungeschickte Nachahmung. An diesem Punkt kommt dem notwendigen Kontrast eine besondere Bedeutung zu, da er zum einen entsprechend deutlich sein muß. Der Text müßte auf eine überzogene Weise so beschaffen sein, daß der Unterschied zwischen gewollt und gekonnt komisch wirkt: Sein ästhetischer

Anspruch ist deutlich, ebenso aber auch, daß sie ihn auf eine groteske Weise verfehlt.

Es gibt einen weiteren Text von Neumann, der in die Rubrik 'Zitate statt Parodien' gehört, an dem sich diese Überlegungen durchspielen lassen, zumal er ein Grenzfall zu sein scheint. Es ist die "Schule der Liebe. Zitate statt einer Parodie. Nach Diotima".[59], die sich nicht wie die bisherigen Beispiele einordnen läßt. Der Selbstanspruch des Werkes bzw. der Maßstab, der an das Werk anzulegen ist, wird von Neumann wie häufig mit der Verlagsankündigung als Motto eröffnet und endet mit einer süffisanten Würdigung von Thomas Mann als Schlußwort. Die ausgewählten Zitate, die Neumann unter verschiedenen Stichworten ordnet, sind nicht so weitgehend, daß man von einer Strukturierung durch den Parodisten sprechen könnte, die eine besondere Wirkung über die Vorlage hinaus erzielt. Die Zitate zeigen, wie bei Neumann meist, das exakte Gegenteil von dem, was die vorangestellte Verlagsankündigung besagt. Es ist nicht die 'Befreiung der Erotik von aller Schwüle' so wenig wie die 'Unbefangenheit des Naturkindes' oder gar ein "Lebensgefühl in der Nachfolge von Nietzsche", das die Zeilen erkennen lassen. Vielmehr ist es eine metaphorisch verschleiernde Sprache, voller Bildbrüche, die immer eine konkretere Bezeichnung zu umgehen versucht und damit eben keine provokante Offenheit in Sinnesfragen zeigt, als was wohl die genannte Nachfolge von Nietzsche verstanden werden soll:

> Der Wein ist bisweilen eine zweischneidige Sache.
> Das 'Wieoft' kann nur mit einem Seufzer betrachtet werden.
> – die Liebe für die schönste Sache der Welt erklärt – ein Empfinden, dem sogar schon Goethe einmal Ausdruck verliehen hat!
> – wird es euch nicht passieren, da ihr aufeinander gebettet mit verzweifeltem Blick an den Brüsten der Liebe zerret, um ihr noch den Rausch der Seligkeit zu entreißen und dem gemeinsamen Grab jene Einheit zu entzerren, die die fliehende Liebe bereits mit sich nahm!"[60]

Dieser Text unterscheidet sich von den anderen aus der Rubrik darin, daß er bereits in einer grotesk-komischen Weise die Merkmale enthält, die

59 R. Neumann, *Parodien, Gesamtausgabe*, op.cit., S. 173ff.
60 Ibid., S. 174f.

eine Parodie auf ihn auszeichnen könnten. Es bedarf keiner weiteren Akzentuierung etwa durch Verkürzung, wie in "Dämon Weib" und schwächer auch in "Bianca Maria". Auch so sind die Besonderheiten des Stiles von Diotima offensichtlich. Was exemplifiziert wird, ist von einer ganz anderen Art als bei "Die letzten Reiter". Dort hatten die Zitate einen Belegcharakter, der umso erschreckender war, da er nie überzeichnet erschien. Hier erzeugen sie eine unfreiwillige Komik.

In "Die Schule der Liebe" ist es ein bestimmter auch ästhetischer Gestus, dessen Umsetzung offensichtlich nicht gelingt. Der Text ist auf eine fast schon groteske Art von seinem Ziel entfernt. Die Differenz etwa zwischen der erwähnten George-Parodie und ihrer Vorlage ist ungleich kleiner, als es in diesem Beispiel der Unterschied zwischen dem Angestrengten und dem Erreichten ist. Und diese überdeutlichen Unzulänglichkeiten und verunglückten Metaphern sind auch der Grund, weshalb man diesen Text ganz ähnlich einer Parodie lesen kann, d.h. auch mit einem gewissen Vergnügen, und in ihm nicht bloß ein verunglücktes Werk sieht.

Solche Texte sind, darin ist Neumann zuzustimmen, kaum noch zu parodieren und meines Erachtens hat er dies im letzten Beispiel auch nicht getan, sondern bloß gezeigt, daß die "Schule der Liebe" bereits parodistische Züge besitzt. Dies liegt nicht daran, daß sie – wenn auch unfreiwillig – komisch sind, denn komische Texte sind wie gezeigt parodierbar, und auch nicht daran, daß es ihnen an der nötigen ästhetischen Form und damit an der Qualität mangeln würde. Ähnlich wie bei Morgenstern ist es hier die notwendige Differenz zwischen der oder einer weiteren Parodie und ihrem Gegenstand, die sich hier nicht realisieren läßt. Was es zu zeigen gäbe, insofern hat Neumann recht, liegt bereits offen. Der Text zeigt bereits in aller Deutlichkeit, was es parodistisch an ihm hervorzuheben gäbe. Bei Morgenstern war dies der Grund dafür, warum eine Parodie auf seine Grotesken sehr schwierig sein dürfte. Bei Diotima ist es der Grund dafür, daß sich der Text unmittelbar wie eine Parodie lesen läßt, als eine Parodie auf die angestrebte Form und den angestrebten Gestus.

Für die Probleme, die sich zeigen, wenn man einen solchen Text, dessen Schwachstellen auffällig und in besonderer Weise gravierend sind, dennoch parodiert, lassen sich an einem weiteren Beispiel diskutieren. Die Erstübersetzung japanischer Haikus erfüllt meines Erachtens alle Anforderungen, die an eine gelungene Parodie zu stellen sind. Sie zeigt den – ihren eigenen – normativen Maßstab auf, an dem sie zu messen ist, und sie verfehlt ihn in der notwendigen Deutlichkeit. Schlichtheit und eine starke symbolische Aufladung gerade der Natur, wie sie für einen animistischen Pantheismus kennzeichnend sind, bestimmen zumindest unsere Sicht der japanischen Kultur wie auch ihre Haikus. Diese Kurzgedichte, meist im Silbenmaß 5-7-5, sind aber eben aufgrund ihrer Kürze und Schlichtheit auf die Kenntnis und den Umgang mit ihrer Symbolik angewiesen. Der Hintergrund und die für das Verständnis notwendigen Interpretationsschemata lassen sich aus solch kurzen Texten nicht interpretativ rekonstruieren, sondern müssen bereits präsent sein. Es ist eine interpretative Kompetenz als einem Verfügen über bestimmte Interpretationsschemata gefordert, die für die meisten in unserem Kulturkreis nicht vorausgesetzt werden kann. Fehlt diese, fehlt gleichzeitig jeder Zugang zu der höheren Bedeutungsebene der Haikus. Alles, was bei der Übersetzung übrig bleibt, ist eine Schlichtheit, die wegen fehlender ästhetischer Merkmale eher als Banalität empfunden werden muß. Hausmann hat wohl versucht, diesem Problem mit etwas freieren Übersetzungen zu entgehen, was angesichts der Kürze und der Schlichtheit anderseits kaum machbar erscheint:

> *Mukai Kyorai*
> Ich bin hinausgeritten
> und blicke verzückt in den Mond.
> Mein Pferd frißt unterdessen Gras.[61]

Ein europäischer Leser, der hauptsächlich mit der Ästhetisierung der Natur in romantischer Tradition vertraut ist, würde in der dritten Zeile wohl eine Bemerkung zum Verhältnis von Mensch und Gestirnen oder der Weite des Raumes erwarten. Jedenfalls eher einen Satz, der die Naturerfahrung steigernd vom Kleineren zum umfassenden Allgemeinen thematisiert. So gesehen erscheint die letzte Zeile eher als ein banalisierender Bruch. Die angezeigte, aber in der Übersetzung nicht einzulösende starke Symbolik vermittelt einen Eindruck der Leere, als würde die Pointe fehlen. Der Text wirkt fast wie eine Parodie auf übermäßig symbolisch aufgeladene Lyrik, indem er sich einer solchen Lesart völlig entzieht. Einer tiefen Bedeutsamkeit wäre die reine Banalität gegenübergestellt. Der Grund für die fehlende ästhetische Dimension liegt, um es noch einmal

61 Manfred Hausmann, *Liebe, Tod und Vollmondnächte. Japanische Gedichte*, Frankfurt am Main 1951, S. 43.

zu erwähnen, in einem anderen interpretationitischen Hintergrund, was sich nicht durch die Übersetzung kompensieren läßt.

Schwierig ist es, wenn man solch einen Text noch zu parodieren versucht. Dieter Saupe hat mehrfach solch einen Versuch unternommen iwe auch in dem folgenden Beispiel:

Nach Kyorei-Hausmann
Hinausgeritten ergötzt mich der Mond.
Schamlos frißt mein Pegassus Gras.
Selten fühlt sich ein Dichter wie ein Pferd.[62]

Es liegt eine groteske Übersteigerung vor, die nicht die Haikus, sondern ihre Übersetzung durch Hausmann zum Gegenstand hat. Gezeigt wird die Schwäche der Übersetzung nicht, sondern allenfalls im Mantel des Parodierten formuliert. Das geht auf Kosten der Ähnlichkeit, die zumindest in dem folgenden Beispiel eher gering ausfällt. Saupe macht sich das Geschäft des Parodisten dort etwas einfach, wenn er ganz in Torberg-Manier in einem seiner Texte nachahmend eine Polemik verpackt: "Quakte ein Frosch dort im Weiher? / Der Wasserring da! Manfredo San / ist Baden gegangen."[63] Die Vorlage von Manfred Hausmann nach Matsuo Bashio lautet: Ein uralter Weiher./ Der Sprung eines Frosches / vertieft das Schweigen."[64]

Dies ist allerdings recht gelungen, wenn er in Überstimmung mit älteren Parodiedefinitionen einen Austausch des Inhalts unter Beibehaltung der Form vornimmt mit dem Effekt der Banalisierung. Exemplifizieren kann die Vorlage allerdings mehr, als es die Parodie auf sie vermag. Es gelingt nicht, mehr zu entlarven, als der Text schon zeigt, dafür aber einige Witze auf Kosten des Übersetzers.

Eine zeigende Kritik des Ästhetischen, wie sie Neumann fordert und auch in zahlreichen Parodien einlöst, läßt sich nicht erkennen. Dafür läßt sich die gewählte parodistische Technik im Unterschied zu einer zeigenden auf jeden Text anwenden, solange er sich nachahmen läßt. Dies würde bereits schon Morgenstern betreffen. Nachahmen läßt sich dieser gut und im Stile des Autoren ließe sich auch gut über diesen lustig machen. Statt einer Art Würdigung, wie dies Torberg in seiner vermeintlichen Parodie

62 Dieter Saupe, *Autorenbeschimpfung und andere Parodien*, München 1972, S. 75.
63 Ibid., S. 75.
64 Manfred Hausmann, *Liebe, Tod und Vollmondnächte*, op.cit., S. 45.

auf Morgenstern gemacht hat, hätte sich auch Kritik formulieren lassen. Und in diesem Falle, in dem gesagt wird, was kontrastiv gezeigt werden sollte, kann man von einer Parodie sprechen. Gleiches gilt auch für die Parodie auf die verunglückten Übersetzungen der Haikkus. Leicht zu parodieren sind sie, wenn man die Vorlage einzig als Mantel benutzt, um so gegen den Autoren zu polemisieren.

Um einen ganz ähnlichen Grenzfall der Parodie handelt es sich meines Erachtens bei den Gedichten, Briefen und einigen anderen Texten von Julie Schrader. Die auch "der welfische Schwan" genannte Autorin ist sicherlich keine Parodistin im engeren Sinn. Obwohl sicherlich nicht alles, was an ihren Texten komisch ist, von ihr so beabsichtigt war, kann davon ausgegangen werden, daß es nicht in ihrer Absicht lag, Parodien zu schreiben. Aber auch bei diesem Autoren erscheint es möglich un manchmalkaum vermeidbar, einige Texte aufgrund ihres komischen Potentials als Parodie zu lesen.

Die Texte sind vor allem durch ihre Stilbrüche, ihre Katachresen, den häufig gewaltsamen Reimen und den manchmal plötzlichen Wechseln zwischen einer metaphorisch-allegoretischen und einer wörtlichen Ausdrucksebene ausgezeichnet. Außerdem besteht bei den Gedichten öfters eine starke Diskrepanz zwischen dem profanen Gegenstand und seiner sehr artifiziellen Darstellung. All dies ist auch für eine Vielzahl von Parodien kennzeichnend, die stilistische Unangemessenheit durch Veränderung des Sujets herausstellen:

Trompeterklänge ziehen
Mir leise durchs Gemüt.
Wer weiß, was das Gebläse
Noch alles nach sich zieht!"[65]

Nicht nur das an Wagner geschulte Ohr wird Schwierigkeiten mit dem Bild eines leisen Trompetenklanges haben. Abgesehen davon spricht man von Trompetern meist dann, wenn es sich um militärische Signalgeber handelt, sonst zieht man sprachlich das Instrument dem Spieler vor. Die Paraphrase "Gebläse" ist eine starke Trivialisierung, die mit der lyrischen Ebene oder dem lyrischen Schema bricht und an Selbstironie grenzt, die zu unterscheiden nicht ganz einfach ist.

65 Julie Schrader, *Laß Amor schießen wann er will. Poeme, Briefe und Stücke des Welfischen Schwans*, hg. von Bernd W. Wessling, Hannover 1989, S. 101.

Anders würde es sich verhalten, wenn die Komik der Texte beabsichtigt wäre. In diesem Falle sollte man eher von Selbstironie sprechen, die anzeigt, daß ihre nicht gerade zahlreichen Besitzer in der Lage sind, sich zu sich den eigenen Ansprüchen und ihrer Umsetzung zu verhalten. Ob man in den angesprochenen Texten von Julie Schrader eine Parodie sehen will, hängt davon ab, wie freiwillig oder unfreiwillig die Komik eingeschätzt wird. Statt Selbstironie könnte man Schrader auch eine anarchische Ader unterstellen, die jener ähnelt, die Peter Rühmkorf in "Über das Volksvermögen" zu dokumentieren versuchte. Es ist ein sorgloses bis despektierliches Verfügen über bestimmte literarische Formen und Vorgaben auch im freien Stilmix, das ihnen ihre Gravität nimmt. Nur macht Frau Schrader es schwer, einzuschätzen, was an Komik gewollt ist und was nicht:

Du hattest von der Schönheit der Frauen
Nichts gewußt, mein Platen.
Nahmst lieber im Morgengrauen,
Was schon die Griechen taten. [...]
Schön klingt mir des Pumas Schreien,
Milde ist der Schnarch vom Gnu.
Doch bei diesem Richard Strausse
halt' ich mir die Ohren zu.[66]

Sicherlich ist nicht alles zufällig, aber es wird auch nicht jeder Bildbruch beabsichtigt sein. Einige ihre Texte tragen parodistische Züge, bei anderen ist man geneigt, von Selbstironie zu sprechen, und bei zahlreichen ihrer Gedichte könnte man von so etwas wie einer Technik oder einem Schema sprechen, wenn sie die lyrische Ebene durch plötzliche Konkretion verläßt oder bricht. Eine feste Zuordnung ist nicht möglich, aber auch nicht notwendig, solange sich die verschiedenen Lesarten voneinander unterscheiden lassen.

Einfacher ist da die Einschätzung einer Autorin wie Christiane Allert-Wybranitz. Ihre Texte wurden häufiger als eine Art Parodie auf einen bestimmten mißglückten lyrischen Gestus gelesen, ähnlich dem 'welfischen Schwan'. Über die Ernsthaftigkeit ihrer Ambitionen brauchen keinerlei Zweifel bestehen. Gespalten war hingegen ihre Leserschaft, 'war' insofern nur eine Hälfte übriggeblieben ist, während ihr die andere – gemessen an der Auflagenzahl – die Treue hielt. Ihr Publikum bestand aus zwei ganz

66 Julie Schrader, *Laß Amor schießen wann er will*, op.cit., S. 102.

unterschiedlichen Rezipientengruppen, deren eine ihre Texte als ernstzunehmende (Gebrauchs)lyrik schätzte, während die andere in ihrem lyrischen Gestus ein ausgesprochen komisches Moment entdeckte, ohne der Autorin Absicht zu unterstellen. Ursächlich für diese unterschiedliche Rezeption ist eine unterschiedliche interpretatorische Kompetenz, was nicht als ein mehr oder weniger, sondern qualitativ zu verstehen ist.

Ob ein Text als Parodie verstanden werden kann, hängt im hohen Maße von dem sozial-kulturellen Hintergrund ab. Dies betrifft sowohl die interkulturellen Unterschiede wie auch die intrakulturellen zwischen verschiedenen Sozialschichten und -gruppen. Wie in den Kapiteln zur ästhetischen Kompetenz ausgeführt, hängt die Bedeutung des Ästhetischen sowohl von der Kenntnis der für ihr Verständnis notwendigen Interpretationsschemata ab, als auch davon, worauf – auf welche unserer Weltversionen – sich das Ästhetische bezieht. Die kognitive Wirkung, die ein ästhetischer Gegenstand entfaltet, kann vor unterschiedlichen Hintergründen ganz unterschiedlich ausfallen. Der Normalfall bei einem 'fremdem' Hintergrund dürfte Unverständnis sein: sowohl das Erkennen des spezifisch Ästhetischen kann mißlingen, aber auch kann aufgrund anderer Wert- und Relevanzmaßstäbe kann das ästhetisch Bedeutete von keinerlei Interesse sein. Seltener kommt es vor, daß ein Werk für verschiedene Rezipientengruppen eine Bedeutung hat, wenn auch nicht die selbe.

Genau das läßt sich an der Aufnahme der Lyrik von Christiane Aller-Wybranitz beobachten. Aufgrund ganz unterschiedlicher Horizonte kommt es zu unterschiedlichen Interpretationen. Was dem einen als aufrichtige Lyrik des Alltags gelten mag, die seinen Weltversionen (Goodman) korrespondiert, empfindet der andere als "Sprachplüsch", wie Neumann es nennt, weil es einem komischen Kontrast zu eigenen Einstellungen und normativen Interpretationsschemata steht. Ihre Lyrik sticht auf eine Weise gegenüber bekannten und anerkannten Darstellungsweisen ab, die sie in ihrer Differenz komisch erscheinen läßt. Es ist ein eindeutig parodistischer Effekt, der sich einer bestimmten interpretativen Kompetenz[67] verdankt, die an ein bestimmtes sozial-kulturelles Umfeld gebun-

67 Um dem Eindruck der Arroganz vorzubeugen sollte angemerkt werden, daß Kompetenz selbstverständlich qualitativ zu verstehen ist, als dem Verfügen über einen bestimmten Fundus von Interpretationsschemata, und nicht quantitativ als einem wertenden mehr oder weniger.

den ist. Prinzipiell steht die Möglichkeit, einen Text als Parodie zu lesen, auch anderen Gattungen offen, sofern dieser interpretative Mechanismus zwischen dem Hintergrund und Text funktioniert, wie er die Parodie auszeichnet.

Wolfgang Gast kommt zu einer ähnlichen Einschätzung bezüglich der bekannten Krimis in Heftform: "Und umgekehrt könnte ein Leser der oberen Schichten den Jerry Cotton Text als unfreiwillige Parodie einstufen, weil dessen stilistische Merkmale in krassem Gegensatz zu seinen (meist verinnerlichten) literarischen Stilnormen stehen."[68]

Bezogen auf diese Grenzfälle der Parodie bedeutet dies, daß auch hier Maßstäbe von außen herangetragen werden können. Ob man beispielsweise ein bestimmtes Formverständnis dem Autoren unterstellen kann, oder ob dies einzig aus Sicht des Interpreten verpflichtend ist, ist unerheblich. Oft öffnet ein sich ändernder soziokultureller erst entsprechende Möglichkeiten für die Parodie, wie die einsetzende Romantik gezeigt hat.

Sofern eine Differenz zwischen dem angelegten und anzulegenden Schema einerseits und dem Text andererseits in der Interpretation entsteht, die einen komisch-kritischen Effekt erzeugt hinsichtlich seiner Wahrnehmung, kann ein Text als eine (Selbst)parodie gelesen und bezeichnet werden. Die Parodie ist damit auch an dieser Stelle als eine Funktionsweise von Symbolen zu verstehen, als eine Art und Weise, in der Schemata interpretativ aufeinander bezogen werden. Sie ist damit eher eine Interpretationsweise als eine Textgattung.

Folgerichtig ließe sich dann die Fragestellung dahingehend umwandeln, ob es auch so etwas wie eine Parodie ohne Vorlage geben kann, wenn es auch eine Vorlage ohne oder besser: statt Parodie gibt.

d) Parodie ohne Vorlage: Die Parodie auf Rabindranath Tagore

Bisher wurde versucht, die Parodie ganz grundsätzlich als eine Form der Nachahmung zu bestimmen. Für ihr Verständnis ist die Kenntnis ihrer Vorlage oder ihres Gegenstandes dann notwendig und unumgänglich.

68 Wolfgang Gast, *Parodie. Deutsche Literatur- und Gebrauchsparodien mit ihren Vorlagen*, Stuttgart 1975, S. 58.

Sollte die Vorlage aber in Vergessenheit geraten sein, wäre demnach die Funktion des Textes als Parodie gleichfalls dahin. Eine Parodie ist nun mal eine Parodie von etwas, kennt man ihren Gegenstand nicht, kann es folgerichtig auch keine Parodie mehr geben. Der Text könnte in diesem Fall immer noch als irgendeine Humoreske verstanden werden, eine Satire oder als irgendein mehr oder weniger mißlungenes Literaturstück. Dies deckt sich aber nicht mit der Erfahrung, die man manchmal mit Parodien unbekannter Autoren macht. Neumanns Parodien auf Anton Wildgans, Casimir Edschmid, Rudolf Greinz, Arnold Bronnen und besonders auf Rabindranath Tagore scheinen nicht explizit der Kenntnis der Vorlage zu bedürfen. Sie scheinen sich durchaus als Parodien lesen zu lassen, auch wenn ihre Vorlage unbekannt ist oder vergessen wurde.

Dies nimmt Hans Heinrich Hackel zum Anlaß, gleichzeitig für die Unabhängigkeit der Parodie zu argumentieren und damit verbunden für ihre Aufwertung. Im Hintergrund steht hier deutlich ein normativer Werkbegriff, der auf diese Weise für die Verteidigung der Parodie in Anschlag gebracht wird: Eigenständigkeit des ästhetischen Ausdrucks ist das zentrale normative Kriterium für ein Kunst*werk*; und läßt sich diese für die Parodie behaupten, fehlt der wichtigste Grund für ihre Geringschätzung. Nur erscheinen einige seiner Argumente unklar und widersprüchlich. Als Gründe dafür, daß eine Parodie ihre Vorlage überleben kann, gibt Hackel folgendes an:

> Ersteres wird der Fall sein, wenn allgemein bekannte Schwächen, Eigenarten und Kuriositäten zu finden sind; wenn der kritische Charakter auf komischer Basis schlagkräftig formuliert ist; wenn die Parodie ihre Eigenständigkeit bewahrt. Und es ist keine Frage, daß die Parodie auch dann ihre sogenannte 'literarische Existenzberechtigung' besitzt, wenn das Original in Vergessenheit geraten ist. Die Parodie nämlich hat ja dann die Vorlage überlebt und lebt aus dem dargestellten Kontrast heraus weiter; sie sollte wie jedes selbständige Kunstwerk betrachtet werden.[69]

Sollte die Parodie aufgrund der Darstellung 'allgemeiner Schwächen' etc. weiterbestehen, so kann genausogut davon ausgegangen werden, daß sie

69 Franz Heinrich Hackel, *Zur Sprachkunst Friedrich Torbergs. Parodie, Witz, Anekdote*, Frankfurt 1984, S. 86.

eben diese 'Eigenarten' parodiert, in ihnen ihren Gegenstand und so ihre Vorlage hat. Bei Schwächen wäre auch zu fragen, wessen Schwächen dies sein sollen. Worin die Eigenständigkeit der Parodie besteht ist unklar, zumal der komische Effekt immer nur in Bezug auf ihre Vorlage entsteht. Nach Hackel lebt die Parodie auch aus dem dargestellten Kontrast heraus weiter. Aber welcher Kontrast ist dies, wenn nicht der zwischen ihr und der (vergessenen) Vorlage?

In dem Schlußsatz des Zitates tritt der eigentliche Beweggrund seiner Behauptungen zutage, wenn der fordert, daß die Parodie wie jedes selbständige Kunstwerk betrachtet werden soll. Nun ist aber diese Betrachtungsweise auch in den Achtzigern, in denen diese Arbeit entstanden ist, eher unüblich. Ein normativer Werkbegriff sowie das autonome Kunstwerk, geschlossen in der Form, überzeitlich und sozial-kulturell unabhängig in seinem Bedeutungsgehalt, kann – darin besteht weitgehende Übereinstimmung – so nicht mehr vertreten werden. Zu den Grundüberzeugungen eines Schemainterpretationismus stünde dies ohnehin diametral. Mit dem Verzicht auf den Glauben an ein autonomes Kunstwerk fällt auch die Notwendigkeit für eine diesbezügliche Rechtfertigung der Parodie. Es bleibt aber die Frage, wie abhängig die Parodie von der Kenntnis ihrer Vorlage resp. ihres Gegenstandes ist.

F. Hackel gibt für seine These, daß die Parodie ihren Gegenstand überdauern kann, weitere Gründe an:

> Ob der Leser eine Parodie ohne Kenntnis der Vorlage genießen kann oder nicht, hängt im wesentlichen davon ab, wie zeitlos bzw. zeitgebunden das Original ist. Je zeitgebundener nämlich die Vorlage – wie etwa die eingangs erwähnte 'Katharina Blum' – desto höhere literarische Qualitäten muß die Parodie erreichen, um ihrerseits zu überleben. Friedrich Torberg hat gar mancher Vorlage dazu verholfen, nicht in Vergessenheit zu geraten.[70]

Der Erfolg der Parodie hängt, darin ist zuzustimmen, mit der Zeitgebundenheit ihrer Vorlage zusammen. In gewisser Weise ist dies trivial. Seine Argumentation geht aber dahin, daß die Parodie der Zeitgebundenheit ihrer Vorlage entgehen und somit ihre Eigenständigkeit zeigen kann, aufgrund ihrer ästhetischen Qualitäten: "Je zeitgebundener nämlich die Vor-

70 Franz Heinrich Hackel, *Zur Sprachkunst Friedrich Torbergs.* op.cit., S. 86.

lage, [...] desto höhere literarische Qualitäten muß die Parodie erreichen, um ihrerseits zu überleben."[71] Es bleibt aber unklar, ob dies literarische Qualitäten sind, die explizit die Parodie als solche betreffen oder ganz allgemeiner Art sind. Wären es ästhetische Qualitäten, die nicht die Parodie als solche betreffen, sollte man auch entsprechend von einer Satire, einer gelungenen Nachahmung etc. sprechen. Daß "der kritische Charakter auf komischer Basis schlagkräftig formuliert ist", zeichnet noch verschiedene andere Textformen aus. Ohne die Kenntnis der Vorlage könnten Parodien immer noch als Satiren oder Grotesken gelesen werden. Sollte die Parodie auf diese Weise ihre 'Eigenständigkeit bewahren', wäre sie aber genaugenommen keine Parodie mehr, sondern irgendein anderer gelungener komischer Text mit kritischem Anspruch. Auch der letzte Hinweis kann nicht überzeugen, wenn Hackel an selber Stelle schreibt, daß 'Torberg gar mancher Vorlage dazu verholfen habe, nicht in Vergessenheit zu geraten'. Hieraus folgt nicht, daß es Parodien ohne Vorlage geben kann, sondern eher umgekehrt, daß die Parodie ihre Vorlage notwendigerweise wiederbelebt.

Für den von mir vertretenen Ansatz stellt sich die Frage nach der Unabhängigkeit der Parodie von ihrer Vorlage etwas anders. Aus der Perspektive einer sprachpragmatischen Bedeutungstheorie vollzieht sich eine Interpretation in einem bestimmten, bzw. zu bestimmenden Kontext vor einem sozio-kulturellen Hintergrund. Entsprechend geht das Interesse nicht dahin, eine Unabhängigkeit nachzuweisen, sondern die spezifische Abhängigkeit als die notwendigen Interpretationsbedingungen aufzuzeigen. Ein normativer Werkebegriff ist damit unvereinbar, eine stilistisch-strukturale Geschlossenheit aber durchaus formulierbar, wenn auch nicht zu fordern.

Für die Beobachtung, daß einige Parodien scheinbar keiner genauen Kenntnis ihrer Vorlage bedürfen, bedeutet dies, herauszufinden, was von einer Vorlage bekannt sein muß. Interpretationistisch gesehen handelt es sich um die Rekonstruktion des oder der Schemata der Vorlage. Eine der Voraussetzungen ist, daß die Parodie als solche zu interpretieren versucht wird, und der Interpret weiß, was es heißt, einen Text als eine Parodie zu interpretieren: das heißt, er kennt die Art und Weise der Bezugnahme, durch die die Parodie ausgezeichnet ist. Je geübter der Interpret ist und je

71 Franz Heinrich Hackel, *Zur Sprachkunst Friedrich Torbergs.* op.cit., S. 86.

sicherer es für ihn ist, daß es sich um eine Parodie handeln muß – aufgrund des Titels, des Autoren oder sonstiger Vorkenntnisse über den Text –, desto weniger muß er über die Vorlage wissen. Interpretieren ist eine schemageleitete (Re-)konstruktion. Aufgrund der jeweiligen interpretativen Kompetenz kann dann auch die Interpretation von Texten gelingen, über die wir nur bruchstückhafte Informationen haben. Literarische Texte sind ohnehin keine singulären Ereignisse, d.h. daß ein Kontextwissen zum Beispiel über die Weimarer Klassik helfen kann, eine Parodie auf ein Gedicht Goethes zu verstehen, ohne daß dieses Gedicht selbst bekannt sein muß. Man hat bereits ein bestimmtes Wissen über den Autoren und darüber, was seine Literatur auszeichnet und wie sie zu verstehen ist.

An dem Beispiel einer Parodie auf einen Autoren, der heute eher unbekannt ist, sollten sich diese Überlegungen weiter verfolgen lassen:

Radschendralalamitra
Nach Rabindranath Tagore
Ich setze mich an meinen Tisch und schreibe dir einen Brief.
Weil heute die Sonne scheint, will ich dir einen Brief schreiben,
Geliebter.
Du kannst ihn auch singen, wenn du willst.
Draußen wiegt sich im Winde der Pujabaum,
es kann aber auch eine Lotosblume sein oder ein Reisfeld.
Hauptsache, daß ich zu zittern beginne, wenn ein Yoghi vorübergeht
oder ein Königssohn.
Wirft der seine Blicke nach mir, daß sie klirrend über die Kiesel springen
bis an mein Herz –
dann senke ich meine Lider und denke an dich.
Und wenn der Abend sinkt, dann wird es bald Nacht.
Geliebter! Laß uns im Dunkeln schmusen, da es zu hell ist![72]

72 R. Neumann, *Meisterparodien*, op.cit., S. 30. Im Unterschied zu einigen anderen von Neumann parodierten Autoren sind die Werke von Tagore durchaus noch zugänglich, zur Zeit (1999) sind noch 14 Titel lieferbar, was seinen Grund auch in dem zur Modebewegung gewordenen Buddhismus und der Esoterikbewegungen haben mag, die seinen mythischen Symbolismus schätzen dürften.

Den wenigsten dürfte Rabindranath Tagore noch bekannt sein, der gerade zwischen den Kriegen in Europa das Bild der indischen Literatur prägte und zu ihrem exemplarischen Vertreter wurde. Die hochgeistige Atmosphäre seines Elternhauses beeinflußte auch seine Aktivitäten als Sozialreformer und Pädagoge bis hin zu einer Universitätsgründung. Für seine Gedichtsammlung, die 1912 in das Englische übersetzt wurde, erhielt er bereits 1913 den Literaturnobelpreis. Neben der Lyrik verfaßte er auch Dramen, unter anderem *Raktakarabi*, worauf der Titel anspielt. Eigen ist der frühen Lyrik wie den Dramen eine gewisse Symbolschwere sowie ihre mythische Religiosität, die gerade zwischen den Kriegen aufgrund ihrer eskapistischen Züge viele Leser angezogen hat.

Anhand dieser Kurzvorstellung ist leicht ersichtlich, wogegen sich Neumann in seiner Parodie wendet: Ziel seines Spottes dürfte die besondere Symbolik, das Exotisch-mythische und damit verbunden die entsprechende leicht eskapistische Geisteshaltung auf seiten seiner Leser sein. Die Frage ist, ob sich dies auch allein aus der Parodie erkennen läßt, zumindest soweit, daß sich der Text als Parodie verstehen läßt. Es ist zu überlegen, inwieweit man auf diese Informationen verzichten kann, um den Text trotzdem als Parodie lesen zu können.

Um diese Parodie auf Tagore als solche lesen zu können, braucht man ein zumindest ungefähres Verständnis indischer Literatur. Es ist die besondere Art der Symbolisierung mit ihrem Sinn für das exotische Ambiente, was einem auch aus anderer exotischer Literatur bekannt sein kann. So spürt man deutlich hinter der Parodie einen bestimmten fast feierlichen Gestus oder Habitus, der Gegenstand der Parodie ist. Dieser Habitus ist angezeigt, über einen inhärenten Kontrast, der sich wiederum über einen Sinn für Angemessenheit erkennen läßt.

Hier kommt das Wissen um die Funktionsweise der Parodie als einer kontrastiven Exemplifikation zu tragen. So hat die Exotik eine unsinnige Beliebigkeit, wenn sich im Wind ein Pujabaum, eine Lotosblume oder ein Reisfeld wiegen, die erstens ganz unterschiedlich aussehen und sich in den beiden letzteren Fällen auch aufgrund ihrer Gestalt nicht im Winde wiegen können. Auch ist die inhaltliche Zusammenhangslosigkeit, die das Gedicht exemplifiziert, augenfällig. Die Parodie selbst kommentiert dies mit dem Satz: "Hauptsache, daß ich zu zittern beginne, wenn ein Yogi vorübergeht / oder ein Königssohn", der ausdrückt, daß es bei den Gedichten in der Hauptsache um das Mythisch-Mythologische geht.

Ob diese Parodie Tagore in irgendeiner Weise gerecht wird, kann natürlich nicht entschieden werden. Schließlich ist dieser Tagore eigentlich nur eine Rekonstruktion über die Parodie und das sonstige Wissen, das man von solcher und ähnlicher Literatur hat. Ob sie eine gelungene Probe ist, kann nur in der Betrachtung ihres Gegenstandes entschieden werden.

Natürlich sind diesem rekonstruktiven Verstehen Grenzen gesetzt, die sich aber nicht prinzipiell festlegen lassen. Die wenigsten Anspielungen sind ohne konkrete Sachkenntnis noch als solche zu erkennen, da kaum herauszufinden ist, worauf angespielt wird. Es kann auch immer zu kleineren Fehlinterpretationen kommen, wenn etwa eine Gedichtparodie für eine einfache Genreparodie gehalten wird. Eine allgemeine interpretative Kompetenz und ein spezifisches Vorwissen können sich wechselseitig ergänzen, aber niemals vollständig ersetzen. Es hängt vom Einzelfall ab, was von der Vorlage bekannt sein muß. In dem Beispiel mit der Erinnerung einer fremden Geschichte in den vorhergehenden Ausführungen zur kognitiven Textinterpretation wurde dieses Vorgehen deutlich, das in der Komplettierung der Interpretation durch das Bekannte und zu Erwartende besteht. Was nicht hineinpaßt wird nur schwer oder gar nicht erinnert. Und umgekehrt wird die Geschichte im Rahmen bekannter Erzählstrukturen erweitert, ohne daß Erfundenes und Erfahrenes in der Erinnerung immer unterschieden werden können: nicht Vorhandenes ist durch zuErwartendes ersetzt. Es ist die Applikation verschiedener Schemata, die im Falle der Parodie auf eine bestimmte Weise in Beziehung gesetzt werden, und im Rahmen dieses Interpretationsprozesses vervollständigt werden.

e) Die Grenze des Parodisten Robert Neumann

Neben diesen theoretisch abzuhandelnden prinzipiellen Grenzen der Parodie gibt es auch eine individuelle, die Robert Neumann selbst betrifft. Bei einer Durchsicht seiner Parodien fällt auf, daß die Qualität seiner Parodien ab einen bestimmten Zeitpunkt nachläßt. Seine besondere Technik der einfühlenden Nachahmung, die den Parodierten keineswegs nur auf der formalen Ebene erfaßte und erfassen wollte, scheint nicht mehr zu greifen. Er bekommt den zu Parodierenden nicht mehr richtig zu fassen, wie dies auch Jens Jessen einschätzt: "Den Existenzialismus bekam er nicht mehr in den Griff. Neumann parodierte weiter, aber Beckett, Sartre oder Camus faßte er nur an der Oberfläche, und er hat es gewußt."[73] Jessen sieht darin eine Unangemessenheit der verwendeten Techniken und Mittel, als "Versuche mit altmeisterlicherm Schusterwerkzeug an Kunstleder, mit Diamantschneider an Plexiglas"[74]. Das gibt dem Parodisten wohlmeinend einen nostalgischen Charme, was leider nicht ganz überzeugend ist. Seine Technik, sofern man davon reden kann, scheint gegenüber dem wechselnden Literaturgeschehen unempfindlich, was nahelegt, die Gründe woanders zu suchen. Warum das Einschleichen via Zitat und das exemplifizierende Herausheben bestimmter Aspekte ab einem bestimmten Zeitpunkt nicht mehr funktionieren können sollte, ist zumindest prinzipiell nicht ersichtlich.

Die Parodien auf Beckett, Camus und Sartre sind sich – leider – sehr ähnlich. So finden sich harmlose Wortspiele wie in schon in dem Titel *Wir gähnen auf Wardot*[75], die sich quer durch den Text ziehen. Bei der Parodie auf Albert Camus, *Die Ruhr*[76], und Jean Paul Sartre, *Die verschlissene Gesellschaft*[77], findet sich die Unterschiebung eines derben Inhaltes, wenn in einem Fall die Parodie mit einem Ruhranfall endet und in dem anderen mit vollen Windeln. Die Bezugnahme auf die Philosophie Sartres bliebt in oberflächlichen Anspielungen stecken, wenn er dessen drei Väter mit Heidegger, Kierkegaard und Nihilijinksi angibt. Damit ähneln sie einer sehr einfachen Art der Parodie, in der ein derber Inhalt eingewechselt wird zusammen mit einigen Anspielungen. Mit Neumanns eigener programmatischer Konzeption hat dies nurmehr wenig zu tun.

Anders verhält es sich mit den deftigen Wortspielen in *Der Fröhliche Schweinberg. Nach Carl Zuckmayer*. Dort haben sie eine weitergehende exemplifizierende Funktion bezüglich des sehr 'volksnahen' und sinnenfrohen Stückes, das seinen Erfolg dem Gegensatz zu einem eher distanzierten Expressionismus verdankt. Entsprechend nimmt die Parodie die volkstümlich gehaltene Metaphorik auf und übersteigert sie bis zu einer gewissen Geschmacklosigkeit (bei der einem die Roßäpfel aus der Tagore-Parodie in Variation wieder begegnen):

73 Jens Jessen in seinem Nachwort zu R. Neumann, *Meisterparodien*, op.cit., S. 413.
74 Ibid. S. 414.
75 Ibid., S. 339.
76 Ibid., S. 366.
77 Ibid., S. 368.

> *Klärchen*: Die Obstbäume hängen so voll wie die Zitze von hundert Ziege, die man zu melke vergesse hat. *Der junge Zuckmayr*: Und wie die Weinberg dampfe! Wie junge Roßäpfel. Klärchen (innig): So prall und braun.[78]

Bei *Der Fröhliche Weinberg* von Zuckmayer handelt es sich allerdings um Vorkriegsliteratur, die Uraufführung war 1925, die Neumann tendenziell eher zu liegen scheint. Eine solche Tendenz ist erkennbar, auch wenn es sich bei dem Beispiel nicht um eine übermäßig differenzierte und subtile Parodie handelt. Liegt der Grund nicht in der Wahl unzeitgemäßer Mittel, wie dies Jessen vermutet, so muß es ihre Anwendung sein. Dabei sollte nicht übersehen werden, das Neumanns Parodien häufig voller Bezüge zu dem kulturellen Umfeld der Werke waren. Gerade seine Parodien, zumindest die besseren, waren immer mehr als die bloße Anwendung einer Technik, auch wenn er dies selbst in seinem Essay so zu beschreiben scheint. Es war keine rein ästhetische Kritik, sondern im gleichen Zug Kritik an einem bestimmen Habitus als einer Einstellung gegenüber der Welt.

Zu solch einer kultur- und gesellschaftskritischen Leistung scheint Neumann im Umgang mit der Nachkriegsliteratur nicht mehr in dem Maße fähig zu sein, wie es seine früheren Parodien auf die Autoren auszeichnete, deren literarischer Ursprung vor dem zweiten Weltkrieg liegt. Eine Ausnahme bilden noch jene Parodien, die sich auf die literarische Verarbeitung oder Reaktion auf die Zeit des Dritten Reiches konzentrieren:

> Brillant sind seine Parodien noch; das Handwerkliche, die Masche durchschaute er sofort, aber die tieferen Idiosynkrasien auf die Spitze zu treiben, den verborgenen Wahn ans Licht zu zerren, die geistige Form von innen her zu sprengen gelang ihm nicht mehr. Das Magische fehlte. In den Parodien von 1955, 'Mit fremden Federn II', finden sich noch geniale Stücke, vor allem dort, wo es sich um den Autoren handelt, die Vorkriegstraditionen fortführen [...].[79]

Das Magische der Parodien von Neumann bestand – symboltheoretisch knapp formuliert – in der angemessenen Exemplifikation: Was nachge-

78 R. Neumann, *Meisterparodien*, op.cit., S. 357.

79 Jens Jessen in seinem Nachwort zu R. Neumann, *Meisterparodien*, op.cit., S. 413f.

ahmt wird und sich in übersteigerter, verkürzter oder sonstwie veränderter Form in seinen gelungenen Parodien wiederfinden läßt, konnte in gewisser Weise Richtigkeit wie Angemessenheit beanspruchen. Es war richtig und angemessen, insofern es die relevanten Aspekte des jeweiligen Werkes oder Autoren erfaßte, eben das, was ihn ausmachte und sein Werk repräsentierte. Sich diesem nachahmend anzuverwandeln, um dann bestimmte Aspekte zu übersteigern, die zu einer anderen und richtigeren Sichtweise anleiten, gelang ihm in den besten seiner Parodien, später bei den meisten Nachkriegsautoren nicht mehr. Seine eigene ästhetische Kompetenz, als dem Beherrschen verschiedenster Darstellungsschemata, hat hier ihre Grenze. Man könnte meinen, er beherrschte immer noch die Form der Parodie, wie Jessen dies auch sagt, aber die Form der zu Parodierenden beherrscht er nicht mehr.

9. Parodien und andere Formen der Nachahmung

Eine der zentralen Aufgaben einer analytischen Ästhetik ist die Beschreibung der Bedeutung resp. der Bedeutsamkeit ästhetischer Gegenstände. Darüber hinaus können wissenschaftliche Theorien auch der Kategorisierung von Gegenstandsbereichen dienen. Dies mag keine zwingende Anforderung sein, nur sollte eine theoretische Analyse der Parodie in der Lage sein, diese gegenüber ähnliche Textsorten oder Funktionsweisen von Texten zu unterscheiden. Dies beinhaltet eine Auseinandersetzung mit anderen wissenschaftlichen Beschreibungen der Parodie, die hauptsächlich auf eine Kategorisierung abzielen.

Den Ausgangspunkt bilden die zentralen Begriffe der Nachahmung und der Bezugnahme, mit denen sich die Parodie auch gegenüber anderen Formen der Nachahmung abgrenzen lassen sollte. Natürlich läßt eine Unterscheidung auf so einer einfachen Basis diese trennschärfer und kategorischer erscheinen, als es die Gegenstände im Einzelfall sein mögen. Die verschiedenen Begrifflichkeiten haben eine ganz unterschiedliche Herkunft, weshalb man sie schwierig 'auf eine Reihe' bekommen kann. Sie haben sich nicht gleichzeitig oder gar in Beziehung zueinander gebildet, sondern zudem noch in verschiedenen Ländern zu unterschiedlichen Zeiten. Neben den Unterschieden gibt es auch eine Vielzahl von Ähnlichkeiten und vielseitigen Überschneidungen, was nichts anderes heißt, als daß keine Definition *aller* Begriffe versucht werden soll. Was von Interesse ist, ist die Frage, inwieweit sich die Parodie von diesen anderen Formen der Nachahmung unterscheiden läßt, auch im Hinblick auf ihre weitere Bestimmung anhand dieser Merkmale.

Diese Überlegungen orientieren sich dabei hauptsächlich an der Literatur. Im Bereich der Malerei etwa würde man nicht von einer Travestie oder einer Groteske sprechen. In der Musik wiederum sind Parodien keineswegs selten, auch wenn ausgesprochene Parodisten wie Frank Zappa eher selten sind. Ein sehr altertümliches und undifferenziertes Verständnis von Parodie findet sich meines Erachtens im Bereich des Kabaretts. Dort gilt übergreifend jede Form der Nachahmung als Parodie, wobei oft schon das bloße Wiedererkennen die Pointe zu sichern scheint. Das Problem ist, daß sich für die Literatur aufgrund der zahlreichen verschiedenen Begriffe Differenzierungsmöglichkeiten ergeben, die sich nicht einfach in andere Darstellungsbereiche übertragen lassen, und die Definition nicht nur unter Vorbehalt zu verallgemeinern ist. Die Karikatur zum Beispiel tritt hauptsächlich im Bereich des Pikturalen als Zeichnung auf, wo selten etwas als Parodie bezeichnet wird. Denkbar wären hier eigentlich nur Parodien von Malern, Stilrichtungen, einzelnen Werken etc., da eine Zeichnung vieles Bezeichnen, aber nur sehr weniges nachahmen kann außer eben das Zeichnen oder Malen selbst. Aus diesem Grund sollen die folgenden Ausführungen ihren Ausgang in der Literatur haben, auch wenn sie in anderen Medien Verwendung finden.

Betrachtet man die verschiedenen Formen der Nachahmung und Ähnlichkeit, so versucht die *Fälschung* hier die beste zu sein. Im Hinblick auf die Ostension als dem Moment des Zeigens-auf-etwas in der Exemplifikation kann für die Fälschung mit Sicherheit gesagt werden, daß dort keine explizite Bezugnahme vorliegt oder auch nur vorliegen darf. Eine Fälschung sollte es tunlichst vermeiden, auf das Original zu verweisen und es sollte nicht einmal Auffallen, daß etwas nachgeahmt wurde: Der Gegenstand des Fälschens ist das Original, nicht aber der Fälschung in einem symboltheoretischen Sinn. Die Fälschung hat vielmehr den selben Gegenstand wie das Original, und sie bezieht sich keinesfalls auf ihr Original.

Für die *Kopie* sind die Interpretationsbedingungen etwas lockerer. Die Vorlage kann bekannt sein – je nach Sprachverwendung – , die Kopie ist aber nicht auf diese bezogen. Auch hier gilt, daß beide den selben Gegenstand haben: ein Porträt von einer Person hat seinen Gegenstand in dieser Person, genauso wie die Kopie dieses Bildes ihren Gegenstand in der dargestellten Person und nicht in dem kopierten Bild hat. Die Parodie wiederum hätte ihren Gegenstand in dem Bild von der Person. In der Literatur spricht man in einem etwas anderen Sinn von einer Kopie wie etwa in der Malerei. So kann man keinen Roman wie ein ein Bild kopieren, was eine symboltheoretische Besonderheit des Mediums ist.[1] Nur im Bereich starker Formalisierungen bzw. Schematisierungen spricht man auch in

1 Goodman diskutiert diese Unterschiede in *Sprachen der Kunst* sehr breit, da sie Besonderheiten der jeweiligen Notations- und Symbolsysteme betreffen. So sind die Identitätsbedingen für zwei Bilder, zwei Musikaufführungen oder zwei Romane ganz unterschiedlich. Diese Überlegungen bilden den Ausgangspunkt für seine Theorie der Notation. N. Goodman, *Sprachen der Kunst*, op.cit., insb. Kap III. Kunst und Authentizität, S. 101ff.

der Literatur von einer Kopie. So lassen sich bestimmte lyrische Stilarten kopieren oder auch die Motivverarbeitung. Gleiches gilt für formale Aufbauprinzipien von Theaterstücken, wo man gleichfalls von Kopieren sprechen würde. Wie weitgehend die Übereinstimmung der Kopie mit ihrer Vorlag sein muß, ist offen. Es ist wie in der Diskussion um den Begriff der Ähnlichkeit bei Goodman. Die Übereinstimmung kann bloß bestimmte relevante Teilaspekte umfassen, aber auch sehr weitgehend sein bis an die Grenze der Identität.

Im Falle des *Plagiats* als einer stilistischen Nachahmung oder Fälschung ohne Original ist es ähnlich, wobei der Ausdruck, anders als jener der Kopie, stets stark abwertend ist. Ist es etwa ein Bild im Stile Rembrandts, besitzen die verschiedenen Bilder gemeinsame Merkmale in der Art einer Familienähnlichkeit, aber das Plagiat bezieht sich nicht ausdrücklich auf diese. Das Plagiat sollte zumindest die für die Zuordnung zu den Werken von Rembrandt relevanten Merkmale besitzen – als eines von ihnen –, aber es bezieht sich nicht anhand dieser auf die anderen Gemälde.[2] Es bezieht sich sowenig – oder im Falle einiger (post)moderner Kunstwerke: nur insoweit – auf die echten Gemälde einer Stilrichtung, Epoche oder Schule, wie diese auf sich selbst.

Aus dem Italienischen kommt der Ausdruck des *Pastiche*, was eigentlich-Pastete heißt, und wohl etwas meint, dessen innerer Ursprung und Herkunft unklar ist. Er stammt aus der italienischen Renaissance, wo man auf diese Weise die übergroße Nachfrage nach alten Meistern bediente. Es handelt sich um eine betrügerische oder unschöpferische Nachahmung, die im Unterschied zum Plagiat zumindest tendenziell auf stilistische Aspekte einzuschränken ist. Insgesamt läßt der Pastiche sich nur schwer vom Plagiat unterscheiden, wie auch die Definition von Wünsch zeigt: "Die ursprüngliche Bedeutung ist also die einer nichtdiskrepanten oder komischen Fälschung, eines auf Täuschung angelegten Plagiats."[3] Komisch ist sie allerdings auch hier nicht in Bezug auf ihre Vorlage.

2 Zum Problem der Identität von Kunstwerken und zu Fälschungen oder Kopien vgl. das Kap. III Kunst und Authentizität in: N. Goodman, *Sprachen der Kunst*, op.cit., S. 101-124. Goodman nutzt seine Überlegungen zur Fälschung um zu einem Verständnis der Bedingungen für die Authentizität von Kunstwerken zu gelangen. Hierfür vergleicht er die unterschiedlichen Notationssysteme für Musik, Tanz, Bilder und Texte und gelangt so auch zu einem Werkbegriff.

3 Frank Wünsch, *Die Parodie: zu Definition und Typologie*, Hamburg 1999, S. 90.

Der *Cento* ist ein Flickengedicht, das von dem Reiz des Kontrastes lebt, dem das Pastiche zu entgehen sucht. Beide setzen die Kenntnis der stilistischen und im Falle des Cento auch inhaltlichen Anleihen voraus. In einer strengen Lesart, wie der von Wünsch,[4] besteht der Cento nur aus einer Sammlung von Zitaten, während das Pastiche eine freiere, oft stilorientierte Nachahmung ist. Die meisten anderen Autoren sehen den Unterschied eben in der Montage zahlreicher und verschiedener Versatzstücke, nicht unbedingt aus Zitaten, die aber sehr ähnlich sein müssen, zu einem Ganzen. Ob der Cento, sofern er nur einen Autoren oder ein Werk imitiert, sich auf diesen als seinen Gegenstand beziehen kann, ist nicht auszuschließen. Aber er muß es nicht wie die Parodie. Selbst wenn der Cento auf eine Vorlage bezogen ist, muß er dies nicht auf eine kontrastive Weise sein; und im anderen Falle sollte von einer Parodie gesprochen werden.

Die *Satire* wird in den meisten Arbeiten im Umfeld der Parodie angesiedelt. In diese Auflistung gehört sie streng genommen nicht, weil für sie gilt, daß sie sehr wohl ohne Nachahmung auskommen kann und die Nachahmung auch nicht charakteristisch für sie ist. Die Bezugnahme auf ihr 'Opfer' muß keineswegs exemplifizierend sein, sondern sie kann es genauso gut ausdrücklich nennen. Sie ist in der Wahl ihrer Mittel freier, wie dies auch E. Rotermund feststellt:

> Wie man aus dieser Definition [...] und zahlreichen anderen Bestimmungen von der Antike bis zur Gegenwart entnehmen kann, gehört die formal-stilistische Nachahmung eines Werkes, ohne welche die Parodie nicht zu denken ist, keinesfalls zu den unabdingbaren Wesenseigentümlichkeiten der Satire.[5]

Umgekehrt kann sich die Satire natürlich sehr wohl der Parodie bedienen. Deshalb neige ich dazu, in der Satire den weiteren Begriff zu sehen und sehe auch entsprechend starke Übereinstimmung beider. Bei der Satire handelt es sich gleichfalls um eine Verbindung von Kritik und Komisierung ihres Gegenstandes. Auch findet man in der Literaturtheorie wie bei der Parodie die Unterscheidung zwischen einer komischen und einer ernsthaften/strafenden Satire wieder, die vermutlich auf Schillers Abhandlung *Über naive und sentimentalische Dichtung*[6] zurückgeht.

4 Frank Wünsch, *Die Parodie: zu Definition und Typologie*, op.cit, S. 99f.

5 E. Rotermund, *Die Parodie in der modernen deutrschen Lyrik*, op.cit., S. 25.

6 Friedrich Schiller, *Über naive und sentimentalische Dichtung*, Stuttgart 1978.

Daß die Satire an ein 'Ideal' oder ein ideelles Verständnis von Literatur gebunden ist, um ihre spotthafte Wirkung entfalten zu können, gilt als Gemeinplatz. Für Winfried Freund besteht hierin allerdings ein prinzipieller Unterschied zur Parodie: "Parodie geht nicht von einer Ontologie der Werte aus, seinen sie nun faktisch existierend oder auch nur potentiell gedacht. Ihr ausschließliches Ziel ist die Negation von Bornierungen aller Art."[7] Dem kann ich aufgrund meiner Ausführungen nicht zustimmen, da die Kritik der Parodie hauptsächlich eine zeigende ist, die auf werthafte Einstellungen bezogen sein muß, die den Mißstand als solchen erkennen lassen. Das Gezeigte bedarf erst noch einer Beurteilung, die vor einem bestimmten historischen und sozio-kulturellen Hintergrund erfolgt. Eine 'Bornierung' ist ohnehin ein normatives Urteil seitens eines Dritten (wobei ich das Zitat von Freund so verstanden habe, daß nicht die Bornierung negiert, sondern – ganz im Gegenteil meist übersteigernd – aufgezeigt wird.)

Hierin, in der Notwendigkeit eines 'Maßstabes', die es im nächsten Kapitel erst noch nachzuweisen und nicht bloß argumentativ herzuleiten gilt, besteht dann die wesentliche Übereinstimmung zwischen der Parodie und der Satire, die sie als eine Art Sonderfall der Satire erscheinen läßt.

Die *Travestie* wiederum ist eine genuine Form der Nachahmung, die wie die Parodie ihre Komik aus der Spannung zwischen Nachgeahmtem und Verändertem gewinnt. Trotzdem läßt sie sich unter diesen Aspekte auch von der Parodie unterschieden, wie dies Robert Neumann an einem Beispiel ausführt:

> Wenn ich Schillers 'Glocke' auf sächsisch aufsage (was Gott verhüten möge): habe ich Schiller parodiert? Nein. Die Sachsen? Nein, ich habe sie bestenfalls nachgeahmt. Was also habe ich Schiller angetan? Ich habe ihn mit der Hilfe einer 'Versachsung' hinunternumeriert, ich habe ihn 'umgekleidet' – Travestie und nicht Parodie.[8]

Diese 'Verkleidung', wenn man den Begriff aus dem italienischen einmal so übersetzt, erscheint zutreffend beschrieben. Die richtige Frage ist auch hier die nach der Beziehung, respektive der Bezugnahme der Parodie auf

7 W. Freund, *Die literarische Parodie*, op.cit., S. 20.

8 R. Neumann, *Meisterparodien*, op.cit., S. 379.

den oder das Nachgeahmte. Und die 'Versachsung' hat nichts weiter mit Schiller zu tun, d.h. sie ist nicht auf ihn bezogen. Problematisch ist diese Definition, insofern Neumann den Akzent seiner Parodiedefinition stark auf das Kritische legt. Diese Stelle ließe sich auch so lesen, daß alles, was als bloß komische oder verulkendende Parodien bezeichnet wird, der Travestie zugewiesen würde. Demgegenüber ist eine Lesart vorzuziehen, die in der Travestie die formorientierte Umkleidung eines Inhaltes sieht, ihren Gegenstand aber nicht in dem Nachgeahmten hat.

Obwohl dies nicht ganz ungefährlich ist, da es sich um ein anderes Medium handelt, kann die Travestie auf der Bühne dies verdeutlichen: Wenn Männer in Frauenkleidern diese nachahmen, handelt es sich fast nie – und wenn, würde ich es vorzugsweise Parodie nennen – um eine Kritik oder einen Scherz auf Kosten der Nachgeahmten. Die sich manchmal ergebende Lächerlichkeit bezieht sich auf die Travestie selbst und nicht auf das Nachgeahmte: Sie ist lächerlich, aber sie macht nicht lächerlich. Vielmehr ist es die ungewohnte Kombination einer (Verhaltens-)Form mit einem bestimmten Inhalt. Der Gegenstand dieser Travestie sind weder die Männer noch die Frauen: Sie verdankt ihre Komik allein der Diskrepanz zwischen dem gewohnten Inhalt in einer ungewohnten Form. Im Sprachgebrauch ist die Möglichkeit des Rückbezuges auf das Nachgeahmte nicht ausgeschlossen und der Begriff der Travestie zur Parodie hin offen. Allerdings ist die Einschränkung sinnvoll, da sie eine Unterscheidung zur Parodie erlaubt.

Nicht überzeugend ist die Unterscheidung aufgrund einer gegensätzlichen Verarbeitung von Form und Inhalt. Nach Hans Grellmann[9] ist es die Senkung der Stilebene unter Beibehaltung des Inhaltes, durch die die Travestie ausgezeichnet ist. Umgekehrt übernehme die Parodie die Stilebene und vertausche den Inhalt. Es ist Wünsch zuzustimmen, daß dies eine unnötige Einschränkung der Parodie bedeutet, die hinsichtlich ihrer kontrastiven Abweichung gegenüber dem Nachgeahmten frei ist.[10] Auch Verweyen und Witting verwerfen diese einschränkende Trennung.[11] Beide

9 Hans Grellmann, "Parodie", in: *Reallexikon der deutschen Literaturgeschichte*, hg. von Paul Merker und Wolfgang Stammler, Bd. 2, Berlin 1926, S. 630ff.

10 Frank Wünsch, *Die Parodie*, op.cit., S. 70f.

11 Th. Verweyen und G. Witting, *Die Parodie in der neueren deutschen Literatur*, op.cit., S. 155f.

sehen eine Überschneidung in dem Fall, daß sie durch Übernahme des Inhalts ihren Gegenstand im Nachgeahmten hat. Für alle gilt, daß es keine strenge Trennung von Form und Inhalt geben kann, was eine zusätzliche Unschärfe bei der Identifizierung der Travestie bedeutet.

Komplementär bezüglich dem Verhältnis von Form und Inhalt ist der Parodie nicht die Parodie, sondern die *Kontrafaktur*, da hier die Form beibehalten und der Inhalt ausgetauscht wird. Sie ist eine der engsten Verwandten der Parodie, die in neueren Arbeiten in den Fallbeispielen sowie in Parodiesammlungen häufig mit ihr verwechselt wird, obwohl man sie theoretisch durchaus unterscheidet. In älteren Definitionen wiederum fällt sie meist mit unter die Parodie. Ihren Ursprung hat sie im Mittelalter in der Umdichtung entweder weltlicher Lieder mit religiösem Inhalt oder religiöser Lieder mit weltlichem Inhalt.

Noch Erwin Rotermund sieht in ihr eine "Abart der Parodie", allerdings nur in seinem Buch *Gegengesänge*[12], seine eigentliche Argumentation geht eher in eine andere Richtung. So betont er die angestrebte neue Einheit der Kontrafaktur zwischen dem Nachgeahmten oder Übernommen sowie dem Neuen: "Die Kontrafaktur soll eine neue ästhetische Einheit von imitierten, veränderten und hinzugefügten Elementen darstellen, von einer Disharmonie der Strukturschichten kann man nur sprechen, wenn die Einheit nicht erreicht ist."[13] Diese kann es aber bei der Parodie nicht geben, da der Kontrast zwischen Übernommenem und Abgewandeltem Ursache für ihre komische wie auch kritische Wirkung ist. Die Kontrafaktur ließe sich bereits auf dieser Grundlage eindeutig von der Parodie unterscheiden, was Rotermund aber nicht gelingt.

Zu stark orientiert er sich an der zeitgenössischen Begriffsverwendung, die, wie zuvor und auch von ihm gesagt, weder eindeutig noch gleichförmig oder gar stringent ist. Entsprechend wechselt er in der Benennung einer mehrfach gleich beschriebenen Kunstform zwischen Parodie und Kontrafaktur, die ich gerne einzig der Kontrafaktur zuschreiben möchte: "Die Nähe dieser fast kunsthandwerklichen, keinerlei Kritik der Vorlage implizierenden Parodierens zum Gesellschaftsspiel zeigt sich besonders im Königsberger Dichterkreis."[14] Hierauf beschränkt hätte die

12 E. Rotermund, *Gegengesänge*, op.cit., S. 17.

13 Ders., *Die Parodie in der neueren deutschen Literatur*, op.cit., S. 24.

14 Ders., *Gegengesänge*, op.cit., S. 20.

Kontrafaktur ihren Gegenstand nicht in dem Nachgeahmten, beziehungsweise in dem Gegenstand, von dem sie die Form hat. Sie nutzt nur die Vorlage als ein Schema, mit dessen Hilfe sie einen anderen Bereich darstellt.

Frank Wünsch wiederum weitet die Kontrafaktur auf jede Form der Übernahme strukturierender Elemente aus. Insgesamt leiden seine Ausführungen unter einem fehlenden systematischen Zugriff, was dazu führt, daß sich die verschiedenen Definitionen kaum voneinander trennen lassen und eine gewisse Unübersichtlichkeit entsteht. Dies hängt mit dem Problem zusammen, daß einige Formen der Nachahmung als Textsorte verstanden werden können oder wahlweise auch als Technik. Für die Unterscheidung zwischen der Parodie und ihrer Verwandtschaft ist dies ein von den meisten Theoretikern erkanntes Problem in der Sekundärliteratur, die sich häufig darüber uneins ist, ob etwa die Travestie oder auch die Kontrafaktur eine Technik oder eine Textform ist. Es ist ein prinzipielles Problem in der terminologischen Unterscheidung, das zu Unübersichtlichkeiten und Widersprüchlichkeiten führt. Entsprechend prinzipiell sollte man daher diese Unterscheidung zwischen Technik und Textform aufgeben oder besser noch: aufheben. Versteht man die Parodie als eine Funktionsweise von Zeichen und Zeichensystemen, entfällt diese Art der Unterscheidung. Eine Parodie ist ein Text, der in dieser Weise funktioniert, und gleiches gilt für die Satire wie für die Travestie oder Kontrafaktur. Sollte ein größerer Text verschiedene Funktionsweisen beinhalten, ist einfach Abzuwägen, welche auch situativ am wichtigsten und hervorstechendsten ist, so daß man ihn vorzugsweise Parodie oder anders nennt.

Freund und Wünsch sehen offensichtlich in der Parodie eher eine Textform und in den anderen genannten Weisen der Nachahmung Verfahren oder Techniken. Letzterer führt einen Großteil seiner Kritik darüber, daß andere Theoretiker keine korrekte Zuordnung, meist zur Technik, vorgenommen haben. Für seine Definition ergibt sich daraus, daß sich die Parodie für ihre 'Absichten', die in Kritik oder Verulkung gesehen werden, dieser verschiedenen Techniken bedienen kann. Tauscht sie die Form, ist es eine Travestie-Parodie, tauscht sie den Inhalt ist es eine Kontrafaktur-Parodie. Nur ist man geneigt, Wünsch weit mehr als Freund, trotzdem Texte auch als Kontrafakturen und Parodien zu identifizieren, das heißt sie bestimmten Textsorten zuzuweisen, worin eine Inkonsequenz liegt, die vor allem bei Wünsch zu Unübersichtlichkeiten führt: Da er nicht stringent bei der Einstufung zur Textsorte oder Technik bleibt und nicht entweder die Techniken *oder* die Textsorten voneinander absetzt, läßt sich die Satire als Technik mit der Kontrafaktur als Textform kombinieren.

Weil die verschiedenen Textsorten so nicht voneinander abgesetzt werden können, kann immer ein Begriff als Technik mit einem anderen als Textsorte verbunden werden. Es ergeben sich dann für die Kontrafaktur fast wie in der Kombinatorik beinahe alle Kombinationen untereinander, wie "parodistische und satirisch-parodistische Kontrafakturen", "Satirische, humoristisch-parodistische Kontrafakturen (= Satiren mit unabhängiger humoristisch-parodistischer Nebenintention)"[15], im Ganzen zehn verschiedene. Konsequenterweise hätte er dies auch für das Pastiche etwa als 'täuschende und/oder bewußt-nachbildende Kontrafaktur' machen müssen. Es bleibt ungeklärt, ob man in einem bestimmten Fall von einer Parodie oder einer Kontrafaktur sprechen soll, d.h. terminologisch korrekt von "Parodistisch-satirische[n] Kontrafakturen" oder "eigentliche[n], kritisch-satirische[n] Parodien"[16]. Im Ergebnis hebt dies durch wechselseitige Definitionsmöglichkeiten die Unterscheidung zwischen Satire, Parodie und Kontrafaktur in vielen Fällen auf. Zu seiner Verteididung ist zu sagen, das Wünsch dieses Problem nicht so sehr erzeugt wie übernommen hat. Er stützt sich häufig auf eine inhomogene Begriffsgeschichte, die keine saubere Unterscheidung zwischen Textsorte und Technik zuläßt, was noch in seinen Definitionsversuchen durchschlägt.

Entgegen Wünsch tendiere ich dazu, wie auch Grellmann oder Verweyen und Witting, die Kontrafaktur gegenüber der Parodie abzusetzen, unabhängig davon, daß dies in der Begriffsgeschichte nicht immer der Fall war. Sinnvoll ist dies, da die Kontrafaktur dazu dienen kann, viele der Parodie ähnlichen Texte zu etikettieren, die man aber mit Sicherheit nicht der Parodie zuordnen würde. In der Formulierung von Verweyen und Witting besteht für die Kontrafaktur eine "erkennbare Ausnutzung des kommunikativen Potentials einer Vorlage für eine eigene, nicht antithematisch auf die Vorlage beziehbare message"[17]. Wünsch nennt diese Definition ausdrücklich ein "Vehikel"[18], übersieht aber, daß sie auch seine

15 Frank Wünsch, *Die Parodie,* op.cit., S. 58.

16 Ibid., S. 53.

17 Th.Verweyen G.Witting, *Die Parodie in der neueren deutschen Literatur,* op.cit., S. 146.

18 Frank Wünsch, *Die Parodie,* op.cit., S. 46f u. 60f.

Subkategorie "B b) Satirische Kontrafakturen mit neutraler Einstellung zum Original"[19] umfaßt.

Wolfgang Kuhn macht in seinem Aufsatz *Was parodiert die Parodie*[20] den interessanten Vorschlag zu einer ähnlichen Definition der Kontrafaktur, so daß diese in seinem Beispiel auch Brechts *Großen Dankeschoral* umfassen würde. In dem Choral sieht Kuhn zwar die Verwendung der kirchlichen Liedvorlage, aber keine Kritik "an dem verwendeten Werk, seinem Dichter oder seinem Genre"[21]. Ob diese Lesart zwingend ist, soll an dieser Stelle nicht entschieden werden. Von Interesse ist vielmehr die sehr prägnante Definition der Kontrafaktur: "Kontrafaktur wäre also eine Imitation, bei der das Interesse des Senders (und des Empfängers) nicht primär auf die Vorlage und das, was sie repräsentiert, gerichtet ist."[22] Die Definition würde ich – abgesehen von dem Radiomodell – gerne übernehmen, insofern sie eine große Trennschärfe gegenüber der Parodie beinhaltet.

In gewisser Weise umgekehrt verhält es sich in der Arbeit von Beate Müller, da sie ganz praktisch die Kontrafaktur zur Parodie macht. So überrascht ihre drittes Analysebeispiel für die Parodie aus einem einfachen Grund. Der Text *The Reagan* ahmt die Struktur von Poes *The Raven* nach, hat aber Reagans Außenpolitik zum Thema. Was wird aber hier parodiert? Reagan parodieren heißt, Reagan nachahmen, und Poe parodieren heißt, Poe nachzuahmen. Es entsteht ein Spagat, in dem sich der Text gegen Reagan wendet, aber Poe nachahmt:

> Im Gegensatz dazu wird in 'The Reagan' nicht der Prätext, sondern etwas von ihm völlig Unabhängiges, nämlich ein aktueller politischer Mißstand – nämlich Reagans außenpolitische Angriffsbereitschaft – angeprangert. Quicks Parodie borgt sich gewissermaßen die Autorität und den hohen Bekanntheitsgrad von 'The Raven', um im Gewand dieser Aufmerksamkeit erregenden Form eine politische Aussage zu machen.[23]

Gegenstand der vermeintlichen Parodie ist hier nicht das Nachgeahmte. Es handelt sich in Übereinstimmung mit allen vorgestellten Definitionen

19 Frank Wünsch, *Die Parodie*, op.cit., S. 50.

20 Wolfgang Kuhn, "Was Parodiert die Parodie", in *Neue Rundschau* (1974), S. 600-618.

21 Ibid., S. 606.

22 Ibid., S. 606.

23 Beate Müller, *Intertextualität*, op.cit., S. 312.

um eine einfache Form der Nachahmung, in der nur der Inhalt ausgetauscht wurde: mithin eine klare Kontrafaktur oder Umdichtung. Frau Müller scheint der Überlegung aufgesessen zu sein, daß eine Parodie nachahmt und sich gegen etwas wendet, und daher alles, was Kritik und Nachahmung beinhaltet, eine Parodie sein muß. Die kontrastive Bezugnahme, als Ursache für die Kritik wie für Komik, kann nur gegenüber dem Nachgeahmten erfolgen, womit es sich in dem Beispiel eindeutig um eine Kontrafaktur handelt.

Sieht man einmal von dem letzten, recht deutlichen Fall ab, so muß man sagen, daß keine strenge, sich gegenseitig gänzlich ausschließende Trennung der verschiedenen Arten der Nachahmung aus der Literaturtheorie gelingt. Eine strenge Trennung ist nach meiner Kenntnis in der Literaturtheorie auch selten angestrebt worden. Immer sind einige Formen der Nachahmung als Technik oder Verfahrensweise eingestuft worden und einige eher als Textsorte. Am deutlichsten ist dies bei der Satire, die sich ganz verschiedener Formen der Nachahmung bedienen kann. Wie gesagt, gehört sie genaugenommen auch nicht zu den Formen der Nachahmung, da diese für die Satire nicht konstitutiv ist. Aber sie ist der Parodie dafür aufgrund anderer Merkmale ähnlich.

Demgegenüber wurde hier versucht, die Parodie aufgrund ihrer besonderen Weise der Nachahmung gegenüber den anderen Formen abzusetzen. Es sollte gezeigt werden, daß der kontrastive Bezug auf die nachgeahmte Vorlage als ihrem Gegenstand in dieser Weise einzig für die Parodie charakteristisch ist. Bei allen anderen Formen der Nachahmung stehen andere Aspekte im Vordergrund: bei der Kontrafaktur der Wechsel des Inhaltes bei der Beibehaltung der Form, bei der Travestie die Beibehaltung des Inhaltes zusammen mit einer neuen Form, bei dem Cento die Zusammensetzung aus verschiedenen Versatzstücken, bei dem Plagiat die verdeckte Nachahmung und bei der Pastiche die bloße Nachahmung formal-stilistischer Aspekte. In allen Fällen erlaubte die grobe Bestimmung der Bezugnahme eine kappe Definition der Begriffe, wobei sie hinsichtlich der Parodie auch abgegrenzt wurden.

Dies erscheint mir legitim zu sein, insofern eine angemessene Definition und bedeutungstheoretische Beschreibung über diese symboltheoretische Terminologie zu erreichen ist. Da es nicht die Absicht war, eine komplette Terminologie zu erzeugen, sondern bloß die Parodie gegenüber ähnlichen Begriffen abzusetzen, kann darauf verzichtet werden, weitere

Überlegungen darüber anzustellen, inwiefern sich auch diese voneinander, beispielsweise Kontrafaktur gegenüber Pastiche, unterscheiden lassen.

Weiterhin ist es durch diese Ausführungen zu dem häufiger angeführten Bezug auf die bisherige Verwendungspraxis der Parodie gekommen. Es läßt sich erkennen, wo das symboltheoretische Verständnis der Parodie mit anderen Definitionen konform geht und wo es ein meist engeres Verständnis erfordert.

Das Problem einiger Arbeiten, insbesondere wenn man sie miteinander vergleicht, zu beurteilen, was eine Textsorte und was eher ein Verfahren ist, stellt sich für einen symboltheoretischen Ansatz in dieser Weise nicht. So handelt es sich im meiner Beschreibung der Parodie nicht um eine Textsorte oder Technik, sondern eine symboltheoretische Funktions- und Verwendungsweise von Zeichen und Zeichensystemen.[24] Und in dieser Hinsicht erfolgen auch die Unterscheidungen. Wünsch etwa unterscheidet Textsorten und Techniken auf eine Weise, die es ihm erlaubt, für Parodie, Kontrafaktur, Satire und andere Formen der Nachahmung jeweils Mischform anzugeben, so etwa die dreifache Vermischung in der "satirisch-parodistischen Kontrafaktur"[25]. Im Ergebnis gibt es Probleme bei der Identifikation eines Textes, die schon in den heterogenen Ursprung der Begriffe eingelegt sind und denen sich die Theoretiker nicht gänzlich entziehen können.

In diesem Zusammenhang sollte für die symboltheoretische Beschreibungsweise das selbe gelten, wie für die Identifikation von Kunstwerken: Auch hier gilt die Identifikation eines Textes als Parodie weniger als die Beschreibung seiner symboltheoretischen Funktionsweise. Für diese Analyse sind die besondere Weise der Bezugnahme sowie ihre interpretatorische Identifikation von Interesse. Dieser Ansatz ist damit weniger auf eine saubere Identifikation eines Textes ausgerichtet als auf seine bedeutungstheoretische Beschreibung. Ob etwa ein Roman, der parodistische Stellen enthält, oder ein Text, der parodiert und travestiert, Parodie, Travestie oder Roman genannt wird, berührt die Symboltheorie nicht. Es wird im Ein-

24 Dies kann unter anderem dem Umstand Rechnung tragen, daß sowohl bei Robert Musil, Thomas Mann, Bert Brecht oder auch Günther Grass die Parodie in einem nichtparodistischen Textzusammenhang eingelassen ist. Die Beschreibung der ästhetischen Funktion hat so stets Vorrang vor der eventuellen Identifikation eines Textes als Parodie.

25 Frank Wünsch, *Die Parodie*, op.cit., S. 51ff.

zelfall zu unterscheiden sein, ob die parodistische Lesart so bestimmend ist, daß man den ganzen Text entsprechend klassifizieren will, oder die der Travestie.

Von allen bisher genannten Formen der Nachahmung läßt sich die Parodie gut absetzen. Nicht so einfach ist dies mit der letzten noch ausstehenden Ähnlichkeitsbeziehung. Aufgrund der symboltheoretischen Zugangsweise besteht die terminologisch gesehen größte Nähe der Parodie nicht zur Kontrafaktur, die einige Theoretiker auch mit ihr verwechseln, sondern zu der *Variation*. Für die Variation ist die Kenntnis der Vorlage notwendig; sie muß erkennbar sein, als eine Variation von etwas. Was die Bezugnahme betrifft, stellt sich die Variation als eine knifflige Sache heraus. Goodman nennt sie ganz passend eine *kontrastive Exemplifikation*[26], bei der sowohl der Bezug auf die Vorlage als auch der Unterschied wichtig ist. Die Variation muß ihrer Vorlage, wie auch die Parodie, in gewisser Hinsicht ähnlich sein, sich aber auch von ihr unterscheiden, wobei sie ihre Bedeutung aus dem Verhältnis oder der Differenz von ihr erlangt. Ihren Gegenstand scheint sie gleichfalls auf eine bestimmte Weise in ihrer Vorlage zu haben. So handelt es sich bei der Variation gewissermaßen um einen Vergleich unter einem besonderen, einschränkenden Gesichtspunkt: dem Thema. Man könnte vielleicht etwas ausweichend sagen, daß der Gegenstand der Variation dieses Thema ist, das sich in irgendeiner Weise formal auszeichnen lassen muß. Hierin liegt eine große Nähe zur Improvisation, die sich mit Bezug auf die Umgangssprache ein wenig aufschlüsseln läßt. So handelt es sich um eine "Improvisation von" aber eine "Variation über" ein Thema. Bei ersterer zählt die fortschreitende Abwandlung und Umgestaltung (unter bestimmten formalen[27] Gesichtspunkten), aber der Rückbezug auf den Ausgang ist etwas anders.

Der Variation würde man keine komische oder kritische Intention unterstellen. Allerdings soll dies nicht das Kriterium sein, sondern die Art und Weise der Bezugnahme. Entsprechend zeigt sich auf dem Hintergrund dieser Überlegungen die Parodie als ein Spezialfall der Variation, wie dies bereits Goodman ausführt:

26 N. Goodman, *Revisionen*, op.cit., S. 93ff.

27 Auch die 'freie' Improvisation bedient sich eines Vorrates an Darstellungsmustern bzw. Schemata, deren Auswahl nicht durch ein bestimmtes, in diesem Falle normatives, Musikverständnis eingeschränkt werden.

> Eine Parodie auf ein Werk erfüllt gewöhnlich die formalen Erfordernisse für eine Variation. Aber während eine Variation stets eine Variation über ein Thema oder ein Werk ist, kann Parodie eine Parodie über (oder auf) einen Stil oder ein ganzes Korpus von Werken sein; und die exemplifizierten und die kontrastiv exemplifizierten Merkmale sind Merkmale, die den Werken innerhalb ihres Korpus gemeinsam sind.[28]

Diese Antwort, daß eine Parodie andere Gegenstände als die Variation haben *kann*, ist unbefriedigend und für eine Bestimmung der Parodie als besonderer Form der Variation ungeeignet, obwohl man intuitiv beide sehr gut unterscheiden kann. Dies sieht auch Goodman so:

> Natürlich unterscheidet sich der Sinn und der Zweck einer Parodie sehr von dem üblichen Variationen. Dies mag uns daran erinnern, daß ich bis jetzt das Warum von Variationen nicht diskutiert habe – was sie leisten, wie sie gebraucht werden, welche Rolle sie in der Kunst spielen.[29]

Aufgrund der angestellten Überlegungen läßt sich sagen, daß die Parodie sowas wie eine Subkategorie der Variation ist. Sie ist deutlicher auf das bezogen, was sie nachahmt. Eine Variation hat ihren Gegenstand nicht einzig in der Vorlage und leitet auch keine geänderte Sichtweise von ihr ein. Den Reiz der Variation macht mit Sicherheit die Abweichung aus. Aber es ist das Besondere der Parodie, in übersteigerter Form das zu exemplifizieren, was an der Vorlage unter dem Aspekt der Richtigkeit und der Angemessenheit anders gesehen werden sollte.

Vielleicht etwas spät, dafür aber auf Grundlage des Erarbeiteten, sind einige Anmerkungen zur Wahl und der genaueren Bestimmung des Gegenstandes zu machen. So ist der Parodist Robert Neumann in gewisser Weise ein Sonderfall, zumindest ein vergleichsweise seltenes Exemplar des Genres. Ausgesprochene Parodisten gibt es wenige. Und selbst Neumann hat neben seinen Parodien auch Romane geschrieben, gerade die englischsprachigen durchaus mit größerem Erfolg. Bei seinen Romanen handelt es sich allerdings um eine unabhängige literarische Entwicklung, bei der der Romancier und der Parodist nebeneinander stehen. Dies ist in mehrerer Hinsicht ungewöhnlich. So trifft man weit häufiger auf den

28 N. Goodman, *Revisionen*, op.cit., S. 102.
29 Ibid., S. 102.

umgekehrten Fall, bei dem ein Romancier, Erzähler oder anderer Literat *auch* Parodist ist. Dies trifft beispielsweise auf Bert Brecht, Thomas Mann, Heinrich Heine oder auch Günther Grass zu, der in *Hundejahre* eine längere Parodie über Heidegger geschrieben hat. Neben den zahlreichen Gelegenheitsparodisten gibt es mit den Genannten eine größere Anzahl von Autoren, bei denen die Parodie in größere Textzusammenhänge eingelassen ist. Zum Teil lassen sie sich auch gut aus dem ursprünglichen Textzusammenhang lösen, wie es Brechts *Hauspostille*[30] zeigt. In anderen Fällen sind sie mit dem Werk auf eine Weise verbunden, die dessen Kenntnis zwingend voraussetzt. Bei Mann und Musil kommt den parodistischen Sequenzen darüber hinaus eine ganz bestimmte Funktion innerhalb eines differenzierten Ironiekonzeptes zu.

Prinzipiell sind auch diese Parodien den diskutierten Ansatz zugänglich, da auch sie symboltheoretisch gesehen nicht anders funktionieren und die Parodie als eine Funktionsweise von Zeichen konzipiert wurde. Theoretisch gesehen ist dies sogar einfacher, da durch die Einlassung in einen umfassenderen Text der Kontext wie der Hintergrund in einem stärkeren Maße angezeigt oder mitgegeben sind. In der Praxis hängt dies von der Komplexität des Werkes ab. In Robert Musils *Mann ohne Eigenschaften* gibt es immer wieder Konzeptionen von Personen, die eindeutig parodistische Züge tragen. Neben der Figur des Salondichters mit dem sprechenden Namen "Feuermaul" ist es vor allem die Figur Dr. Arnheims, die auch als eine Parodie auf Walther Rathenau zu verstehen ist. Komplex ist dies, insofern sich die Funktion der Figur innerhalb des Romans keineswegs darauf beschränkt, eine Parodie auf die reale Person zu sein. Für Musil bildet Arnheim einen bestimmten bürgerlichen Archetyp einer neuen Zeit, den in seinem Gesellschaftsbild des untergehenden Kakanien eine Schlüsselrolle zukommt.[31] Zudem liegt dem Gesamtentwurf des Entwurfes des Romans ein differenziertes und vielschichtiges Ironieverständnis zugrunde. Entsprechend diffizil ist die Einordnung des parodistischen Momentes, in dem sicherlich keine einfache Antipathie gegenüber der Figur oder mittelbar gegenüber Rathenau liegt.

30 Bertolt Brecht, *Hauspostille. Mit Anleitungen, Gesangsnoten und einem Anhange*, Frankfurt am Main 1999.

31 Vgl. "Die drei Ursachen von Armheims Berühmtheit und das Geheimnis des Ganzen", in Robert Musil, *Der Mann ohne Eigenschaften*, Reinbek 1987, S. 190ff.

Für den hier vertretenen Ansatz ist es, wie bereits angemerkt, ohnehin unerheblich, ob es sich um eine Parodie als eine Textsorte gegenüber anderen handelt, um einen abgeschlossen Text oder eine Sequenz innerhalb eines Romans oder eines Theaterstückes. In allen Fällen ist es eine bestimmte Art und Weise, in der Zeichen funktionieren und auf andere Zeichen(systeme) oder Gegenstände bezogen sind. Und diese Funktionsweise läßt sich als Parodie oder parodistisch auszeichnen und beschreiben. Auch wenn es die Bedeutungsbeschreibung der Parodie ist, die hier zentral ist, sollte der Frage nachgegangen werden, ob sich auf dieser Grundlage auch eine Differenzierung der Parodie als Textsorte gegenüber ähnlichen erreichen läßt. Die Kategorisierungsleistung ist im Rahmen der Konzeption nur ein Nebeneffekt, die trotz der weitgehenden Beschränkung auf einen 'reinen' Parodisten darauf ausgerichtet ist, jede parodistische Zeichenverwendung bzw. Interpretation in ihrer Bedeutung zu beschreiben.

IV. Zur Methodik des Ansatzes und seiner Weiterführung

Die Parodie ist als Thema für die Auseinandersetzung mit der analytischen Ästhetik sehr konkret, aber auch spezifisch. Die Überlegung war, daß sich das Konzept in der Auseinandersetzung mit dem Gegenstand der Literaturwissenschaften zu bewähren hat. Trotz der guten Umsetzbarkeit des Ansatzes stellt sich die Frage, wie es um seine Verallgemeinerbarkeit bestellt ist. Um mit Goodman zu sprechen, betrifft dies die Güte der Probe. Was an einem geschickt gewählten Beispiel gelingt, kann durchaus ein Einzelfall bleiben.

Folgerichtig schließt sich dann die Frage an, wie es sich mit anderen literaturwissenschaftlichen Fragestellungen verhält. Sowohl die Symboltheorie Goodmans wie der konstruktive Schemainterpretationismus von Lenk haben einen allgemeinen oder schwach universalistischen Anspruch. Dies legt eine breite Verwendbarkeit innerhalb der Literaturwissenschaften nahe.

Auf dieser Grundlage könnte sich das Vorgehen der Literaturwissenschaften in etwa folgendermaßen darstellen lassen. Für Goodman wie für Lenk sind Schemata (auch) kulturell angeeignet und Teil einer jeweiligen interpretativen Kompetenz. Beide sind aber nicht in der Lage, diese Schemata in einem konkreten Fall zu identifizieren, d.h. zu entscheiden, was ein relevantes oder bedeutsames Schema in der Literatur oder den anderen Künsten ist. Diese soziale Verankerung der Symbolsysteme oder Schemata ist nun der Punkt, an dem sowohl die jeweiligen Kunst- und Literaturwissenschaften anschließen könnten als auch einige soziologische Theorien. In diesem Rahmen wäre es die Aufgabe etwa der Literaturwissenschaft, die relevanten ästhetischen Ausdrucksformen zu ermitteln, die beispielsweise eine Epoche, einen bestimmten Autoren oder ein wie mehrere Werke auszeichnen, die zeit- wie kulturvariant oder invariant sind. Auch in diesem Falle handelt es sich um ein genuin interdisziplinäres Unterfangen, bei dem nicht etwa die Literaturwissenschaft in der Soziologie aufgeht. Auch fundiert keine der beiden Wissenschaft die andere.

Es besteht seitens eines Schemainterpretationismus keinerlei Vorgaben darüber, welcher Art die zu diskutierenden Schemata sind, ob sie einer

Klassifizierung zu einer bestimmten Textsorte dienen oder der Bestimmung wiederkehrender Darstellungsweisen und ihrer Variation in verschiedenen Werken. Ein solcher Ansatz umfaßt alle Arten stilistischer Verallgemeinerung in der Verarbeitung eines Themas, variierender Anwendung bestimmter und zu bestimmender Muster, wie es der Arbeit in den vergleichenden Literaturwissenschaften in etwa entspricht. Nur beschränkt sich die Analyse nicht auf ästhetisch-stilistische Aspekte ihrer Gegenstände, was als Rückschritt hin zu einer Form-Inhalt Dichotomie zu verstehen wäre. Kunstwerke sind in diesem Rahmen durch ihre kognitive Funktion ausgezeichnet als einer Interferenz des oder der ästhetischen Schemata mit ihrem Gegenstand. Hierin, in diesem konstitutiven Verweisspiel, realisiert sich ihre Bedeutsamkeit, die es hermeneutisch zu rekonstruieren gilt. Was ein wichtiges Schema ist, sei es für das Verständnis eines oder mehrerer Werke, eines Autoren, eines Zeitabschnittes, eines Motivs oder anderem, kann und soll nicht von Seiten der Philosophie, der Psychologie oder der Soziologie vorentschieden werden, sondern ist das Ergebnis der literaturwissenschaftlichen Auseinandersetzung mit dem Gegenstand.

Es ist ein Zusammenspiel zwischen bestimmten Erkenntniszielen, einem wissenschaftlichen Selbstverständnis und dem oder den jeweiligen Gegenständen. In diesem Rahmen gilt es, an der Literatur aufzufinden und festzuhalten, was sich an ihr bedeutsam zeigt. Auch auf dieser wissenschaftlichen Metaebene handelt es sich um einen konstruktiven Schemainterpretationismus, bei dem das Ergebnis ein eingespieltes und stabilisiertes Schema ist, entstanden aus einem bestimmten interpretativen Zugriff vor einem Hintergrund in einem bestimmten Kontext.

Im Ergebnis erhält man stets aufgrund der kognitionstheoretischen Ausrichtung eine Beschreibung der Bedeutung des Ästhetischen, die sie gerade in ihrer Beziehung zu den anderen Weisen der Weltwahrnehmung bestimmt. Damit versteht sich diese Arbeit als Teil einer neueren Entwicklung nicht nur in den Geistes-, Sprach- und Sozialwissenschaften, in denen bekannte und vielfach überkommene Problemstellungen und begriffliche Unterscheidungen nicht mehr übernommen werden und auf Grund eines neuen Vokabulars (re-)formuliert werden. Mit Goodman ist dies unter anderem die kategorische Trennung von Kunst und Wissenschaft und damit verbunden die von wissenschaftlicher und ästhetischer Bedeutung. Mit der konsequenten Abkehr von einen naiven Realismus und einem emphatischen Begriff der Wahrheit hin zu einem Interpretationismus ist der Grundstein gelegt für vielfältige Untersuchungen der Bedeutung des Ästhetischen, im Bereich der Kunst wie dem der Alltagswelt.

Entsprechend war es ein Ziel der Arbeit, zu zeigen, wie diese geänderten Fragestellungen zu einer Um- und Neubewertung bestimmter Gegenstände führt. Hier war es die Parodie, die zumindest in der wissenschaftlichen Literatur kaum eine angemessene Beschreibung ihrer ästhetischen Bedeutung fand.

Das Besondere dieser Konzeption ästhetischer Bedeutung bleibt es ästhetische Gegenstände in ihrer jeweiligen Bedeutsamkeit für einen Interpreten analysierbar zu machen. Und dies nicht in einer verallgemeinernden Form, sondern in einer, die offen ist für die vielfältigen Erfahrungen, die man etwa in der Kunst machen kann, und die ihre verschiedenartigen Bedeutungen zu erhellen versucht, die sie hat. Sie ist offen gegenüber unterschiedlichen Verständnissen von Kunst oder dem Schönen wie auch gegenüber verschiedenen Weltbildern, gegenüber denen diese ihre Bedeutung entfalten. Das Konzept sollte ein kognitionstheoretischer Beitrag, den das Ästhetische für unsere Sicht der Dinge hat.

Die vorgestellte Verbindung aus der allgemeinen Symboltheorie Nelson Goodmans und dem konstruktiven Schemainterpretationismus erscheint mir auch für weitere Arbeiten vielversprechend, insbesondere über einen engeren Bereich der Kunst hinaus alles ästhetisch Wahrgenommene betreffend. Aufgrund ihrer Offenheit gegenüber verschiedenen Anwendungen wird es von weiteren Arbeiten abhängig sein, ob auf der Basis einer so verstandenen Analytischen Ästhetik ein umfassender Beitrag für die Beschreibung der Bedeutung von Literatur geleistet werden kann.

Nachwort: Ästhetische Symbolisierung als interpretative Strategie

Es ist keine seltene intellektuelle Erfahrung, daß Theorien über Ästhetik, aber auch der Literaturwissenschaften eine wirklich gehaltvolle anwendungsbezogene Ausrichtung fehlten. Man fragt sich oft, wie sie in ihrem Gegenstandsbereich fruchtbar werden sollen. Andererseits bleiben die anwendungsbezogen Untersuchungen oft blind gegenüber dem Erfordernis, ihren Inhaltsanalysen einen theoretischen Zuschnitt zu geben. Sicher sind sich heute die meisten Kollegen in Sachen Ästhetik und Literaturwissenschaft darüber einig, daß beides erforderlich ist, ein theoretischer Zugang zu dem Gegenstandsbereich und eine inhaltliche Ausrichtung der Analyse. In diesem Sinne gilt nach wie vor der Satz Kants, wenn wir ihn auch heute etwas anders terminologisch formulieren würden, daß Anschauung ohne Verstand blind und Verstand ohne Anschauung leer ist. Diejenigen, die einen größeren Zeitraum in dem Auf-und-Ab in den Literaturwissenschaften in den letzten dreißig Jahren erlebt haben, sind mit der Karriere der unterschiedlichsten Ansätze vertraut, wie z.B. marxistische, psychoanalytische, analytische, strukturalistisch-, hermeneutische, poststrukturalistische, postmoderne Ästhetiken und Literaturtheorien, die sich in ihren verheißungsvollen Ansprüchen dann doch schnell, wiederum auf nicht zufällige Weise, erschöpften. Heute scheinen die Konjunkturen der "grand theories", man könnte auch sagen der großen Metaerzählungen der Literaturwissenschaft, eher rückläufig und man hat ihren eigentlichen Gegenstand wieder entdeckt. Dadurch ist eine andere, auch von dem schwer einlösbaren Anspruch dieser "Theorien" befreite, Grundsituation entstanden. In dieser Situation sind aus meiner Sicht Untersuchungen erforderlich, die auf mehreren Beinen stehen. Das ist kein einfach zu erfüllendes Anliegen.

Die von Georg Peter vorgelegte Untersuchung verbindet eine analytische Vorgehensweise mit einer inhaltlichen Überprüfung seines schrittweise entwickelten Ansatzes. Die Symboltheorie von Nelson Goodman ist für ihn der systematische Ausgang, von der aus er sein theoretisches Rahmenwerk entwickelt. Dabei ist hervorzuheben, daß der theoretische Anschluß an Goodman nicht generell versucht, eine Übereinstimmung mit den Literaturwissenschaften herzustellen – ein Vorgehen, die notgedrungen zu Schieflagen führen würde –, sondern der Anschnitt wird derart vorgenommen, daß die verwendeten Ansätze dazu herangezogen werden, um sie für die Problemstellungen der Literaturwissenschaften zu nutzen. Die Vorgehensweise ist vom grundsätzlichen her gesehen, daran orientiert, daß eine analytische Ästhetik sich an ihren Gegenständen zu bewähren hat. Analytische, sprachphilosophische oder theoretische Ansätze, aus welchen Disziplinen auch immer, haben ihre Verwendbarkeit im Rahmen der Literaturwissenschaften, somit objekttheoretisch und nicht nur metatheoretisch, darzutun. Damit setzt sich die Untersuchung nicht den Einwänden gegen weniger erfolgreiche früherer Versuche aus, elaborierte Ansätze anderer Disziplinen, z.B. in der Linguistik u.a., in den Literaturwissenschaften ins Spiel zu bringen.

Die frühen analytischen Ansätze haben einen wichtigen Gesichtspunkt in das Verständnis von Kunstwerken eingebracht: Kunst läßt nicht durch eine besondere Eigenschaft *Kunst zu sein* auszeichnen. D.h. es läßt sich keine bestimmte Menge von Merkmalen angeben, die sozusagen Kunst als Kunst definieren. Es betrifft dies vor allem eine Kritik an einem essentialistischen Kunstbegriff, wie er z.B. auch noch in Deutschland seid den 50er Jahren in der Folge Martin Heideggers ontologischem Verständnis von Kunst nachwirkte. Der analytische Ansatz verfährt in der Weise, daß er nicht Kunstwerke selbst zum Thema macht, sondern unsere Rede über Kunst. Über die Kritik an einem essentialistischen Kunstbegriff hinaus konnte sich dieser Ansatz allerdings nicht als fruchtbar erweisen.

Um eine Engführung dieses Ansatzes zu vermeiden, wird demgegenüber ein anderer Weg eingeschlagen, der als eine Fortführung, wenn auch mit einer veränderten Fragestellung, analytischer Ansätze einzustufen ist: Nelson Goodmans Symboltheorie wird als Ausgang für eine Ausarbeitung der Grundbegriffe seiner interpretativen Strategie ausgewählt, da dieser Ansatz nicht das Reden über Kunst in den Mittelpunkt stellt, sondern die "Bedeutung des Kunstwerks".

Goodmans Symboltheorie verbindet erkenntnis-, wissenschafts-, zeichen- und sprachtheoretische Fragestellung, die ihrerseits in eine interdisziplinäre Forschung (Project-Zero) eingebunden waren. Sie eignet sich deshalb besonders gut zur theoretischen Orientierung. Hervorzuheben ist dabei, daß Goodmans Ansatz von Interesse ist, da er mit einem erweiterten Symbolbegriff die kognitive Wirksamkeit eines Kunstwerkes im

Blick hat. Für seine Deutung als Kunstwerk ist demnach die symbolische Funktion eines Objektes ausschlaggebend. Kunstwerke haben damit den selben Status wie etwa auch wissenschaftliche Theorien: beide gehören symboltheoretisch gesprochen zu unseren "Weisen der Welterzeugung".

Nicht nur abbildende, sondern auch nichtabbildende Werke der Kunst, wie zum Beispiel gegenstandslose Bilder oder Werke der Architektur besitzen eine symbolische Verfassung. Es ist insofern erforderlich, eine genauere Untersuchung des Begriffs der Exemplifikation und der damit zusammenhängenden Probleme vorzunehmen. Dies betrifft zum Beispiel die Frage: In welcher Weise sind Eigenschaften eines Gegenstandes so herausgegriffen, daß sie etwas exemplifizieren resp. bedeuten? Das betrifft auch das Problem der Analyse der Beziehung zwischen dem Exemplifizierenden und seinem symbolischen Gehalt bzw. dem metaphorisch Exemplifizierten, beispielsweise der vom Objekt besessenen und exemplifizierten Eigenschaft "rot" und zum Beispiel der metaphorisch exemplifizierten Ausdruckseigenschaft "feurig" oder als Aufforderung im Straßenverkehr "Halt!".

Dem Anschluß an Goodmans kognitiver Ästhetik kommt nach meiner Sicht eine besondere Bedeutung zu, da man nicht umhinkommt rückblickend festzustellen, daß Goodmans Kunsttheorie im deutschen Sprachraum weniger glücklich rezipiert wurde. Es gab bis heute letztlich keinen fruchtbaren Anschluß an diesen Ansatz. Um Schwächen von Goodmans Symboltheorie und ihrer Anwendung in der Literaturwissenschaft auszugleichen, ist ihre Ergänzung durch eine interpretative Strategie mit Hilfe der konstruktiven Schematinterpretationismus von Hans Lenk ein fruchtbare Vorgehensweise. Um was geht es dabei? Es handelt sich, das ist hervorzuheben, um noch nicht hinreichend erörterte und geklärte Fragen von Goodmans kognitiver Ästhetik und Symboltheorie: Goodmans Exemplifikationsbegriff führt dahingehend zu einen gewissen Problem, wenn wir danach fragen, wie wir die Beziehung zwischen der bloßen Eigenschaft von etwas – somit einer Merkmalsselektion – und seiner Symbolhaftigkeit (Symbolgehalt, dem Bedeuten) zu fassen haben. Welche Eigenschaften sind aus der Menge von Eigenschaften, die ein Gegenstand hat, für seine Funktion als Kunstwerk somit bedeutsam?

Goodman neigt bei der Beantwortung dieser Frage dazu, sich mit einem bloßen Verweis auf eine vorgängige Interpretationspraxis zurückzuziehen, was nicht in jedem Fall eine überzeugende Antwort ist.

Goodman hat seinerseits herausgestellt, daß die ästhetische Symbolisierung eine Gesamtheit von Merkmalen und ihre Komposition betrifft und nicht nur am Beispiel jeweils einzelner Merkmale resp. Merkmalsselektionen funktionieren kann. Wir können das auch so formulieren: Die Exemplifikation ist nicht epistemologisch *primär* und zudem *theoriefrei* zu erstellen, sondern kann nur funktionieren durch den *Bezug* des für den Leser (Hörer, Betrachter) *neuen Ausdrucks* zu einer bereits *bekannten Intension eines Ausdrucks* seiner eigenen Sprache. Fragen wir dann "Woher hat dieser bekannte Ausdruck seine schon bekannte Intension?", z.B. "Der rote Bildton bedeutet feurig", so wird man sicher nicht antworten "durch Exemplifizierung", sondern man wird auf das Hintergrundwissen (die Hintergrundtheorie) des Hörers zurückgreifen müssen. Insofern lassen sich z.B. auch Prädikate wie "rot", "drei Meter lang", "... schwerer als ..." u.a. eben gerade nicht durch Exemplifizierung definieren.[1] Die Exemplifikation setzt damit immer schon eine Interpretationspraxis voraus.

Eine Erweiterung von Goodmans Symboltheorie durch eine darüberhinausgehende interpretative Strategie ist dadurch begründet, daß die ästhetische Symbolisierung nicht eine Auswahl von Merkmalen im Sinne von Klassifizierungen, sondern eine interpretative Strategie der *Charakterisierung von Symbolisierungen* im allgemeinen betrifft und zwar gleichgültig, ob es sich um eine ästhetische oder eine andere Symbolisierung handelt.

Das heißt aber, es geht um die Konstruktion und das Ausprobieren von theoretischen Ansätzen, die uns in die Lage versetzen, triftige intendierte Interpretationen der Charakterisierung von Symbolisierungen nicht nur herauszufinden (im Sinne eine Auffindens), sondern sozusagen allererst rekonstruktiv *zu erstellen*. Dabei denke ich weniger an Fortführungen oder Anschlüsse an den Verstehensbegriff der philosophischen Hermeneutik, der sicherlich schwer einen Universalanspruch einlösen kann. Das können wir auf dem Forschungsstand seit den frühen 70er Jahren wissen. Man könnte dieses Problem noch einmal so umschreiben, wobei man sich einfachheitshalber Goodmans Terminologie bedienen kann: Nicht die

1 Durch Exemplizierungen (ostensive Definitionen) wird eben gerade nicht die Intension eines Ausdrucks festgelegt. Siehe dazu ausführlich und im Hinblick auf die theoretische Lösung dieses Problems W.K. Essler et.al., *Theorie und Erfahrung*. Eine Einführung in die Wissenschaftstheorie, Alber Studienbuch, Karl Alber Verlag, Freiburg/München 2000, S. 56-59.

Merkmalsselektion ist das Problem der Exemplifizierung, sondern eine interpretative Strategie würde denotierende Symbole als "Etiketten" (Charakterisierungen wie zum Beispiel Beschreibungen oder Abbildungen) bezeichnen und diese wiederum von exemplifizierenden Symbolen unterscheiden.

Davon ist dann auch die Weise der Bezugnahme – auch für die ästhetische Symbolisierung – betroffen. Diese "Etiketten" wären dann die intendierten Interpretationen eines symbolischen Gehalts resp. einer Bedeutung. Erst wenn wir soviel in der Hand haben, können intendierte Interpretationen aufgefunden werden.

Mit Hilfe von Lenks konstruktivem Schemainterpretationisms an dieser Stelle weiterzuarbeiten ist insofern glücklich gewählt und zwar nicht nur deshalb, da Lenks Interpretationstheorie erst am Anfang seiner Rezeption steht, sondern Lenks Ansatz eignet sich auch dazu, Goodmans Symboltheorie durch interpretative (hermeneutische) Gesichtspunkte der Analyse von Symbolisierungen zu ergänzen. In der aktuellen Kognitionspsychologie verankert verfügt Lenk über einen Goodmans Symboltheorie korrespondierenden umfassenden Interpretationsbegriff. In der Folge läßt sich dann Goodmans Begriff des Symbolsystems durch den Schemas ersetzen resp. erweitern. "Weltversionen", in der Terminologie Goodmans, wären dann als Interpretationsschemata analysierbar und mit ihnen die Vorgängigkeit einer Interpretationspraxis wie auch die für das Verständnis von Kunst notwendige "Ästhetische Kompetenz".

Die vorliegende Untersuchung ist in der Präparierung dieses Stücks besonders umsichtig, da die interpretative und hermeneutische Ergänzung einer Symboltheorie noch kein Argument dafür ist, daß ein solcher Ansatz sich auch für die Literaturwissenschaft als fruchtbar erweisen wird. Insofern hat eine schema-interpretiv gewendete Symboltheorie ihre Ergiebigkeit in der Literaturanalyse, somit objekttheoretisch, zu erweisen, sei es in ihren Vorzügen, sei es in ihren Schwächen.

Für instruktiv halte ich auch den vorgelegten Beitrag zur Analyse von Metaphern. In der Debatte unter analytischen Philosophen und Linguisten ging es seit den 70er Jahren dabei um das Problem, ob Metaphern eine eigene metaphorische Bedeutung haben. Bekannt geworden sind hier vor allem die Ansätze von Black, seine Interaktionstheorie, und Davidsons Zurückweisung von metaphorischer Bedeutung. Für eine Antwort auf die Frage, ob es so etwas wie eine metaphorische Bedeutung, neben der wörtlichen Bedeutung von Ausdrücken (Sätzen), gibt, erweist sich Goodman erkenntnistheoretische Ansatz des "Passens/Nicht-Passens" und Lenks Schemainterpretation durchaus als hilfreich. Mit diesen beiden Ansätzen kann die Antwort auf die Frage nach einer sprachanalytischen und linguistischen Analyse von metaphorischer Bedeutung von Ausdrücken (Sätzen) im engeren Sinn des Wortes sozusagen umschifft werden, da man die wörtliche Bedeutung unangetastet läßt. Eine schemaorientierte Analyse erlaubt es aber, die symbolische Funktion von Metaphern, z.B. neue Beschreibungen (Wahrnehmungen) anzuregen, einer Analyse zuzuführen. Man setzt sich somit nicht den Problemen aus, zusätzlich zu der wörtlichen Bedeutung noch eine weitere (sprachliche) Bedeutung, die metaphorische Bedeutung, nachzuweisen resp. analytisch in den Griff zu bekommen zu müssen.

Die vorliegende Untersuchung analysiert ihren theoretischen Ansatz bis zu einem Punkt, an dem er sozusagen auf mehr allgemeine Voraussetzungen von Symbol-, Text- und Schemainterpretation stößt. Das betrifft das Hintergrundwissen, die ästhetische Kompetenz, Bildkompetenz, die Hintergrund- resp. Prototheorien von Interpretation (Lesarten), aber auch den sozialen Habitus als ein gruppen-, schichtenspezifisches Verhaltens- und (Selektions-) Wahrnehmungsmuster. Die Aufgabe von Interpretation besteht in einem Verständlichwerdenlassen, gegebenenfalls auch in einer Bewertung von Äußerungen, Texten, Kunstwerken u.a., aber auch, um Goodmans Terminologie zu verwenden, in Angeboten auf das sich einlassen auf unterschiedliche Weise der Welterzeugung, sei es zur eigenen Korrektur, einer Horizonterweiterung oder zur Anregung der eigenen Kreativität. Vorausgesetzt wird dabei selbstredend immer auch ein entsprechendes Interesse. D.h. aber die Interpretation eines Verhaltens, eines Textes, einer sozialen Regelung oder einer gruppenspezifischen Praxis kann nur gelingen, wenn wir es in ein Muster einordnen resp. es gelingt, ein solches herausfinden. Dazu gehören auch die Hintergrundtheorien, die wir als annäherungsweise bekannt voraussetzen oder herauszufinden haben. Auch für Goodman spielt die Vertrautheit mit der Tradition in der ein Werk steht, somit das Hintergrundwissen, für sein Verständnis eine maßgebliche Rolle – ohne aus seiner Symboltheorie heraus einen analytischen Zugang geben zu können oder zu wollen.

Es liegt auf dem heutigen Forschungsstand nahe, dieses Problem in einer Abgrenzung zu Bourdieus Kunstsoziologie zu verdeutlichen, da eine schemaorientierter Ansatz die Engführungen einer Soziologisierung der Kritik der Urteilskraft vermeiden kann. Bourdieus besonderes Verdienst ist die Untersuchung der Stratifikation des französischen Bildungs- und Universitätssystems, z.B. unter dem Stichwort "Die Illusion der Chancengleichheit", "Die feinen Unterschiede" und des "homo academicus", das sich auch im Zuge seiner Reform nach dem zweiten Weltkrieg durch eine weitgehend schichtenspezifische Rekrutierung und Exklusion auszeichnet. Das ist eine Stärke seiner Untersuchungen, aber gerade diese "Stärke" könnte auch mit einer Einengung des Blickwinkels einhergehen.

Soweit wir Bourdieus Werk heute überblicken, lassen sich gewisse Spannung und vielleicht sogar Kohärenzprobleme zwischen einer Soziologisierung des Kunstverständnisses – Kunst als Medium sozialer Distinktion und der inflationären und deflationären Prozesse, denen es als solches Medium ausgesetzt ist – und dennoch seiner Forderung nach einer autonomen Kunst festhalten. Insgesamt ist an einem soziologischen Zugang soviel zutreffend, daß die gepflegte Semantik, die Überlieferungswürdigkeit von Kulturgut und die Erhaltung von bewahrenswerter Kommunikation einer sozialstrukturelle Erklärungen bedarf. Insofern stellt sich dabei auch immer die Frage: "Durch welche Strukturen und durch welche Mechanismen bewältigen soziale Systeme den funktionalen Imperativ der Beliebigkeitseinschränkung?"

Es sind somit drei oft vermengte Problembereiche der Kunstinterpretation grundsätzlich zu unterscheiden und für die inhaltliche Analyse fruchtbar zu machen:

1. die kompositorischen Zusammenhänge, die das Kunstwerk selbst zwischen seinen Bestandteilen herstellt, dies betrifft auch seine Komplexität im Sinne der kompositorischen Anordnung seiner Elemente, über die es seine kognitve (symbolische) Wirkung gewinnt, und

2. der für die Rezeption notwendigen vorgängigen Interpretationspraxis, was den Kunstgeschmack als ein Medium sozialer Distinktionen und ihrer schichtenspezifischen, auch institutionellen, Abgrenzungen – somit ihrer Mitgliedschaftsbedingungen – mit einschließt; sei es durch Verhalten, Sprachgebrauch und der Regelung des Zugangs zu bestimmten Institutionen und Karrieren etc., und

3. der "kognitiven Wirksamkeit" bzw. der Bedeutung, die ein Kunstwerk oder eine ästhetische Erfahrung gegenüber ihrem Gegenstand entfaltet, die mittelbar zu einer Veränderung, Erweiterung, Pointierung, Ver-

kürzung oder auch nur zu einer Bestätigung bestimmter Wahrnehmungs- und Interpretationsweisen führt.

Diese Gesichtspunkte können je nach dem verfolgten Erkenntnisinteresse unterschiedlich gewichtet sein; sie ergänzen und stützen sich aber auch in der jeweiligen Analyse eines ausgewählten Gesichtspunkts als Gegenstand literaturwissenschaftlicher, kunsttheoretischer, kunstsoziologischer und ästhetischer Untersuchungen. Letztere müssen nicht unbedingt Kunstwerke oder Literatur zu ihrem Gegenstand haben; sie sind somit nicht auf Produkte eingeschränkt, die zur gepflegten Semantik von Kennerschaft gehören.

Es ist aus meiner Sicht keine geringe Originalität als einen Anwendungsbereich eines symbol- und schematheoretischen Anschnitts in den Literaturwissenschaften die Parodien von Robert Neumann auszuwählen. Sie sind sozusagen die Probe darauf, wie tragfähig sich der entwickelte theoretische Ansatz herausstellt. Wobei die Betonung auf Probe liegt, nicht im Sinne eines Belegs, da sich bei der Probe gleichzeitig Korrekturen, Erweiterungen, Umstrukturierungen oder eine Aufgabe von theoretischen Annahmen ergeben kann. Die Probe aufs Exempel ist also zugleich der Ausblick auf die mögliche Fortentwicklung des Ansatzes. Die Parodie ist auch deshalb für eine derartige Probe gut geeignet, da man eher dazu neigt, diese Literatursorte als weniger vollwertige Literatur einzustufen. Nicht zuletzt ist diese "Probe auf das Exempel" glücklich gewählt, da sie zu einer Auseinandersetzung mit der Parodie selbst führt.

Der Übergang zu der Parodieanalyse mit den erarbeiteten symbol- und schematheoretischen Mitteln wird durch folgende Bezugsprobleme hergestellt: 1. Analog zu der Frage von Goodman "Wann ist Kunst" wird untersucht "Wann ist ein Text eine Parodie". Es ist also herauszufinden, *wann* eine symbol- und schematheoretische Analyse die Funktion eines Textes als Parodie erklärt. 2. Die Weisen der Bezugnahme (Goodman) werden dazu herangezogen, um zu verdeutlichen, *wie* sich eine Parodie auf ihren Gegenstand bezieht. Dies betrifft eine Kategorisierung der Parodie im Unterschied zu anderen Textsorten. 3. Der Ansatz der Probe wird dazu herangezogen, um die *kognitive Funktion* der Parodie zu bestimmen. Damit kann zugleich geklärt werden, *welche* Wahrnehmungsweise eines Gegenstandes die Parodie nahelegt, wobei die ästhetische Bedeutung von Parodie sozusagen zwischen einer Probe und dem weitergehenden Interpretationsschema entsteht. 4. Die kognitive Funktion ästhetischer Werke, in diesem Fall der Parodie, wird an einem besonderem *In-Beziehung-Setzen* von zwei Symbolsystemen nachgewiesen als kontrastiver Gegenüberüberstellung von Paroide ind Parodiertem, wobei das Problem des Passens/Nicht-Passens die Frage betrifft, inwieweit die Parodie mittelbar zu einem angemessen Verständnis eben des Parodierten hinzuführen sucht. 5. Die Frage nach den jeweiligen Prototheorien (*Hintergrundtheorien*) betrifft dann eine poetische (ästhetische) Kompetenz oder Urteilskraft, die für die Literaturwissenschaft von generellem Interesse ist, da sie die historischen, sozialen, theoretisch kompositionellen Voraussetzungen des Verstehens z.B. in diesem Fall von Kunstwerken betrifft. Bei Parodien wird dies in einer besonderen Weise deutlich, da sie als Resonanzboden starke soziale Abgrenzungen und Verwerfungen voraussetzen, die sie sozusagen plausibilisieren und für das Erfassen der intendierten Interpretation eine einzubeziehende Voraussetzung sind.

Dabei geht es um eine grundlegende Differenzierung der Analysedimensionen zwischen der tradierten, gepflegten oder schöpferischen Interpretationspraxis als Hintergrund und der Selektion der kompositorischen Merkmale von Kunstwerken, somit um Hintergrundtheorien, die das Kunstwerk selbst betreffen. Somit haben Hintergrundwissen, Interpretationspraxen und eine angemessene Interpretation eines Kunstwerkes selbst bei der Lösung der Aufgabe von Interpretation und dem Herausfinden von ästhetischer Bedeutung (Symbolisierung) zusammenzuspielen. In diesem Zusammenhang wird ein modifizierter Begriff von Exemplifizierung eine Rolle spielen, wobei wir die Funktion dieses Begriff aber *nicht* als Herstellungsverfahren, sondern nur als *Auffindungs*verfahren von Symbolisierung einzustufen haben. Daran wird noch einmal ersichtlich, welche Rolle die Symboltheorie Goodmans und ihre schematheoretische Erweiterung für die gesamte Untersuchung spielt.

Insgesamt wurde ich im Nachvollzug der vorgelegten Ergebnisse in der Überzeugung bestärkt, das sich interdisziplinär ausgerichtete Forschungen als innovativ erweisen können. Die Untersuchung ist zu Recht als einen Beitrag zu einer kognitiven Ästhetik in einem wohlverstandenen Sinne zu verstehen. Ein Ansatz, den es sicherlich lohnt weiterzuverfolgen.

Gerhard Preyer,
J.W. Goethe-Universität,
Frankfurt am Main

V. Literaturverzeichnis

Abel, Günter: *Interpretationswelten: Gegenwartsphilosophie jenseits von Essentialismus und Relativismus*, Frankfurt am Main 1995.

– : "Unbestimmtheit der Interpretation", in: *Distanz im Verstehen. Zeichen und Interpretation II*, hg. von Josef Simon, Frankfurt am Main 1995, S. 43-71.

Ach, Manfred u. Manfred Bosch (Hrsg.): *Gegendarstellungen. Autoren korrigieren Autoren. Lyrische Parodien.*, Andernach 1974.

Adorno, Theodor W.: *Ästhetische Theorie*, Frankfurt am Main 1973.

Anton, Bernd: *Romantisches Parodieren. Eine spezifische Erzählform der deutschen Romantik*, Diss., Bonn 1979.

Assmann, Aleida u. Jörg Huber (Hrsg.): *Raum und Verfahren*, Frankfurt am Main 1993.

Arntzen, Helmut: *Gegenzeitung*, Heidelberg 1964.

Bartlett, F.C.: *Remembering: A Study in Experimental and Social Psychology*, New York 1967.

Bartsch, Kurt: *Die Hölderlinie, deutsch-deutsche Parodien*, Berlin 1983.

Beardsley, Monroe C.: "Die metaphorische Verdrehung", in: A. Haverkamp (Hrsg.), *Theorie der Metapher*, Darmstadt 1983, S. 120-141.

Benn, Gottfried: *Gesammelte Werke in acht Bänden*, Wiesbaden 1968.

– : *Gedichte*, Auswahl und Nachwort von Christoph Perels, Stuttgart 1988.

Berger, Peter L.: *Erlösendes Lachen. Das Komische in der menschlichen Erfahrung*, Berlin, New York 1998.

Bertau, Marie-Cécile: *Sprachspiel Metapher. Denkweisen und kommunikative Funktion einer rhetorischen Figur*, Opladen 1996.

Bieler, Manfred: *Walhalla. Literarische Parodien*, Hamburg 1988.

Black, Max: "Die Metapher", in: Anselm Haverkamp (Hrsg.), *Theorie der Metapher*, Darmstadt 1983, S. 55-79.

– : "Mehr über die Metapher", in: Anselm Haverkamp (Hrsg.), *Theorie der Metapher*, Darmstadt 1983, S. 380-413.

Blumauer, A.: *Vergils Aneneis travestiert*, hg. von E. Grisebach, Leibzig 1872.

Blumenberg, Hans: *Paradigmen zu einer Metaphorologie*, Frankfurt am Main 1998.

Bohrer, Karl-Heinz: *Plötzlichkeit. Zum Augenblick des ästhetischen Scheins*, Frankfurt am Main 1981.

Bourdieu, Pierre: *Die feinen Unterschiede. Kritik der gesellschaftlichen Urteilskraft*, Frankfurt am Main 1987.

– : "Die historische Genese einer reinen Ästhetik", in: Gunther Gebauer und C. Wulf, *Praxis und Ästhetik*, Frankfurt am Main 1993, S. 14-32.

– : "Flaubert eine Sozioanalyse", in: *Sprache im technischen Zeitalter*, Heft 102-103 (1987).

– : "Sagten sie 'populär'?", in: Gunther Gebauer u. Christoph Wulf, *Praxis und Ästhetik. Neue Perspektiven im Denken Pierre Bourdieus*, Frankfurt am Main 1993, S. 72-92.

– : *Zur Soziologie der symbolischen Formen*, Frankfurt am Main 1994[5].

– : *Die politische Ontologie Martin Heideggers*, Frankfurt am Main 1984.

– : *Praktische Vernunft. Zur Theorie des Handelns*, Frankfurt am Main 1998.

BRADIE, Michael: "Models and Metaphors in Science: The metaphorical Turn",in *Protosociology 12, After the Received View – Developments in the Theory of Science* (1998), hg. von G.Preyer, G. Peter u. A. Ulfig, S. 305-318.

– : "Models, Metaphors and Scientific Realism", in: *Nature and System 2* (1980), S. 3-20.

BRECHT, Bertolt: *Große kommentierte Berliner und Frankfurter Ausgabe*, hg. von Werner Hecht et.al., Frankfurt am Main 1988.

– : *Hauspostille. Mit Anleitungen, Gesangsnoten und einem Anhange,* Frankfurt am Main 1999.

BRUYN, Gunter de (Hrsg.): *Das Lästerkabinett. Deutsche Literatur von Auerbach bis Zweig in der Parodie*, Leibzig 1972.

– : *Maskeraden*, Halle 1966.

BÜRGER, Christa: *Textanalyse und Ideologiekritik. Zur Rezeption zeitgenössischer Unterhaltungsliteratur*, Frankfurt am Main 1980 (Reprint, Original Frankfurt am Main 1973).

BUSCHENDORF, Bernhard: *Goehtes mysthische Denkform. Zur Ikonographie der Wahlverwandtschaften*, Frankfurt am Main 1986.

CARNAP, Rudof: *Der logische Aufbau der Welt*, Frankfurt am Main u.a.O. 1974.

– : "Überwindung der Metaphysik durch logische Analyse der Sprache", In: *Erkenntnis*, Band 1 (1930), S. 219-241.

CHANDLER, Raymond: "Bier in der Mütze des Feldwebels"[Hemingway-Parodie], in: ders., *Englischer Sommer*, Zürich 1980, S. 155-158.

CRAIG, Edward: *Was wir wissen können. Pragmatische Untersuchungen zum Wissensbegriff*, Frankfurt am Main 1993.

CYTOWIC, Richard E.: *Farben hören, Töne schmecken – Die bizarre Welt der Sinne*, Berlin 1995.

DANTO, Arthur C.: "Basic Actions", in: *American philosophical quarterly* 2 (1965), S. 141-148.

– : *Die philosophische Entmündigung der Kunst*, München 1993.

– : *Reiz und Reflexion, Kunst in der historischen Gegenwart*, München 1993.

– : *Die Verklärung des Gewöhnlichen, Eine Philosophie der Kunst*, Frankfurt am Main 1991.

DAVIDSON, Donald: "Dialectic and Dialog", in: G. Preyer, F. Siebelt, A. Ulfig (Hrsg.), *Language, Mind and Epistemology. On Donald Davidson's Philosophy*, Dordrecht 1994, S. 429-438.

– : "Dialektik und Dialog", Rede anläßlich der Verleihung des Hegel-Preises 1992, in: ders., u. H.D. Fulda, *Dialektik und Dialog*, Frankfurt am Main 1993, S. 7-23.

– : *Der Mythos des Subjektiven. Philosophische Essays*, Stuttgart 1993.

– : "Reply to Oliver Scholz", in: Ralf Stöcker (Hrsg.), *Reflecting Davidson*, Berlin 1993, S. 171-173.

– : *Wahrheit und Interpretation*, Frankfurt am Main 1985.

DERRIDA, Jaques: *Grammatologie*, Frankfurt am Main 1983.

DEWEY, John: *Kunst als Erfahrung*, Frankfurt am Main 1988.

– : *Die Suche nach Gewißheit*, Frankfurt am Main 1998.

DOUGLAS, Mary u. David Hull (Hrsg): *How Classification Works : Nelson Goodman Among the Social Sciences*, New York 1993.

DÜRR, Renate u. Hans Lenk: "Referenz und Bedeutung in interpretatorischer Sicht", in: Josef Simon (Hrsg.), *Distanz im Verstehen. Zeichen und Interpretation II*, Frankfurt am Main 1995, S. 105-129.

DÜRRENMATT, Friedrich: *Theaterprobleme*, Zürich 1955.

ECO, Umberto: *Apokalyptiker und Integrierte. Zur kritischen Kritik der Massenkultur*, Frankfurt am Main 1986.

– : "Die ästhetische Botschaft", in: D. Henrich und W. Iser (Hrsg.), *Theorien der Kunst*, Frankfurt am Main 1992, S. 404-428.

– : *Einführung in die Semiotik*, München 1972.

– : *Das offene Kunstwerk*, Frankfurt am Main 1977.

– : *Grenzen der Interpretation*, München 1992.

ELGIN, Catherine Z. (ed.): *Nelson Goodman's New Riddle of Induction* (Philosophy of Nelson Goodman, 2), Indianapolis 1997.

– (ed.): Nelson *Goodman's Philosophy of Art* (Philosophy of Nelson Goodman, 3) Indianapolis 1997.

– (ed.): *Nelson Goodman's Theory of Symbols and Its Applications* (Philosophy of Nelson Goodman, 4), Indianapolis 1997.

Dies.: *With Reference to Reference*, Indianapolis 1983.

FLACIUS Illyricus, *De ratione cognoscendi sacras literas. Über den Erkenntnisgrund der heiligen Schrift*, Düsseldorf 1968.

FLÖGEL, C.f.: *Geschichte der komischen Literatur*, 4 Bände, Leipzig 1784-1787.

FRANK, Manfred. *Was ist Neostrukturalismus*, Frankfurt am Main 1991, S. 147-164.

FREUND, Winfried u. Walburga Freund-Spork: *Deutsche Prosaparodien*, Stuttgart 1989.

FREUND, Winfried: *Die literarische Parodie*, Stuttgart 1981.

– :"Die Parodie in der Kinder- und Jugendliteratur", in: *Lexikon der Kinder- und Jugendliteratur* Bd.4, hg. von K. Doderer, Weinheim 1982.

GADAMER, Hans-Georg: *Wahrheit und Methode*, Tübingen 1990[6].

GABRIEL, Gottfried u. Christian Schildknecht (Hrsg): *Literarische Formen der Philosophie*, Stuttgart 1990.

– : "Nelson Goodman: *Weisen der Welterzeugung*", in: *Philosophische Rundschau*, Jg. 33 (1986), S. 48-55.

GANS, Grobian: *Die Ducks. Psychogramm einer Sippe*, (Copyright by Wissenschaftliche Verlagsanstalt zur Pflege des deutschen Sinngutes im Heinz Moos Verlag), Reinbek 1972.

GAST, Wolfgang: *Parodie. Deutsche Literatur- und Gebrauchsparodien mit ihren Vorlagen, Arbeitstexte für den Unterricht*, Stuttgart 1989.

GEBAUER, Gunther u. Christoph Wulf: *Praxis und Ästhetik. Neue Perspektiven im Denken Pierre Bourdieus*, Frankfurt am Main 1993.

GEORGE, Stefan: *Werke*, Düsseldorf-München 1958.

GOEHTE, Johann Wolfgang von, *Gedenkausgabe der Werke, Briefe und Gespräche*, hg. von Ernst Beutler, Zürich 1961.

GOMBRICH, Ernst H.: *Kunst und Illusion. Zur Psychologie der bildlichen Darstellung*, Köln und Berlin 1967.

– .:"Norm und Form", in: Dieter Henrich und Wolfgang Iser (Hrsg.), *Theorien der Kunst*, Frankfurt am Main 1992, S. 148-178.

– , Julian Hochberg, Max Black: *Kunst, Wahrnehmung und Wirklichkeit*, Frankfurt am Main 1977.

– :"The 'What' and the 'How': Perspektive Representation and the Phenomenal World", in: Richard Rudner and Israel Scheffer (eds.), *Logic and Art. Essays in Honor of Nelson Goodman*, Indianapolis 1972, S. 129-149.

GOODMAN, Nelson: "Kunst und Erkenntnis", in: D. Henrich u. W. Iser (Hrsg.), *Theorien der Kunst*, Frankfurt am Main 1992, S. 569-592.

– : *Languages of Art*, Indianapolis 1968 und Cambridge 1976[2],

– : *Problems and Projects*, Cambridge Mass. 1972.

– u. Catherine Elgin. *Revisionen. Philosophie und andere Künste und Wissenschaften*, Frankfurt am Main 1993.

– : "Science and Simplicity", in: S. Morgenbesser (ed.), *Philosophy of Science Today*, New York 1967, S. 68-78.

– : *Sprachen der Kunst. Entwurf einer Symboltheorie*, übersetzt und mit einem Nachwort von Jürgen Schläger, Frankfurt am Main 1973. – : *Sprachen der Kunst. Entwurf einer Symboltheorie*, übersetzt von Bernd Phillipi, Frankfurt am Main 1995[2].

– : *Tatsache, Fiktion, Voraussage*, Frankfurt am Main 1988.

– : *Vom Denken und anderen Dingen*, Frankfurt am Main 1987.

– : *Weisen der Welterzeugung*, Frankfurt am Main 1990.

GRELLMANN, Hans: "Parodie", in: *Reallexikon der deutschen Literaturgeschichte*, hg. von Paul Merker und Wolfgang Stammler, Bd. 2, Berlin 1926, S. 630-653.

GREWENDOF, Günther, Fritz Hamm u. Walter Sternefeld: *Sprachliches Wissen. Einführung in moderne Theorien der grammatischen Beschreibung*, Frankfurt am Main 1987

GUMPPENBERG, Hans: *Das Teutsche Dichterroß. In allen Gangarten vorgeritten*, München 1971.

HABERMAS, Jürgen: *Die Theorie des kommunikativen Handelns*, Frankfurt am Main 1981.

– : *Vorstudien und Ergänzungen zur Theorie des kommunikativen Handelns*, Frankfurt am Main 1995.

HARTMANN, Dirk u. Peter Janich: *Methodischer Kulturalismus. Zwischen Naturalismus und Postmoderne*, Frankfurt am Main 1996.

HAVERKAMP, Anselm: "Einleitung in die Theorie der Metapher", in: ders., *Theorie der Metapher*, Darmstadt 1983.

– , *Theorie der Metapher*, Darmstadt 1983.

HEINE, Heinrich: *Die romantische Schule*, mit einem Nachwort von Norbert Altenhofer, Frankfurt am Main 1987.

– : *Buch der Lieder*, Historisch kritische Gesamtausgabe der Werke Bd.1, hg. von Manfred Windfuhr, Hamburg 1975.

HINTIKKA, Merril B. und Jaakko: *Untersuchungen zu Wittgenstein*, Frankfurt am Main 1990.

HUNTER, John F.M.: "Forms of Life in Wittgenstein's Philosophical Investigations", in: E.D. Klemke (Hrsg.), *Essays on Wittgenstein*, Illinois 1971, S. 273-289.

– : "The motley Forms of Life in the later Wittgenstein", in: G. Preyer/G. Peter/ A. Ulfig (Hrsg.), *Protosoziologie im Kontext. Lebenswelt und System in Philosophie und Soziologie*, Würzburg 1996, S. 228-241.

ISER, Wolfgang: *Das Fiktive und das Imaginative. Perspektiven literarischer Anthropologie*, Frankfurt am Main 1993.

– , "Das Komische: ein Kipp-Phänomen", in: W. Preisendanz u. R. Warning, *Das Komische*, München 1976.

– und D. Henrich: *Theorien der Kunst*, Frankfurt am Main 1992.

JANCH, Peter: "Die Rationalität der Naturwissenschaften", in: G. Preyer, G. Peter u. A. Ulfig (Hrsg.): *Protosoziologie im Kontext.* Lebenswelt *und* System *in Philosophie und Soziologie*, Würzburg 1997, S.133-150

JANSSEN, Paul: "Lebenswelt, Wissen und Wissenschaft – Möglichkeiten ihrer Konstellation", in: G. Preyer, G. Peter u. A. Ulfig (Hrsg.): *Protosoziologie im*

Kontext. Lebenswelt *und* System *in Philosophie und Soziologie*, Würzburg 1997, S. 184-201.

JARCHOW, Klaus u. Hans-Gerd Winter: "Pierre Bourdieus Kultursoziologie als Herausforderung der Literaturwissenschaften", in: *Praxis und Ästhetik. Neue Perspektiven im Denken Pierre Bourdieus*, hg. von G. Gebauer und Christoph Wulf, Frankfurt am Main 1993, S. 93-134.

JAUß, Hans Robert: "Literaturgeschichte als Provokation der Literaturwissenschaft", in: ders., *Literaturgeschichte als Provokation*, Frankfurt am Main 1970.

– : "Reflexives Lachen", in: W. Preisendanz u. R. Warning (Hrsg.), *Das Komische*, München 1976.

JOAS, Hans: *Pragmatismus und Gesellschaftstheorie*, Frankfurt am Main 1992.

KANT, Immanuel: *Kritik der Urteilskraft*, Werkausgabe Bd. X (hg. v. Wilhelm Weischedel, Frankfurt am Main 1979.

KARRER, Wolfgang: *Parodie, Travestie, Pastiche*, München 1977.

KÄSTNER, Erich: *Gesammelte Schriften für Erwachsene*, Zürich 1969.

KAYSER, Wolfgang: *Kleine deutsche Versschule*, Bern 1987[23].

KERNBERG, Otto F.: *Wut und Haß. Über die Bedeutung von Aggression bei Persönlichkeitsstörungen und sexuellen Perversionen*, Stuttgart 1997.

KILLY, Walter: "Versuch über den literarischen Kitsch", *Deutscher Kitsch. Ein Versuch mit Beispielen*, Göttingen 1962, S. 9-33.

KLIBANSKY, Rayond, Erwin Panowsky u. Fritz Saxl: *Saturn und Melancholie. Studien zur Geschichte der Naturphilosophie und Medizin, der Religion und der Kunst*, Fankfurt am Main 1992.

KOEPPEN, Wolfgang: *Das Treibhaus*, Frankfurt am Main 1980.

KOPPE, Franz (Hrsg): *Grundbegriffe der Ästhetik*, Frankfurt am Main 1983.

– : "Kunst als entäußerte Weise, die Welt zu sehen. Zu Nelson Goodman und Arthur C. Danto in weitergehender Absicht", in: ders. (Hrsg), *Perspektiven der Kunstphilosophie: Texte und Diskussionen*, Frankfurt am Main 1991.

– (Hrsg): *Perspektiven der Kunstphilosophie: Texte und Diskussionen*, Frankfurt am Main 1991.

KLIBANSKY, Raymond. Erwin Pnofsky und Fritz Saxl: *Saturn und Melancholie. Studien zur Geschichte der Naturphilosophie und Medizin, der Religion und der Kunst*, Frankfurt am Main 1992.

KÖHLER, Peter: "Mein Kopf ist leer oder Wie ich einmal Ephraim Kishon war", in: Jürgen Roth, Klaus Bittermann (Hrsg.), *Sorge Dich nicht, lese! Zweiunddreisig Glossen gegen Bestseller*, Berlin 1997, S. 32-34.

KUHN, Thomas S., *Die Struktur wissenschaftlicher Revolutionen*, Frankfurt am Main 1967.

KUHN, Wolfgang: "Was parodiert die Parodie", in: *Neue Rundschau* 85 (1974), S. 600-618.

LAKOV, George und Mark Johnson: *Metaphors we live by*, University of Chicago 1980.

LAUSBERG, Hans: *Elemente der literarischen Rhetorik*, München 1963.

LEHMANN, Paul, *Die Parodie im Mittelalter*, München 1928.

LENK, Hans: *Interpretation und Realität. Vorlsungen über Realismus in der Philosophie der Interpretationskonstrukte*, Frankfurt am Main 1995.

– : *Interpretationskonstrukte. Zur Kritik der interpretatorischen Vernunft*, Frankfurt am Main 1993.

– : "Interpretationen als Interpretationskonstrukte", in: Josef Simon (Hrsg.), *Zeichen und Interpretation*, Frankfurt am Main 1994, S. 36-56.

– : "Interpretationskonstrukte: Zur Methodologie der Sozialwissenschaften", in: *Soziologie 1/2 -95, Mitteilungsblatt der Deutschen Gesellschaft für Soziologie*, 1995.

– : *Philosophie und Interpretation. Vorlesungen zur Entwicklung konstruktivistischer Interpretationsansätze*, Frankfurt am Main 1994.

– : *Schemaspiele. Über Schemainterpretation und Interpretationskonstrukte*, Frankfurt am Main 1995.

– : *Von Deutungen zu Wertungen. Eine Einführung in aktuelles Philosophieren*, Frankfurt am Main 1994.

LIEDE, Alfred: "Parodie", in *Reallexikon der deutschen Literaturgeschichte*, Bd. 3, hrsg,. von Werner Kohlschmidt und Wolfgang Mohr, Berlin 1966[2], S.12-72..

LINDNER, Burkhardt: "Kuckuckseier und Stinkbomben", *Frankfurter Rundschau* Nr. ? vom 19. November 1983, S. 4.

LÜDEKING, Karl Heinz: *Analytische Philosophie der Kunst*, Frankfurt am Main 1988.

LUHMANN, Niklas: *Die Gesellschaft der Gesellschaft*, Frankfurt am Main 1998.

– : *Die Kunst der Gesellschaft*, Frankfurt am Main 1997.

– : *Die Realität der Massenmedien*, Opladen 1996[2].

MACCORMACK, E.: *A Cognitive Theory of Metaphor*, Cambridge 1987.

MARTENS, Ekkehart (Hrsg.). *Pragmatismus. Ausgewählte Texte von Ch. S. Peirce, W. James, F.C.S. Schiller*, J. Dewey, Stuttgart 1992.

MAUTHNER, Fritz: *Nach berühmten Mustern. Parodistische Studien*, Stuttgart/Berlin/Leibzig 1897.

MENKE, Christoph: *Die Souveränität der Kunst: ästhetische Erfahrung nach Derrida und Adorno*, Frankfurt am Main 1991.

MILLER, Max u. Jürgen Weissenborn: "Sprachliche Sozialisation", in: *Handbauch der Sozialisationsforschung*, hg. von Klaus Hurrelmann u. Dieter Ulich, München 1990.

MORGENSTERN, Christian: *Alle Galgenlieder*, Zürich 1981.

MUSIL, Robert: *Der Mann ohne Eigenschaften*, hg. von Adolf Frisé, Reinbek bei Hamburg 1978.

– , *Nachlaß zu Lebzeiten*, Reinbek bei Hamburg 1962.

NEUMANN, Robert. *An den Wassern von Babylon*, München 1998.

– : *Die dunkle Seite des Mondes*, München 1959.

– : *Der Favorit der Königin*, München 1996.

– : *Mit fremden Federn*, Stuttgart 1927, Nachdruck: Stuttgart 1985.

– : *Mit fremden Federn. Der Parodien zweiter Band*, Wien 1955.

– : *Nie wieder Politik oder Von der Idiotie der Schriftsteller. Eine Krankengeschichte mit vielen grausigen Beispielen und einem unpolitischen Anhang: Konfrontationen*, München, Wien Basel 1969.

– : *Ein leichtes Leben*, Gesammelte Werke in Einzelausgaben, München 1963.

– : *Die Parodien*, Gesammelte Werke in Einzelausgaben, München 1962.

– : *Nie wieder Politik*, München 1963.

– : *Meisterparodien*, hg. von Jens Jessen, Zürich 1988.

– : *Unter falscher Flagge. Ein Lesebuch der deutschen Sprache für Fortgeschrittene*, Leipzig 1932.

NOZIK, Robert: "Goodman, Nelson, on Merit, Aesthetic", in *Journal of Philosophy* 69 (1972), S. 783-785.

VAN NOPEN, Jean : *METAPHOR: A Bibliography of Post -1970 Publications*, Amsterdam 1985.

– , Jean Pierre u. Edith Hols. *METAPHOR II: A Classified Bibliography of Publications 1985-1990*, Amsterdam 1990.

OESTERDIEKHOFF, Georg W.: *Kulturelle Bedingungen kognitiver Entwicklung. Der strukturgenetische Ansatz in der Soziologie*, Frankfurt am Main 1997.

ORTH, Wolfgang: "Die Lebenswelt als unvermeitliche Illusion? Husserls Lebensweltbegriff und seine kulturpolitischen Weiterungen", in: G. Preyer, G. Peter u. A. Ulfig (Hrsg.): *Protosoziologie im Kontext.* Lebenswelt *und* System *in Philosophie und Soziologie*, Würzburg 1997, S. 28-40.

PABLÉ, E.: *Ad Absurdum. Parodien dieses Jahrhunderts*, München 1968.

PEPPER, Stephen: *World Hypothesis*, Berkeley 1970.

PETER, Georg: "Die Nebenbeschäftigung der Symbole: Zu Wahrheit und Funktion der Metapher", in: G. Preyer, G. Peter, A. Ulfig, *Protosoziologie im Kontext, 'Lebenswelt' und 'System' in Philosophie und Soziologie*, Würzburg 1996, S. 251-266.

– : "Zu Richtigkeit und Interpretation der Metapher: kognitive Funktion und rekonstruktive Schemainterpretation", in: Gerhard Preyer, Maria Ulkan, Alexander Ulfig (Hrsg.), *Intention – Bedeutung – Kommunikation. Kognitive und handlungstheoretische Grundlagen der Sprachtheorie*, Opladen 1997, S. 195-216.

PREISENDANZ, Walter u. Rainer. Warning: *Das Komische*, München 1976.

– , "Reflexive Komik", in: H. Weinrich (Hrsg.), *Positionen der Negativität*, München 1975.

PREYER, Gerhard. Georg Peter u. Alexander Ulfig (Hrsg.). *After the Received View. Developments in the Theory of Science, ProtoSociology* Vol. 13 (1998).

– , Georg Peter u. Alexander Ulfig (Hrsg.): *Protosoziologie im Kontext.* Lebenswelt *und* System *in Philosophie und Soziologie,* Würzburg 1997.

PUTNAM, Hilary: *Vernunft, Wahrheit und Geschichte.* Frankfurt am Main 1990.

QUNINTILIANUS, Marcus Fabius: *Insitutionis oratoriae libri XII,* hg. von H. Rahn, Darmstadt 1972.

RESCHER, Nicolas: "Conceptual Schemes", in: Peter French et.al. (eds.), *Midwest Studies in Philosophy V. Studies in Epistemology,* Minneapolis 1980, S. 323-343.

RIHA, Karl: "'Durch diese hohle Gasse muß er kommen', Deutsche Klassikerparodien", in: ders., *Kritik, Satire Parodie,* Opladen 1992, S. 37-68.

ROLLINS, Mark (ed.): *Danto and his Critics,* Cambridge Mass., 1993.

RORTY, Richard: "Der Fortschritt des Pragmatisten", *Merkur 12* (1993), S. 1030ff.

– : *Kontingenz, Ironie und Solidarität,* Frankfurt am Main 1990.

ROSE, C.: "Nature as aesthetic object. An essay in meta-aesthetics", in: *British Journal of Aesthetics* 16 (1976), S. 2-28.

ROTERMUND, Erwin: *Gegengesänge. Lyrische Parodien vom Mittelalter bis zur Gegenwart,* München 1964.

– : "George-Parodien", in: *George Kolloquim,* hg. von Ernst Heftrich et.al., Köln 1971, S. 213-230.

– : *Die Parodie in der neueren deutschen Lyrik,* München 1963.

ROTH, Jürgen u. Klaus Bittermann: *Sorge Dich nicht, lese! Zweiunddreißig Glossen gegen Bestseller,* Berlin 1997.

RUDNER, Richard and Israel Scheffer (eds.): *Logic and Art, Essays in Honor of Nelson Goodman,* Indianapolis 1972.

– : "On Seeing What We Shall See", in: Richard Rudner and Israel Scheffer (eds.), *Logic and Art, Essays in Honor of Nelson Goodman,* Indianapolis 1972, S. 163-194.

RÜHMKORF, Peter: "Auf eine Weise des Josef Freiherrn von Eichendorff", in: ders. *Kunststücke. Fünfzig Gedichte nebst einer Anleitung zum Widerspruch.* Reinbek 1962.

– : *Kunststücke. Fünfzig Gedichte nebst einer Anleitung zum Widerspruch.* Reinbek 1962.

– : *Über das Volksvermögen. Exkurse in den literarischen Untergrund,* Reinbek bei Hamburg 1969.

SACHS-HOMBACH, Klaus: "Mentale Simulation – Eine neue Gestalt der Hermeneutik?", in: *Neue Realitäten. Herausforderungen der Philosophie,* hg. von der Allgemeinen Gesellschaft für Philosophie in Deutschland e.V., Berlin 1993, S. 168-175.

SAUPE, Dieter: *Autorenbeschimpfung und andere Parodien.* Bern/München/Wien 1969.

SCHILLER, Friedrich: *Über naive und sentimentalische Dichtung*, Stuttgart 1978.

SCHLEIERMACHER, Friedrich D.E.: *Hermeneutik und Kritik*, hg. von Manfred Frank, Frankfurt am Main 1977.

Schmidt, Siegfried J.: "Komik im Beschreibungsmodell kommunikativer Handlungsspiele", in: W. Preisendanz u. R. Warning (Hrsg.), *Das Komische*, München 1976, S. 172-184.

SCHNÄDELBACH, Herbert: "Normativität und Rationalität", in: ders., *Zur Rehabilitierung des* animal rationale. *Vorträge und Abhandlungen 2*, Frankfurt am Main, S. 79-103.

SCHNEIDER, Hans Julius: "'Syntaktische Metaphern' und ihre begrenzende Rolle für eine systematische Bedetungstheorie", in: *Deutsche Zeitschrift für Philosophie* 41 (1993), S. 477-486.

SCHOLZ, Oliver R.: *Bild, Darstellung, Zeichen: Philosophische Theorien bildhafter Darstellungen*, Freiburg/München 1991.

SCHULLER, Marianne: "Bilder – Schrift – Gedächtnis. Freud, Warburg, Benjamin", in: Aleida Assmann, Jörg Huber (Hrsg.), *Raum und Verfahren*, Frankfurt am Main 1993.

SEEL, Martin: "Am Beispiel der Metapher: Zum Verhältnis von buchstäblicher und figürlicher Rede", in: Forum für Philosophie Bad Homburg (Hg), *Intentionalität und Verstehen*, Frankfurt am Main 1990 S. 239-273.

– : "Arthur C. Danto: die Verklärung des Gewöhnlichen", in: *Philosophische Rundschau* 32 (1985). S. 265-70.

– : *Eine Ästhetik der Natur*, Frankfurt am Main 1991.

– : *Ethisch-ästhetische Studien*, Frankfurt am Main 1996.

– : *Die Kunst der Entzweiung. Zum Begriff der ästhetischen Rationalität*, Frankfurt am Main 1985.

– : "Kunst, Wahrheit, Welterschließung", in: Franz Koppe (Hrsg), *Perspektiven der Kunstphilosophie: Texte und Diskussionen*, Frankfurt am Main 1991, S. 36-80.

– : "Über Richtigkeit und Wahrheit: Erläuterungen zum Begriff der Wahrheit", in: *Deutsche Zeitschrift für Philosophie* 41 (1993), S. 509-524.

SIMON, Josef (Hrsg.): *Distanz im Verstehen. Zeichen und Interpretation II*, Frankfurt am Main 1995.

SHIBLES, W.: *Metaphor: An Bibliography and History Annotated*, Wisconsin 1971.

SOKAL, Alan u. Jean Bricmont: *Eleganter Unsinn: Wie die Denker der Postmoderne die Wissenschaften mißbrauchen*, München 1999.

STAIGER, Emil: *Zeit und Zeitgeist*, Zürich 1964.

STEGMÜLLER, Wolfgang: *Hauptströmungen der Gegenwartsphilosophie*, Band I+II, Stuttgart 1987[8].

STERNHEIM, Carl: *Gesamtwerk*, hg. von Wilhelm Emrich, Neuwied 1963.

TORBERG, Friedrich: *PPP. Pamphlete, Parodien, Post Scripta*, Gesammelte Werke in Einzelausgaben, München1964.

– : *Robert Neumann und die Kunst der Parodie*, Manuskript der Buchbesprechung, gesendet im Österreichischen Rundfunk, Radio Wien, am 6.Juli 1955.

– : *Voreingenommen wie ich bin. Von Dichtern Denkern und Autoren*, München 1991.

TOULMIN, Stephen: *Kosmopolis*, Frankfurt am Main 1991.

– : *The Philosophy of Science*, Cambridge 1953.

– : *Voraussicht und Verstehen*, Frankfurt am Main 1983.

TUCHOLSKY, Kurt: *Gesammelte Werke in zehn Bänden*. Hrsg. von Mary Gerold-Tucholksy und Fritz J. Raddatz, Reinbek 1975

ULFIG, Alexander: *Lebenswelt, Reflexion und Sprache. Zur reflexiven Thematisierung der Lebenswelt in Phänomenologie, Existenzialontologie und Diskurstheorie*, Würzburg 1997.

– : *Lexikon der philosophischen Begriffe*, Eltville 1993, 1997^2.

– : "Präsuppositionen, Hintergrund und Lebenswelt", in: *Protosoziologie* Heft 5 (1993), S. 82-102.

VERWEYEN, Theodor u. Gunther Witting: *Die Parodie in der neueren deutschen Literatur*, Darmstadt 1979.

VERWEYEN, Theodor: *Eine Theorie der Parodie. Am Beispiel Peter Rühmkorfs*, München 1973.

VISCHER, Friedrich Theodor: *Faust. Der Tragödie dritter Teil*, hrsg von Fritz Martini, Stuttgart 1978.

WARBURG, Aby: *Ausgewählte Schirften und Würdigungen*, hg. von D. Wuttke, Baden-Baden 1979.

WARNING, Rainer: "Rituelles und reflexives Lachen", in: H. Weinrich, *Positionen der Negativität*, München 1975, S. 340-352.

– (Hrsg.): *Rezeptionsästhetik*, München 19?.

WARTOFSKY, Marx W.: "Representation and the Understanding", in: Richard Rudner and Israel Scheffer (eds.), *Logic and Art, Essays in Honor of Nelson Goodman*, Indianapolis 1972, S. 150-162.

WEDEKIND, Frank: *Gedicht und Lieder*, hg. von Gerhard Hay, Stuttgart 1984.

WEINGARTEN, Michael: "Anfänge und Ursprünge: Programmatische Überlegungen zum Verhältnis von logischer Hermeneutik und hermeneutischer Logik", in: Dirk Hartmann u. Peter Janich (Hrsg.): *Methodischer Kulturalismus. Zwischen Naturalismus und Postmoderne*, Frankfurt am Main 1996.

WEINRICH, Helmut (Hrsg.): *Positionen der Negativität*, München 1975.

WEITZ, Morris. "The Role of Theory in Aesthetics", in: *The Journal of Aesthetics and Art Criticism* 15 (1956-57) S. 23-35.

WILPERT, Gero v.: "Parodie", in: *Sachwörterbuch der Literatur*, hg. von dems., Stuttgart 1979^{6}, S. 585-587.

WIND, Edgar: *Kunst und Anarchie*, Frankfurt am Main 1994.

– : "Warburgs Begriff der Kulturwissenschaft und seine Bedeutung für die Ästhetik", in: Aby Warburg: *Ausgewählte Schirften und Würdigungen*, hg. von D. Wuttke, Baden-Baden 1979. S. 410ff.

WITTGENSTEIN, Ludwig: *Tractatus-logico-philosophicus*, Werkausgabe Bd. 1. Frankfurt am Main 1984.

WOLF, Ursula: "Kunst, Philosophie und die Frage nach dem guten Leben", in: F. Koppe (Hrsg.), Perspektiven der Kunstphilosophie: Texte und Diskussionen, Frankfurt am Main 1991, S. 109-132.

WOLLHEIM, Richard: *Objekte der Kunst*, Frankfurt am Main 1982.

WÜNSCH, Frank: *Die Parodie: zu Definition und Typologie*, Hamburg 1999.

ZIMMERMANN, Jörg: *Sprachanalytische Ästhetik*, Stuttgart 1980.

ZIFF, Paul, "Was es heißt zu definieren, was ein Kunstwerk ist", in: Dieter Henrich und W. Iser, *Theorien der Kunst*, Frankfurt am Main 1992, S. 524-550.

ZITKO, Hans: "Kodierungen der Kunst: Zur Kunstsoziologie Niklas Luhmanns", in: G. Preyer, G. Peter, A. Ulfig. *Protosoziologie im Kontext. "Lebenswelt" und "System" in Philosophie und Soziologie*, Würzburg 1996, S. 357-369.

DEUTSCHE BIBLIOTHEK DER WISSENSCHAFTEN
German Library of Sciences

PHILOSOPHISCHE ANALYSE / PHILOSOPHICAL ANALYSIS
Herausgegeben von / Edited by
Herbert Hochberg • Rafael Hüntelmann • Christian Kanzian
Richard Schantz • Erwin Tegtmeier

Herbert Hochberg

Russell, Moore and Wittgenstein

The Revival of Realism

The book contains studies in ontology and analysis that focus on the „revolt against idealism" of Russell, Moore, and Wittgenstein in the early part of the 20th century and the resulting development of analytic philosophy and revival of realism. Taking up the problems posed by reference and predication, truth, facts, causality, dispositions, intentionality, propositions, particulars and universals, the analytic-synthetic distinction, logicism, abstract entities, and materialism, the essays present a systematic analysis of such issues in the context provided by classical works of the three Cambridge philosophers.

ISBN 3-8267-0020-1
334 Seiten / Hardcover € 94.00

www.german-library.com

DR. HÄNSEL-HOHENHAUSEN AG

EGELSBACH * FRANKFURT A.M. * MÜNCHEN * NEW YORK

METAPHYSICA

INTERNATIONAL JOURNAL FOR ONTOLOGY & METAPHYSICS
ISSN 1437-2053

Editors: RAFAEL HÜNTELMANN (Cologne)
UWE MEIXNER (Regensburg) • ERWIN TEGTMEIER (Mannheim)

METAPHYSICA is published in two volumes annually. The price of a single volume is DEM 44,00 (EUR 22,50), in subscription DEM 76,00 (EUR 39,00) plus postage and dispatch costs. Order from: Verlag J.H. Röll GmbH, PO Box 9, D-97335 Dettelbach, Germany.

Metaphysica Heft 1 (Band 1)
120 S., Brosch.

David Armstrong: The Causal Theory of Properties: Properties according to Shoemaker, Ellis and others · Herbert Hochberg: On the Metaphysics of Negation, Generality and Modality · Erwin Tegtmeier: Tempus und Existenz. Eine Kritik am Solpräsentismus bei Aristoteles, Augustinus, Brentano und Prior · Reinhardt Grossmann: Reid, Meinong, and the Argument from Physics · Richard Schantz: Quines Rätsel — Kritische Betrachtung der These von der Unbestimmtheit der Referenz · Ralf Stoecker: Wie individuell sind intentionale Einstellungen wirklich?

Metaphysica Heft 2 (Band 1)
164 S., Brosch.

Nicholas Rescher: What if Things were Different? Deliberations regarding Counterfactual Conditionals and Nonexistent Worlds · Laird Addis: The Simplicity of Content · Paul Burger: Was ist eine ontologische Erklärung? · Uwe Meixner: On Some Realisms Most Realists Don't Like · Johanna Seibt: Fission, Sameness, and Survival: Parfit's Branch Line Argument Revisited · Maria Elisabeth Reicher: Gibt es Gegenstände, die nicht existieren?

Metaphysica Heft 1 (Band 2)
102 S., Brosch.

Peter van Inwagen: 'I am Elizabeth Anscombe' is Not an Identity Proposition · Uwe Meixner: Die Neue Monadologie/The New Monadology · Käthe Trettin: Ontologische Abhängigkeit in der Tropentheorie · Daniel von Wachter: Die Notwendigkeit der Existenz Gottes · Marianne Schark: Über die „Aporie der Veränderung"

Metaphysica Heft 2 (Band 2)
128 S., Brosch.

E.J. Lowe: Dispositions and Laws · Hermann Weidemann: Freiheit als Selbstursächlichkeit. Ein fruchtbares Mißverständnis bei Thomas von Aquin? · Ingvar Johannson: Species and Dimensions of Pleasure · Dale Jacquette: Truth and Fiction in David Lewis' Critique of Meinongian Semantics · Christopher Norris: From 'Gaps in our Knowledge' to 'Gaps in Reality': On the logic of anti-realism

Metaphysica Sonderheft 1
244 S., Brosch.

Christian Kanzian: Bare Essences — oder: der Preis, Aristoteliker zu sein · Jimmy Plourde: Ontologie der Modalitäten im Tractatus · Erwin Tegtmeier: Modalontologie und Modallogik · Manuel Bremer: Possiblia: notwendig, möglich oder überflüssig? · Uwe Meixner: Ein ontologischer Rahmen für Möglichkeit, Notwendigkeit, Wirklichkeit · Wolfram Hinzen: Skopus und Grenzen von de re Modalitäten · Jan C. Westerhoff: Ontologische Notwendigkeit · Richard Schantz: Direkte Referenz und starre Designation · Daniel von Wachter: Synthetische Notwendigkeit · Ludger Jansen: Sind Vermögensprädikationen Modalaussagen? · Paul Burger: Die Modalität von Kategorien · Wolfgang Malzkorn: Begriffliche Analyse und ontologische Reduktion von Eigenschaften · Rafael Hüntelmann: Modalitäten als Relationen